VIVIENNE WESTWOOD

Vivienne Westwood
e Ian Kelly

VIVIENNE WESTWOOD

Tradução de
Helena Carone e Maryanne Linz

ANFITEATRO

Título original
VIVIENNE WESTWOOD

Primeira publicação em 2014 por Picador,
um selo da Pan Macmillan, uma divisão da Macmillan Publishers Limited
Pan Macmillan, 20 New Wharf Road, Londres N1 9RR.

Agradecimentos para fotos que aparecem neste livro estão na página 467
e constituem uma extensão a esta página de *copyright*.

ANFITEATRO
O selo de ideias e debates da Editora Rocco Ltda.

Direitos para a língua portuguesa reservados
com exclusividade para o Brasil à
EDITORA ROCCO LTDA.
Av. Presidente Wilson, 231 – 8º andar
20030-021 – Rio de Janeiro – RJ
Tel.: (21) 3525-2000 – Fax: (21) 3525-2001
rocco@rocco.com.br
www.rocco.com.br

Printed in Brazil/Impresso no Brasil

revisão técnica
Flávia Motta

preparação de originais
Balão Editorial

CIP-Brasil. Catalogação na fonte.
Sindicato Nacional dos Editores de Livros, RJ.

W545v Westwood, Vivienne
Vivienne Westwood / Vivienne Westwood, Ian Kelly; tradução de Helena Carone e Maryanne Linz. 1ª ed. – Rio de Janeiro: Anfiteatro, 2016.

Tradução de: Vivienne Westwood
ISBN 978-85-69474-08-1 (brochura)
ISBN 978-85-69474-09-8 (e-book)

1. Westwood, Vivienne, 1941-. 2. Mulheres estilistas – Inglaterra – Biografia. 3. Estilistas (Moda) – Inglaterra – Biografia. I. Kelly, Ian. II. Carone, Helena. III. Linz, Maryanne. IV. Título.

CDD–927.4692
16-34350 CDU–929:391

Meu dever é compreender. Compreender o mundo.
Isso é o que damos em troca pela sorte de estarmos vivos.
Com as pessoas que viveram antes de nós, podemos
redescobrir visões diferentes do mundo por meio da arte
– esse é o verdadeiro significado de cultura –
e, por comparação, formamos nossas próprias ideias
de um mundo melhor do que esse em que vivemos,
que bagunçamos. Nós podemos mudar o futuro.
Na busca por ideias, você começará
a pensar, e isso mudará sua vida.
E se você muda sua vida, muda o mundo.

VIVIENNE WESTWOOD, 2014

SUMÁRIO

Climate
economy

TUDO ESTÁ INTERLIGADO

Uma criança vê tudo como novidade;
genialidade é infância resgatada arbitrariamente.
CHARLES BAUDELAIRE,
O pintor da vida moderna

Nunca dance sem ter uma história na cabeça.
RUDOLPH NUREYEV

Semana de Moda de Paris. Coleções Primavera/Verão 2014.

"Não fale comigo agora, Ian, estou ocupadíssima."

Eu estou sentado, digitando este texto, debaixo de uma arara de roupas, sob 90 mil libras esterlinas em trajes. De um lado, Vivienne Westwood, com um gorro e um cardigã puído, está prendendo com alfinetes apliques brilhosos em peças de tricô e evitando minhas perguntas. Do outro lado, uma modelo praticamente nua balança sobre saltos plataforma. Estamos em algum lugar do 2º *arrondissement*. São três da madrugada.

Algumas coisas que você precisa saber sobre Vivienne:

Ela parece incansável. Logo amanhecerá e ela continua a toda, trabalhando com a mesma energia dos estagiários cinquenta anos mais jovens.

Sua aparência é fabulosa: "pele de porcelana", como descreveu sua amiga Tracey Emin. Ela parece viver à base de maçãs e chá.

Ela é superinteligente: não se deixe enganar pelo jeitão de caipira inglesa avoada; ela é mais afiada do que os alfinetes que carrega na manga.

Ela está com a audição um tanto prejudicada. Algo me diz que se trata de uma surdez tácita. É conveniente a ela, em meio ao burburinho que a rodeia.

Porém, sobretudo, o que aprendi sobre Vivienne é o seguinte: ela preservou a criança que traz dentro de si, contra todas as probabilidades. De olhos arregalados. Indagadora. Aberta. Turrona. Imprevisível. Veste-se de forma elegante, às vezes. Grosseira, de vez em quando. Leal até não poder mais e afetuosa, vez ou outra. Ela se comporta bem, na maior parte do tempo. Volta e meia, dá um piti.

Você pode achar que isso não é lá muito enobrecedor em uma mulher de 73 anos. Que não fica bem em uma Dama do Império Britânico que é presidente de uma marca internacional de moda, e uma das inglesas mais famosas do planeta. Tampouco é muito *grand couturier*, aqui em Paris, para uma mulher que poderia facilmente deitar e rolar na fama: "a Coco Chanel dos nossos tempos", uma mulher mais famosa no Extremo Oriente do que a rainha da Inglaterra ou Madonna, e que em sua oitava década de vida ainda desce a Battersea Bridge Road pedalando sua bicicleta a caminho do trabalho todos os dias.

Se é este o caso, essa história não é para você. Se acha que moda não passa de frescura ou que setentonas têm *menos* direito de dar lições ao mundo sobre o futuro ou falar com autoridade sobre o passado, então pode deixar este livro de lado. Como Vivienne disse-me outro dia, "economizaria árvores".

Se, por outro lado, você aguenta o tranco com essa vovó punk que ainda está no ringue, lutando por aquilo que acredita ser certo e acredita ser belo; quando, na verdade, muitos dos seus contemporâneos se contentaram com uma poltrona Shackleton e as lembranças do passado, então fique firme com ela. Prepare-se para tanto deslumbre e tantas sacadas inesperadas sobre o funcionamento de um cérebro incomparável quanto eu vivenciei no meu ano com Vivienne. Meu Ano de Riqueza Mágica. Porque essa é uma história sobre muito, mas muito mais do que moda, embora seja tecida com panos.

"Olha: eu quis dizer não fale comigo *agora*, Ian. Quer dizer, estou pensando. Vai beber alguma coisa. As bebidas são liberadas. Eu não."

A outra coisa que você precisa saber sobre Vivienne é que ela pode ser muito engraçada.

26 de setembro de 2013, duas da madrugada, e ainda faltam sessenta horas. Em sessenta horas, a nova coleção de Vivienne Westwood será apresentada em Paris pela primeira vez. A coleção Gold Label é o carro-chefe para o Vivienne Westwood Group, e os lançamentos bianuais da empresa em Paris (primavera/verão, depois outono/inverno) são o ponto alto do calendário da moda para Vivienne. Embora haja outras coleções – Red Label (moda casual) e Red Carpet (como o nome diz, para o tapete vermelho) entre elas, mais as linhas de "difusão", como Anglomania, que filtram e licenciam suas ideias e designs clássicos para outros territórios, e também uma linha de moda masculina (MAN), que é apresentada em Milão, assim como em desfiles na Ásia e em outros lugares –, essas estreias em Paris são as mais importantes para Vivienne. É o mesmo para todas as outras marcas de moda que lotam os hotéis no entorno da Place Vendôme nessa época do ano. Chanel, Dior, Prada, Comme des Garçons: todas estão exibindo suas coleções, a de Vivienne sendo uma parcialmente alta-costura desfilando em uma semana de *prêt-a-porter*. Essas coleções de alto nível, chamarizes, criadoras de identidade, ainda têm Paris como vitrine, apesar do surgimento de capitais da moda rivais nas últimas décadas, como Nova York, Londres, Milão e Hong Kong. A maior parte das coleções dá prejuízo, embora Vivienne conte-me orgulhosa que seu Gold Label às vezes dá lucro graças a encomendas especiais. As Semanas de Moda de Paris são o ápice do calendário da moda, a cada tantas horas um desfile termina e outro se inicia, e as calçadas de Paris lotam com mulheres-palito andando apressadas com saltos altos enquanto tagarelam aos celulares. Falando sério: não atravesse o caminho delas. É uma confusão de fashionistas e jornalistas de moda; um batalhão de compradores e modelos, fotógrafos e suas crias; e o foco de muitos meses de trabalho

para o ateliê de Vivienne Westwood em Londres e seus cortadores e fábricas de sapato italianos. Vivienne intitulou esta coleção de "Tudo está interligado" [Everything is Connected] – e essa é a primeira vez que estou em Paris por outro motivo que não seja comer ou tentar impressionar uma namorada. Dessa vez, droga, não faço nem uma coisa nem outra, mas, de forma geral, é um aprendizado e tanto.

Nas décadas em que Vivienne tem sido uma estilista, a moda mudou imensamente a maneira de como se posicionar no mercado. A história de Vivienne define essa mudança sísmica no conceito do que é moda, e no que ela significa para economias ocidentais, como a Grã-Bretanha. No passado, as coleções tinham como alvo um pequeno grupo de mulheres absurdamente privilegiadas que precisavam de trajes para galas e eventos diplomáticos, competições e festas. O que elas vestiam acabava chegando rapidamente ao mercado como um todo por meio das revistas, dos moldes e das cópias, mas as casas de alta-costura faziam roupas sob medida em quantidades ínfimas e inacessíveis, cujos preços, entretanto, refletiam mais fielmente o grande número de artesãos envolvidos na sua confecção. Hoje em dia, uma coleção de alta-costura dá um grande prejuízo, embora os preços sejam de tirar o fôlego. Uma única peça Vivienne Westwood usada nas passarelas pode ser vendida no varejo por algo entre duas mil e seis mil libras – embora se saiba que algumas roupas chegam a custar dez vezes isso. Ainda assim, essa é apenas uma fração do custo real da criação e do marketing original, já que as peças são obras de arte que contam com milhares de horas trabalhadas e dezenas de indivíduos altamente qualificados. A Semana de Moda não faz nenhum sentido. A meta é chamar a atenção de um público bem mais amplo, cada vez mais por meio da internet, que pode vir a comprar versões desses modelos, ou se encantar com a marca apresentada aqui em Paris. Todavia, num certo sentido, essas coleções são moda na sua forma mais pura: moda como arte. Moda que reflete seu momento no tempo. Moda, como a que Vivienne faz agora, que pode até mesmo mudar o mundo.

Vivienne e a tão aguardada ordem do desfile.

Então, essas coleções atraem multidões, em pessoa e principalmente on-line, num número desproporcional ao de pessoas envolvidas no vestir ou mesmo no fazer das roupas. Durante a Semana de Moda, Paris é o epicentro de um fenômeno característico da nossa era: o novo fascínio global por moda, uma linguagem inovadora, especialmente on-line, que une design e marketing, fama, arte, sensualidade e política sem um verdadeiro paralelo na história cultural, mas que também pode remeter ao trabalho punk do início de carreira de Vivienne – que reunia moda, música, celebridade e o *zeitgeist*. Portanto, não pense que se trata de ostentação para vadias ricas. Bem, pode ser. Mas também é uma parte considerável da economia mundial e uma história importante para a Europa de agora. É uma vitrine. Durante a Semana de Moda, Paris é uma metáfora do caminho que a economia global está seguindo, uma feira de comércio em escala épica, mas também um evento de marketing ao estilo do Velho Mundo, fundindo moda, música e uma nova narrativa sobre o modo de ser. E vendendo, cada vez mais, para a China.

Centenas de milhares de pessoas acompanham pela internet o que está acontecendo. Só nos desfiles de Vivienne existe um monte de jornalistas de moda e blogueiros profissionais representando os mercados emergentes do Extremo Oriente, do Brasil e da Rússia, com o foco na atenção concentrada de grandes multidões – em seus quartos, escritórios e ruas de comércio –, de Hong Kong a São Paulo a Moscou. A TV a cabo, e agora a internet, revolucionaram a moda, e nada demonstra isso de forma mais clara do que a história de Vivienne Westwood, cujo nome é conhecido no mundo inteiro como resultado do que acontece e aconteceu em Paris. Paris é o camelô internacional de todos os acessórios, perfumes e revistas que alimentam a moda, todos girando em torno daquilo que os originou: alta-costura. E aqui no centro de tudo está Vivienne, aquela que já foi a punk de King's Road e que agora é uma marca mundial de luxo, mantendo sua ironia divertida em meio ao negócio que o desfile representa, mantendo frente a todo esse ti-ti-ti sua calma paixão pela beleza, principalmente a beleza forjada em tecido.

E, ao mesmo tempo, constantemente engajada, via moda, em campanhas por metas mais elevadas nas artes e na política, como ela as vê, e pelo mais alto padrão naquilo que faz.

É preciso notar também que a Semana de Moda de Paris é um dos poucos momentos no ano em que Vivienne Westwood, a pedra no sapato do establishment britânico, avó, mãe e ecoativista, volta seu olhar penetrante direto, e excluindo todo o resto, para aquilo que a tornou mundialmente famosa: roupas. Em boa parte do resto do ano, muitos outros assuntos ocupam os dias da estilista. Mas não em Paris. Paris é dedicada à moda. Talvez seja, portanto, o melhor lugar para se começar a entender Vivienne, nesse momento de calma criativa, mesmo sendo frenético, e – merda! – mesmo sendo quatro da madrugada, em meio a essa tormenta de atividades que é o ritmo normal de ser de Vivienne Westwood. A Semana de Moda de Paris termina nesse fim de semana, tendo a coleção Gold Label de Vivienne como um dos destaques de encerramento. E faltam menos de três dias...

O endereço número 13 da rue du Mail, bem atrás do Palais Royal e da Biblioteca Nacional, foi virado de cabeça para baixo essa semana. É um prédio antigo requintado, meio maltratado pela guerra e pelo uso corporativo, mas que já foi habitado por Liszt e mais tarde pela Gestapo, e que agora abriga no ex-salão de baile os showrooms de Vivienne Westwood em Paris. A cada ano, durante três dias em setembro, esse espaço se transforma na unidade de base para a criação do desfile do Vivienne Westwood Gold Label. O desfile em si acontecerá em outro local.

Subindo a rue du Mail, fica claro para mim qual é o showroom de Vivienne Westwood e o que acontece ali. Garotas com impossíveis pernas longas e olhos límpidos entram, saem e montam na garupa de motoboys que aguardam do lado de fora. São modelos. Acabaram de migrar de Milão como gafanhotos famintos, belas de forma indistinta e implacável, todas vestidas de preto, seus rostos livres de maquiagem e vazios. Elas vêm e vão na garupa das motocicletas, de teste em teste, os saltos agulha dentro da bolsa, suas pernas envolvendo os caras que trabalham como entregadores de modelos. Faltando dois dias para a apresentação das principais coleções, é dia de *casting* para os desfiles. Eu sigo as garotas e entro no prédio.

O salão de baile/showroom é dividido por dez araras de roupas de tamanho industrial nas quais estão penduradas cerca de uma centena de peças exclusivas de alta-costura: vestidos de baile de cetim, viscose em drapeados gregos, ternos confeccionados com lã e linho, vestidos de malha de algodão. Um milhão de libras em modelitos. Em uma parede, um armário expõe a linha completa de bolsas Vivienne Westwood; em outra, as bijuterias. Mais adiante, um pequeno amontoado de mesas de trabalho, telas e telefones celulares, a movimentada colmeia de gerentes de eventos presidida por Kiko Gaspar, elegante, eficiente, português e vestido da cabeça aos pés de Vivienne Westwood. Em outro canto, foi improvisado um estúdio fotográfico, um ciclorama com luzes brancas de cegar, e uma mesa onde um designer gráfico italiano de cabeça raspada torna as fotos mais apuradas, mais nítidas, mais brancas. Essas são as imagens das garotas vestindo as roupas que usarão na passarela, para serem impressas e misturadas como cartas de um baralho na ordem do desfile.

As roupas, os sapatos e os tricôs acabaram de chegar das fábricas italianas e do ateliê londrino de Vivienne. As bijuterias para essa coleção foram retidas pela alfândega em Calais. Ninguém parece preocupado ou alarmado com esse problema de última hora. Alguns trajes não estão sequer perto de acabar, com partes espalhadas sobre as mesas de corte entre folhas de papel de seda estampadas com o logo da estilista. A sessão de *casting* das modelos funciona também como prova das peças de alta-costura. Ninguém tampouco parece incomodado com o fato de roupas de 10 mil libras estarem pelo chão em pedaços alfinetados, faltando pouco mais de dois dias para serem exibidas ao mundo. Eu traço um caminho por cima delas e através das filas de modelos que aguardam seus testes. Sapatos estão alinhados na escada do salão de baile, como sapatinhos de cristal para uma centena de Cinde-

Um valioso convite Gold Label, impresso antes mesmo de a coleção ter um nome.

relas punks. Há conversas sussurradas ao celular. Consigo identificar cinco idiomas.

Mais e mais gente parece chegar o tempo todo, sem ninguém visivelmente no controle ou conferindo quem entra e quem sai. O requisito para entrada parece ser pelo menos uma peça de design Vivienne Westwood e um ar estiloso. Uma tatuagem parece ajudar. No centro do salão, impondo-se pela simples presença e pela altura incidental, está Andreas Kronthaler, de 48 anos, marido de Vivienne.

O que não é novidade para ninguém no mundo da moda, mas talvez não seja familiar para aqueles que só conhecem o nome Vivienne Westwood, é o fato de seu trabalho atualmente ser feito a quatro mãos com seu marido e colaborador criativo há duas décadas. Quando eles se conheceram, ela estava dando aula de moda como professora convidada em Viena e ele era um dos seus alunos de design. O sr. e a sra. Kronthaler estão juntos há cerca de 25 anos, que também é mais ou menos a diferença de idade entre eles. Falarei mais sobre isso adiante no livro. Por ora, está claro para todos no salão que Andreas é o centro das coisas tanto quanto Vivienne, e no contexto da Semana de Moda ele leva uma certa vantagem. Ele reúne o visual de um brutamontes à Jeremy Irons com o sotaque de Arnold Schwarzenegger. Isso, aliado a um olhar perturbadoramente encantador e o corpo de um ferreiro tirolês (o ramo de sua família), faz de Andreas uma figura improvável na alta-costura parisiense. Todos, inclusive Vivienne, parecem ligeiramente apaixonados por ele. E um aspecto de toda essa experiência inusitada tem sido acompanhar de perto um casal que trabalha junto, em circunstâncias um tanto estressantes, que, no entanto, são parceiros claramente tranquilos e felizes na vida, na arte e no negócio compartilhado.

Mais difícil de encontrar, logo de cara, é a própria Vivienne, que está atrás das araras de roupas, usando uma faixa na cabeça com o apropriado slogan *Caos*.

"Não posso falar com você agora, Ian... mas falarei."

Cada uma das modelos em potencial está sendo fotografada, algumas com as roupas que poderão ser usadas. As escolhidas são marcadas num painel com uma bolinha vermelha, como se fossem obras de arte vendidas, pela *booker* Maiwenn. Ela está cultivando um visual de gueixa-Pearl-Harbor com um sapato Vivienne Westwood da linha Anglomania, e é a guardiã no que diz respeito às modelos. As bolinhas vermelhas são colocadas sobre o nariz das meninas. Bolinhas verdes significam que elas também passarão pela prova das roupas. Isso é uma vantagem, mas não um obstáculo insuperável para aquelas que não recebem a bolinha verde, já que as roupas não estão todas prontas. Issa, que mistura uma ascendência japonesa a uma alta estatura e presença forte, pode abrir o desfile. Ajuma, de Nairóbi, uma modelo que sempre desfila para Vivienne, está de volta pela primeira vez depois do nascimento de seu filho. Marta, de Valência, que venceu um concurso de modelo, mas que deveria estar na escola, está tão entusiasmada quanto um filhote e linda de morrer, ainda afetada pelo drama da coisa toda – a festa do guarda-roupa para menininhas vestirem roupas chiques que é na verdade um desfile de passarela em Paris. A maior parte das outras modelos exala um ar de enfado glamoroso, complementado por iPods.

Quando eu as deixo para encontrar um editor da *Vogue*, a lista das garotas e dos vestidos está começando a se formar.

"Tem tanto a ver com a disponibilidade quanto com a química", explica Maiwenn. "O desfile de Vivienne não é o mais bem pago da cidade; nunca foi, então podemos perder algumas garotas. Por outro lado, essa é uma festa em que todas querem estar, mesmo se os seus agentes não queiram. É assim que nos sentimos em relação a Vivienne."

Faltam trinta horas, e eu estou novamente com as pernas cruzadas junto à arara de roupas sob um casaco tipo bolero, esse aparentemente feito de chenille e de um tecido muito fino. Está sendo alfinetado e recosturado por Vivienne. Estamos cercados por algumas das mulheres mais bonitas do mundo em vários estágios de nudez, e tecidos e criações tão belas quanto estranhas em vários estágios de despreparo, e, ainda assim, simultaneamente Vivienne consegue se concentrar em um release para a imprensa que explica a coleção – recortes de papel parecendo amostras de tecidos dispostos em torno dela coagulando devagar em uma narrativa.

A essa altura, eu deveria apresentar os protagonistas de Vivienne Westwood espalhados pelo salão. Não consigo ver aqui uma cadeia de comando, por assim dizer. Não existe nenhuma folha de chamada, nenhum diretor. As coisas acontecem furtivamente e por osmose: as palavras se propagam. As pessoas sussurram. Esses parecem formar o elenco principal: Vivienne e Andreas, claro. Eles fazem hora entre os painéis de fotos e os provadores parcialmente protegidos, onde as modelos nuas trocam de roupa. Andreas circula. Vivienne senta ou trabalha em um manequim. Com o passar das horas, as modelos são vestidas na frente de todo mundo com mais frequência. Christopher Di Pietro – chefe de marketing e merchandising – vai e vem, e dá seu parecer em tudo que não é design. Criado em Londres, Paris e Irlanda do Norte, ex-militar francês, agora portando conjuntos Vivienne Westwood tão chamativos que é interpelado nos restaurantes de Paris, e uma barba que esconde metade de sua beleza gaulesa, Christopher é uma voz de inteligência clara e uma das muitas presenças sábias e afetuosas que Vivienne arregimentou para seu negócio. Carlo D'Amario, CEO e padrinho italiano da Vivienne Westwood Inc., também entra e sai. Parecendo um papa Bórgia, cabeça raspada, vigoroso, Carlo gosta que saibam que ele é responsável pela história do sucesso econômico do Vivienne Westwood Group, e Vivienne concorda. Eles certamente têm uma longa história, que remonta à King's Road dos anos 1980 e a um breve romance na Itália. Ele só é devidamente visto no desfile do Gold Label e, depois, com os advogados italianos e compradores asiáticos. Da mesma forma, os "três grandes" em termos de design, depois de Vivienne e Andreas, estão ausentes até o desfile. Murray Blewett e Mark Spye, gerentes de design que trabalham com Vivienne desde o início dos anos 1980, e Brigitte Stepputtis, chefe de alta-costura, são todos intimamente envolvidos com a feitura de qualquer coleção e sua subsequente divulgação. O ursinho de pelúcia Alex Krenn, que faz todo o grafismo dos tecidos, e o casal da equipe gráfica, Joe e Beata De Campos, criam a linguagem visual de Vivienne Westwood em pano e papel. Kiko Gaspar, de Lisboa, é coordenador de eventos, portanto essa é sua batalha, se não sua guerra. Ele sorri para todos sem realmente manter contato visual: uma bênção e uma advertência geral para, porra, se concentrarem no que estão fazendo. Ele parece ter um fone de ouvido implantado cirurgicamente. No showroom e mais tarde no *backstage* do desfile, Peppe, o assistente de design superantenado em tendências, e sua amiga Ilaria parecem estar no centro das coisas criativas, com as *stylists* Yasmin e Rachel. A maquiagem é uma estrutura de comando separada, assim como cabelo, áreas comandadas por Val Garland e Sam McKnight, respectivamente. Maiwenn Le Gall e Brice Compagnon estão sentados em uma das poucas mesas, selecionando modelos. Eles habitam o Planeta Fashion, mas parece ser um bom lugar para eles. Rafael, com uma barba cerrada seguindo o visual masculino desse ano, sorri constantemente através da névoa de privação do sono. Arquivista e assistente de Westwood, Rafael resolve todos os problemas para todas as pessoas, enquanto leva cafezinhos e comida da pequena cozinha para o salão. Sua risada solta e, na verdade, sua habilidade de explicar que droga está acontecendo ali, fazem dele minha estrela-guia na travessia dessa estranheza toda. Geralmente, quem desempenha esse papel é Tizer Bailey, assistente pessoal de Vivienne, uma mulher que une uma beleza etérea – ela era uma das modelos de ponta de Vivienne, nos anos 1990 – à eficiência reconfortante de uma perfeita aluna-modelo de família abastada com uma risada indecente. Há também Benedikt, outro austríaco de dois metros de altura, com uma cabeleira loura no meio das costas, no momento presa por um lápis. Ele é o assistente de Andreas e foi recrutado, como muitos outros aqui – Georg, Alex, Brigitte – em alguma parte do império Habsburgo onde são proibidos mau humor e histrionismo. Na verdade, presenciei mais cenas dramáticas e pitis em uma papelaria do que no ateliê de Vivienne Westwood. É quase decepcionante.

"Você precisa saber que este lugar é ótimo. Nós queremos trabalhar aqui", diz Christina Nahler, uma estagiária. "Eu estou *pagando* para estar aqui, quero dizer, para chegar aqui, mas estou aprendendo muito mais do que em qualquer outro lugar. E tem significado, sabe; é moda com um propósito, e com uma história. Quero dizer: essa é a *Vivienne-puta-que-pariu-Westwood*. Fazemos parte de uma lenda."

Faltam 28 horas para o desfile e agora é hora do *styling* das modelos escolhidas, a criação do "look" completo; que sapato vai com que vestido, e depois compilar a ordem de entrada – a tão alardeada "história" da coleção, junto com os testes de cabelos e maquiagem. Andreas está ajustando as roupas nas garotas.

"Nós contamos uma história", sorri Andreas sob seus cílios grossos e o boné, "por isso as pessoas prestam atenção. O que estamos fazendo é moda como se costumava fazer. Vivienne é constante. Você reconhece o que fazemos porque não é moda; é uma história sobre Vivienne e sua reação ao mundo."

A temperatura subiu uns 10 graus. Os estagiários costuram.

As modelos que foram reservadas para amanhã aparecem para provar as roupas e ficam por ali, vestindo e despindo as peças e jogando conversa fora nos iPhones, sendo fotografadas. As paredes são cobertas por fotos impressas em papel brilhoso das moças com visuais diferentes, os cabelos uniformemente desgrenhados. O ar está pesado com perfumes caros e risadas nervosas. Os últimos sapatos, enviados para Londres por engano, chegam e ocupam seu espaço na grandiosa escadaria, a cavalgada de saltos. As bijuterias da coleção ainda estão retidas, mas, fora isso, tudo agora está aqui, e tudo é desembrulhado a partir de uma montanha crescente de papel de seda, todo estampado com o logotipo característico de Westwood: a orbe real e os anéis de Saturno. Parece uma noite de Natal patrocinada por Vivienne Westwood.

Das cerca de trinta modelos necessárias, 14 já estão reservadas: bolinhas vermelhas nos narizes e bolinhas verdes nos corpos. Cinco estão na lista de espera. Muitas das meninas top estão contratadas por outros estilistas e desfiles durante a tarde, garotas com nomes como

Dasha e Iekeline – garotas de toda parte do planeta e de todo tipo de etnia que têm em comum apenas sua beleza irreal, altura e a necessidade de uma boa refeição. A idade média é de 19 anos. Minha conversa galanteadora com Marta é interrompida por seu empresário. Que vem a ser seu pai. Que vem a ser um pouco mais jovem que eu. À medida que o dia se transforma em noite, chegam mais e mais modelos. Será movimento noite adentro, e as saladas e frutas providenciadas para as moças serão substituídas por biscoitos amanteigados e chocolates, e o zumbido constante das máquinas de café espresso.

A criação do visual do desfile não depende apenas das roupas. É um show de palco com luzes, música, cabelos e maquiagem temáticos. Essa é uma forma de arte especializada por si só.

"Eu adoro trabalhar com Vivienne", diz Val Garland, expoente dessa forma de arte exclusiva, durante uma pausa nos testes de pintura facial branco-Kabuki. "São umas férias criativas."

"As garotas amam trabalhar aqui", diz a *booker* de modelos, "porque são tratadas com enorme respeito, e elas se tornam parte da história. O que é fácil de esquecer. Com Vivienne e Andreas, é tudo calma e respeito, e ambos são bastante incomuns no nosso meio."

Em um canto, o sr. e a sra. Calma e Respeito estão discutindo os tricôs:

– Está uma bagunça, Vivienne – diz Andreas.

– Não, olha, Andreas, olha: você pode simplesmente costurar em volta e prender aqui. Essa era minha ideia; tem bastante espaço. – Vivienne demonstra. Andreas dá de ombros.

– Deixe como está – sussurra Vivienne para a estagiária – e não mostre a ele.

Faltam 23 horas. As equipes de imprensa e marketing chegam de Londres. Giordano Capuano, Laura McCuaig e Victoria Archer instalam-se a meio caminho da escadaria, disputando pontos de tomada e de conexão de wi-fi, colocando nos envelopes os convites vip e as pulseiras de "acesso irrestrito". Como estou acostumado a vê-los na sede do Vivienne Westwood Group em Londres, os três invariavelmente exalando um estilo executivo elegante e experiência com moda (embora Giordano goste de dizer que é tão devotado ao rúgbi quanto à alta--costura), é esquisito vê-los agora amontoados como estudantes em uma manifestação, preocupados com suas pilhas de papel e listas. Eles trabalham mais pesado do que todo mundo que conheço fora da medicina, e, como médicos estressados, unem a isso uma invejável habilidade para virar a noite em festas, quando o trabalho pede. O que acontece ocasionalmente. As equipes de imprensa da Ásia e da ala internacional do VW Group chegam e organizam-se em um canto. Os taiwaneses produzem um perfil "celebridades" das estrelas asiáticas que comparecerão ao desfile – Annie Chen e a estrela de rock Wubai, "um dos nomes mais importantes do Sudeste Asiático", são ilustrados com imagens do Google para que sejam tratados com a deferência adequada.

Às vezes, não sempre, destaca-se no desfile de Vivienne uma garota que acaba sendo o "look" da coleção. Em 1993, foi Naomi Campbell, em parte porque ela caiu do salto plataforma durante o desfile. Sara Stockbridge tornou-se a garota-propaganda para os tweeds e crinolinas de Vivienne no final dos anos 1980.

"Pode ser ou pode não ser a primeira garota, ou a última garota no vestido de noiva", Vivienne explica para mim mais tarde. "Andreas é um gênio para escolher, para encontrar a garota perfeita para o look perfeito. Lembro-me de Naomi Campbell, certa vez, às lágrimas, querendo usar um vestido brilhoso incrível, com flores de metal feitas pelo pai de Andreas, e Linda Evangelista ia vesti-lo, e Andreas disse 'Naomi, você ficaria com cara de Diana Ross'; na minha opinião, ninguém escolhe melhor ou lida melhor com as modelos do que Andreas." Ajuma, de Nairóbi, e Marta, de Valência, parecem estar na disputa para ser a garota desse ano.

"Ela é minha maior incentivadora nesse mercado", diz Ajuma, ex--campeã queniana dos 400 metros rasos e uma das muitas "garotas de cor" (como ela diz) escolhidas por Vivienne e Andreas. "Em Nova York e em Londres, e também no Quênia com nosso projeto beneficente, nós trabalhamos juntas. (Por intermédio da Iniciativa para o Centro de

Comércio Internacional de Moda Ética da ONU, Vivienne apoia uma organização beneficente que faz suas bolsas no Quênia.) Eu fui com eles a lugares aonde eu *nunca* tinha ido – favelas barra-pesada... eles são corajosos... mas, em Paris, eu sempre quero participar do desfile deles. Tive um filho há pouco tempo. Mas agora estou de volta, e a sensação é tipo: vamos ver se eu ainda tenho o 'tchan'!" A ordem de entrada e as vagas para as modelos que abrem e encerram o desfile continuam em aberto até o último momento.

Vivienne tira as sapatilhas de falso couro de crocodilo dos pés e circula só de meias, arrumando as dobras das malhas sobre as formas seminuas de Silvia. As malhas soltas penduradas são amarradas e esticadas em dobras elásticas; brilhando com apliques e amarrotadas ao redor das nádegas e sob os seios, formam uma linha Westwood clássica. Aqui está ela. Beatífica. Trabalhando. Em harmonia com tecido, agulha e corpo vivo. "Vivienne, nesse momento, está feliz como nunca", sussurra Christopher ao passar por mim. E ela está, trabalhando noite adentro.

Chegam mais funcionários: integrantes das equipes de corte e de design, assim como mais estagiários e assessores de imprensa. No total, um grupo de sessenta profissionais, representando 1.800 horas trabalhadas ao longo desses três dias que constituirão o desfile de Paris. Os números aumentam. Camada sobre camada de gastos e dedicação, assim como arte – o palimpsesto de luxo em ação: sessenta "looks"; 29 modelos; quarenta profissionais de cabelo e maquiagem; 857 convidados listados. Duzentos pares de sapatos feitos à mão. Um milhão de libras em roupas. Um orçamento de mais de 200 mil libras para o evento. Ele está custando ao grupo VW, diretamente, meras 120 mil libras, mas também há patrocinadores para agradar, juntamente com a imprensa internacional. Todo mundo envolvido quer atualizações e imagens constantes para seus respectivos blogs e equipes de relações públicas, e Victoria e Laura distribuem zelosamente retalhos de informação e um esboço do texto de Vivienne para o release – digitado e quase pronto –, colhido das notas e citações espalhadas pelo showroom.

Nas primeiras horas da manhã, o release pronto de Vivienne circula. Ela cita Shakespeare, faz referências à Renascença, ao Iluminismo e a Frida Kahlo, e faz alusão a E. M. Forster, em seu título recém-cunhado, "Tudo está interligado". "Geralmente, eu penso os títulos", Vivienne conta. "Sou boa nisso." Convites "Tudo está interligado", ainda cheirando a tinta de impressora, são colocados em envelopes no canto onde fica Kiko. Eles trazem a logomarca da coleção desenhada à mão pela própria Vivienne com duas serpentes, uma engolindo o rabo da outra, um emblema antigo de simbiose agressiva usado para simbolizar a economia devorando o planeta. "Essa é a mensagem principal da Revolução Climática e da minha vida nesse momento: que tudo que cada um de nós pensa, diz ou realiza pode fazer diferença", diz ela. Tudo está interligado.

Chega a convocação para ouvir a música que acompanhará o desfile. O compositor Dominik Emrich usa samples largamente, desde marchas barrocas até madrigais ingleses e gaitas folclóricas de Creta. Tem um fragmento de Alfred Schnittke e algum Saint-Saëns, ressaltados por uma batida insistente, ao mesmo tempo dançante e agourenta: "Tipo *bang* – é o fim do mundo – *se liga!*", canta Andreas, abrindo um de seus sorrisos energizados. O cara está se divertindo: ou embriagado pela moda ou determinado a espantar o sono com o riso. Vivienne está mais contemplativa. Hoje em dia, ela tem dificuldade para ouvir se houver ruído de fundo no ambiente. "Não consigo ouvir o que está sendo *dito*", reclama ela referindo-se ao mantra recitado por Dominic, "*os oráculos da Mãe Terra... a trilha de sangue*", que a agradaria como refrão, ouso dizer, se ela conseguisse ouvi-lo. Enquanto isso, a conversa entre Andreas e Vivienne vai desde sapatos a bolsas, de penteados à confusão sobre a maneira de descrever o look como um todo. "Deveria ser *aposto*", diz Andreas, apontando os penteados desiguais. "Você quer dizer *oposto*", corrige Vivienne. Nesse momento, Rosita Cataldi e Paola Iacopucci chegam da fábrica Westwood italiana trazendo flores e beijos para Vivienne, que fica radiante com o abraço carinhoso das amigas.

(*Desenho de bordado feito com placas cortadas de óculos de sol espelhado reciclado e vidrilhos 11½ x 20*)

Desenho no estúdio de Vivienne, e o detalhe final do Gold Label.

O bate-papo passa fácil e fluentemente ao italiano, um som mais suave na voz de Vivienne do que seu inglês nativo, sensual e luminoso.

Faltam 15 horas, mas a noite se alonga. "Tem que ser na última hora – você tem que ter todas as moléculas em um lugar, e então *tchan*." Andreas gesticula imitando uma árvore crescendo ou uma nuvem de explosão atômica, seu gesto teatral tão expansivo e indeterminado como seu sotaque. "Nós mesmos, Vivienne e eu, fazemos as coisas, o mais perfeito possível. Não importa o que as pessoas pensem. Desde que *nós* saibamos que cada garota está incríííível."

Faltam 14 horas. Para ser sincero, eu dei uma saída, estava no Café de Flore virando espressos com uísque para conseguir continuar acompanhando o papo de moda... mas, quando retorno, às duas da madrugada, Vivienne está mergulhada até o pescoço na lista com a ordem do desfile, a música e as modelos. Será que essas pessoas não dormem nunca? Elas agora estão testando as "peças conceituais" – que vêm a ser os itens que nunca serão fabricados comercialmente, mas que podem figurar em um editorial da *Vogue* ou, quem sabe, serem encomendados por uma cliente especial e endinheirada. O foco principal parece girar em torno de um biquíni de crochê metálico que pode ou não ser usado com drapeados ou com um colete de tricô no desfile de alta-costura de amanhã. É, devo dizer, muito sexy. A modelo da casa é usada para a prova e as alterações finais, e ela é tão incansavelmente animada quanto linda. Uma calma concentrada parece ter baixado sobre Vivienne, resultado dos muitos anos no negócio e das muitas coleções parisienses. Ela pondera sobre fotografias de modelos, e balbucia para mim, ou para si mesma, ou quem quer que esteja ouvindo, "Não tenho ideia do que vamos fazer", mas ela claramente tem. Há 29 sacos plásticos mortuários com debrum rosa alinhados no chão, com os nomes e os retratos das modelos contratadas – os sacos de roupas que guardarão seus respectivos trajes. Dois, cada. Os nomes são indistintamente da Europa Central.

"É assim que tem sido, essa última década", explica Rafael, o assistente.

"Rostos eslavos e jeito descolado... não é o forte de Vivienne, mas modelos com atitude e sensualidade são mais difíceis de encontrar nos dias de hoje. Perfeição é fácil", opina a *booker* de modelos. Finalmente, o release está pronto, encurtado por Laura e modificado por Andreas, que termina o texto dirigindo-se às suas "queridas", um final típico do mundo da moda, que pode ou não ter um tom jocoso.

"Batizei o desfile de 'Tudo está interligado'", escreveu Vivienne, "porque essa é a principal mensagem da Revolução Climática e da minha vida, que tudo que cada um de nós pensa, diz ou realiza pode fazer diferença."

Faltam 13 horas e meia. São três da madrugada, e a coleção e a lista com a ordem de apresentação estão completas. Vivienne está sentada em uma cadeira com as costas arqueadas, suas pernas inchadas, ela reclama, seus olhos um tanto injetados de sangue, bebericando uma taça de vinho tinto. Andreas bebe vinho branco.

"A essa altura, o que realmente importa é a ordem do desfile. Nós temos que acertar, especialmente o que entra primeiro. É o que dá o tom." Por fim, um dos conjuntos inspirados em Frida Kahlo é escolhido para entrar primeiro, vestido por uma modelo japonesa angulosa e andrógina. Sua foto foi trocada de lugar no quadro inúmeras vezes, mas sempre acaba voltando ao topo. Ajuma usará um vestido-coluna branco; Marta, entre outros looks, o vestido de renda chenille. O que também recebe grande atenção na última hora são peças de *styling* que dão unidade à história – a ideia de peregrinação, as referências a Frida Kahlo –, algumas delas sendo feitas agora: enfeites de cabeça com flores gigantescas e laços antigos; grinaldas e cajados. "Não existe ninguém melhor nisso do que Andreas", reflete Vivienne, "em *styling*. Nós trabalhamos nisso até acertar. O negócio é a perfeição, e quando você a alcança, pronto, pode dormir." Vivienne e Andreas ajudam a decidir os preços finais que já foram discutidos em Londres e na Itália, e que vão desde o meramente caro ao oligarco-inacessível. É tarde, e algumas coisas podem esperar até depois do desfile e dos dias de liquidação que acontecem no showroom, quando o evento acaba.

Quatro da madrugada e, aparentemente, é impossível conseguir pegar um táxi na Semana de Moda de Paris. Eu levo uma hora e meia andando de volta até o apartamento dos meus amigos. Descubro que o que os sapatos de Vivienne Westwood perdem em praticidade óbvia, eles compensam com conforto e durabilidade. Pelo menos, os sapatos masculinos.

Faltam cinco horas. Dormi um pouco. A maioria da equipe VW não. Eles se transferiram às oito horas da manhã do showroom na rue du Mail para o local do desfile, onde uma equipe de operários e cenógrafos virou a noite criando o espaço do desfile e as áreas dos bastidores. Normalmente, o número 18 da rue du Quatre Septembre, perto da Bolsa de Valores, é um banco. Seu átrio central grandioso, meio teatro de ópera vitoriano, meio hangar futurista, dá ao lugar um ar de *Blade Runner* como se tivesse sido refilmado por Tim Burton. O lugar é enorme. Seria possível voar por seu saguão central num pequeno aeroplano. Para entrar, é preciso subir uma longa escadaria vigiada por seguranças estentóreos com aqueles óculos escuros regulamentares, ternos Hugo Boss e um jeitão ameaçador, e passar por barreiras de segurança – o que cria um clima de visita da rainha da Inglaterra. A música está a todo volume à nossa volta, uma passagem de som da criação de Dominik, e o próprio compositor está curvado sobre um computador, mastigando sua echarpe, tentando fazer o arranjo final que acompanhará Vivienne e Andreas na passarela para o encerramento. O banco fica três andares abaixo, para além do átrio, é visível em meio a um emaranhado de pontes de vidro e pisos translúcidos. Escadas rolantes emergem dessa caverna subterrânea, e é nelas que as modelos subirão e descerão, dando voltas em torno de uma passarela sextavada contendo uma legião de fotógrafos – são esperados oitenta deles. Sobre essa galeria, foram pendurados espelhos gigantes, de forma que as modelos sejam refletidas subindo e descendo como anjos na Escada de Jacó, mas eles também servem para refletir a plateia e os próprios fotógrafos.

Na área do subsolo, inundada por luz natural, foram erguidos quarenta provadores, fervendo com lâmpadas fortes e atividade frenética.

Val e Sam estão recriando o visual respingado-de-lama dando piparotes em pincéis com tinta corporal marrom. As garotas piscam.

Faltando duas horas para o espetáculo, Kiko convoca uma reunião da produção. Duas dúzias de funcionários internacionais do Vivienne Westwood Group, falando mais de 12 línguas, todos ali para receber e encaminhar aos assentos os jornalistas, os clientes, os compradores e patrocinadores de seus respectivos cantos do mundo. Um terço dos assentos é reservado para a Ásia, com imprensa e compradores da China, Taiwan, Hong Kong e Japão. "Esse é um local extraordinário", diz Kiko animando a tropa. "Vamos fazer um grande desfile!" O empurra-empurra na escadaria é tamanho que Laura se desequilibra no seu salto Vivienne Westwood, o que causaria um efeito dominó evitado por pouco por um dos muitos homens vestindo terno xadrez Vivienne Westwood.

São três fileiras de cadeiras e uma hierarquia rigorosa para quem senta onde. "É como Versalhes deve ter sido", brinca minha amiga francesa. Os jornalistas britânicos, americanos e asiáticos estão todos na primeira fila, onde são os primeiros a verem as modelos. Em outro canto, mas com vista privilegiada, estão os compradores de alta-costura: um grupo seleto de mulheres e homens que compram roupas Westwood Gold Label direto da passarela, para vestir ou colecionar. Uma cliente leal certa vez comprou todos os modelos da coleção da estação, uma despesa de muitas centenas de milhares de libras. *Time, Harper's Bazaar, Sunday Times, Telegraph, Marie Claire, New York Times* e *International Herald Tribune* ganham acesso a lugares de destaque. A *Vogue* recebe um *monte* de lugares, para seus vários representantes internacionais. E lá na linha de frente das revistas de moda internacionais está Gene Krell, da *Vogue* japonesa. Krell, ex-proprietário da butique Granny Takes a Trip, dos anos 1970, e, consequentemente, uma lenda da moda como o homem que vendeu o glam-rock para os londrinos, também foi inquilino de Vivienne – salvo por ela, segundo relato do próprio Krell, da dependência de heroína e de uma morte prematura.

Lá embaixo, as modelos usam camisetas com os dizeres "VW GOLD LABEL SS 2014" [o SS para *spring/summer* (primavera/verão)], seus elaborados topetes *pompadour* cobertos por redes, parecendo uma Nora Battys *rockabilly*. A maioria veste apenas calcinhas fio-dental.

Faltam noventa minutos. O Ensaio dos Sapatos. Isto é um ritual dos desfiles de alta-costura, mas que tem importância especial para o de Vivienne Westwood, já que seus sapatos são famosos pelos saltos altos e, como houve o notório tombo de Naomi Campbell, em 1993, usando um par desses, é válido. Modelos de um metro e oitenta, com saltos plataforma de 15 centímetros, mais a chegada à passarela via escada rolante, exigem um ensaio geral atento. Aparecem as últimas garotas.

Teoricamente, estamos a apenas meia hora do desfile. São quatro da tarde e chega o aviso da Federação Francesa de Alta-Costura de que os desfiles anteriores atrasaram, então devemos começar às 16:45. Há uma sensação de alívio palpável. Vivienne acerta roupas em ombros, reorganiza elaboradas guirlandas e coroas ao estilo Frida Kahlo, e fotógrafos clicam tudo. As garotas estão acostumadas a isso, e posam em frente a fundos brancos e pretos; perfeitas, sérias, e em seguida coquetes e brincalhonas, formam grupos de duas ou três e posam para uma profusão de celulares e fotógrafos anônimos que também têm "acesso irrestrito". Elas são fotografadas enquanto trocam de roupas e com o cabelo ainda preso em redes. São fotografadas de calcinha e seminuas. Não existe nenhum lugar que não esteja à vista, e prestes a estar on-line.

Vivienne, com echarpe e óculos, subitamente ganha ares de chefona de um bordel louco: "Na verdade, estou bastante cansada", admite ela. "Mas é lindo, não é, quando tudo se encaixa?"

Faltam cinco minutos. Aparentemente, há uma emergência. Um tsunami se aproxima, uma onda de obsequiosa humanidade e holofotes, tendo ao centro a minúscula, mas imediatamente reconhecível, forma de Pamela Anderson. Ligeiramente abaixo de uma estatura normal, mesmo com saltos Vivienne Westwood, ainda assim Pamela está resplandecente, com seu cabelão e sua voltagem de celebridade. Uma mu-

A modelo Juana Burga vestindo camiseta de ensaio.

sa leal, mesmo que recente, no mundo de Vivienne, ela voou de Los Angeles especialmente para este evento, reservando uma quantidade milionária de suítes no hotel Plaza Athénée. O jantar após o desfile será com Pamela e uma ex-modelo Westwood chamada Carla Bruni, que parece ser bastante conhecida em Paris. "Só alguns poucos amigos: estamos todos cansadíssimos", explica Christopher. Pamela, Carla e Vivienne terão muito o que pôr em dia sobre seu mundo compartilhado de ecopolítica e direitos dos animais. Quem diria...

Então Suzy Menkes, uma das jornalistas de moda mais influentes do mundo, finalmente senta-se, Pamela Anderson está alojada, e o desfile começa, meia hora atrasado e exatamente três minutos antes de Vivienne ser multada pela Federação Francesa. O ambiente fica na penumbra e, de uma estrutura montada a três metros de altura acima de nós, um holofote vigia para pegar a primeira modelo no momento em que ela pisar na escada rolante subindo em direção ao átrio. Os espelhos gigantescos refletem os fotógrafos, assim como a garota da abertura, e 450 pescoços dispendiosamente perfumados esticando-se para cima. O átrio explode com os flashes, e, como se fossem duzentos açafrões-bravos florescendo instantaneamente, um campo de smartphones é erguido na plateia, em toda parte menos na primeira fileira. Na primeira fileira não se tiram as próprias fotografias.

Terminada a longa batalha, a ordem de entrada parece ter sido resolvida com uma montagem que começa com Frida Kahlo, avança para cores e texturas de peregrinação e folclore, e termina com alguns acenos à alta-costura séria de Yves Saint Laurent e à modelagem barroca estruturada que fez de Vivienne uma *couturier* nos anos pós-punk. Todas as garotas adotam um ar de gravidade supersério, supersexy, que é sua armadura profissional. Doze minutos parecem muito tempo. Na ausência de uma verdadeira narrativa ou linguagem, e considerando o ritmo insistente de uma garota após a outra a cada trinta segundos, o desfile fica difícil de absorver. Não só isso, como também o excesso de informação visual. As cores e formas, a beleza irreal das roupas e das garotas; em alguns momentos, é como se o mundo desacelerasse em câmera lenta. À medida que se afastam e saem do meu campo de visão, as roupas movem-se em ondas que desafiam a gravidade, vazios etéreos que sustentam o peso das expectativas de um império da moda, mas que também conseguem rir um pouco da beleza que pode ser forjada com panos e a forma humana. Aqui estou eu; tocado pela beleza. Quando nos levantamos ao final, vejo, de repente, que Mark Spye chora lágrimas de arrebatamento. Não é o que se espera de um fortão de 50 anos com uma camisa de lenhador. "É uma das suas grandes coleções", opina ele. "É o que ela sabe fazer de melhor."

E acabou. Há uma leve comoção sobre quem chegará primeiro à passarela, se Andreas ou Vivienne, e, na confusão, o buquê que ela carregaria se perde. E eles dão a volta na passarela de mãos dadas, até Andreas soltar-se para juntar-se aos aplausos para Vivienne, que sorri timidamente, como de costume, aceitando a ovação.

Dá o que pensar. Duzentas e cinquenta mil libras. Doze minutos. Sessenta trajes. Mil e oitocentas horas trabalhadas. Faz pensar em qual é, na realidade, o sentido disso tudo. Como declarou lorde Chesterfield (a respeito de sexo, mas pode-se aplicar à alta-costura), o espetáculo é ridículo, o preço exorbitante e o prazer passageiro. O mundo precisa ser povoado, mas será que já não está povoado demais com moda? Qualquer um pode ver a beleza absoluta da roupa movimentando-se sobre corpos perfeitos. Há muito o que se dizer, aqui em Paris, especialmente, a favor do aperfeiçoamento de qualquer forma de arte humana em uma disciplina, um artesanato, uma religião. Mas no culto à moda, ao contrário de, digamos, às artes plásticas ou mesmo à comida, há uma fetichização do "agora" que exerce uma certa magia, em detrimento, às vezes, da própria forma de arte. É a economia, estúpido. Quais desses designs sobreviverão à passagem do tempo? Por que criar mais e mais e mais designs? Como Vivienne pode justificar o custo, as milhas aéreas, o foco totalmente concentrado de centenas de indivíduos extremamente talentosos e em sua maioria mal pagos? É preciso reconhecer que ela leva em consideração essas críticas e suspeitas, e lida

Vivienne e Andreas, a saudação na passarela, menos o buquê.

com algumas delas de frente. Meu ano com Vivienne me ensinou mais do que a maioria dos homens tem a bênção de aprender sobre a importância da moda, sobre o que continua atraindo seus devotos ao altar da arte de Vivienne e o que a mantém criando. Existe, claro, o imperativo industrial – o imperativo econômico. A sobrevivência de muita gente hoje em dia depende da contínua criatividade de Vivienne e Andreas. Existe algo mais em jogo: uma paixão por manter a moda no centro da vida cultural, e uma paixão por explicar o mundo da forma como Vivienne o vê, por meio das roupas.

Após o desfile, Vivienne está no centro de um redemoinho de jornalistas de moda. Câmeras e cobertura ao vivo na televisão: o epicentro, embora breve, do furacão de mídia da Semana de Moda. Ela leva isso na boa, talvez a única mulher no recinto que não se preocupa muito com suas roupas ou sua aparência, segura de que seu estilo a distinguirá. Manobra entrevistas curtas sobre moda em francês, italiano e alemão, embora principalmente no idioma internacional da moda, que é anglo-americano. Até mesmo os taiwaneses têm sotaque de Carrie Bradshaw. O sotaque carregado do condado inglês de Derbyshire, no entanto, atravessa toda a fala:

"Eu tive uma visão de uma garota em uma peregrinação..."

Na manhã seguinte, com uma ligeira ressaca, sento com Vivienne no showroom antes de os compradores chegarem.

"Alguns lugares dão à luz lendas", diz Vivienne, "como Vênus, da ilha de Citera." Esse não é, claro, o tipo de resposta que se espera à pergunta "Você gosta de Paris?", mas aguenta firme com ela. "Paris mudou tudo para mim. Acontece o seguinte: eu me envolvo em situações. O motivo de estar sentada aqui em Paris com você e de eu ser uma estilista de vestidos é porque achava que esse era meu dever. Para ajudar Malcolm [McLaren], meu namorado na época. Eu disse: 'Malcolm, ou ajudo você no negócio da música ou você me ajuda na loja. Ou um ou outro. Você decide.' Ele disse: 'Moda, sempre.' Mas, aí, ele foi atrás do negócio da música! Foi então que tomei a decisão de continuar, para me colocar à prova; foi quando fiz as primeiras coleções para valer, e foi quando vim a Paris. E me apaixonei, de verdade. E, como quando se está apaixonada, foi como se eu sempre soubesse: sempre soubesse que Paris seria importante para mim, e sempre soubesse, num certo sentido, que tinha coisas a dizer na moda. As pessoas ainda parecem surpresas com o fato de alguém que participou do movimento punk também estar na alta-costura, mas tudo está interligado. Foi por isso que demos o nome de 'Punção' [Punkature] a uma das primeiras coleções. Veja bem, a questão não é moda; para mim, a questão é a história. A questão são as ideias.

"Mas devemos começar em Paris, porque é o centro daquela parte da minha vida, que são as roupas. A primeira vez na vida que vim a Paris foi com a banda punk de Malcolm, The New York Dolls – eles iam fazer um show em Paris. E só anos mais tarde eu viria a apreciar devidamente a cidade: sua arte e sua história. Por causa do meu amigo Gary Ness. Vou falar dele mais tarde. Agora, vou dizer o seguinte: existem coisas que só posso contar nesse livro porque o tempo passou e algumas pessoas – como Malcolm, Gary – não estão mais aqui. Eu penso muito em Gary quando estou em Paris. Fizemos trabalhos incríveis aqui com a colaboração de Gary, porque ele sabia do que estava falando em termos de história. O que quero dizer é o seguinte, tenho minhas ideias porque me interesso pelo passado. Estou interessada nos gênios do passado: o melhor que as pessoas tentaram ser. Eu me interesso pela visão de mundo das pessoas no passado. Nós podemos aprender muito com o que aconteceu antes; seus ideais e suas esperanças para o futuro. E, aqui, isso é sentido com muita força.

"A ideia de que precisávamos fazer um desfile em Paris foi de Malcolm. Era início de 1981 e tínhamos uma secretária francesa, Sylvie Grumbach, que era ótima. Aquela era minha terceira coleção. Havíamos feito a 'Piratas' [Pirates], a Selvagens [Savages] e essa era a coleção 'Buffalo'. O título oficial foi 'Nostalgia de lama' [Nostalgia of Mud], junto com a loja que tínhamos na época. O começo do New Romanticism. Aquilo era eu! Havíamos feito o desfile da 'Buffalo' no Olympia,

Convite para "Nostalgia de lama", a primeira coleção de Vivienne apresentada em Paris.

em Londres, e decidimos repeti-lo em Paris. O motivo foi o fato de eu já ter tido a experiência em 1981-82 de ver minhas criações seguidamente copiadas e usadas nas passarelas de Paris. As coisas punk, por exemplo, foram copiadas por toda parte em Paris.

"Daí, fizemos um desfile em Paris, no Café Angelina, na rue de Rivoli. Comparado com os dias de hoje, claro que foi feito com um orçamento apertado, mas foi muito mais emocionante. E não só porque era uma novidade para mim ou porque eu era mais jovem. Naquele tempo, as revistas de moda iam ver o desfile e, no dia seguinte, pegavam suas roupas emprestadas para fotografar. Simples. Era tudo feito de uma tacada. *Vogue* francesa. *Vogue* italiana. Até mesmo a *Vogue* americana fazia dessa forma. A *Vogue* italiana e a americana: elas fizeram o meu nome. Foi tão imediato. Tão empolgante. Você sabia o efeito que estava causando. Resposta instantânea. Claro que o mundo da moda também era menor na época.

"Eu não estava nervosa. Nem um pouquinho. Eu nunca, jamais fiquei nervosa. Não quando se trata de roupas. Jamais. Digo para mim mesma 'Eu amo essas roupas, e dei tudo de mim'. O primeiro desfile em Paris, a coleção 'Buffalo', em 1981, causou sensação. Estava em todos os jornais, assim como nas revistas. Fiquei empolgadíssima. Porém, demorou anos e anos até sentir que havia sido aceita em Paris como sou hoje em dia, ou poder me considerar com segurança uma estilista. As pessoas que sempre me mencionavam eram os italianos. Devo muito à Itália. A *Vogue* italiana e a *Vogue* americana: elas foram maravilhosas a meu respeito, minhas duas principais apoiadoras no início, pelo que viram em Paris. Então, mesmo no início, Paris começou a mudar tudo para mim. Menos punk. Menos jornal sensacionalista. Comecei a ser levada a sério. Não por causa dos parisienses ou da imprensa de moda da França. As primeiras pessoas que me apoiaram de verdade foram os italianos, os americanos e, especialmente, os japoneses que vieram a Paris comprar para as butiques. Porque o que estava acontecendo era o seguinte: é engraçado, eu vou contar a você e não deveria, mas John Galliano, naquela época, por exemplo, era tão fã do meu trabalho que

O visual da garota de "Buffalo", de 1982.

copiava minhas roupas nos detalhes e sei disso porque ele costumava vir à loja. E eu fui com uma amiga minha a Paris ver o desfile de John e ela adorou, com razão, e eu também, mas isso porque era o *meu* desfile do ano anterior. Eu pensei, bem, moda é um negócio muito esquisito. Mas é. Esquisito. Gente escrevia que minhas roupas eram impraticáveis, mas lá estavam elas na estação seguinte e na próxima, copiadas pelos outros, vendidas muito mais caras, com muito mais apoio. Sei lá. E aquilo me aborreceu na época, definitivamente. Eu sabia que as roupas eram sensacionais e que o tempo estaria a meu favor. Contudo, era esquisito e desanimador.

"Essa é uma parte da minha história de Paris. Onde tudo começou. Você sabe, design tem a ver com contar uma história. Passei a manhã de hoje na cama lendo sobre arte chinesa, tentando entender, por meio dos objetos, como eles pensavam e como compreendiam o mundo. Ou como eu digo nessa coleção: 'Ela parece estar indo para a Cantuária.' É o equivalente a abrir um livro e olhar um manuscrito medieval. E o mesmo se dá com esta biografia: é uma história, o que quero dizer na moda, no ativismo, na vida. Não é uma *cópia*. Não pode ser eu na totalidade. É *inspirada* em algo. Você cria alguma coisa por inspiração; como quando puxa o ar para dentro – aqui está ela: uma peregrina. O manto que ela está vestindo tem que ser o melhor manto possível. Tem que ser o casaco colorido de José. Tem que ser o manto do Mágico de Oz. Tem que ser o manto do trovador. Se você conseguir inspirar essas referências, você tem algo que resume a ideia completa de 'manto'. Para resumir a ideia completa de 'Vivienne' – não que eu tenha certeza de querer isso ou de que seja possível –, seria preciso encontrar as referências; as ideias do passado e as metas para o futuro. Como esse manto. É isso que confere atemporalidade às roupas, entende. Peso. Que existe algo a que associar. Como uma certa nostalgia. Como saber que sempre se amou Paris. Um tipo de nostalgia por algo que você já conhece. Quando você vê, você sabe. Isso eu entendo, reconheço. Se tenho um talento, eu acho que é esse."

De repente, Vivienne olha para mim. "Você conhece *Pinóquio?*", pergunta ela, pronunciando a palavra como uma italiana faria se tivesse nascido em Glossop.* "O verdadeiro, não o filme. Eu nunca assisti ao filme. Esse livro estaria no topo da minha lista de leitura, junto com *Alice no país das maravilhas*. Você tem que dar o melhor de si. Essa é parte da história que eu quero que contemos. Dê o melhor de si. E siga sua consciência.

"É como quando se faz uma coleção: começa-se por pensar uma história. Uma moldura. Aqui está. Isso é o que está acontecendo comigo nesse momento. Eu tenho que usar o momento de atenção que recebo de você, o tempo de quem estiver lendo este livro, com o melhor propósito. Há que se buscar a beleza. Em tudo. Todo o tempo. Em todo mundo.

"'Era uma vez', como está em *Pinóquio*, 'apenas esse pequeno pedaço de pau...'"

* Cidade natal de Vivienne Westwood, próxima à cidade de Manchester, no condado de Derbyshire, no Norte da Inglaterra. (N. das T.)

PROPAGANDA
SCEPTICAL ESSAYS
RUSSELL UNPOPULAR ESSAYS
BERTRAND RUSSELL
ALDOUS HUXLEY
HUXLEY
Ape and Essence
BEYOND THE MEXIQUE BAY
FREEDOM AND ORGANIZATION 1814–1914
THEOPHILE GAUTIER
Richard Buckle
DIAGHILEV
FRENCH
OXFORD

A MENINA DO VESTIDO UTILITÁRIO

Os padrões que a vida adquire não são necessariamente conscientes na sua gênese, a consciência é frequentemente alcançada mais tarde por meio da dolorosa pressão da circunstância sobre o nervo do sentido de rebelião.

SAMUEL PUTNAM,
François Rabelais, Man of the Renaissance

Eu vivi toda minha vida como se fosse jovem, mas agora que estou velha dou-me conta não só de que a juventude é preciosa, mas também de que, na verdade, é algo mais.

VIVIENNE WESTWOOD

"A primeira coisa que você precisa realmente saber sobre mim é que nasci na Segunda Guerra Mundial. Racionamento. Tudo aquilo. Eu comi uma banana pela primeira vez aos 7 anos. Não gostei. As coisas eram escassas. E todo mundo tricotava. Você encontra moldes de tricô até para vestidos de noiva. Passavam-se horas e horas tricotando. E fazíamos coisas do tipo catar cascas de nozes e pintá-las e criar pequenos buquês de flores. Era tudo 'Faça Você Mesmo'."

Vivienne puxa felpas de sua saia de tricô e mostra uma fotografia sua na infância.

"Eu sou uma estilista e sou o que se chama de ativista. E creio que havia sinais disso desde cedo. Já fiquei sem graça em alguns momentos de contar histórias que dão a impressão de que me considero especial ou uma pessoa do tipo boazinha. Não é isso. É que não gostava que as pessoas soubessem que, ainda bem garotinha, eu me sentia como esse tipo de paladina. Penso que as pessoas comportam-se desde muito jovens de acordo com sua natureza intrínseca. Essas coisas são definitivamente uma espécie de pequena chave para me entender e entender o meu lado de defensora da liberdade. Não uma pequena chave: é uma indicação muito, muito importante. Veja um exemplo de como, na verdade, ao meu modo, eu era ridícula e entusiasmada ao mesmo tempo. No intervalo do almoço na escola, nós esperávamos até que uma supervisora viesse e dissesse, invariavelmente, 'Levante quem estava conversando'. Nesse dia, a diretora, sra. Booth, veio e fez a pergunta de sempre, e pensei, 'O que aconteceria se eu levantasse?' – se eu testasse a retórica, por assim dizer. Pensei que poderia ser elogiada por assumir a culpa, embora não estivesse conversando. Fiquei de pé e disse 'Era eu'. Não era. Eu levantei sozinha, sentindo-me segura porque sabia que a sra. Booth gostava de mim, e desfrutei do glamour da autorretidão. Ridícula. Porém, também, achava que todo mundo faria o mesmo. Eu realmente achava. Como em *Spartacus*: 'Era eu', 'Era eu.' Mas ninguém ficou de pé. A sra. Booth me elogiou por ter me levantado – eu sabia que ela faria isso. Mas lembro-me também de ter pensado que arriscar o pescoço pode ser uma farsa. Com isso, aprendi uma espécie de proporcionalidade. Eu realmente me importava bastante com as coisas. Dei-me conta de que era incomum; eu sentia que era. Esse não é um sentimento estranho para mim. E reconheci isso em mim desde nova: via a mim mesma como alguém que ia *fazer* coisas – era isso que eu sentia. Então, aí está. Essa minha atitude corajosa, de arriscar o pescoço, é um instinto. Mas sei que não é altruísmo puro e simples. E na época pensei: 'Bem, não vou fazer *isso* novamente.' Mas é claro que fiz."

A menina na fotografia parece ter por volta de 4 ou 5 anos. A foto, abaulada nas bordas devido a sessenta anos de manuseio, é em preto e branco, mas nem por isso menos cativante. A menina é Vivienne. Ela olha desconfiada para a câmera, posando em seu novo pulôver de lã colorido, tricotado por sua mãe quando entrou para a escola, em 1945.

"Eu estava com 4 ou 5 anos, sim."

A fotografia, que Vivienne pega em sua mesa de cortar moldes, bem acima dos telhados do bairro de Battersea, e que ela vira e revira

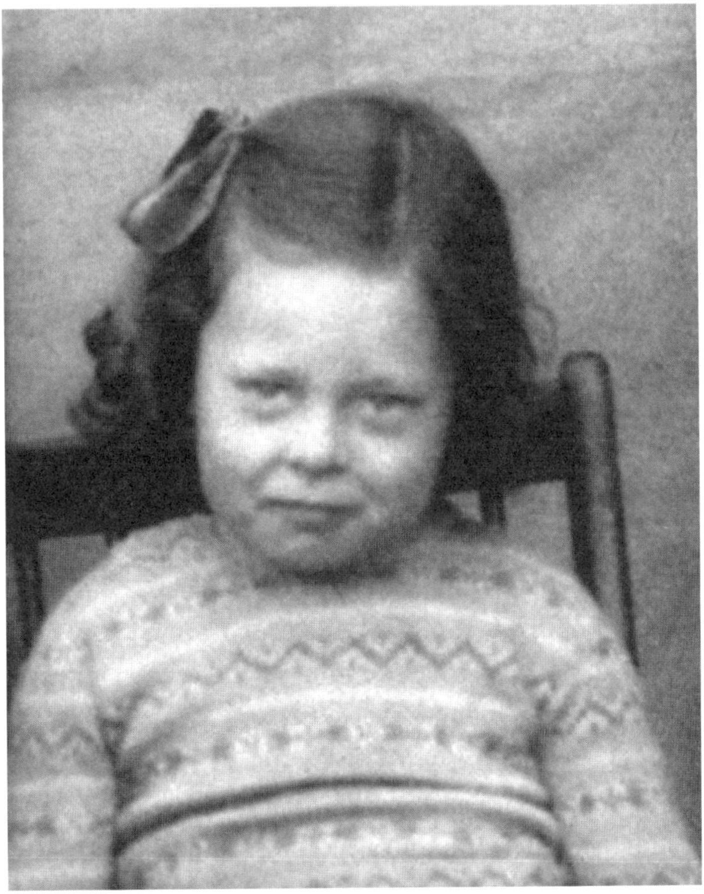

Vivienne Isabel Swire. Aos quatro anos e nove meses.

entre os dedos finos, é uma das suas poucas imagens antes da adolescência. Não é um indicador da reticência dos pais em registrar a infância da filha mais velha. É um sinal do progresso da fotografia na Grã-Bretanha da metade do século XX. Uma família operária da região de Derbyshire, como a de Vivienne, só teria fotografias das férias, de casamentos ou de batismos – ou se por alguma razão aparecesse no jornal. Quando Vivienne chegou aos 21 anos, todas aquelas ocasiões estavam registradas e fotografadas. Mas essa é uma das primeiras fotos que é reconhecivelmente *ela*.

A menina da fotografia, que tinha 4 anos e está chegando aos 73 agora, enquanto registro seu penoso reconhecimento de si mesma, é de repente uma só. Desconfiada. Questionadora. Meio tímida e meio desafiadora: o jeito que se tornou marca registrada de Vivienne, mas que imagino ser comum a muitas crianças de 4 e 5 anos quando se lançam no mundo, foi uma pose forjada, depreendi, por um misto de emoções com o entusiasmo por um novo capítulo de vida e o desconforto das roupas novas.

"Na verdade, eu detestava fazer as pessoas rirem ou pensarem que eu era boba ou não era crescida. Por isso, costumava não sorrir para as câmeras. Ou tentava não sorrir. Eu estava determinada a ser levada a sério!

"Daquela época, lembro-me principalmente de um vestidinho que minha mãe também fez, para a escola. Eu acho que ficava bem em mim, mas, como esse pulôver de lã, não tenho certeza de que gostava dele naquele tempo. Era marrom, o vestido, com uma golinha listrada de turquesa e branco. E era bastante simples, tipo um vestidinho de órfã, em lã marrom. Provavelmente, caía bem em mim, na verdade, mas eu não gostava dele. Eu não ganhava nunca aqueles vestidos maravilhosos, tipo princesa, que eu queria – como as princesinhas Elizabeth e Margaret Rose – e via o meu vestido como um vestido da pequena órfã Annie, horrível, porém, claro, como você pode ver, era de fato bonito, e bem-feito. Minha mãe era bem específica em relação a roupas e ao que me deixava usar. Ela fazia tudo. E eu tinha sorte porque ela trabalhava em uma fábrica que tinha tecido. Ela adoeceu trabalhando horas extras para nós, os filhos, para podermos ter e vestir. Enfim, não é por causa da minha mãe que me lembro do vestido. Lembro-me dele por outro motivo. Eu o vesti quando comecei na escola. E lembro que fiz a coisa mais terrível. Foi poucos dias depois do início das aulas, esse dia que ficou na memória. Eu tinha que correr da escola para casa passando por terrenos baldios porque morávamos fora do vilarejo – no campo, na verdade, mas numa estrada principal entre dois vilarejos –, corria para casa para o almoço. Talvez fosse apenas cerca de um quilômetro, mas estou falando de quando eu tinha 4 anos. As casas em que morei tinham sido talhadas entre morros e havia aquelas margens bem íngremes dos dois lados da estrada, e os campos no alto. Eu subia essa beirada e caminhava pelo alto; framboesas cresciam ali naquela época do ano. Enfim, era preciso se agarrar a uma pequena cerca de estacas de madeira, e um menino, eu me lembro do seu nome mas não vou lhe contar – está bem: era Barry Swindle –, sua avó morava bem próximo a nós e ela, às vezes, tomava conta dele por um tempo, e por alguma razão tinha medo dele, muito medo, e eu estava subindo. Ele estava lá, com Brian Marsden. Imagino que agora sejam homens legais. O terreno estava escorregadio e molhado, e com barro, e ele estava lá na minha frente e não havia espaço para nós dois no caminho, e ele simplesmente ficou parado lá, com um pedaço de pau, e tive que descer naquele barro todo e lama para contorná-lo, e eu derrapava e escorregava, sabe. Como sabia que ele teria me batido se chegasse perto, arrisquei enlamear o vestido e deslizei por outro trajeto, e fiquei arranhada, e atrasei-me para a aula depois do intervalo do almoço. Enfim, quando me perguntaram por que estava atrasada, eu disse que ele havia me empurrado na lama, este menino, o que não era verdade. Não sei por que menti. Nunca contei isso a ninguém. E ele foi arrastado até nossa turma. Eu me senti terrível com aquilo. Gostaria de pedir desculpa aos dois agora, de verdade. Veja bem, eu tinha um senso de vergonha e culpa bem desenvolvido na época. E, no final das contas, descobri que amava e admirava bastante Barry Swindle e Brian Marsden. Mas os adultos em casa nunca souberam disso. Eu contei que havia escorregado. Se pudesse falar com aquela menina, agora, a pequena Vivienne Swire, acho que eu diria: 'Não tenha medo. Não. Se você contar a verdade – a verdade real e adulta – as pessoas não ficarão zangadas. Bem, acabarão não ficando.' E eu sempre penso, sabe... sempre ouça as crianças. E é por isso que me lembro daquele vestido."

Vivienne retira de uma pasta azul com papéis e anotações um bilhete escrito à mão em papel macio e amarelado da época da guerra que Dora, sua mãe, enviou ao jornal local. Escrito com a caligrafia confiante e característica das duas, diz o seguinte:

> *SWIRE.*
> *No dia 8 de abril de 1941, na Maternidade de Glossop, Partington, de Gordon e Dora; a filha que é um precioso presente de Deus. Vivienne Isabel.*

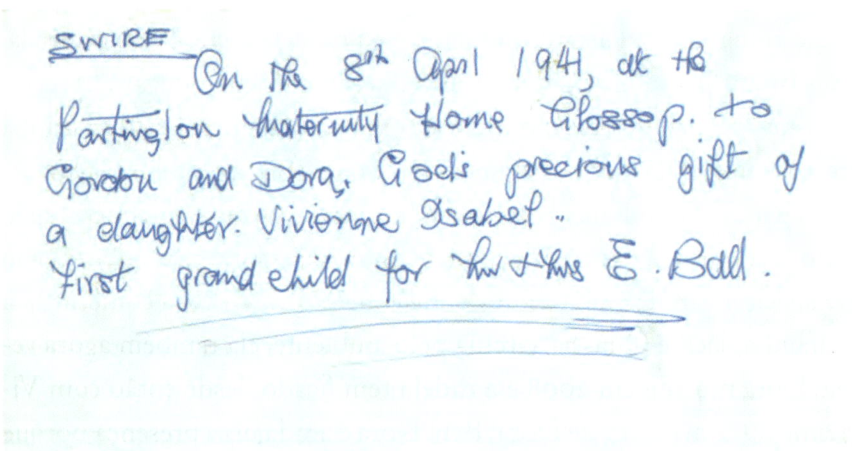

SWIRE On the 8th April 1941, at the Partington Maternity Home Glossop. to Gordon and Dora. God's precious gift of a daughter. Vivienne Isabel.
First grandchild for Mr & Mrs E. Ball.

Dora Swire anuncia o nascimento de sua filha.

"Minha mãe tinha muito orgulho de mim. Ela orgulhava-se quando eu era pequena e eu sabia que ela orgulhava-se de mim pelo que me tornei. Minha mãe me contava que eu recitava poesia aos 18 meses. Suponho que ela quisesse dizer letras de cantigas de roda. Ela me contou que, quando eu estava com uns 14 meses, o carteiro estava à porta e eu disse 'Bom dia, sr. Venables', e ele respondeu 'Minha nossa, sra. Swire, e não é que essa menina fala tão bem que nem a senhora e eu?'. Eu nunca perdi meu sotaque. Lembro quando minha mãe estava doente no hospital, no final de sua vida, e ia visitá-la. Ela chamava as enfermeiras e dizia: 'Vocês sabem quem é essa jovem? Essa jovem – essa é Vivienne Westwood, minha filha; ela é uma estilista, sabiam?' Uma das últimas lembranças que tenho dela foi quando uma enfermeira passou e mamãe a reconheceu e acenou. Ela era uma pessoa tão sociável, minha mãe. Meu filho Ben estava com ela no final... e ela disse para ele, muito claramente: 'Eu não quero morrer.' Essa foi a última coisa que ela falou. 'Eu não quero morrer.' Andreas – que realmente a adorava, e ela a ele – também estava com ela e caiu em prantos. Eu não estava. Estava em um comício. A Campanha pelo Desarmamento Nuclear. Eu havia combinado de sair mais cedo para ver mamãe, mas eles telefonaram e... você nunca sabe o quão rápido será. Com isso, cheguei atrasada. Veja você. Eu a perdi."

Dora, a mãe de Vivienne, é uma pessoa que passei a conhecer e a admirar muito, mas apenas por tabela: por meio dos amigos, dos familiares e de Vivienne. Um ponto fundamental para entender alguém, claro, é entender sua mãe. Dora é uma presença constante, que ainda se faz sentir no ateliê de Battersea onde conversamos – para começar, sua cadelinha, Jackie Onassis, circula pelo ambiente, ela também agora velha. Dora morreu em 2008 e a cadela tem ficado desde então com Vivienne ou com o neto de Dora, Ben. Dora é ainda uma presença porque dizem que Vivienne, agora mãe e avó também, está cada vez mais parecida com ela: os filhos de Vivienne, Ben Westwood e Joe Corré, e o irmão de Vivienne, Gordon Swire, todos falam isso. E ao adotar um não conformismo combativo, nem tanto brigando contra o apagar das luzes mas sim ignorando-o desaforadamente, Dora Swire e Vivienne Westwood parecem ambas terem abraçado a velhice:

"Minha mãe, Dora Ball, veio do vilarejo de Tintwistle, em Derbyshire. Era a segunda mais velha entre cinco filhos. Seu pai, meu avô, deve ter sido um homem muito infeliz e frustrado. Ele era um fiadeiro em uma fábrica de algodão e teve que abandonar os estudos aos 14 anos. Era muito inteligente, como eram seus filhos, mas tiranizava a família: certa vez, na frente da minha mãe e de Beatrice, esmagou o cérebro do gato por conta de alguma frustração – ele tinha um temperamento assustador. Apesar de todos os seus defeitos, meu avô havia sido um bom aluno e sempre gostou de ler. Em 1928, Dora deixou a escola e acabou indo trabalhar na fábrica como tecelã. Talvez por causa disso, Dora sempre quis o melhor para seus filhos – que eles prosperassem por meio da educação.

"Dora e meu pai, Gordon, foram felizes juntos a vida toda. Ou pelo menos era o que parecia para nós, os filhos. Ele tinha uma personalidade tão forte quanto a da minha mãe, e era muito ambicioso e empreendedor. Lembro que ele queria imigrar para o Canadá ou a Austrália. Foi mamãe quem insistiu para ficarem perto da mãe dela. Eu era tão orgulhosa do meu pai; ele era um homem tão atraente. Eles se conheceram dançando, e meu pai morreu com pouco mais de 70 anos quando eles estavam dançando. Dora disse depois, 'Se nós não tivéssemos dançado o Gay Gordons ele ainda estaria aqui'. Eu simplesmente tive uma infância maravilhosa. Um idílio. Nasci no campo, de pais que eram fantásticos e que fizeram de tudo por mim, por Olga e por Gordon, e, além disso, meu pai conhecia bastante a natureza. Ele também era muito esportivo e um ótimo dançarino: muito sociável e muito popular, o melhor pai possível. E eles nos deram a infância mais sensacional. Nós vivíamos em Millbrook, uma fileira de casas de pedra numa cavidade na estrada a cerca de uns 800 metros de Hollingworth e 1,6 km de Tintwistle. Tínhamos parentes em cada vilarejo e a pequena caminhada que tinham que fazer dava às suas muitas visitas um senso de ocasião que fazia minha casa e minha família, inclusive eu, parecerem fundamentalmente importantes. Para mim, pelo menos!

"Tudo girava em torno da família. Nós realmente passávamos boa parte do tempo, no campo, visitando uns aos outros, fazendo caminhadas juntos, andando de e para Tintwistle e Hollingworth. É muito bom sair para caminhar e em seguida encontrar seus parentes e tomar chá com eles – geralmente na casa da tia Ethel, já que ela era a mais rica –, e depois ir para casa. Nossos fins de semana eram com esse tipo de coisa. Eu gostava muito das minhas tias e dos meus tios. Algumas das minhas primeiras lembranças são de ouvir as fofocas, 'absorvendo tudo', impressionada com as afinidades e as personalidades tão fortemente discordantes. Tia Beatrice era a mais criticada, porque ela mesma era muito crítica e inflexível, mas tinha um bom coração e eu amava e admirava todos eles. Para eles, eu era, e sempre continuei sendo, 'nossa Vivienne'.

"Nós tínhamos uma lareira a carvão de um modelo de ferro escurecido que tomava quase uma parede inteira de nossa salinha de estar. O sofá e as cadeiras eram agrupados em frente a ela. Minha mãe cantava para nós durante horas – ela adorava cantar e adorava poesia romântica, Wordsworth e Walter Scott. À noite, lia os contos de fada dos irmãos Grimm para nós. Éramos cercados de amor. Eu sabia pouco sobre a guerra, exceto sobre o racionamento, que significava apenas que havia certas roupas e certos tesouros que existiam, mas que eu não podia ter: decorações de papel no Natal, por exemplo; então reciclávamos as tampas de cromo do sal e da pimenta e usávamos como decoração da árvore de Natal. E o bem mais precioso que eu possuía era uma caixa de fósforos com pedaços de vidros quebrados dentro copiada de um estojo de pó compacto de uma amiga, que tinha pedras e pérolas falsas. E eu cobiçava uma única pena de pavão, mas parecia exótico demais para ter esperança de conseguir.

"Gelatina e manjar eram as principais especialidades das festas e eu, de certa forma, associo sua temperatura fria, e os granulados sobre o bolo, com a felicidade da infância... mas também a característica das paredes da nossa sala de estar, às quais meu pai deu um efeito falso de papel de parede pintando com um pano amassado e mergulhado em tinta verde. E mamãe fez questão de que nós, os filhos, tivéssemos uma festa de aniversário todo ano – a partir de 1 ano – e sempre tivéssemos férias de verão na praia. Quando me convidaram para escrever 'Minha Autobiografia' como trabalho de escola, mamãe insistiu que essa informação constasse na introdução!

"Eu amava minha casa em Millbrook Cottages – até mesmo as pedras. Cada pedaço era pedra. As paredes tinham cerca de 45 centímetros de espessura e eu usava o recuo da janela para brincar. Eu adorava brincar de cambalhotas – ficando de cabeça para baixo no parapeito e dando a cambalhota para o outro lado. Havia bandeiras de pedra no piso onde jogávamos bolas de gude, uma despensa de pedra, uma pia de pedra e um tanque quente de pedra para lavar roupas com uma peça de zinco dentro. E quando meus pais levantavam de manhã, eu lia na cama deles pelo tempo que minha mãe permitisse e pelo tempo que ela permitisse que Olga trouxesse bebidas e petiscos para mim. Daí, eu me transferia para o sofá e ela dizia 'Levante os pés do meu caminho', e passava com a vassoura. Tinha muito orgulho da casa arrumada. Mas, quando eu estava lendo, ela dizia, 'Lá está nossa Vivienne, está no paraíso'. E ela dizia para Olga, 'Pode deixá-la onde está: nossa Vivienne está no paraíso'. E ela estava certa, eu estava no paraíso.

"Isso era o que mamãe sempre dizia, e não era com aprovação. Mas ainda uso essa expressão quando estou na minha cama sem nada para fazer a não ser ler. Ler é, sempre foi, meu luxo sublime. Ela acabava me tirando de casa e, quando isso acontecia, eu adorava. Costumava ficar o dia todo na rua. Fazia jardinzinhos, miniaturas de jardins com musgo para as fadas nas florestas. Portanto, eu não era só estudiosa. Eu vivia pulando corda. Pular corda é fantástico. Duas cordas. A melhor coisa."

O irmão de Vivienne, Gordon, cinco anos mais novo, concorda: "Nós éramos muito livres. Ninguém nunca nos disse quando tínhamos que voltar para casa. Nós voltávamos quando escurecia, depois de brincar com os amigos ao ar livre. A teoria da minha mãe era: bastante ar fresco, frutas e nada de ler demais. De tal forma que mamãe começou a pensar que Vivienne estava lendo demais e que isso fazia mal

Dora e Gordon Swire segurando Olga e Vivienne, respectivamente. Setembro de 1944.

para ela. Quando Vivienne estava com 8 ou 9 anos, nossa mãe a forçou a jogar fora a carteira de acesso à biblioteca. Ela *pagou* Vivienne para destruí-la: cinco *shillings*, que era precisamente cinco vezes nossa mesada semanal. Taí, essa era Vivienne: ela pegou o dinheiro, que era uma quantia considerável, e continuou conseguindo os livros com as carteiras emprestadas dos amigos!"

Dora não precisava se preocupar. Vivienne alternava seus momentos paradisíacos enterrados nos livros – de Enid Blyton, passando por Dickens até Walter Scott – com um amor crescente pela natureza dos campos de Derbyshire:

"Millbrook Cottages ficava no pé de uma antiga pedreira e, desde que eu era muito pequena, minha mãe me passava por cima do nosso muro dos fundos para eu brincar num pequeno bosque onde cresciam flores azuis silvestres em formato de sininhos. À medida que fui crescendo, eu era livre para andar pelo campo, que era belo e familiar até chegar nos terrenos baldios. A partir dali, era selvagem e um pouco assustador. Mas eu me sentia perfeitamente feliz sozinha e sempre precisei de isolamento. Só assim consigo pensar. Subia em árvores e pulava riachos. Eu me via como uma moleca. Apesar disso, quando uma amiga, Norma Etchells, perguntou se eu realmente queria ser um menino, fiquei chocada. Nunca havia me ocorrido que houvesse coisa melhor do que ser uma menina. Nunca quis ser um menino ou ter as liberdades associadas a um menino. Eu gostava de ser eu mesma, e por acaso era uma menina. Queria ser uma heroína e não via razão alguma por que uma menina não pudesse ser.

"A mudança das estações do ano era o panorama do meu mundo; das minhas fantasias, meu lar, meus amores e meu senso do eu. Durante uma manhã de maio – meu mês favorito, talvez por causa dessa lembrança – minha mãe me vestiu com uma roupinha xadrez e me botou para fora da casa dizendo 'Vai pegar um pouco de ar fresco!'. Eu fiquei sentada lendo no prado acima da pedreira superior, onde o solo ainda estava úmido com o orvalho subindo da grama alta e o ar estava repleto de cantos de pássaros e do cheiro da floração de maio e também do orvalho dos espinheiros, e disse a mim mesma 'Eu sou feliz'. Essas são as principais cores da minha infância. Piqueniques na Ponte do Diabo com meus primos. Todos os parentes que visitavam. Ou as vezes em que íamos passear pelos campos com nossos cachorros. Pelos campos nas noites escuras do inverno brincando com lanternas. Festival da Colheita. Carneirinhos nascendo na neve. Ficar presa em casa com a neve. A 'sutil e melancólica' beleza do campo inglês, como disse Huxley.

"Mas nem tudo era idílico. Também existe dor no crescimento. Primeiro, houve o nascimento da minha irmã Olga – que não foi culpa dela, obviamente –, e foi ali que comecei a me dar conta do quanto os adultos podem mentir. A história é a seguinte: minha mãe nunca me contou que ia ter um bebê, e jamais notei que havia algo errado com ela, que estava engordando ou qualquer coisa. Eu tinha 3 anos. Provavelmente teria adorado a ideia de ter uma irmã, mas minha mãe disse para mim: 'Você quer passar uma semana de férias com a tia Ethel?' E é claro que concordei, e foi realmente legal, e então uma semana depois minha tia Ethel disse 'Sua mãe vem buscar você hoje e está trazendo uma nova irmãzinha para você'. E pronto. E eu disse: 'Eu vou matar ela e botar ela na lata de lixo.' Estava furiosa. Depois, quando meu irmão Gordon nasceu, eu estava com quase 5 anos e a única coisa de que me lembro em relação a isso é que fiquei muito decepcionada porque ele era um bebê enorme e achei que ele era grande demais para ser *meu* irmãozinho! Fiquei zangadíssima quando vi meu irmão sentado no colo da minha mãe, sabendo que eu nunca mais seria um bebê. Mas também estava determinada a ser levada a sério, e nunca admitir minha ignorância. Eu lembro, por exemplo, que sempre quis ser uma dama de honra, mas perdi a oportunidade porque, quando meu tio Ed e tia Alice casaram, eles pediram para eu 'levar a ferradura'.* Eu não sabia o que eles queriam dizer com aquilo e meu orgulho não me permitiu admitir minha ignorância de não saber do que se tratava a ferradura.

* Uma tradição inglesa em casamentos, a ferradura, muitas vezes feita de papel prateado, é um símbolo de boa sorte para os noivos. (N. das T.)

"Então, teve Olga e teve Gordon, mas a outra coisa que me marcou de forma verdadeiramente inesquecível na infância teve a ver com religião.

"Quando vi um crucifixo pela primeira vez, foi algo enorme, enorme na minha vida. Falei disso um pouco, antes, e pode soar piegas ou pretensioso, mas aquilo foi, na época, simplesmente profundamente chocante. Em parte, porque provava, era o que me parecia, que os adultos haviam mentido para mim. Lembro como se fosse ontem: eu estava com minha prima Eileen, que tinha uns 12 anos, nos fundos da mercearia da minha tia. Lembro da torneira pingando e do gosto do pirulito que minha tia nos deu, e eu estava olhando para o calendário dela na parede. Talvez fosse Páscoa. Lá estava a imagem da crucificação."

– O que é aquilo, Eileen?

– Você não sabe quem é aquele? Boba. Aquele é Jesus, quando eles o pregaram na cruz.

"Eu não disse mais nada. Estava tão chocada. E comovida. Era para eu saber isso e não sabia. Só sabia do menino Jesus: 'Longe na manjedoura.' Não podia acreditar que existia gente no mundo capaz de fazer isso. Sabia com todo o fervor de uma criança que eu os enfrentaria e que morreria, se fosse necessário, para detê-los! Eu nunca contei a ninguém o que senti. Porque estava envergonhada, mesmo tão nova, da minha ignorância – do fato de que outras pessoas sabiam dessa injustiça e não haviam me explicado. Ignorância era um crime. Assim como indiferença. Ninguém falava no assunto: por que não estavam chocados?

"Então veja, quando criança, eu me tornei emocionalmente muito ligada ao amor de Jesus. Não ser uma cristã teria sido uma traição semelhante à aceitação de sua tortura. E a verdade é essa: eu me tornei a única defensora da liberdade com 5 anos em Derbyshire! Dedicada à luta contra a perseguição!

"De certa forma, a irmã e o irmão mais novos misturaram-se em minha mente jovem com o negócio da crucificação e pensei, sabe, que os adultos não me contaram nada importante! Eles deveriam estar lutando contra a injustiça e não permitindo que essas coisas acontecessem. E, na minha cabeça, isso ficou bem confuso em termos do meu medo, como eu via na época, das igrejas católicas e sua arte, que, na verdade, era mais um medo das Grandes Ideias da vida – medo da morte, do sexo, de bebês e de política, e de todas as coisas que os adultos não explicavam.

"Sempre tive um certo cuidado em admitir tudo isso, até agora. Ainda sinto essa sensação de ser diferente como uma experiência bastante privada, e eu costumava me envergonhar dela, do fato de ter opiniões tão fortes sobre as coisas mesmo quando era bem pequena: quem ela pensa que é? Mas, sendo um pouco mais bondosa comigo mesma, agora que estou mais velha, meu coração era simplesmente muito autêntico, na época, e espero que ainda seja. Frequentemente, eu protegia as vítimas da maldade de outras crianças – ou tentava proteger. Minha necessidade de atacar a injustiça e minha postura distanciada eram as coisas que, na infância, faziam parte da minha não ortodoxia e da minha necessidade de pensar por mim mesma, de formar minhas próprias opiniões, mas isso, obviamente, não me tornou muito 'popular'! Um exemplo maluco: tinha um menino na escola que era muito sujo – ele era uma doçura e estava sempre isolado no parque de diversões, num círculo invisível que ninguém penetrava, mexendo o corpo e a cabeça numa espécie de dança. Ele cheirava mal e seu cabelo louro era tão sujo, pobre Edward, que eu pensei, sabe, que ia salvá-lo. Daí, decidi que faria isso anunciando que ele era meu namorado. (Nós tínhamos 6 anos.) Ele ficou horrorizado. Ainda consigo vê-lo, vermelho debaixo da sujeira: o pior dia da sua vida. Todo mundo riu dele. E de mim. Mas ele ficou tão zangado. Eu aprendi que a gente nem sempre acerta.

"O inverno para nós, em Derbyshire, podia ser mágico. Quando eu estava com 5 para 6 anos, a escola estava enfeitada com decoração de Natal. Haviam nos dado folhas de papel preto porque íamos desenhar uma imagem com neve. Este foi o inverno de 1947, em que nevou tanto em Derbyshire que os presidiários tiveram que abrir uma passagem pela neve que acumulou entre nossas casas para desobstruírem a estrada. Parei para ouvir o barulhinho dos gizes de cera no papel enquanto a neve caía – uns bons trinta centímetros de altura no final do dia –, e a sala cheia com a concentração feliz de cada criança, com a queda silenciosa dos flocos de neve do lado de fora da janela estendendo um tapete de neve sobre o solo para tentarmos atravessar na volta para casa. Mas se olhasse para cima pela janela e focasse o mais alto possível nos flocos de neve caindo, tinha-se a impressão de estar viajando para o céu.

"Lembro que fui bem distante com meu pai andando na neve, porque ele queria encontrar frutinhas vermelhas de um arbusto em Robin Wood. Devia ser Natal, e minha mãe e ele ganhavam um dinheiro extra no período natalino fazendo guirlandas decorativas que vendiam na mercearia. Ele também fazia o melhor trenó das redondezas: o melhor e mais rápido, de modo que as outras crianças chamavam o trenó dos filhos dos Swire de 'A Carruagem'.

"Olga seguia-me para todo lado. No bosque, ela me ajudava a pegar musgo e gravetos e eu fazia miniaturas de jardins com lagos e árvores como se fossem grutas de fadas. Olga adorava isso, mas a coisa que ela mais amava era quando montava uma casa e nós fazíamos um conjunto de chá de boneca com rosa mosqueta e frutos do carvalho e bagas de sabugueiro. Naquela idade, eu tinha a fantasia de ser uma adulta solitária nas cavernas feitas de raízes de faia até o dia em que eu surgiria de lá em um maravilhoso vestido de tule com fitas rosas (eu estava pensando lá na frente!) e encontraria por acaso com um lindo fazendeiro. Eu nunca tinha certeza do garoto. Poderia ter sido Ben Timperley. Ele ficaria instantaneamente apaixonado por mim no vestido, mas eu responderia apenas que, na verdade, era um vestido para o dia a dia."

Os anos de austeridade britânica no pós-guerra são corretamente apontados por Vivienne como o pano de fundo essencial da sua infância, juntamente com a paisagem de Derbyshire, que era, e ainda é, um espaço no limiar entre o campo selvagem e o extenso impacto do início da industrialização: o mundo da infância de Vivienne abarcando prado

Vivienne em Scarborough, em 1949.

e fábrica. A guerra, na verdade, tinha sido relativamente generosa com os vilarejos de Tintwistle e Hollingworth, com a maior parte de Derbyshire, e principalmente com a família de Vivienne. Somente uma bomba caiu perto de Millbrook Cottages, errando inexplicavelmente o alvo, que era Manchester, por cerca de 16 quilômetros. Mas a guerra afetou claramente o núcleo familiar de Vivienne, e em parte estava longe de serem más notícias. Seu pai, Gordon, arrumou trabalho em uma fábrica de munições e aeronaves em Trafford Park quando a guerra começou e, por causa disso, nunca foi convocado para lutar. A empresa, A. V. Roe's, fabricava bombardeiros Lancaster e, depois da guerra, Gordon contava com orgulho histórias das bombas Dam Buster que eram testadas na represa de Derwent, para além dos portões da fábrica. O comércio estava no sangue, através de várias gerações de sapateiros e donos de mercearias dos dois lados da família – Dora trabalhou como tecelã em uma fábrica de algodão local desde 1928, porém, depois de 1939, a empresa passou a fazer uniformes e paraquedas, além de camuflagens, correias e barracas.

O casamento dos Swire foi notavelmente feliz. Os amigos, familiares e a própria Vivienne têm isso como a principal lembrança de Dora e Gordon, juntamente com a beleza dos dois. Eles eram dedicados um ao outro e aos seus filhos, Vivienne, nascida em 1941, Olga, de 1944, e Gordon Junior (só que ninguém o chamava assim), nascido em 1946. A infância que Vivienne descreve – com contornos de D. H. Lawrence, romântica, evanescida – talvez seja mais extraordinária pela liberdade experimentada. Até tarde fora de casa nas noites de verão, em uma época em que isso era considerado normal, livres para explorar o mundo natural, Olga, Gordon e Vivienne eram incentivados a abordar a educação de forma utilitária: ela seria útil para suas perspectivas de trabalho. "Eu nunca achei realmente que passaria nas provas para uma boa escola de ensino médio, mas eu sabia que era importante passar", conta Vivienne. "Foi por isso que papai nos transferiu para a escola da igreja, que tinha uma visível adesão à monarquia e à Igreja Anglicana; eles tinham um histórico melhor em número de crianças que passavam para boas escolas. Eu disse crianças... a maioria que passava era quase toda de meninas!" Para algumas partes da Grã-Bretanha, inclusive Derbyshire, a Segunda Guerra Mundial proporcionou uma saída para a depressão econômica. A guerra certamente influenciou a indústria têxtil e o progresso da moda britânica. Derbyshire e algumas áreas do que veio a ser a Grande Manchester prosperaram. A produção de munições foi uma grande parte dessa história, mas também tecidos fortes para o exército e outros usos; e os Swire, com duas fontes de renda e avós que tocavam a mercearia local, viveram e comeram relativamente bem. Quando a bomba caiu perto de Tintwistle, em sua casa no limite da paróquia, parte do reboco do teto caiu no sofá-cama de solteiro em que Vivienne dormia – não que ela se lembre. Ainda assim, o fiscal de bombardeios aéreos foi até a casa *deles* telefonar para o hospital mais próximo. Era o único telefone em Millbrook Cottages. Mas havia poucos livros.

"Nós éramos incentivados a fazer, não a ler. Meu pai nos deu um quadro-negro para escrevermos com giz, e eu o usava como base para maquetes. E lembro-me de estar sentada ao ar livre, um dia, construindo uma fazendinha de papelão com terra de verdade e morrião-dos-passarinhos, que parece uma miniatura de pé de batata, e miniaturas de repolhos feitas com folhinhas enroladas e plantadas. Eu devia ter uns 7 anos. Achei a fazendinha linda, mas a questão é que eu, na verdade, queria impressionar mamãe e papai, e consegui, embora tivesse estragado seu quadro-negro. Meu pai era muito habilidoso com trabalhos manuais – fazendo as guirlandas no Natal para vender e consertando qualquer coisa –, e minha mãe, apesar de nunca ter se achado muito hábil com as mãos, era uma costureira e tricoteira encapetada.

"Então eu sabia que era boa em fazer coisas. Sinceramente, com 5 anos eu poderia ter feito um par de sapatos. Só me dei conta de que era uma pessoa incomum quando entrei para a escola. O exemplo que ficou na lembrança foi o de quando entrei para a aula da sra. Turner, costumávamos fazer maquetes algumas vezes. Nós usamos caixas de sapato e ela nos mostrou como era possível fazer um buraquinho de um lado e criar um cenário ali, como uma câmera escura e, então, você olha através do buraco e vê a coisa toda. Ah, eu adorava fazer aquilo! Era possível pendurar a lanterna do papai dentro da caixa e criar um vale enluarado. Mas houve uma vez em que a sra. Turner quis fazer um cenário de parque de diversão, talvez com um carrossel e tudo, e ela botou as crianças para fazer as coisas. Elas tinham que fazer as pessoinhas também. E lembro dela dizendo-me: 'Então, Vivienne, como fazemos os barcos-viking? – sabe, aqueles balanços antigos de parques de diversão.' E eu simplesmente sabia. Imediatamente. Eu disse: 'Bem, pega uma caixa de fósforo e pega um pedaço de papelão – daí você desenha o barco na lateral do papelão. Você faz dois desses e cola em cada lado da caixa de fósforo; depois pega uma tira de papel, da largura da caixa de fósforo e pega as pontas e torce e coloca isso no meio da caixa de fósforo.' E a sra. Turner disse apenas 'Bem, Vivienne, eu acho que você sabe o que está falando, faça os balanços e mostre aos outros', e eu fiz um cenário inteiro de parque de diversão para ela, com esses barquinhos-viking.

"Quando eu estava com 8 anos e papai transferiu Olga, Gordon e a mim para a escola religiosa de Tintwistle, tive aulas de costura de verdade pela primeira vez. Era uma escola primária pequena, com apenas três professores, três salas de aula e três aquecedores de ferro. Cada um tinha um monitor para o carvão... eu era uma delas! A questão é que uma escola de igreja, como aquela, naquele tempo, tinha menos dinheiro para gastar por aluno, por isso tínhamos menos aquecimento e menos professores. Mas, uma vez por semana, nós tínhamos aula de costura, com uma toalha arrumada sobre a mesa, e foi lá que aprendi ponto corrente. Portanto, essas são algumas pistas iniciais para o que eu viria a ser. Eu desenhava e estudava a natureza, lia e lia, e costurava. Mas também fazia coisas – constantemente. E, de modo gradual, também na escola. Nós tínhamos ensino tradicional de bordado, como gerações anteriores tiveram, com uma sacola para nosso trabalho e um avental para vestirmos durante as aulas, e até mesmo uma anágua. Mas o mais especial para mim eram as aulas em que dispúnhamos de um pouco de feltro para fazer bonecas. Costurávamos essas bonecas na casa da sra. Leeney. Ela nos convidava uma vez por semana para o chá. Você aprende mais como fazer durante o ato de fazer. No que eu faço, é preciso ter habilidade com as mãos."

As roupas são a urdidura e a trama da história social. São parte do que torna a história de Vivienne tão envolvente – tão íntima e feminina, mas claramente no centro de uma narrativa turbulenta. Muito antes de estar "na moda" de alguma forma, suas roupas e a lembrança que tem delas contam a história de uma Grã-Bretanha em transição.

"É preciso entender que, na guerra e depois dela, os britânicos escreveram sua própria história da moda. Eu sei que não é exatamente a história habitual do V da Vitória e de Churchill; mas as pessoas esquecem que roupas eram política muito antes da 'moda', e em um sentido muito real quando eu era garota. Sabia-se diariamente que havia racionamento e havia roupas utilitárias – a quantidade de bolsos era controlada e nada de barra de calça virada para cima – e sabia-se disso, mesmo quando se vestia a calcinha utilitária azul-marinho; sabia-se que havia uma guerra e havia carência e que se era parte daquilo. Mas nós tivemos sorte. Não sei como minha mãe conseguia, mas nós nunca ficamos cientes das restrições – ao elástico, por exemplo –, nunca."

A Segunda Guerra Mundial é o Livro de Gênesis da moderna cultura britânica. Os filmes e as histórias que moldam a maneira como a Grã-Bretanha pensa a respeito de si mesma e do seu lugar no mundo remontam à metade do século XX – à Depressão, à guerra e em seguida aos anos de austeridade pós-guerra que formaram um pano de fundo para a criação do Serviço Nacional de Saúde, o estado do bem-estar social, a rainha, e Vivienne. Para algumas pessoas, a imagem mais chocante das manifestações anticapitalistas de maio de 2000 em Londres foi um penteado moicano feito de grama e colocado sobre a cabeça da estátua de Winston Churchill. Ela, no entanto, ligava alguns elementos-chaves nessa história e na história da Grã-Bretanha moderna – o homem que "salvou a democracia ocidental" e o protesto daqueles que sentiram que a vitória e os sacrifícios para alcançá-la foram desperdiçados. A era que moldou as grandes instituições do país e alguns dos indivíduos que ainda o lideram também dão à Grã-Bretanha o sentido do lugar que ocupa no mundo. Alude-se a isso em termos de "o espírito da Blitz" e de "Dunkirk" – uma indomitabilidade que beira a intransigência e a cabeça-dura. Isso tornou-se parte da maneira como a Grã-Bretanha é vista em outros países: sua excentricidade, sua teimosia, seu orgulho de sua história, e seu modernismo marcado por bombas. É o espírito a que se faz alusão nos símbolos e canções que lotam as arquibancadas de futebol, assim como as cerimônias de abertura de Olimpíadas. E a história de Vivienne também começa aqui, na guerra e suas consequências, e é tecida com pano e moda tanto quanto com política e história social. Sua história é intimamente política porque, para ela, as roupas sempre o foram. Desde muito cedo.

Até certo ponto, o olhar bem treinado de Vivienne para tecidos pode ser explicado pelo conhecimento familiar dos panos: as capas de chuva utilitárias de gabardine ou os algodões engomados, lãs fiadas e lãs ásperas que eram tecidas nas fábricas em torno dela antes e depois da guerra. Eles continuam sendo o principal artigo de seus designs. Durante sua infância, entretanto, o tecido tornou-se parte da guerra como também parte da vida normal de uma menina.

Esse mundo de austeridade, de "faça você mesmo" e "conserte quando quebrar", e de uma expectativa arraigada de necessariamente reciclar, afeta Vivienne até hoje. Isso ela compartilha com toda sua geração e até com sua rainha, que relembra, com orgulho e nostalgia, do heroico intento por trás da monotonia da Grã-Bretanha austera. "Compre menos. Compre bem e faça durar" – um mantra de Vivienne Westwood e sua empresa no século XXI – é uma frase que poderia ter sido cunhada pelo governo Attlee. A intenção era ser prático e o Ministério da Guerra era nada menos do que ecoevangélico em relação à economia a ser feita por meio do controle centralizado do que as mulheres vestiam. Mas é claro que também era político. As pessoas notavam. Elas aplaudiam os sacrifícios que cada um fazia e reconheciam o esforço comum

A família Westwood. Em pé, a partir da esquerda: Joe Corré segurando Hannah (neta de Olga), Peter Watts (marido de Olga), Ben Westwood (segurando Jackie Onassis), Gordon Swire, Andreas. Sentados, a partir da esquerda: Cora Corré, Olga, Lucy (filha de Olga), Oliver (filho de Olga), Geraldine (mulher de Gordon) e Vivienne.

tornando-se uniformes na grande causa nacional, por meio do que vestiam ou não vestiam. O que também é, de certa maneira, um mantra de Vivienne: roupas para heróis, roupas que afirmam um propósito. Mas roupa utilitária era um golpe político e de propaganda aplicado principalmente nos corpos das mulheres. Consideremos as roupas íntimas. A *Ordem (de Controle de Uso) do Elástico*, de 1943, foi pouco estudada em histórias da Segunda Guerra Mundial ou do progresso social da condição das mulheres britânicas. Deveria ter sido. A ordem proibiu o uso de elástico em vestuário, exceto nos corpetes e calcinhas das mulheres envolvidas diretamente no esforço de guerra, conforme determinado pelo próprio Ministério da Guerra. "Quando suas cintas-ligas gastarem", o governo aconselhava, "corte a parte gasta do elástico e substitua por uns 2 a 4 centímetros de corda resistente." Foi preciso um recurso pessoal de Nancy Astor para que o ministério revogasse tamanha avareza íntima, e as mulheres da Grã-Bretanha foram à luta com cintas de emborrachado reciclado – um pequeno 'tapa de calcinha' desafiador na cara de Hitler. Não para as meninas. As calcinhas de Vivienne tinham que ser abotoadas, conforme tornou-se comum, já que o elástico da Grã-Bretanha na guerra simplesmente acabou. Mas, de alguma forma, Dora, que "adoeceu trabalhando horas extras" para seus filhos, encontrou elástico e foi em frente.

Todos nós temos histórias sobre nossas origens. Contamos histórias uns para os outros, e para nós mesmos, sobre nosso passado: como indivíduos e como nação. Vivienne identifica a origem de sua vida como ativista e humanitária na chocante imagem da crucificação – uma revelação absolutamente conversora de que existia um sofrimento terrível no mundo, o qual ela estava sendo desafiada pessoalmente a ajudar a aliviar.

"Eu sabia que minha reação era excepcional, mas foi, e é, também privada. Eu estava ciente, como criança, de que havia gente maldosa e sabia que não queria fazer parte daquilo."

Enquanto isso, seu trabalho como estilista de moda política tem suas raízes nas roupas politizadas da Grã-Bretanha do período da guerra e da austeridade, tanto quanto sua ecopolítica pode ser remetida a um lugar e tempo em que a responsabilidade compartilhada de reciclar e evitar desperdício tornou-se arraigada.

"Ao finalmente falar sobre o passado, acho importante pensar de forma renovada, não só contar as histórias boas, mas sim contar da melhor forma possível como as coisas aconteceram. Não gostaria de limitar o que temos aqui, neste livro, às coisas que eu já disse. Agora sei que mesmo a história da crucificação, que me envergonhou durante anos, não tem poder nenhum de me envergonhar hoje em dia. Há alguns consolos no fato de envelhecer... e de ser vista, em primeiro lugar, como uma excêntrica. Todo mundo sabe que seu passado é como uma série de pequenas cenas. É uma história, e selecionam-se da memória as coisas que se consideram importantes. Nada do passado é inteiramente verdade. Porém uma pessoa só aparece direito naquelas cenas quando elas são reunidas. É isso que nós devemos fazer, você e eu, Ian: costurar todas as cenas da minha vida. Eu olho para trás e sou eu, mas não sou eu, entende? Olho para trás agora e mal me reconheço, ou reconheço apenas um pedacinho do que me tornei e penso: 'Sua tola, tolinha, como você pôde ser tão ingênua?' Mas aí, claro, a ingenuidade também leva você a conquistar e a ter fome de aprender. É isso que eu, realmente, diria para aquela menina da fotografia: 'não tenha medo. Continue lendo. Diga a verdade. E, então, pense por si mesma.'"

Culture

DEIXA O ROCK ROLAR

> *O verdadeiro início da cultura jovem? – foi o rock and roll.*
>
> TOMMY ROBERTS,
> da marca Mr Freedom – senhorio de Vivienne

> *Eu comecei fazendo coisas de rock and roll quando estava na escola. Coisas imediatas tipo "faça-você-mesmo". DYI tornou-se o meu lema. No verão, nós fazíamos tops rápidos, tipo bustiês com duas echarpes costuradas em uma borda, atrás do ombro. Esse tipo de coisa. Foi a melhor época possível para ser adolescente.*
>
> VIVIENNE WESTWOOD

Choveu na Inglaterra inteira em 2 de junho de 1953, Dia da Coroação. As várias comemorações planejadas e festas de ruas tomaram um banho de água fria. Elizabeth Windsor, de 25 anos, foi coroada rainha, e Vivienne, de 12, que havia recém-começado na escola Glossop Grammar, participou do encharcado chá celebratório em sua antiga escola, em Tintwistle. Depois dali, toda a família Swire, juntamente com dezenas de outras famílias, seguiu para uma casa próxima – a casa que tinha uma televisão. Como "novos elizabetanos" por todo o país, eles aglomeraram-se em torno de uma intrusão doméstica moderna, a TV, para assistir à secular cerimônia em Westminster. A imagem teve uma influência profunda sobre Vivienne, como teve sua escola cristã monárquica. Nossa personalidade é definida cedo, ela me diz. Da mesma forma, alguns dos temas de seu design. Os sons e o visual dos anos 1950 impregnaram seu trabalho na moda – assim como imagens de anglicidade e realeza, que também remontam a um momento específico na história cultural britânica. Toda a retórica do período Churchill sobre uma nova era de esperança e aspiração era uma coisa. Mas mensagens costumam ser mais bem comunicadas visualmente, teatralmente, até mesmo de forma ritualística, e a antiga cerimônia de coroação com as vestimentas e a unção arrasou – apresentada no tecnicolor dos anos 1950 e centrada em um círculo de jovens debutantes exageradamente paramentadas e em uma rainha de 25 anos. Desde então, Vivienne tem jogado com imagens de realeza, tradição, história e aristocracia – das camisetas *God Save the Queen* ["Deus salve a Rainha"], às coleções "Harris Tweed" e "Anglomania", e à orbe real que se tornou a logo de sua companhia. A coroação caracterizou-se por um toque de cores vibrantes em contraste com a tristeza cinzenta da Grã-Bretanha da austeridade. Mas foi também um momento centrado em roupas, cerimônia e uma rainha. Talvez fosse inevitável, então, que isto tivesse matizado a visão de mundo de Vivienne, e proporcionado imagem e metáfora para o que ela já vinha aprendendo: a singularidade de ser britânica e de ser uma mulher.

"Tudo mudou para mim por volta daquela idade. Oito crianças na minha turma do primário fizeram prova para bolsa de estudos na escola de ensino médio de qualidade. Seis de nós passamos – só meninas –, no ano anterior à coroação. Nós mudamos de Millbrook, das casas de pedra, e moramos durante um ano em um novo conjunto de casas populares em Hollingworth, e depois fomos para Tintwistle porque meus pais juntaram a quantia de dinheiro suficiente para comprar a agência do correio de Tintwistle, e, juntos, viraram agentes do correio.

"Nós estávamos bem no meio do caminho entre Hyde e Glossop, em Tintwistle. A distância era a mesma de ônibus, mas até então as crianças iam para a escola de Hyde. No ano anterior à minha mudança de escola, duas garotas um ano mais velhas que eu tiveram a opção de ir para Glossop e foram, por isso que acabei indo para lá também. Uma dessas duas meninas mais adiantadas era a primeira da classe e a outra era a segunda, entre toda a escola de ensino médio, então de cara havia uma grande expectativa em relação a nós. Mas aí é que está: apesar de essas duas meninas mais velhas serem realmente brilhantes, elas largaram os estudos aos 15 anos para trabalhar na fábrica de algodão, as duas, embora fossem garotas muito espertas, altamente inteligentes que iam muito bem no colégio. Mesmo aquelas duas quiseram sair. Onde eu cresci, as garotas faziam isso. O novo diretor tentou de tudo para convencê-las a não saírem. Mas saíram. Nós não sabíamos realmente o que gostaríamos de fazer. Mas acabei tendo uma sacada: eu era muito boa em arte no colégio, e gostava de arte, e, de pouquinho em pouquinho, formou-se em minha mente a ideia de que poderia fazer faculdade de arte algum dia.

"Eu fui para o ensino médio com a esperança de que encontraria uma amiga do peito, o tipo de relação totalmente leal de que eu lia a respeito nos romances de estudantes. Pensei que a tivesse encontrado em uma amiga chamada Julia, mas ela preferiu outra amiga e eu fiquei arrasada! Só superei quando comecei a sair com garotos. Eu ainda era maravilhosamente boba aos 15 anos, brincando de jogos infantis durante o recreio, mas a diferença é que agora nós usávamos saias lápis, meias brancas e sapatos de dança de veludo. E nós, garotas, corríamos o risco de ouvir a ordem: 'Desça esse rabo de cavalo uns oito centímetros!' – como aconteceu com Ena Porter, uma garota mais velha, mais atrevida – para não prendermos o cabelo no alto da cabeça como as menininhas. Eu achava a saia lápis a vestimenta mais empolgante jamais criada. Fiz saias e vestidos apertadíssimos para mim, copiados de uma garota que eu vi durante as férias no resort Butlins. E a mudança para mim, no meio da adolescência – com salto alto e maquiagem e vestindo *aquela* saia para ir dançar –, era como passar de criança a mulher da noite para o dia. É uma emoção que lembrarei para sempre. Mas não havia nada de muito safadinho acontecendo. Recordo o primeiro beijo de verdade: eu estava com 15 anos e o garoto me beijou em um parque. Fiquei profundamente chocada: não por causa do beijo, mas porque ele disse que me amava, o que eu achei ridículo aos 15 anos.

"E quanto aos sapatos... bem, foi um período fascinante para o design de sapato, não que soubesse disso na época. Eu tinha que ir até Manchester para comprar sapatos e economizava algum dinheiro para o caso de ver algo maravilhoso. Houve uma vez em que não acreditei

Vivienne, aos 15 anos.

no que vi, algo com que eu nunca teria sonhado: salto agulha. Era tão novo que só havia dois pares na loja inteira. E só um, depois que eu saí de lá. Na segunda-feira, levei o sapato para o colégio e coloquei sobre a carteira para todos admirarem. Eu estava em tamanho devaneio que não percebi o sr. Scott, meu professor de história, entrar na sala. Eu o adorava. Ele viu os sapatos, e disse: 'Bem, bem, Vivienne Swire, se Deus quisesse que nós usássemos alfinetes nos pés, Ele teria nos dado alfinetes nos pés.' Eu fiquei nas alturas. Fiquei feliz de ter chamado a atenção dele e de ele ter me dado o flagrante – porque eu gostava dele.

"Quando cheguei na Glossop Grammar School, eu não havia sido muito exposta ao que se pode chamar de 'alta arte', e devo dizer que até deixar a escola tive apenas uma vaga ideia do que se tratava. Meu mundo na escola de Glossop era todo literatura e história inglesas – era isso que eu realmente amava. Tirei 9,5 em literatura inglesa e 9 em história, nas provas finais! Eu lia Dickens em casa, e, no colégio, nós líamos *O vento nos salgueiros*, *A morte de Artur*, *Macbeth* e *Henrique V*. Eu adorava Keats, e *Uma passagem para a Índia* me tocou, e também Maupassant e Chaucer. Eles pareciam falar com precisão sobre vida e sexo e a condição humana: o universal no particular.

"O conselho sobre carreiras e perspectivas era típico da época. Principalmente para nós, garotas. Não era exatamente culpa da escola; na verdade, o diretor tinha ambições para nós, mas de um modo bem restrito. Quando estávamos com 16 anos, ele veio conversar para ter certeza de que íamos nos preparar para a faculdade. Ele perguntou sobre as carreiras que estávamos considerando. Eu não tinha a menor ideia. Minha amiga Maureen Purcell queria ser arquiteta, mas sua mãe disse que ela deveria ser cabeleireira porque era artística. Outra amiga queria ser jornalista, não só do *Glossop Chronicle*, mas de um jornal de verdade! Até o diretor achou que era extremamente fora da realidade e disseram a ela para ser enfermeira. Se eu tivesse ficado no Norte, provavelmente teria feito o cursinho preparatório porque eu amava o colégio, absolutamente amava, mas a questão é que só tínhamos ouvido falar de quatro profissões até ali. Ser uma professora, uma cabeleireira, ou uma enfermeira, ou, mais provável, uma secretária. Acho que era só isso. Não consigo me lembrar de mais nada que tenha sido considerado para ninguém.

"Foi assim, no meu ensino médio e cursinho. Eu, por exemplo, pensava que bibliotecário era alguém que apenas controlava a saída de livros. Se eu soubesse o que realmente faziam – e fazem –, provavelmente teria me interessado em ser uma bibliotecária, para ser sincera. Toda a pesquisa e tal. E excelente literatura.

"O sr. Bell, o professor de arte, era uma presença bem excepcional no colégio. Sua saúde ficou debilitada durante a guerra – ele passou um longo período em um campo de concentração japonês, e não pronunciava o 's' direito porque tinha sido torturado e cortaram sua língua. Tínhamos aula de arte no colégio, mas eu simplesmente não sabia da existência de galerias de arte. Nunca tinha folheado um livro de reproduções. Nunca tinha visto um desenho reproduzido em um livro, nada, até ter as aulas com Gordon Bell. Aconteceu de eu ter lido livros sem ilustrações. Eu vinha de um lugar onde não se tinha essa linguagem visual. Pouco antes de eu completar 17 anos, pouco antes de virmos morar em Londres, ou melhor, cerca de um mês antes, o sr. Bell falou-me de uma galeria de arte em Manchester e eu fui. Minha vida mudou, de verdade. Eu nunca tinha ido a uma galeria antes. Tinha ouvido falar nos pintores, em Michelangelo, mas pensava que eles estavam em coleções particulares ou em igrejas católicas. Teoricamente, eu estudava arte, portanto é realmente esquisito que as pinturas e as galerias não fizessem parte do aprendizado. Nós estudamos arquitetura, castelos, o período gótico perpendicular, um pouco do elizabetano e edifícios do século XVIII. E pôsteres. E mais nada. Grafismo industrial; design de letras. Não foi uma grande educação. Para fazer jus a ele, o sr. Bell nos deixava desenhar com modelo vivo, mas não se tratava de fazer a ligação entre meu espírito e minha mão, e desenhar de verdade. Porém, foi o sr. Bell quem viu que a arte iluminava alguma coisa em mim. No meu último semestre, ele me mostrou um livro de arte dos impressionistas. O professor pediu que eu fizesse algumas pinturas naquele estilo impressionista a partir de fotografias. E conversou comigo. Mostrou-me alguns Seurat pontilhados e outras técnicas do impressionismo e disse: 'Não pinte com um pincel pequeno, não seja prudente.' Daí, pintei umas paisagens e outras coisas com um pincel estêncil largo. Livre. E ele uma vez me viu desenhar alguns croquis de moda e foi a primeira pessoa a dizer que eu tinha verdadeiro talento. Achava que eu deveria entrar para uma escola de arte. Ele me ajudou a organizar um portfólio, mas, mais importante que isso, deu-me coragem. Ele foi a pessoa que disse: 'Vá em frente, vá.' Ele tinha um filho, Ivan, que eu conheci mais tarde e que me contou que era um problema

A escola de ensino médio Glossop Grammar School, em 1957.

em sua casa o fato de o sr. Bell falar de mim. Sua mulher ficou cheia de ouvi-lo falar frequentemente de mim!"

Quem tinha um histórico menos glamoroso do que Gordon Bell, mas era mais jovem e politicamente apaixonado, era o sr. Scott, o professor de história. Ele lecionou para Vivienne em seu último semestre em Glossop e entusiasmava os alunos com seu orgulhoso liberalismo pessoal em aulas especiais que intitulava "civismo".

"A primeira coisa que ele nos explicou foi o princípio fundamental do Estado de Direito materializado no habeas corpus. Ele falava com orgulho de civilização e de democracia, e do ódio à detenção arbitrária, por exemplo, sob a monarquia francesa que acabou causando a sublevação da Bastilha. 'Nós só podemos ter a garantia da democracia se insistirmos na liberdade', ele costumava dizer. Aprendi isso aos 16 anos, graças a ele."

Mesmo se a família não tivesse se mudado para o Sul, Vivienne teria se inscrito na escola de arte com o portfólio que preparou por sugestão do sr. Bell. Embora tenha perdido um pouco da confiança em si mesma como artista alguns anos mais tarde, o impacto causado pela Galeria de Arte de Manchester e a fé do sr. Bell foram o que a distanciou de suas amigas por um tempo, juntamente com uma convicção, nascida do exemplo de Dora, de que o destino de uma mulher poderia estar em suas próprias mãos. Porém, isso criou uma tensão no mundo de Vivienne – e que ainda está presente no cotidiano do negócio da "Vivienne Westwood" –, uma tensão entre as preocupações com o comércio e a questão de ser uma artista. As expectativas que Vivienne tinha em relação a si mesma foram confirmadas pelos preconceitos da sua formação escolar, uma expectativa de encontrar uma profissão com que pudesse ganhar a vida. Ao mesmo tempo, seu mundo foi iluminado pela literatura e pela crença do sr. Bell em seu talento como artista. Mas o que fazer com aquilo?

"Tudo que aconteceu comigo posteriormente – Londres, Malcolm, moda, arte e política – começa a partir de 1958. Eu estava com quase 17 anos e meu mundo mudou. Minha mãe e meu pai decidiram que os filhos teriam melhor oportunidade na vida se eles mudassem para Londres, e compraram uma agência do correio em Harrow. Eu faria 17 anos em abril de 1958 e nós mudamos para Londres por volta de fevereiro ou março. Portanto, eu não terminei os estudos aos 16 anos, como muitos dos meus contemporâneos na escola de Glossop. Fiz o cursinho preparatório para a faculdade por uns dois meses, mas daí nós viemos para Londres e eu me inscrevi na Harrow Art School com o portfólio que preparei com o sr. Bell, e fui aceita."

Gordon, irmão de Vivienne, lembra da mudança para o Sul como uma guinada radical na história da família, e um período de decisões difíceis. Ninguém na família inteira havia deixado a área de Tintwistle – Hollingworth – muitos ainda estão lá. A mudança foi vista com suspeita por alguns, e as crianças, Olga, Gordon e Vivienne, estavam incertos quanto a irem para longe das escolas e dos amigos que conheciam. Mas a Grande Depressão ainda assombrava o casal Swire, e, no final dos anos 1950, a economia britânica sofria uma das muitas recessões do pós-guerra. Dora e Gordon viram perspectivas mais seguras no Sul relativamente próspero. "Naquela época, as pessoas não escapavam para Londres facilmente", lembra o irmão de Vivienne. "Falava-se em ir para a Austrália ou aos Estados Unidos em busca de uma vida melhor, mas não Londres. Mamãe e papai não tinham um plano, mas suponho que tivessem ambições para nós, os filhos, assim como para eles mesmos, então, quando viram uma oportunidade, eles a abraçaram." Isso foi explicado às crianças em termos duramente pragmáticos: "Papai foi afetado pela Depressão e ele calculou que se a pessoa trabalhasse para o governo teria um salário, e que administrar uma agência de correio, além de uma mercearia, significava que os fregueses teriam que atravessar a loja para chegar ao guichê do correio e, no caminho, comprariam algo. Papai e mamãe concluíram isso e foram passando de um correio a outro. Isso acabou nos levando a Londres."

Vivienne viveu toda sua vida adulta como uma londrina. Por conta da fama e de seu visual notável, ela é uma das poucas celebridades da Londres contemporânea sobre quem, às vezes, parece que todo londrino tem uma pequena história para contar, geralmente histórias sobre quase terem-na atropelado na bicicleta. No começo, porém, ela achava a cidade claustrofóbica e odiava a maneira como os jovens londrinos formavam "grupinhos". Ela não morava em Londres, propriamente, mas em uma arborizada periferia próxima a Harrow-on-the-Hill, bem na base do morro, fazendo parte da economia de serviço do que ficou conhecida como Metrolândia. A agência do correio que Dora foi chamada a administrar e que precipitou a mudança da família para o Sul ficava no número 31 da Station Road, em Harrow. Eles viajaram juntos para Londres de trem. Além de agência do correio, o número 31 era a loja de conveniência do bairro; acima da loja havia um amplo apartamento de três quartos. Vivienne dividia um quarto com sua irmã Olga, de 12 anos. Vivienne, com 16 para 17 anos, recebeu o diploma do ensino médio da escola de Glossop, inscreveu-se na Harrow Art School exatamente como o sr. Bell sugeriu, e acabou em um curso de joalheria e ourivesaria. É seu único aprendizado formal em design.

Vivienne não se ajustou bem, nem rapidamente, à vida na periferia de Londres. Um dos motivos foi a complicada readaptação adolescente a um novo cenário social. Outro motivo foi que ela havia começado a sair com um garoto em Manchester e usou o "namoro" ("embora absolutamente não mereça esse nome") como uma desculpa para retornar ao seu velho território familiar, nos fins de semana.

"A verdade é que tinha esse garoto. E eu gostava dele, e eu gostava de lá, lá de cima perto de Manchester. Não era uma grande paixão, nada disso, e, na verdade, não estava comprometida com ele. Eu o conhecia havia poucos meses. Ele era um rapaz adorável, meigo. Por isso, até mesmo dizer que eu não estava seriamente comprometida com ele parece um pouco, sei lá, desleal. Ele era tão encantador. Muito bonito. Daquelas pessoas sempre simpáticas. Espero que não seja um problema eu estar contando isso. Ele chamava-se Jimmy Grant e era um cadete da polícia, e morava distante, bem do outro lado de Manchester, em Chadderton. Nós nos conhecemos porque eu estava trabalhando na loja Woolworths, em Manchester – só aos sábados. Havia sempre os caras jovens passando pela loja, tentando nos cantar, minha amiga e eu: 'Quer dançar hoje à noite? Tem um evento na escola tal e de fulano.' E nós íamos. E foi assim que encontrei Jimmy Grant e seu amigo. Os dois eram cadetes da polícia. Eles não nos contaram de imediato, veja só, que eram policiais!

"No nosso primeiro 'encontro', ele insistiu em me levar até em casa. Ele morava a uns trinta quilômetros de distância. Falou que pegaria uma carona de volta. E *insistiu* em me levar para casa no último ônibus que ia até onde eu morava. Chovia a cântaros e ele não quis minha sombrinha emprestada, porque, claro, era frescura usar sombrinha. Isso ficou na minha lembrança porque Jimmy Grant andou todo o caminho de volta até sua casa na chuva. Não sei, seu terno deve ter estragado – encharchado –, deve ter sido possível torcê-lo de tão molhado. Consigo imaginá-lo caminhando por todo o trajeto, com a gola do paletó virada para cima. Não acho que fosse amor. Eu acho que eu soube na hora. Eu não entendia o *porquê* de ele querer me levar em casa. Falei

Vivienne aos 15 anos durante férias na ilha de Man.

seguidamente para ele não ir, mas ele queria tanto. Aquele era o Jimmy. E mudar para Londres acabou com o namoro, na verdade. Eu só retornei umas três vezes.

"O negócio é o seguinte: eu simplesmente não gostei de Londres, no início. A primeira coisa que notei, quando vim para Londres, foi que as pessoas tinham que planejar para se encontrar... você não podia simplesmente aparecer e fazer coisas, como eu costumava fazer em Manchester. E lembro-me de ter ido a um baile sozinha, porque eu gostava de dançar, e dancei com alguém, só uma dança, mas depois ninguém queria dançar comigo porque eu não dançava como eles – nós realmente dançávamos de um modo diferente. Tínhamos criado um protocolo muito legal em Derbyshire e Manchester para dançar. A banda tocava três músicas, em seguida eles tocavam um longo acorde e você dizia 'Muito obrigada', e voltava para suas amigas ou quem quer que fosse e, para mim, sempre foi assim. Mas quando vim para Londres, as coisas estavam começando a mudar na música e na dança. Senti-me envergonhada e fui embora. E meio com saudades de casa. Pouco depois de mudar-me, as boates viraram moda, em vez dos salões de dança com bandas e 'parceiros', e, bem, começou-se a dançar sozinho nessas boates escuras. Não se conseguia ver nem o que as pessoas estavam vestindo – o que eu jamais gostei. Sempre gostei de *conversar* com as pessoas. Não gosto de só dançar no escuro e não ver as pessoas. Eu, de início, não gostei do Ronnie Scott's* e de lugares como aquele, e tampouco gostava muito de jazz moderno. Eu gostava de rock and roll. Adorava. Porém Londres, na época, estava migrando para esse jazz moderno, e eu nunca fui louca por aquilo.

"Duas coisas mudaram Londres para mim. Desisti do Jimmy, em Manchester, e entrei para a Harrow Art School. Então, estou com 17 anos e é a primavera de 1958, e agora estou na Harrow Art School. Comecei em abril, mas antes do verão abandonei o curso. Fiquei lá um trimestre. Eu estava fazendo o curso base. Às sextas-feiras, tinha aula

---

* Tradicional clube de jazz que ainda funciona no Soho londrino. (N. das T.)

de design de vestidos. Foi minha escolha de matéria. A professora costureira era bastante famosa. Chamava-se Maggie Shepherd. E eu vi as garotas que estavam estudando exclusivamente com a srta. Shepherd por dois ou três anos, e elas estudavam para obter seus diplomas e faziam seus vestidos. Uns vestidos lindos. E eu sabia que estava morrendo de vontade de fazer vestidos. Era o que eu queria fazer.

"Eu tinha feito minhas próprias roupas antes – tudo, menos casacos –, mas queria fazer roupas na escola para eu mesma usar, criar algo realmente na moda e vesti-lo. Porém, não se tinha permissão para isso. Tinha-se que sentar e desenhar, e a verdade é que fiquei entediada; eu não aguentava não *fazer* nada.

"Enquanto isso, me tornei uma 'Trad' [jazz tradicional]. Eu tipo reinventei o meu visual, vestindo saias rodadas com um pulôver tricotado grande e desajeitado, jogado por cima, um lencinho na cabeça, uma cesta grande para meu material de arte, e pés descalços. Como uma artista! Quase todo mundo na Harrow Art School era fã de 'Trad', mas eu nunca fui ligada na música dos 'Trad'. Porém, andava por Harrow de pés descalços, com um lencinho na cabeça e uma saia longa: eu! Escolhi design de vestido como minha matéria especial, mas fiquei completamente frustrada porque só podia desenhar e eu queria que me ensinassem a fazer um vestido com perfeição, daí transferi-me para o curso de ourivesaria, em que fazia braceletes de cobre batido e anéis de prata.

"Eu tinha feito novas amigas em Harrow, mas elas pareciam muito fora do ar. Se tinham namorado, grudavam neles. Frequentavam festas ou clubes de jazz. Eu não encontrava nenhuma vitalidade sexual entre as barbas e as cidras dessa turma 'alternativa'. Estava acostumada aos salões de dança do Norte, onde todo sábado uma pessoa diferente convidava você para sair, talvez para ir ao cinema, onde o curso de ação era beijar a noite inteira na última fila. Porém, fiz uma boa amiga na escola de arte, Sylveen Bugg (ela pronunciava 'bougue'), que também era de classe operária, e ela fez minha cabeça para uma nova moda urbana de Londres que girava em torno do jazz moderno: os garotos 'mod' vestiam jaquetas italianas curtas, conhecidas como 'congela-bundas', e as garotas usavam saias lápis bem na altura dos joelhos. E Sylveen e eu adotamos o estilo do penteado colmeia e encomendamos sapatos bico fino do Stan, um sapateiro grego do bairro de Battersea, com bicos que se estendiam por sete centímetros além da ponta do pé. Nós nos denominávamos 'mods', de jazz moderno – que era perfeito para dançar –, que não é o mesmo visual 'mod' que apareceria um pouco mais tarde, com os jovens Mick Jagger e Roger Daltrey. Durante os anos de 1958 e 1959, minhas amigas da escola de arte e eu estávamos todas envolvidas com roupas 'mod'. E Sylveen ficou muito a fim de encontrar um namorado 'mod', como um acessório para esse visual! E ela encontrou; chamava-se Rob, e ela casou com ele. Espero que ainda estejam juntos porque, quando ela o encontrou, o achou perfeito. Ele tinha o corte de cabelo certo, tudo certo.

"Uma vez por semana, nosso curso na escola de arte previa visitas a museus em South Kensington, para desenharmos. Eu li a história do *Kon-Tiki* e fiquei empolgada para pesquisar sobre os incas, e visitei o Museu Britânico, mas, com tudo isso, eu não havia começado a apreciar a beleza, embora, como deve acontecer com todo mundo, minha imaginação tenha sido despertada quando vi a reprodução em gesso da grande baleia azul e segui a evolução do cavalo desde suas origens primitivas. E, no Museu Britânico, quando vi o ouro puro das joias da antiguidade, enterradas com o fogo de um sol mais antigo e luminoso que brilhou sobre pessoas que tinham em comum conosco o potencial humano para a engenhosidade, e, no entanto, cujas ideias devem ter sido tão diferentes... então, veja, eu dei uma volta por uma livraria em frente ao Museu Britânico e acordei para o fato de que antropologia era um assunto que se podia estudar – até mesmo na universidade. Simplesmente, não me havia ocorrido antes que poderia existir uma disciplina tão fascinante.

"Portanto, aprendi coisas por causa de Harrow, mas o motivo para eu ter abandonado a escola naquele verão foi – e isso é uma maluquice, demonstra o quanto eu era estúpida – que pensei: 'Como se consegue *ganhar a vida* como artista?' Eu sabia que podia fazer coisas. Não era

Vivienne e sua amiga Ann, durante férias em Jersey.

isso. Eu tinha a ideia fixa de que a única forma de ganhar a vida nas artes era vendendo quadros. Eu era classe operária demais para enxergar além daquele estereótipo. E, então, em um dia do verão de 1958, peguei o metrô e vi uns anúncios da Pitman's para aprender a ser estenógrafa datilógrafa. Pensei: 'É isso – ao contrário de arte, isso é ganhar a vida. Acho melhor eu ganhar algum dinheiro.' Para ganhar dinheiro para pagar o curso de datilografia da Pitman's, fui trabalhar na fábrica da Kodak, em Harrow. E foi o que fiz. Por um ano.

"Logo me dei conta de que *não* queria ser secretária! Daí pensei sobre o assunto, e pensei que o que poderia fazer – eu estava com uns 19 anos – era entrar para um curso de formação de professores e estudar arte com a ideia de que, com isso, eu talvez pudesse descobrir se poderia viver de pintar e, bem, se não pudesse, de qualquer modo eu seria professora.

"Então inscrevi-me e fui aceita. Minha matéria de especialização no curso de formação de professores foi arte, que era um curso de dois anos e eu passei com distinção na matéria. Portanto, poderia ensinar arte, se quisesse. Entretanto – e isso mostra que eu não tinha muita noção –, aceitei o primeiro emprego que me ofereceram, que foi em um jardim de infância. E foi isso: eu fui dar aulas para infantes – crianças de 5, 6, 7 anos –, em Harlesden. Eu era a 'senhorita Swire'. Achei muito fácil dar aulas para crianças porque elas são boas, gostam da escola e podem brincar; e você pode ensinar para pequenos grupos, e é muito, muito criativo – nenhuma grande dificuldade para manter a disciplina.

"Havia uma certa pressão, porque no primeiro ano você está sob supervisão para ver se poderá ser uma professora de verdade ou não. Um período experimental. A inspetora parecia ter sempre problemas com minha aparência: 'Senhorita Swire, sua anágua está aparecendo', 'Senhorita Swire, sua saia não está um pouco curta?' (estava – eu mesma fiz o vestido, de tecido de cortina e ele encolheu quando lavei. Eu tinha que puxar para baixo. Era o início dos anos 1960!).

"Este tipo de coisa sempre me deu a sensação de que eu teria problema com as pessoas por não ser uma boa professora. Só que eu realmente adorava as crianças. Simplesmente adorava os infantes. Antes de Ben nascer, eu só dei aulas para crianças pequenas, e, mais tarde, depois que voltei a lecionar, quando tinha Ben e Joe, eu dava aulas para classes enormes de adolescentes. 'Professora temporária.' Às vezes, duas turmas de uma vez: oitenta crianças! Imagina! Eu queria ensiná-los pela força da personalidade e não insistia realmente na disciplina, o que era uma escolha difícil, mas positiva. Quero dizer, se você tem uma turma grande, com quarenta crianças, você tem que usar recompensa e disciplina para que eles se comportem, e eu, de alguma forma, não fazia isso com os pequenininhos. Quando lecionei para os adolescentes, eu *não* era uma boa professora! Mas, para começar, fiquei dois anos na mesma escola, meu primeiro emprego, como professora de crianças pequenas. E eu era muito, muito feliz e sabia que era boa.

"Aconteceu comigo outra coisa fundamental na mesma época. Quando cheguei à escola de formação de professores, atrasada como sempre, para o primeiro jantar, causei um certo rebuliço na instituição cristã só de mulheres, porque era muito estilosa. Eu estava com um penteado colmeia e um terno mod que eu fiz. Olhei em volta do salão e sentei perto de Susan, a garota mais glamorosa e linda do lugar. Trabalhei em moda todas essas décadas e, no entanto, Susan, para mim, é provavelmente até os dias de hoje a garota mais linda que já vi. Tinha uma boca larga, um belo rosto afilado, olhos castanhos amendoados e um nariz aquilino. E tinha um ar de nobreza, acompanhada de autoironia. Eu a achava esplêndida e ficamos amigas imediatamente. Susan tinha uma afetação: quando dizia alguma coisa – e ela era muito espirituosa –, ela baixava a cabeça para um lado, o corpo belamente ereto, com seu cigarro. E ela queimou os cílios fazendo isso! Mas, típico de Susan, ela transformou em uma grande piada o fato de ter queimado os cílios por estar perfeitamente ereta! Ela conhecia livros que valiam a pena ser lidos e alguma coisa sobre teatro, e ficamos inseparáveis... até eu conhecer Derek. Com ela, e mais tarde com Derek, minha vida social voltou a ser aquilo que eu amava em Manchester: girava em torno da dança. Tudo era dança, e as roupas do rock and roll."

A adolescência e o início da vida adulta de Vivienne, nos arredores de Manchester e na periferia de Londres, coincidiram com um momento de transformação na cultura, na moda e no entretenimento popular britânicos. O rock and roll cruzou o Atlântico e encontrou uma receptiva população britânica, que foi seduzida pela cultura americana, como haviam sido os pais de Vivienne por uma geração de filmes de Hollywood em meio à turbulência da Segunda Guerra Mundial. Musicalmente, o rock and roll seguiu o rastro da música e da cultura dos Estados Unidos do período da guerra e ofereceu à Grã-Bretanha da austeridade uma promessa semelhante de liberação. Em 1948, 60% dos britânicos entrevistados por uma pesquisa de opinião disseram que gostariam de emigrar. E um grande número de pessoas emigrou, frequentemente para os Estados Unidos – Dora e Gordon discutiram a possibilidade, mas rejeitaram a ideia. Na troca comercial entre os países, os americanos enviaram a música. Em termos da explosiva energia da batida afro-americana, a Grã-Bretanha, certamente, não tinha muito o que comparar ou como competir com os discos que chegavam dos Estados Unidos depois da guerra, e, cada vez mais, a partir de 1954. Toda a trilha sonora "Be-bop-a-lula" da juventude de Vivienne acabou por coincidir, curiosamente, com a fanfarra da coroação e com um país que começava a olhar para a frente, assim como para trás. Dançarina apaixonada, sedutora e uma positivista por instinto, Vivienne abraçou calorosamente a música rock and roll e a estética da moda do Meio-Oeste que veio em seguida. Ela fez bustiês de algodão no verão, vestiu meias soquetes e usou o rabo de cavalo bem no alto da cabeça. Foi, claro, a era que deu um nome à fase "adolescente" da vida, que significou, em parte, um reconhecimento de um novo grupo consumidor, mas também uma conscientização de que a geração pós-guerra de Vivienne estava escrevendo suas próprias regras, forjando sua própria cultura, e dançando e fazendo sexo numa batida inteiramente nova.

Vivienne, como muitos de sua geração, dirá que a música nunca mais foi tão boa. Porém, naquele tempo, o rock and roll era bem mais subversivo do que pode parecer nos dias de hoje – ou que pareceu para os americanos, na época. E tinha a ver tanto com moda quanto com o som. Até meados dos anos 1960, a BBC não tocava rock and roll. Era preciso sintonizar a rede de rádio das Forças Armadas americanas – que transmitia por toda a Europa, durante os anos do Plano Marshall – ou a rádio Luxemburgo. Como resultado, a energia e a promessa de liberação pessoal e sexual que faziam parte desse som americano assumiram um sentido furtivo e underground, no contexto da Grã-Bretanha. Isso também afetou a história de Vivienne, em parte porque o rock and roll foi expressado e citado em quase tudo que ela veio a criar mais tarde, primeiro com Malcolm McLaren ("Vive le Rock", "Let It Rock"), no contexto do revival do rock and roll nos anos 1970, e depois sozinha. Além disso, o rock dos anos 1950 tornou-se cultuado não só por causa da música, mas também porque dava a adolescentes como Vivienne a possibilidade de expressarem seu entusiasmo com essa nova mania por meio das roupas.

"Eu não era rebelde, mas foi uma época fantástica para ser uma adolescente, porque o visual era de juventude rebelde contra adultos. Tudo isso, mais tarde, atraiu Malcolm. Eu transparecia, sem dúvida, uma certa diabrura, e, nesse sentido, tinha muito a ver com o rock and roll."

Ao contrário dos Estados Unidos, na Grã-Bretanha o rock passou a ter um visual. Para os garotos, uma espécie de seita uniformizada de sapatos de sola grossa e cabelo escovado para trás; e, para as garotas, uma nova silhueta e uma nova atitude. Os britânicos absorviam a nova cultura jovem do rock and roll – que era conscientemente estrangeira – consumindo, vestindo, comprando e fazendo, e transformando-a em um "visual". O templo deste novo misticismo do rock não era tanto a loja de disco ou a pista de dança: era a butique.

Vivienne era uma adolescente durante um dos grandes momentos para sê-lo, os anos 1950 – se não em termos de verdadeira emancipação sexual, certamente em termos de nova música e modas revolucionárias. No entanto, dançando ao lado do visual do rock and roll havia uma cena rival de roupa jovem cult saída do período imediatamente pós-guerra e que foi descrita no início como neoeduardiana, e depois ficou conhecida como 'Ted'.* O estilo fundia elementos do dandismo eduardiano com o tecido americano de caimento pesado que estava sendo importado por Cecil Gee, entre outros, e que, em seus casacos compridos de corte reto, acenava tanto para o terno *zoot* americano quanto para o sobretudo eduardiano. "Como os Teddy Boys [(a encarnação da classe operária) que surgiram mais tarde] ficaram associados à violência adolescente" – com batalhas acirradas em balneários litorâneos durante feriados – "nascia a ideia de roupas estilosas como uma ameaça à sociedade", escreveu o historiador de roupas Colin Woodhead. Foi um momento significativo para a história da moda que não passou despercebido por Vivienne. Não apenas uma, mas *ambas* as formas de moda jovem cult que alimentam o trabalho inicial de Vivienne – os ternos

* Em inglês, Ted é apelido de Edward, ou Eduardo, por isso a relação. (N. das T.)

A iconografia do rock and roll influenciou Vivienne desde o início.

dos Teddy boys que ela fez para Malcolm McLaren e as camisetas e jeans que foram o pilar das suas criações da Let It Rock – tiveram suas origens na moda dos soldados saídos da guerra, durante sua adolescência, e foram retrabalhadas por ela como moda de guerrilha urbana nos anos 1970. As roupas Teddy Boy, usadas por seu irmão Gordon e pelos primeiros namorados, formavam uma grande parte do cenário da moda rock britânica. Enquanto isso, as camisetas, o couro e os jeans de Marlon Brando, James Dean e Elvis Presley eram o uniforme americano essencial da rebeldia adolescente durante os anos do rock and roll que influenciaram diretamente o visual rock britânico, e ele também teve suas raízes na Segunda Guerra Mundial. Eles são os primeiros ingredientes do visual Vivienne Westwood, e os primeiros designs da loja na King's Road. E, como uma parte considerável da trajetória de Vivienne, uma história feita à mão, faça-você-mesmo.

"Eu comecei como todas as garotas da minha idade, tentando não ter que vestir minha camiseta de ginástica, e, em vez disso, comprando saias. Sempre me interessei pelos extremos e por causar impacto. Aos 15 anos, fui ao Butlins na ilha de Wight com a família da minha amiga Norma. Eu adorei: o salão de baile, o uísque, a moda de estolas e a sensação da brisa do mar nas anáguas compridas. E estava na moda usar uns brincos grandes de margaridas de plástico, mas eu fiz brincos enormes com margaridas naturais gigantescas, e o líder da banda parou a música quando entrei e disse: 'Olha, pessoal, aquela garota incrível com aqueles brincos.'"

O músico Ian Dury, que conheceu Vivienne mais tarde, costumava recordar sua adolescência nos anos 1950, em um ambiente de periferia como o dela: "Era tudo feito na máquina de costura Singer manual da minha mãe, calças de lã com fundo de uns trinta centímetros, camisas amarelas e pretas", também personalizadas por sua mãe. Era um novo dandismo urbano, a origem da "moda como desafio à sociedade"; entretanto, ironicamente para nossos ouvidos modernos, era em geral executado por mães e namoradas em salas de estar suburbanas. Como a própria Vivienne, o rock and roll e os anos Teddy Boy tenderam a fundir o faça-você-mesmo com o acidentalmente radical, com referência histórica (os eduardianos) e o glamour dos Estados Unidos e dos motoqueiros, que era visto como não tendo barreiras de classes sociais. E, para além disso, assim como a moda, aquele período viu surgir uma nova figura de linguagem, o negócio do negócio. Houve uma fusão de aparente autonomia criativa, música, moda e identidade que ficou conhecida como a primeira era da "adolescência"; mas isso tornou-se um modelo para venda. Vivienne pode ter sido uma das adolescentes de primeira geração. Para os marqueteiros – sejam eles mascates de roupas, de música ou de ideologias políticas –, agora nós somos todos adolescentes.

"É só olhar o que gente como Jack Kerouac estava vestindo", explica Vivienne, "depois que ele deixou a Marinha e o Exército e caiu na estrada: camiseta branca, jeans, jaqueta de couro. Quando Hollywood saiu em busca de imagens rebeldes que cairiam bem em estrelas como James Dean e Brando, eles escolheram aquela. E quando os jovens na Grã-Bretanha [como eu] viram aquilo no cinema, também quiseram."

Em algum momento entre 1956, ano de "Rock Around the Clock" e da violência Ted que viu a sede da prefeitura da pacata cidade de Orpington destruída por gangues de saqueadores, e 1959, ano do assassinato do carpinteiro caribenho Kelso Cochrane, que levou aos tumultos no bairro londrino de Notting Hill, a moda Ted tornou-se imbuída da ideia de perigo, violência e racismo. Foi um reposicionamento marcante da moda, em que ela passou a representar – como representaria repetidamente no final do século XX, e em parte por causa do trabalho de Vivienne – movimentos de jovens descontentes e tudo mais que uma geração mais velha despreza. Mas também, sinalizando o que aconteceria com o punk, a moda Ted teve um ciclo de vida de notoriedade que tampouco passou despercebido a Vivienne. Era uma moda de jovens brancos, urbanos, excluídos – por mais que tenha tido suas origens em Savile Row, rua famosa pelos ateliês de alfaiataria. Depois de sua primeira encarnação, foi adotada por aqueles simplesmente entediados ou agressivos – adolescentes procurando confusão durante feriados em balneários –, o que, por sua vez, semeou sua própria derrocada, porque também foi adotada pelos simplesmente racistas. Essa trajetória foi seguida mais tarde pelo punk – vale dizer que sem a atenção dos Ted com a qualidade da alfaiataria. A primeira onda do estilo Ted teve seu apogeu em 1958, ano em que Vivienne chegou a Londres. Seu principal emblema, o sapato de sola grossa – uma marca de dissidência radical em uma era em que a cor dos sapatos representava a aspiração de ser "cavalheiro" – foi substituído por sapatos estilo italiano de bico fino, o equivalente masculino ao par que Vivienne comprou toda orgulhosa em Manchester. Esse tornou-se o visual unificador da Grã-Bretanha adolescente no final dos anos 1950 e início dos anos 1960: "chamativos sapatos de bico fino". Porém, nos anos 1960, os Ted já eram. O visual foi descrito, como seria mais tarde por Vivienne, como algo "deliberadamente arcaico", mas o que manchou irremediavelmente o movimento Ted depois de 1959 foi o assassinato de Kelso, o que acabou por acarretar, anos depois, o surgimento do carnaval multirracial de Notting Hill.* Isso explica parte do desconforto de Vivienne com a moda e a dança, quando ela mudou-se para o Sul, em 1958-59 – todo o cenário, na música, na moda e na dança, estava se movendo sob seus sapatos de bico fino. O rock and roll como moda e o visual Ted fundiram-se, e isso aconteceu, coincidentemente, no período em que Vivienne deixava Manchester. Ao mesmo tempo, a música também mudava, por um momento, em contraponto ao rock e de volta às suas origens do jazz "tradicional".

Para garotas como Vivienne, fazer parte de uma "tribo" específica de rapazes ligados em moda e em música tornou-se uma peça-chave no processo de crescimento. A emoção eletrizante da saia lápis, sem falar nos sutiãs cônicos daquela era, sinalizavam um momento vital na história da moda: a comercialização e a criação de uma imagem da maturidade sexual, o marketing de roupas e de música juntos em torno da criação de um culto à mocidade sexy.

Talvez fosse inevitável que visuais tão exagerados quanto o dos Teds e dos Mods (do jazz) – havia ainda os penteados protomoicanos chamados de "apache" feitos com topetes enormes e Brylcreem – não pudessem existir sem uma trilha sonora. E a música era o rock and roll, um mundo distante do visual neoeduardiano original de Savile

* Atribui-se a origem do carnaval londrino a eventos organizados por ativistas no bairro de Notting Hill, a partir de 1959, para celebrar a herança cultural caribenha contra o racismo. (N. das T.)

Row e do jazzista Humphrey Lyttleton. Porém, como recorda Vivienne, com seu ouvido aguçado e seu olhar afiado para a moda, a principal questão da época é que as roupas dançavam conforme o estilo musical. Compartilhavam, inclusive, a mesma denominação. No final dos anos 1950, houve um ressurgimento na Grã-Bretanha do jazz tradicional. A aceitação do rock and roll havia aberto os corações e os ouvidos dos britânicos para os estilos originais do jazz, aqueles que eram trilha sonora não só nos filmes da *nouvelle vague* francesa como também nos clubes do Soho e nos bares de Harrow. O modo de vestir que acompanhou essa tendência, o look Trad, foi o que Vivienne adotou quando entrou para a escola de arte, em 1958: um visual estudadamente não estruturado e semi-intelectual adequado à Rive Gauche parisiense, ao Greenwich Village ou ao clube de jazz Ronnie Scott's. ("Embora, devo esclarecer", conta Vivienne, "que o jazz do Ronnie era todo moderno, e eu acabei odiando aquilo tanto quanto o trad.") Calças *baggy*, pulôveres enormes, casacos de lã grossa e pesada, e echarpes copiados dos existencialistas franceses ou dos beatniks de Nova York e as saias *dirndl*. Desde então, essas saias rodadas de comprimento um pouco abaixo do joelho, inspiradas nas camponesas dos Alpes, aparecem em quase toda coleção Vivienne Westwood, de alguma forma no radar. Era o que ela usava como uma Trad, em 1959, com colares que ela fazia de sementes de melão ("Eu nunca tinha visto um melão antes!"). O look, juntamente com a sidra e o jazz bem inglês de George Melly e Humphrey Littleton, era a reinvenção britânica do jazz negro americano, e uma moda para acompanhá-lo.

Absolute Beginners, o romance de Colin MacInnes que definiu uma época, descreve uma garota Trad que poderia ser Vivienne em 1960: "Cabelo longo com franja, pulôver grande e caído, talvez de cor viva, nunca florido... o objetivo é parecer indefinido." Era um visual que obscurecia o problema de como ser um Ted ou um rocker no estilo americano, e que fazia a ponte com o final da primeira onda de Teds, mas antes da entrada em cena dos Mods.

Porém o Trad, o estilo que resolvia o dilema de vestimentas de Vivienne na mudança para o Sul e na tentativa de se ajustar, foi um período consideravelmente breve na história da moda, e para Vivienne também. Como disse Tommy Roberts, amigo de Vivienne: "O Trad saiu de moda em dois segundos. Toda aquela rapaziada saltitando com echarpes com as cores das suas faculdades... Realmente, o Trad era um pouco cafona."

Vivienne concorda. "Minha fase Trad foi brevíssima. Eu imitava o que Sylveen estava fazendo, inspirava-me no visual dela e gostava das anáguas rodadas. Existe uma foto minha tirada em Jersey numa visita a Derek, quando ele trabalhou como barman durante o verão. Eu não tive aquele visual por muito tempo. Os Trads eram muito classe média e metidos com as artes. Os Teds eram mais o meu negócio. E depois os Mods – mas aí eu já era mãe."

Todos esses visuais, no entanto, contavam um novo tipo de história, expressando uma sincronicidade entre moda e música que não havia acontecido antes. E, assim como ocorreu com a cena rock britânica que gerou tudo, as roupas passaram a fazer parte do conjunto.

Quando saiu da adolescência, Vivienne, portanto, havia tido experiência direta de quatro mudanças interligadas na moda e na música que se fazem sentir até os dias de hoje: rock and roll, Teds, os primeiros Mods (do jazz) e Trads. Porém, por volta de 1962, sua vida deu uma guinada radical em direção ao casamento e à maternidade, que poderia tê-la afastado inteiramente da moda, se não fosse por um estudante de arte de Londres, vestido como um Ted, chamado Malcolm Edwards McLaren.

Vivienne Westwood

O VESTIDO DE CASAMENTO DA SRA. WESTWOOD

Eu passei a me interessar bastante por pessoas da classe operária que se vestiam com estilo. Mods. Eu não queria fazer faculdade. Achava que os rapazes que iam para a universidade eram esnobes intelectuais afetados. Eles carregavam guarda-chuvas e bebiam xerez com abacaxi com a professora francesa depois da aula. Sexualmente, eu não estava interessada neles. Não sei por quê. Eu gostava dos caras que trabalhavam em construções.

VIVIENNE WESTWOOD

"Não quero falar muito de Derek", diz Vivienne.

Mas então é claro que ela fala. "Sabe como é, o negócio é que sinto que não fui muito legal com o Derek. No final das contas, o casal simplesmente vai se distanciando, mas, inicialmente, foi... bem, o negócio é o seguinte..."

Vivienne está sentada à sua mesa de corte com seus óculos grossos, puxando de vez em quando um pedaço de papel – um desenho de algum aplique que um dia dará o ar da graça na passarela de Paris e uma foto de seu filho, Ben Westwood, com Derek no casamento recente dele no Japão. Ben é um cinquentão esguio e espirituoso que entra e sai do estúdio onde estamos conversando. Se não fosse o cabelo prematuramente grisalho, ele pareceria estar na casa dos 30 anos. Tomoka, linda, japonesa, constantemente ao seu lado de um jeito que revela serem recém-casados, está se habituando aos poucos à Inglaterra e à vida como a nova sra. Westwood.

Ao longo dos anos, Vivienne tem relutado em falar muito sobre seu primeiro casamento. Talvez por lealdade a Ben e a Derek – um homem por quem ela manteve um afeto e um respeito constantes –, e por conta de uma reticência inata a expor os dois a um tipo de atenção que eles nunca buscaram. Ela, porém, manteve o sobrenome de Derek e o tornou mundialmente famoso – algo que Derek, um piloto de avião aposentado, já declarou que nem sempre apreciou. O casamento deles foi daqueles que atualmente, talvez, não acontecesse. A união com base em uma presunção por parte das pessoas de que eles se casariam, e em uma época em que, como Vivienne diz, "você não podia experimentar", teve seu ímpeto próprio inevitável e seu potencial de ser praticamente transformado em pequena tragédia doméstica.

"Sabe, em 1961, se você estivesse saindo com alguém, tinha o problema de voltar tarde e 'O que você andou fazendo?' da Dora – todo aquele negócio de julgamento. Então, casava-se. Era o que acontecia. Acho que Derek não se importaria de eu estar contando isso. Eu não sei se tinha feito um ano que eu estava em Londres quando o conheci. Eu devia estar com 18 ou 19 anos. Éramos ambos tão jovens. Nós éramos um grupo, sabe. Saíamos juntos, e não havia Lei Seca naquele tempo. Íamos para um bar em Elstree onde encontrávamos todo mundo, ou apareciam todos lá, e íamos dançar. Por vezes, combinávamos de ir a bares em Harrow ou Kingsbury, ao Ronnie Scott's ou a algum lugar no centro da cidade, mas geralmente íamos a um salão de baile em Queensbury, o Ritz.

"Além disso, sabe, o que eu mais amava no mundo era dançar, e costumava sair com as pessoas que se produziam para dançar. Aqueles eram os meus amigos. Era o tipo de gente que me atraía, gente extrovertida. Dançarinos. Então, durante todo o treinamento pedagógico, essa gangue de amigos e eu costumávamos nos encontrar para dançar – às vezes, até mesmo em bailes de igrejas –, e fazíamos festas e nos encontrávamos nas casas uns dos outros, e aquilo tornou-se o meu foco, por um tempo. O objetivo era sair – produzir-se e sair. E, às vezes, a turma ia um pouco mais longe, até Middlesex, Aylesbury, ou algum outro lugar, só para ir a um bar. Essa era minha vida social: carros e bares e bailes, e até aquela altura, não creio ter encontrado, nunca, alguém com quem eu tivesse qualquer tipo de conversa intelectual. Nunca. Ex-

Março de 1963, na maçonaria de Hillingdon Heath:
Vivienne, aos 21 anos, com Gordon e Dora.

ceto com Susan. E eu, de início, estava bem contente em relação a isso, mas por causa de Susan comecei a mudar...

"E, então, numa noite de outubro, saí sozinha. No início, ninguém quis dançar comigo. Depois, Derek tirou-me como par. Nós gostamos um do outro, e eu o achei muito atraente. Ele era. Ele é. É uma pessoa muito, muito legal. Uma pessoa fantástica. Era agradável, gentil, simpático, engraçado, meigo e, sei lá... gostei dele, simplesmente. Mas ele também gostou de mim, o que foi ainda mais importante para mim, no início! E dançava tão bem. Estávamos só dançando. Quase não sei dizer como tudo aconteceu realmente."

Foi no final de 1961 que Vivienne conheceu Derek Westwood. Como sua mãe, ela conheceu o marido em uma pista de dança, e, como aconteceu com a mãe, um certo jeito para a dança, um porte atlético e um ar de experiente que a atraíram. Derek era dois anos mais velho que ela, um sulista. Sua família morava em Belvedere Way, na área de Kenton, e, na época, Derek estagiava na famosa fábrica de eletrodomésticos Hoover, na zona oeste de Londres. No entanto, seu sonho, que estava prestes a realizar, era treinar para ser piloto de avião. Ele e Vivienne Swire tinham muito em comum, acima de tudo o mesmo gosto em música e estilos de dança. Ele vestia-se como um Mod e ouvia o Modern Jazz Quartet.

"Derek era um aprendiz de ferramenteiro quando nos conhecemos, mas queria ser piloto. Para pagar as aulas, administrava bailes. Gerenciou salões de bingo e também eventos em lugares como o salão de baile de Glenlyn, em Forest Hill, e o cinema Dominion, em Harrow. Ele organizou shows dos Rolling Stones e dos Ronettes em palcos diferentes, com seus amigos da fábrica Hoover, Bob Druce e Barry Funeigh, e até a banda The Who..."

"Derek vestia-se muitíssimo bem, com ternos bacanas de *mohair*",* recorda o irmão de Vivienne, Gordon. "Ele vinha pegar Vivienne e os dois eram incríveis. Tão glamorosos. Ele era uma espécie de herói para

* Tecido nobre, feito com pelo da cabra angorá. (N. da R.T.)

mim, eu tinha adoração pelo Derek, e por Vivienne sempre tive. Eles empresariavam grupos pop. Derek trabalhava para um grupo chamado Commercial Entertainments administrando salões de baile. Eles empresariaram The Who, muito antes de eles se chamarem The Who. O nome era The Detours, e em seguida The High Numbers, e depois alguém brilhante – eu sempre achei que tinha sido Vivienne, mas descobri que foi Rodney, o irmão de Derek – pensou em 'The Who?'. Eles eram gerenciados por Derek Westwood, com Vivienne Westwood – como passaria a se chamar – recebendo o dinheiro na entrada! Isso acontecia no parque Stonebridge, na North Circular Road, próximo ao bairro de Wembley, onde atualmente fica a loja Carpetland! Naquela época, todos nós estávamos interessados em roupas. Teds, depois os Mods. E nossa banda era The Who. Eles eram obrigados a tocar nesses salões de baile, e acho que o cachê pela noite, naquele tempo, era cerca de 30, 40 libras, mas quando eles começaram a ficar realmente populares, Derek conseguia recontratá-los por cerca de 150 ou algo assim. Então, ele e Vivienne ganharam um bocado de dinheiro!"

"Minha principal lembrança", continua Vivienne, "é de Derek muito zangado comigo porque eu estava sempre atrasada. Muito atrasada. Por causa das minhas roupas. Veja bem, eu nunca paguei para entrar em lugar nenhum – mesmo quando não tinha nada a ver com ele. Eu tinha um visual formidável. Digamos que tivesse que encontrá-lo no Queensbury, mas eu chegava 15 minutos antes de fechar porque estava terminando minha roupa! Ele sentia-se humilhado perante os amigos com o fato de sua namorada nunca aparecer na hora porque estava fazendo coisas.

"É preciso entender também que Derek, como Malcolm depois, era divertidíssimo. Eu adorava ir em sua companhia a um bar onde ele costumava cantar; subia ao palco e cantava todas aquelas velhas canções da zona leste de Londres, 'Que calamidade/Três velhas presas no banheiro...'. E todos nós fazíamos coro. Eu adorava aquela coisa toda. E nós, sabe, simplesmente concordamos em casar.

"Foi assim que aconteceu. Quando cheguei em Londres, era toda a questão de ser uma adolescente e conseguir um trabalho e fazer coisas; daí, quando estava com 18 anos, entrei para a formação de professores por dois anos, e foi mais ou menos quando conheci Derek. A ideia de entrar para a escola de arte era porque eu gostaria de fazer arte e possivelmente ser uma artista. Porém, percebi que queria mais. E, então, conheci Susan, ela era minha melhor amiga. Era a amiga perfeita: bonita. É preciso ter um visual interessante para chamar minha atenção! Sei lá, sempre somos atraídos por pessoas bonitas. Não somos? E ela era adorável, pensei. E viramos grandes amigas. Mas ela mexeu com alguma coisa na minha cabeça e no meu coração. Eu definitivamente a amava. Teria feito qualquer coisa por ela. Eu a achava simplesmente fantástica. E, também, isso vem do que se lê. E eu costumava ler todos aqueles livros sobre garotas em internatos e suas amigas, e tudo o que elas aprontavam; e eu queria uma amiga, uma companheira do peito. Quando jovem, eu era mais interessada nas pessoas do mesmo sexo do que no sexo oposto; as crianças são assim. Embora eu tenha sempre gostado de garotos também. Penso que se eu tivesse tido uma relação mais forte com uma garota, teria sido OK. Eu deveria ter tido. Mas conheci Derek. Por exemplo, eu queria muito que Derek fosse ao teatro comigo, pois eu nunca tinha ido. Ele me levou para assistir à comédia *Boeing-Boeing* e eu achei tão chato. Pensei que se isso era teatro, não precisava daquilo! Mas depois Susan me levou para ver *O homem que não vendeu sua alma*, com Paul Scofield, e fomos ver *As bruxas de Salém*, de Arthur Miller, e fiquei admirada. Chapada. Então, veja você, minha associação com ela me fazia pensar. Na minha relação com Susan, havia muito estímulo. Ela vinha de uma formação diferente da minha e tinha interesse nessas coisas, e tinha um namorado legal que também nos falava sobre todas essas coisas. Susan era intelectual, foi minha primeira amiga intelectual. Seu namorado também era bastante intelectual e ele me expôs a mais coisas ainda: leituras de poesia com os poetas beat no Royal Albert Hall – Allen Ginsberg, Lawrence Ferlinghetti –, tudo de que eu pensava estar faminta. Em nosso grupo,

Da esquerda para a direita, o irmão de Derek, Martin,
Derek Westwood e Vivienne, no verão de 1962.

porém, era só 'Estes são Derek e Vivienne, eles vão se casar'. E eu, no entanto, sabia que já estava mudando, em parte por causa de Susan.

"É dessa forma que vou me expressar, Ian. Vou dizer algo e você pode concluir o resto: minhas escolhas sempre foram intelectuais. Aquele foi um tipo de decisão diferente, e não funcionou. Derek e eu nos conhecemos porque estávamos interessados em sermos Mods, Teds ou o que quer que seja, e em fazer parte de um grupo. Nossa vida social era muito boa. Mas era uma coisa adolescente. É o que os adolescentes deveriam fazer. Tenho grande respeito por ele como pessoa – uma ótima pessoa. E realmente penso que a história de como ele tornou-se um piloto é incrível. Embora eu tivesse mantido o noivado com o Derek, no final das contas sabia que queria sair daquele relacionamento para encontrar outras coisas. E, por alguma razão, a vida sexual, pelo menos naquela época, estava presa àquilo. Eu acabei por não amá-lo mais. Agora é tão óbvio. Porém, naquele momento, estava tudo ligado à atitude da minha mãe em relação a sexo. Porque, na época, havia uma grande pressão sobre as moças para serem respeitáveis. Virgindade. E aquela coisa toda. Não engravidar, e tudo aquilo. Quando conheci Derek, eu era virgem. E mais ainda, a certa altura eu percebi que se fosse mais velha, bem, acho que você sabe do que estou falando. Atualmente, você pode viver com uma pessoa. Naquele tempo, talvez eu tivesse medo de machucar Derek – 'Del', como todo mundo o chamava –, mas estava mais interessada na minha amiga Susan, porque ela era intelectual e eu simplesmente a adorava, realmente. Digamos assim: se eu tivesse que viver em uma ilha deserta, teria ido com ela.

"Não quero dizer isso com todas as letras, particularmente, por causa das pessoas envolvidas e porque, apesar do que pensam de mim, eu sou uma pessoa reservada, porém há algo mais que deveria explicar a meu respeito e sobre aquele tempo. A ver com rapazes e homens. Até então, até casar com Derek, devo dizer que sempre me importei mais com minhas amigas do que com qualquer cara com quem saí. Olhando para trás, era isso o que eu queria, a proximidade e a cumplicidade de uma mulher. Uma alma gêmea. E, no final das contas, quando fui fazer a formação para professora, conheci Susan. Meu mundo emocional inteiro era ela. As pessoas não entendem: o fato é que me sentia viva e compreendida. E então, depois do curso, Susan conseguiu um emprego no Canadá. E acabou. Penso que minha mãe devia saber, e se minha mãe tivesse pensado em sugerir que eu fizesse uma aventura, escapasse – dar aulas no Canadá, não sei – eu teria ido que nem uma bala. Taí, algo que poderia ter feito sem ferir os sentimentos de ninguém. Quisera eu que mamãe tivesse conversado um pouco sobre isso comigo ou tivesse tido o senso de dizer: 'Por que você não arruma um emprego no Canadá com Susan por um ano, volta e *então* vê como se sente em relação ao Derek?' Teria sido perfeito, e teria evitado sofrimento a todo mundo. Mas, se fosse assim, eu não teria Ben."

Apesar de tudo isso, Vivienne, que acabava de completar 21 anos, começou a planejar um casamento simples e um vestido para a ocasião. Derek teria se contentado com o registro civil, mas Vivienne e Dora insistiram em um casamento na igreja, e no dia 21 de julho de 1962, na igreja de São João Batista, em Greenhill, Vivienne Swire tornou-se Vivienne Westwood.

"E é isso. Eu me atrasei. Fiz meu próprio vestido de noiva. Não muito bem – e nem estava pronto. Ainda estava alfinetado e não estava bem acabado. Cheguei na igreja na hora. Mais ou menos. Em cima da hora.

"Eu não deveria dizer isso, mas quando foi que cheguei na hora? Penso que naquele tempo eu tinha essa ideia – talvez todas tivéssemos, na época – que o 'homem da sua vida' tinha que ser 'O Cara'; que, de alguma forma, você nunca mais precisaria de ninguém no mundo a não ser daquela pessoa. Portanto, se você *precisasse* de alguém ou de algo mais – e eu sabia que precisava – isso significava que estava tudo errado. Eu sabia àquela altura, e em parte por causa de Susan, que precisava de uma cumplicidade intelectual, de uma convergência de ideias. Pensei muito, durante aquele período, e acho que mudei. Não acho que éramos infelizes, não éramos. Eu era muito feliz e nos demos muito bem por um tempo. Engravidei rapidinho. Pensa-se bastante quando se está grávida e cuidando de um bebê, mesmo estando exausta. Eu estava mudando. Em uma sucessão bem rápida, virei professora, casei com Derek e meu filho Ben nasceu. E perdi a fé em Deus. Eu tinha apenas 21 anos. Meu irmão Gordon, nessa época, tinha uma namorada americana simpática, Lesley, que ficou hospedada comigo por um tempo e deu uma ajuda. Isso foi em 1962. Ela opunha-se fortemente à guerra no Vietnã. Ela não ficou muito tempo, mas rompeu minha ingenuidade política e, quando percebeu que eu era uma cristã praticante, desafiou-me a defender minha posição, e descobri que não conseguia. Eu já havia deixado de acreditar em boa parte do dogma, mas assim que reconheci para mim mesma que a coisa toda era sustentada unicamente por meu compromisso emocional com uma ideia formada na infância – meu compromisso pessoal diante do sofrimento de Cristo, e tudo mais –, tudo ruiu na minha frente como um castelo de cartas. A garota sonhadora começava a acordar. Eu não sabia em que acreditar – só queria ler, ler, ler e descobrir.

"Lesley exerceu uma influência profunda sobre mim. Gordon a conheceu em Ibiza, na trilha hippie, por assim dizer – e fomos ao teatro juntas em Londres. Certa vez, até pegamos carona para Devon, conversando sobre o Vietnã o trajeto inteiro. Ela era muito contestadora em relação à realeza, à religião e à política. Não ficava de pé quando tocava o Hino Nacional. Ela me ajudou a mudar. E a questão tornou-se: se você casa jovem e depois suas paixões divergem, é correto terminar o casamento?"

Em 1963, para uma jovem mãe, a opção de terminar as coisas era considerada chocante. Muitos daqueles à sua volta – os pais e os irmãos de Vivienne, Susan e os amigos dos bailes – ficaram surpresos quando Vivienne anunciou, poucos meses após o nascimento de Ben, em 1963, que ela estava deixando Derek. Alguns supuseram ser uma depressão pós-parto ou a pressão das carreiras discrepantes e um bebê. Mas Vivienne estava decidida. Havia despertado nela um apetite para aprofundar a exploração intelectual e cultural, e ele continha a esperança de

Vivienne e seu filho Ben.

Da esquerda para a direita: Olga, Dora, Vivienne (com Ben no colo), Gordon e Gordon, em 1964.

que, em algum lugar, existiriam pessoas – ou uma pessoa – com quem seguir naquela jornada exploratória.

"Eram os meus passos a caminho da politização. Claro que tudo isso está ligado à minha infância, ideais e experiências. E aquilo tornou-se a diferença entre mim e Derek. O que Del fez – a direção que tomou – foi para as alturas, literalmente. Ele era um planador, na época. Um dos nossos momentos mais felizes foi quando ele planou sobre Dunstable Downs. Foi eletrizante. Ele era incrível e empolgante. Um homem muito sociável. Quando se tornou um piloto, sabe do que ele mais gostava? Dos anúncios que fazia para os passageiros. Aquela era sua paixão. E a minha tornou-se a política. Nós simplesmente nos distanciamos."

Derek Westwood deu a Vivienne seu sobrenome e seu primeiro filho, Ben. O casamento e seu término também conferiram a ela uma autodeterminação nascida dessa experiência precoce de desaprovação da sociedade, e o rompimento com o passado e com as expectativas para uma moça da sua época. Derek também a expôs ao universo da música profissional e das novas bandas de Londres estreitamente ligadas à cena das escolas de arte que Vivienne já conhecia. Outra contribuição vital desses anos para a história de Vivienne, juntamente com o sobrenome de Derek, foi sua experiência de um novo foco na cultura jovem. Na Grã-Bretanha do início dos anos 1960, os mundos da dança, da música e das escolas de arte estavam intimamente interligados. Eram parte do que fazia Londres acontecer. Capas de discos, moda e bandas tornavam-se a maneira essencial como a juventude ocidental expressava-se (até a chegada dos computadores). O pop e o punk, que evoluíram do rock and roll a partir da segunda metade do século XX, foram fenômenos que só poderiam ter ocorrido por meio de uma poderosa constelação de ideias e influências que deixaram sua marca em toda a cultura ocidental contemporânea, mas que, curiosamente, remetem de forma recorrente à Londres do final dos anos 1950 e meados dos anos 1960, e às boates e escolas de arte que Vivienne e Derek conheciam.

Desde a gênese do rock and roll britânico no seminal e influente *Sementes da violência*, de 1955 (um filme a que Vivienne finalmente assistiu anos depois no apartamento de Christine Keeler, na televisão de Gene Krell) até a anarquia do punk, a música popular do final do século XX encontrou seus primeiros evangelistas e fãs nas escolas de arte que proliferaram pelas áreas urbanas do Reino Unido, como parte das reformas educacionais do pós-guerra.

Muitas figuras de destaque na indústria musical haviam estudado design gráfico (que as escolas de arte ensinaram para prejuízo das artes plásticas), a maioria originalmente jovens da primeira geração da classe operária a se beneficiar de uma educação superior. Essa é a história de Pete Townshend, do grupo The Who, gerenciado brevemente por Derek Westwood, mas também Charlie Watts, Keith Richards, o artista plástico Peter Blake, sem mencionar o aluno de Blake, Malcolm McLaren, John Lennon, Eric Clapton, Roy Wood do The Move, Ray Davies do The Kinks e Freddie Mercury do Queen, um pouco depois. Todos vieram de uma formação em arte, e a maioria deles frequentou boas escolas de ensino médio também, exatamente como Vivienne. Porém, como aconteceu com Vivienne e Malcolm, e mesmo com Gordon e outros da área de Harrow, havia um cruzamento de arte para música e de design gráfico para vendas e marketing – como seriam categorizados atualmente –, que levavam a negócios que fundiam iconografia pop, moda, música e happenings. Por exemplo, Nigel Waymouth, dono da loja Granny Takes a Trip, mais tarde propriedade de Gene Krell e Michael English, era simultaneamente o principal designer gráfico da cena pop da época e fundador de uma banda psicodélica, a Hapshash and the Coloured Coat. Da mesma forma, a cooperativa de design com sede em Londres, The Fool (que, na verdade, era holandesa), foi contratada pelos Beatles, em 1967, para criar as roupas e os murais para sua loja Apple. A certa altura, eles também formaram uma banda. Como Malcolm, que acabou no comércio com a loja no número 430 da King's Road mas que empresariava os Sex Pistols, ou como a própria Vivienne, que escreveu letras de música para os Pistols, e fez direção de arte para a banda de Sara Stockbridge e dava consultoria a Sid Vicious sobre roupas, enquanto também criava grafismos para camisetas. Havia uma íntima fertilização cruzada entre as esferas da moda, da música, da arte e do design gráfico.

Músicos pop, artistas pop, designers pop e o cenário da moda e das butiques florescendo por toda a Grã-Bretanha, mas principalmente em Londres, deram um contexto e uma razão para a criação de movimentos jovens e das vendas que eles podiam gerar. Não havia nada comercialmente sinistro ou pré-planejado nisso – como Vivienne e McLaren assinalariam mais tarde –, embora tenha se tornado raro que qualquer coisa na moda ou na música permaneça inexplorada por muito tempo. A abertura da franquia educacional que alcançou a geração de Vivienne – dando acesso a escolas de ensino médio de qualidade e bolsas de estudos para faculdades de arte – possibilitou a jovens da classe operária, como ela, com toda uma pauta de não conformidade e mesmo de indignação social, dar expressão e imagem ao aumento do consumismo e do comércio de massa.

Vivienne, que chamou a atenção do sr. Bell por seu talento para o design na adolescência e que orgulhosamente conta vantagem dizendo que poderia ter sido uma redatora de publicidade, também esteve à frente de novas tendências em design gráfico. Na geração do pós-guerra, bombardeada com a "distração incessante" da propaganda como nenhuma geração antes dela, muita gente aprendeu essas técnicas nas escolas modernas de arte. A cultura pop britânica não estava acidentalmente ligada às faculdades de artes; uma não teria acontecido sem a outra. As manifestações públicas do gosto musical e a adesão a "tribos" fizeram mais do que somente vender discos e roupas; tornaram-se parte da nova linguagem de pertencimento. "Foi a melhor época possível para ser adolescente", diz Vivienne. "Nós inventamos o significado e o visual. Ou, como disse Malcolm mais tarde, nós estávamos em busca de identidade." Arte gráfica, moda, música e identidade... a geração de londrinos da qual Vivienne faz parte foi a primeira a costurar tudo isso.

Era uma história tão antiga quanto britânica – a criação, a começar pelas roupas, de grupos de estabelecidos e de intrusos.

Derek, o elegante marido Mod de Vivienne, seguiu sua ambição de ser piloto e deixou Londres. Durante boa parte da infância de Ben Westwood, o pai esteve radicado na região do aeroporto de Luton, e, alguns anos mais tarde, casou novamente. Ele sempre quis ser o melhor pai possível para Ben. Depois que o primeiro casamento acabou, Derek continuou profundamente leal a Vivienne, relutante, à medida que ela tornava-se mais famosa, em comentar sobre os poucos anos que passaram juntos ou o motivo da separação. Eles divorciaram-se oficialmente em 1966.

(*Vá procurar o que fazer. Amantes da arte, uni-vos!*)

A SAIA TURQUESA-SUJO

Quando conheci Malcolm e apaixonei-me por ele, eu o achei lindo e ainda acho. Valorizo até hoje a experiência com Malcolm. Um mundo sem Malcolm teria sido como um mundo sem o Brasil... ele era carismático, talentoso; eu realmente gostava dele. E embora fosse maluco, eu sabia que queria saber mais a respeito dele.

VIVIENNE WESTWOOD

Malcolm era como um garotinho, perdido na floresta. A floresta é sombria e agourenta, e as árvores escuras representam as forças que subjugam e reprimem nossas liberdades. Como Malcolm não consegue encontrar a saída, ele percebe que precisa deixar a luz entrar. Então, o que ele faz? Ele incendeia as árvores.

STEWART McLAREN,
no funeral do irmão, em 2010.

"Eu consigo falar à vontade sobre pessoas que estão mortas, inclusive Malcolm", conta Vivienne, olhando para o lado e pela janela para o contorno dos prédios em Battersea de uma forma que, agora sei, sinaliza que deixou de lado a reticência. "Posso falar algumas coisas que não diria quando ele estava vivo. É como dizem: 'Aos vivos, devemos respeito e, aos mortos, devemos a verdade.' Eu protegeria Malcolm se ele estivesse vivo. Agora, não mais. Não que eu goste de lavar roupa suja em público. Não gosto. Mas os mortos merecem a verdade.

"Tive pouquíssimos romances. Muito poucos. Eu poderia contar meus namorados nesses dedos." Vivienne agita uma mão cheia de joias na minha direção, o que pode indicar cinco dedos ou dez, e, antes que eu possa perguntar, ela continua. "Nunca tive um monte. De homens. Sempre fui muito leal a uma pessoa. E certamente nunca quis mais de uma de cada vez. Creio que Malcolm foi o primeiro homem 'intelectual' que tive. Não posso dizer que tive outro antes dele."

Malcolm McLaren é intrínseco à lenda de Vivienne Westwood. Sua parceria, dizem alguns, mudou o mundo. Ela moldou o punk: seu visual, sua banda mais famosa e sua filosofia, até onde existiu alguma. É esse relacionamento que liga Vivienne à banda The Sex Pistols e ao verão do Jubileu, de *God Save the Queen*: o disco, a imagem, o desastre. É também o relacionamento que dá a ela seu segundo filho, Joe Corré, que me diz: "Por qualquer ângulo que você olhe, a credibilidade de mamãe deriva originalmente do punk rock, porque, simplesmente, foi uma revolução. Ninguém nunca tinha visto nada igual." O punk rock, a erupção de ultraje incandescente, com um visual e um som que combinavam, pode ser visto hoje em dia de vários ângulos. Ele se repete constantemente na moda – desde alusões à moda fetiche, às roupas rasgadas, e às camisetas com slogans – e ainda encontra ressonância em cada nova onda de música popular. Foi um momento, pode-se dizer, breve, que envolveu um número pequeno de pessoas acidentalmente influentes, e foi uma revolução sem um resultado ou um conjunto de valores óbvios. Alguns, como o executivo do grupo Westwood, Christopher Di Pietro, dirão que o punk mudou as práticas dos negócios até os dias de hoje, e também o discurso político, dando voz e urgência ao fim da ortodoxia, e possibilitando dissidência criativa. Outros veem o punk como o padrinho, de modo diverso, da mudança de atitude em relação a uma sexualidade não ortodoxa, ou da prática no mundo corporativo de se vestir casualmente às sextas-feiras, ou das modas individualistas. Mas se muita gente sente-se confusa (principalmente depois da rápida submissão do punk às forças do comércio) quanto à real contribuição do punk para a cultura ocidental, além de um grunhido inarticulado, há uma opinião unânime de que seu epicentro em Londres foi a união incompatível de Vivienne e Malcolm. A importância dos dois na criação do visual punk, assim como de sua batida londrina, é um dos temas deste livro, e Vivienne deixou claro desde a gênese do trabalho que o negócio de esclarecer as informações, até onde é possível chegar, sobre quem fez o que e quando, era parte de sua motivação para lançar a obra. Esclarecer os fatos provou ser uma tarefa ardilosa, mesmo para ela – e ela estava presente. Para citar erroneamente Tolstoi, todos os relacionamentos que dão certo, assim ocorrem por motivos semelhantes. Aqueles que se desfazem (e o de Vivienne e Malcolm desfez-se, artística e pessoalmente, de forma explosiva), desfazem-se por razões complexas demais para se desvendar, até para os próprios protagonistas, e mesmo no momento em que acontece. O impacto polêmico de sua parceria criativa e pessoal, desde o final dos anos 1960 ao início dos 1980, permeia as décadas na lembrança dos punks e das estrelas do pop; no rancor do seu filho; na briga de Malcolm com o Victoria&Albert (V&A) por usarem seu nome como chamariz para trajes da coleção do museu que ele disse não ter criado; até chegar ao ponto de Vivienne ser vaiada no funeral de Malcolm, em 2010. É tão difícil desenredar quanto os tricôs mais elaborados de Vivienne. Porém, tudo começou de forma singela com um encontro fortuito em cima de uma agência do correio em Ruislip, entre um estudante de arte imprevisível e a irmã mais velha do seu melhor amigo...

"Eu conheci Malcolm primeiro como amigo de Gordon, amigo do meu irmãozinho. Estávamos em 1965. Minha única renda vinha de fazer bijuterias e vender na Portobello Road, e eu estava morando de novo com minha mãe. Era assim que conseguia dar conta. Malcolm entrava e saía do apartamento em cima do posto de correio, em visitas com Gordon. Ele vinha e ajudava-me por duas ou três horas de cada vez, e eu fiquei impressionada com seus designs. Eles eram bem Mod. De cara, eu o achei muito bom. E passei a conhecê-lo porque ele geralmente vinha quando minha mãe estava embaixo, na loja – ela jamais gostou dele –, e, às vezes para minha surpresa, quando meu irmão Gordon estava na faculdade. Ou ele simplesmente ficava ali pelo apartamento com Gordon, batendo papo, enquanto eu fazia as bijuterias e cuidava de Ben. E, aos poucos, passei a conhecer Malcolm..."

Malcolm Robert Andrew McLaren nasceu em 1946 e cresceu nos bairros de Stoke Newington e Highbury, a uma distância do antigo estádio do Arsenal que dava para ouvir o barulho da torcida. Sua infância foi dominada pela avó superexcêntrica, Rose Corré Isaacs. Rose, cuja família fazia parte da comunidade de judeus sefarditas da área de Stamford Hill, em Londres, queria ter sido atriz, mas acabou sendo proprietária de teatro, defraudadora de arte em pequena escala, e uma avó que empurrava insistentemente o neto para o palco. Talvez mais chocante seja o fato de sua filha Emily, mãe de Malcolm, ser descrita pelos membros da família como "prostituta", embora sua "carreira" tenha sido mais *horizontalmente grandiosa* do que isso, já que seu parceiro mais reconhecido foi o milionário sir Charles Clore, que a instalou em um apartamento em Monte Carlo. A família é mais aberta atualmente em relação a tudo isso do que foi no passado, mas inúmeras disfunções da família Corré-Isaacs-McLaren são resumidas de maneira clara por Vivienne. "Na infância, Malcolm nunca soube o que era verdadeiro amor materno, o que está na raiz de todos os seus problemas." Joe, o filho deles, é mais direto: "Bem, a mãe o rejeitava, e Rose era insana pra cacete."

Peter McLaren, o pai de Malcolm, um engenheiro escocês, legou ao filho seu tom de cabelo e pele ("marrom-avermelhado e creme", como descreveu Sid Vicious de forma memorável), mas pouco mais que isso. Para ser justo, existiam ruivos dos dois lados da família: os Corré eram judeus portugueses "que olhavam os outros judeus de cima para baixo", segundo Vivienne. "Malcolm parecia com sua avó Rose, que sempre gostou de mim e eu dela. A família de Malcolm gritava demais – demais da conta. Malcolm fazia igual." Havia um segundo filho, Stewart, irmão de Malcolm, que seguiu um caminho tão diferente na vida que Cora Corré, neta de Vivienne, só ficou sabendo da existência dele no funeral do avô. E Rose Isaacs Corré iniciou a tradição familiar, seguida pela filha, pelo neto e agora pelo bisneto, de escolher um sobrenome aparentemente ao acaso, dos muitos disponíveis, e depois retornar a outro pseudônimo de acordo com a vontade, circunstância ou evasão das autoridades fiscais. Rose Isaacs raramente foi conhecida como sra. Corré. Sua filha Emily quase nunca respondeu pelo nome de sra. McLaren. Malcolm passou os primeiros anos da vida como Malcolm Edwards, numa referência a um negócio de tecidos com o qual o segundo marido de sua mãe estava envolvido. E o filho de Malcolm com Vivienne, Joseph Ferdinand, recebeu o sobrenome Corré em homenagem à excêntrica Rose, como que atrasando o relógio, como faz o relógio da loja de Vivienne, World's End. A filha dele, a única neta de Vivienne, regozija-se do nome Cora Corré, sugestão de Vivienne. Que esta seja uma família é uma espécie de contradição multigeracional. "O resultado de crescer em uma família que nunca quis ser uma família", declarou McLaren, "é que é dificílimo comportar-se de maneira normal." No entanto, seu carinho pela avó dominadora permaneceu intacto e, em alguns aspectos, ser criado por Rose Corré de certa forma o prepararia para a vida com a sra. Westwood. "Rose foi uma mulher que criou seu próprio mundo e todo o resto tinha que viver nele ou viver sem ele", escreveu Malcolm. "Esse mundo era bem melhor do que o mundo em que vivemos, porque tinha muito mais alma e mais paixão. Era um mundo fulgurante. Ele brilhava." É também o mundo para o qual Vivienne vive.

A presença de Malcolm McLaren no processo de escrever este livro foi e é tão forte quanto a de Dora e Gordon Swire. Não se consegue realmente entender Vivienne – seu lugar no panteão cultural ou seu progresso de professora primária a estilista punk – sem tentar entender Malcolm, assim como não se pode entender a força dela sem conhecer o histórico de seus pais inspiradores. "Vivienne foi muitíssimo influenciada por Malcolm; ele mudou a vida dela", recorda o homem que os apresentou, seu irmão Gordon. "Não importa o que se diga de Malcolm, ele mudou vidas: mudou a minha e com certeza mudou a de Vivienne. Ele provavelmente mudou a vida de todos com quem teve contato."

A trajetória de Malcolm, antes de conhecer Vivienne, moldou sua personalidade e o trabalho com ela. Em termos simples – como registraram separadamente Gordon, Vivienne e Joe – Malcolm era ao mesmo tempo profundamente inspirador e profundamente atormentado. Era o que o tornava fascinante, mas também perigoso. O Grande Impostor, o intempestivo rebelde da moda e vigarista do rock and roll; o dominador por trás de Vivienne e The Sex Pistols era um homem explodindo de autoconfiança e ao mesmo tempo extremamente carente. A necessidade de superar a mais profunda rejeição, sem dúvida, era o que, em primeiro lugar, o motivava constantemente a fascinar: fascinar a mídia, fascinar a avó e fascinar Vivienne. Porém, sua carência provocava uma grande inveja do sucesso dos outros, fossem eles roqueiros punk, sua própria parceira ou seu filho. Essa carência o levou a querer uma constante afirmação de seu talento por parte de Vivienne, em detrimento do dela. E levou também às brigas vulcânicas do casal, além da discussão que deixou um curador do V&A aos prantos e à ameaça de processar seu próprio filho por violação de direitos autorais, ou de destruir a companhia e o legado da mulher com quem ele mudou a história da moda. Vivienne, que é generosa até não poder mais na hora de dar crédito aos colaboradores, faz portanto esta sutil revisão do passado. Não há mais a necessidade de atender às carências de Malcolm, e, de certa forma, reescrever o registro de sua própria contribuição é o mínimo de reconhecimento devido a uma mulher, e a uma parceria criativa, injustiçada. Ao fazer a pesquisa para este livro, senti a fantasmagórica presença belicosa de Malcolm. No entanto, pela maneira como as pessoas riem e sorriem quando contam as histórias sobre ele, também consegui ter uma ideia do que é que possibilitava a Malcolm inspirar e manipular. "Só em estar ao lado dele você percebia o quanto o mundo é 'possível' – e você ria, ria o tempo todo", recorda Gordon. "Ele foi o homem mais engraçado, espirituoso, esperto que conheci. É curioso, quando as pessoas são premiadas com o sucesso, como Malcolm e Vivienne foram porque, antes, pode parecer que existe um muro

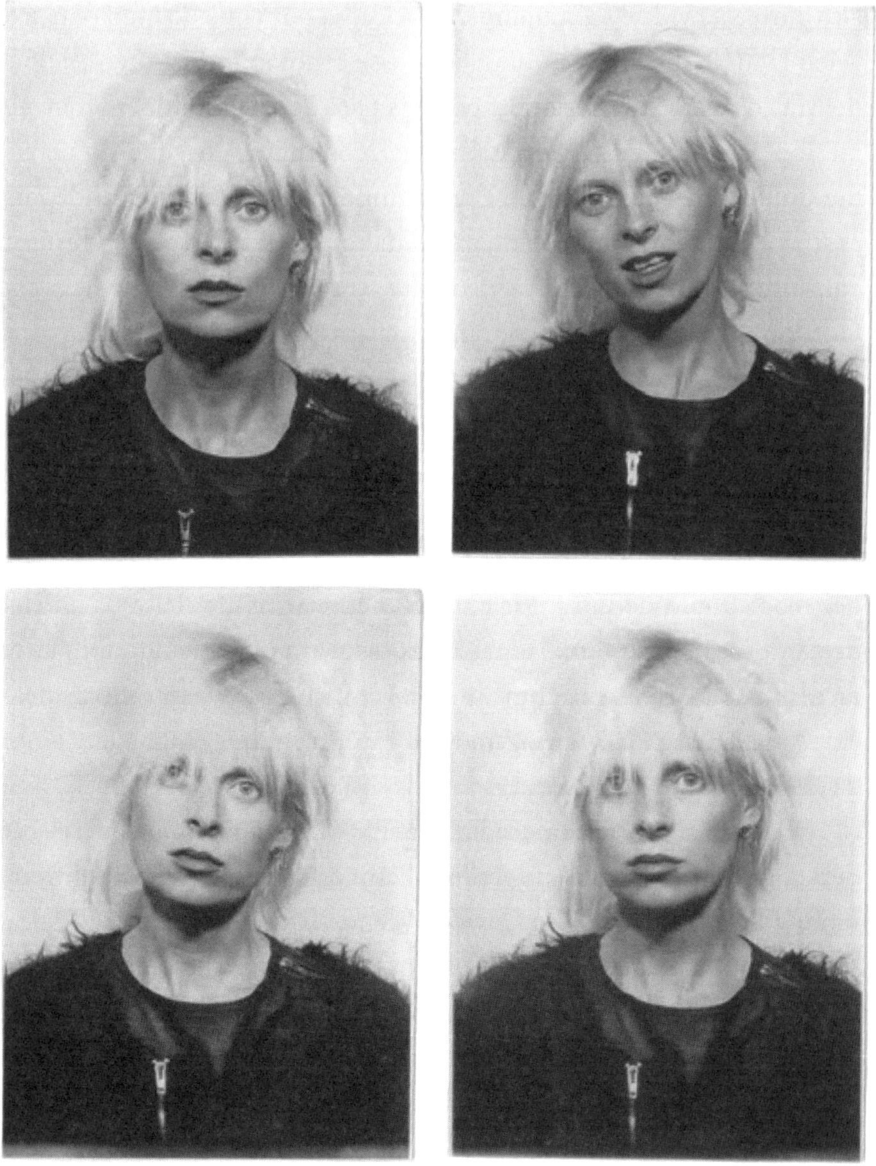

Vivienne com o estilo que ficou conhecido como *coup sauvage*.

alto entre sua vida e seus sonhos, e você olha por cima do muro e pensa 'Meu Deus: a diferença' – é como se fosse outro mundo. Porém, o dom de Malcolm era esse, levava as pessoas para aquele mundo, porque ele mesmo nunca viveu na realidade. Ele mostrou a Vivienne o que era possível e a permitiu sonhar. E, não importa o que aconteceu depois, esse é o grande presente que se pode dar a alguém." Esse é um resumo bastante claro do talento singular e da atração de Malcolm, mas o que Gordon disse em seguida foi quase espantoso. "E sabe de uma coisa? Vivienne costumava rir. Muito. Principalmente no início, com Malcolm. Hoje em dia, é terrivelmente séria. Mas ela era sempre muito engraçada, quando éramos crianças. E Malcolm realçou isso nela. Por um tempo. Ela tem uma risada muito, muito, muito gostosa."

"A família de Malcolm era de judeus cosmopolitas", explica Vivienne, "mas eu vim de um lugar culturalmente atrasado. Para os judeus, deixar a casa e a comunidade – como Malcolm fez quando foi para a faculdade de arte – era chocante. Porém, eu gostava das ideias dele, e quis me juntar a ele na viagem exploratória em que embarcou. Tinha a ver com o potencial de cada um."

Malcolm tinha um antecedente em histórias malucas, uma relação nebulosa com o conceito da verdade e um desejo imperioso de entreter um público. Boa parte disso, parece, veio de Rose. A avó que era loucamente o oposto do convencional, cujos lemas incluíam "Ser boa é ruim" e "Se você for cara de pau o bastante, pode safar-se de qualquer coisa", sempre disse ao neto para nunca ter medo de não trabalhar. Seguindo seu próprio lema, ela mal o mandou para a escola. Ele aparece nos registros como tendo frequentado o colégio William Patton, em Stoke Newington. Ele sempre afirmou que foi apenas um dia à aula, mas não é verdade. A atenção de Rose à educação do neto, errática, na melhor das hipóteses, foi pontuada por rompantes ocasionais de vigorosos didatismos destacando *Jane Eyre* e um dicionário grosso, e, ainda mais esquisito, a aparição ocasional de Agatha Christie, uma amiga distante da família. Dessa forma, talvez fosse de se esperar que Malcolm se afastasse de uma educação convencional e desconfiasse de quem fazia tudo certinho. A vida toda ele odiou autoridade, e conseguiu patinar pelos estudos e passar raspando para entrar na faculdade de arte e viver o início da fase adulta com o dinheiro da então obrigatória bolsa de estudos para escolas de artes. Este foi o motivo por que ele e Vivienne nunca se casaram: ele perderia a bolsa de estudos. Com isso, dos 17 aos 25 anos, Malcolm jogou habilidosamente com o sistema, saltando entre as faculdades St Martin's, Croydon College of Art, Goldsmiths, South East Essex, Chiswick Polytechnics e, por um tempo, a menos conhecida Harrow Art School. Ele estudou lá por mais de um ano, depois que Vivienne saiu, mas exatamente no mesmo ano em que o irmão dela, Gordon, foi aceito no final do ensino médio do colégio, que dividia a cantina com a escola de arte. Malcolm adaptou-se bem ao lugar, certamente segundo o slogan de seu carismático tutor, sr. Fox: "Melhor ser um fracasso exuberante do que um sucesso comportado."

Segundo Gordon, o que aconteceu foi o seguinte: "Vivienne conheceu Malcolm por meu intermédio. Ele tinha 19 anos. Eu me lembro do primeiro dia em que o vi. Na cantina da escola técnica em Harrow. Vivienne estava se separando de Derek. Ben era um bebê. Nossos pais moravam em Ruislip, a última agência do correio que tiveram. Eu me inscrevi para fazer o cursinho na escola técnica e a cantina era compartilhada com a Harrow Art School, onde Malcolm 'Edwards', como era conhecido na época, foi estudar. Ele chamava muita atenção com cabelos ruivos e rosto branco. Não passava despercebido. Ele costumava passar talco no rosto para acentuar a palidez – o que eu achava hilário. Ninguém fazia esse tipo de coisa. Ele era um cara engraçadíssimo, e ficamos muito amigos, saímos com um monte de mods. Eu tinha 17 anos. Ele me influenciou bastante. Malcolm era muito inspirador no modo de levar a vida. Tudo que Malcolm fazia era sempre formulado com uma implicação política. Eram os anos 1960; parecia que o mundo estava pegando fogo, e havia a guerra do Vietnã e o conflito na Irlanda do Norte, e um clima de revolução. Com o Malcolm, tinha tudo isso, mas, antes de mais nada, eu o achava um cara muitíssimo engraçado. Nós íamos a festas e tal, discutindo sobre política e sobre como o mundo deveria ser. Logo eu me envolvi nos seus projetos; naquele tempo, não se chamavam 'happenings', eram 'instalações'. Eu não conhecia nada daquilo. Então, achei realmente estimulante. Mas aconteceu o seguinte: Malcolm morava em uma quitinete em Hendon que sua avó havia-lhe arranjado, mas pouco depois de conhecê-lo, ele foi despejado porque ela não pagou o aluguel. Daí, ele se mudou para o meu carro, na rua. Ele dormia ali um pouquinho antes e depois das festas. Não estava morando no carro há semanas, mas por um tempo suficiente para Vivienne notar. E foi aí que ela começou a ter pena dele, imagino. Eu saí de casa e acabei dividindo um apartamento em Clapham, e Malcolm passou a ocupar uma espécie de quartinho de serviço porque era o quarto mais barato. Éramos eu, dois ou três americanos um pouco mais velhos – 20 e poucos anos – fugindo do alistamento no Exército, e Malcolm. Mas aí, um desses americanos foi embora – ele havia sido pego vendendo drogas. Eu esbarrei com Vivienne na casa de mamãe e disse 'Olha, tem um quarto vazio'. E ela se mudou para lá."

"*Sem chance* de eu ter me atraído por Malcolm", diz Vivienne. "Não no início. De forma alguma. Mas eu gostava dele. Não era sexualmente atraída por ele, de jeito nenhum. E, de qualquer modo, eu o achava muito mais novo – o que naquela época, suponho, via como algo ruim! Mas realmente gostei dele. Sempre. Desde o começo. Eu pensava nele como amigo do Gordon, mas depois me mudei para o apartamento onde Gordon estava instalado e Malcolm estava lá, e foi aí que eu realmente passei a conhecê-lo. Nós passamos um tempo juntos, antes, quando eu fazia bijuterias, e descobri que gostava bastante dele. Ele tinha uma energia maluca. Era muito carismático, ótima companhia e muito energético. E excelente artista, ele desenhava de verdade. O negócio com Malcolm era que ele fazia seu mundo parecer mais cheio de vida, só por ser Malcolm. E contava histórias. Histórias que ele inventava. Não eram verdadeiras. Quer dizer, talvez algumas fossem...

"Era assim que parecia quando eu o conheci: ele tinha um grande buraco vermelho em um rosto branco – essa era a impressão da sua boca. E quando a abria, ele podia ser assustador, mas ao mesmo tempo ele me deu a sensação de ser frágil, vulnerável.

"Malcolm deu em cima de mim. Eu não o queria. Eu não o queria como namorado. Gostava bastante dele – era vigoroso, eletrizante, informado e uma companhia muito divertida – e fiquei com pena dele. Ele não se cuidava. Eu comecei tentando cozinhar um pouco para ele, esse tipo de coisa. E foi assim que começou. Certa vez, ele não estava se sentindo bem e não tinha uma cama. O quarto de Malcolm era completamente vazio, exceto por um colchão, e creio que ele até o usou em um projeto de arte. Ele dormia sobre qualquer coisa, porque usou toda a mobília do locatário e quebrou tudo para fazer arte – coisas tipo esculturas. Então, eu o fiz dormir na minha cama durante o dia para se livrar de uma febre e ele ficou lá por vários dias e depois não queria sair. Foi assim que acabamos fazendo sexo. A questão é que eu, inicialmente, não queria Malcolm, mas acabei ficando grávida dele. E mesmo assim eu não o queria realmente. Aí é que está o negócio: isso faz sentido? Eu senti, veja você, que de alguma maneira fui tão gentil com ele que talvez tivesse interpretado de forma errada, e que isso era culpa minha, que eu de algum modo o iludi, que o encorajei sem saber. Por isso tive que me envolver com ele. Essa é a verdade. E, depois, teve um outro cara – nada sério, apenas alguém com quem eu ia sair. E Malcolm me chamou de puta. Foi quando percebi que ele estava obcecado.

"Ele organizou um evento, um happening em uma galeria na rua Kingly. Fez uma espécie de teste em seu quarto, uma noite, e quando eu cheguei da aula com Ben, que era pequeno, Malcolm estava com um cubo de balões brancos colados e um tapete de três metros de balões vermelhos. Ben ficou na maior felicidade – era uma sensação maravilhosa tocar nos balões e mantê-los no ar. Na noite seguinte, Malcolm estava com um rolo de papelão ondulado de quase dois metros de altura que ele desenrolou um pouco para fazer um labirinto para o meu menininho brincar. Às vezes, ele era mágico assim. E muito talentoso. Bom, na noite seguinte, depois de dar aula, fui à galeria para ver a instalação e entrei no labirinto que agora estava completamente desenrolado, no escuro, enchendo o salão; havia música e luzes piscando e eu fiquei presa com um monte de outras pessoas rodando e rodando, sem nunca nos encontrarmos. Algumas pessoas tentaram rasgar o labirinto, mas não funcionou; ele era longo. Estávamos com medo, mas finalmente encontramos a saída. A arte de Malcolm sempre foi alarmante, mas também, de certo modo, infantil. Por esse lado, também, como uma artista, eu o achava interessantíssimo. Muito cativante."

Malcolm, de forma deselegante, insistiu que a história não foi nada assim. Sua versão de como um folgado-estudante-de-arte-de-vinte-anos acabou tendo um filho com uma professora mais velha cheira tanto a um machismo exagerado quanto a um vago constrangimento com o fato de um artista radical ter se tornado pai. Ele afirma que ficou revoltado quando Vivienne mudou-se para o apartamento dividido pelos rapazes com "esse menininho a quem eu odiava e era averso", mas que, por causa da "teimosia nortista" de Vivienne, ele não conseguiu persuadi-la a sair. "Depois de três ou quatro semanas, decidi fingir que estava doente", ele alegou mais tarde, para conseguir acabar na cama dela por razões de "curiosidade ociosa provocada pelo pensamento de estar na cama de uma mulher... uma professora... havia algo de inofensivamente perverso quanto à ideia toda".

Malcolm perdeu a virgindade com Vivienne, um fato que parecia doloroso para ele admitir, talvez pela mistura, em termos de narrativa – de um lado, o incomum, de outro o convencional –, em parecer ter caído na armadilha de uma paternidade acidental. Foi um papel que ele nunca abraçou.

Ben, que se lembra pouco dos primeiros estágios do relacionamento, é veemente quanto à história toda. "Malcolm era um tipo de pessoa hiperativa e era jovem. O modo como passei a ver as coisas é que se eu tivesse 20 anos começando com uma mulher de 25 que tem um filho de

3 anos, e eu sou, tipo, virgem, e é tudo sexy e você quer fazer suas coisas sexy... bom, você não quer ter esse garotinho por perto, quer? Hoje em dia, vejo isso claramente, e assim foi. Mas, na verdade, Malcolm era OK."

Gordon ficou chocado. "De repente, percebi que eles eram um casal. Nunca havia me ocorrido sequer *pensar* nos dois nesses termos – minha irmã mais velha e meu amigão. E eis que os dois se juntaram. Malcolm nunca tinha tido uma namorada antes. Era tudo muito estranho. Quero dizer, Malcolm era como um contemporâneo meu, um garotão, meu melhor amigo; e, para complicar as coisas, eu gostava do Derek e o admirava, e fiquei chateado por ele. Veja, foi assim e não é uma história incomum: foi desconcertante para mim, na época, porque era minha irmã e meu melhor amigo. E, por um tempo, eu perdi os dois."

Se Gordon achou tudo penoso e Ben, com seus 3 anos, divertia-se quicando balões infláveis com estudantes de arte e passando o tempo com americanos fugitivos do alistamento, Rose Corré foi pragmática. Quando Malcolm contou a ela que Vivienne estava grávida, Rose imediatamente ofereceu-se para resolver as coisas pagando um aborto, opção que só seria legalizada seis meses depois.

"Eu estava indo fazer o aborto. Nós íamos à Harley Street com o dinheiro de Rose. Mudei de ideia no caminho. Eu estava com a gravidez ainda no início, e olhei para Malcolm e, de repente, pensei: '*O que você está fazendo?*' Ele é incrível. É uma pessoa tão fantástica. Você nunca vai encontrar ninguém como ele. O que você está fazendo? Ele não é seu tipo e tudo mais, não, mas ele é... ele é simplesmente fantástico. E eu mudei completamente. Foi um momento muito dramático, em que mudei completamente. Pensei: você está MALUCA em não ver que esse homem é maravilhoso.

"Daí, fiz o seguinte: fomos à rua South Molton, em vez de ir à Harley, e comprei uma suéter de caxemira e um tecido que combinava, feito do mesmo fio, e fiz uma saia. Na verdade, um terninho azul turquesa-sujo, com uma sainha de lã turquesa-sujo. Ficou fantástico. Eu adorei.

Foi isso que fiz. Fiquei com Joe e fiz um lindo conjunto de lã e acabava de decidir que Malcolm era maravilhoso. Infelizmente, àquela altura, quase imediatamente, na verdade, ele deixou de me amar, em altíssimo grau. Não começamos muito bem, e, além disso, ele ficou assustado com a ideia de ser sugado para o papel de homem de família. Mesmo assim, ele podia ser maluco – no bom sentido. Ele me queria a seu lado o tempo todo. Um dia, voltei para casa, depois de ir ao médico sozinha, não lembro por que; eu estava grávida. E cheguei em casa tarde porque estava dando aula. Peguei Ben na creche e cheguei tarde em casa. Malcolm estava no meio da rua, andando para cima e para baixo na faixa branca no meio da rua, fora de si imaginando onde eu estava. Ele pensou que o havia largado ou que tinha acontecido algo comigo porque cheguei tarde. Então, não sei, foi cheio de contradições desde o início.

"Mas tentei me concentrar no lado bom. Malcolm era fascinante. Ele tinha tanta informação que eu não tinha – até mesmo o fato de conhecer Londres como a palma da mão. Eu sabia que era provinciana, sem perspectiva, mal preparada. Eu precisava muito de uma forma de ganhar algum insight, e, junto com Malcolm, eu era capaz de analisar a sociedade, a política e a cultura. Ele me apresentou os textos do crítico de arte marxista, John Berger; do anarquista Buenaventura Durruti, que, quando explodiu um prédio com sua gangue, deixou o sinal de uma mão preta, e que disse 'Nós não tememos as ruínas. Nós construímos os edifícios. Nós podemos construí-los novamente'. Eu não acredito mais em nada disso. Na época, Malcolm estava profundamente influenciado pelo trabalho dos situacionistas franceses, e, de certa forma, para compreender o que acabamos fazendo com o punk, é preciso conhecer o situacionismo. Falarei disso depois. E ele influenciou meu modo de vestir e de pensar as roupas também. Ele começou a gastar a maior parte da sua bolsa de estudos em roupas para mim. Ele tinha paixão por roupas e me transformou de uma seguidora de modinha em uma mulher chique, confiante no modo de vestir. Não era por amor a mim. Ele amava roupas. Certa vez, comprou um traje para mim, bem

Vivienne e Malcolm na loja Let It Rock, em 1971.

naval, azul-marinho grosso com pregas brancas. Ele era esperto assim. A seção escolar da loja de departamentos John Lewis vendia uniformes escolares femininos e ele comprava para mim – vestidos azuis, golas brancas e meias-calças vermelhas. Eu usava com capas de chuva de algodão emborrachado da Cordings de Piccadilly. Depois do meu visual de gatinha, com esse estilo Malcolm eu passei a atrair um tipo diferente de atenção. E, às vezes, era feliz. Eu ficava feliz em vê-lo animado com sua vida e a faculdade, e eu adorava quando ele chegava em casa com seu amigo Fred Vermorel, para passar a noite. Eu sentava e ficava ouvindo os dois. Fred era metade francês, romântico, e a conversa deles era sobre eventos artísticos e política internacional. E eu me sentia muito, muito distante de Tintwistle.

"Certa vez, assumi o compromisso, na minha cabeça, de que ficaríamos juntos, que para mim estava resolvido. Eu estava inteiramente comprometida e era o que importava para mim. Eu o estava vendo de maneira diferente; desejando que ele fosse o melhor que pudesse. Ele sabia muito mais do que eu a respeito de tudo e comecei a achá-lo muito corajoso. Agora, não tenho tanta certeza: não sei se ele foi tão corajoso. Pensando bem, era a mim que ele mandava para fazer tudo. Numa ocasião, queria que eu fosse ao Madame Tussauds e incendiasse as estátuas de cera dos Beatles – uma proeza 'situacionista'. Uma 'afirmação'. Ele mesmo não iria. No final das contas, eu também não quis ir porque pensei que seria perigoso, mas esse é o tipo de coisa que ele tentava me botar para fazer. Só porque odiava os Beatles. Por outro lado, ele tinha ideias e me apresentava a todo tipo de coisa que eu não teria descoberto se não fosse por ele: o que estava acontecendo com os hippies, a livraria Compendium Books, em Camden, onde ele descobriu os livros e revistas sobre situacionismo, e o que estava acontecendo na América do Sul, Pinochet, tudo aquilo... eu não saberia nada disso. Agora é risível, mas eu ficava *tão* impressionada com seu conhecimento urbano e cosmopolitismo: fiquei encantada quando fomos a Chinatown procurar objetos decorativos para nosso primeiro apartamento juntos. Compramos luminárias chinesas e depois fomos a uma loja de excedentes do Exército e compramos a mesa que ainda uso para trabalhar – está logo ali, olha –, que era a nossa mesa, e um cacto! Imagine! Tão artístico! Veja você, eu tinha morado na periferia de Londres todos aqueles anos e nem tinha ideia da existência de Chinatown.

"Porém, não foi um bom começo. Nunca é, quando já se começa grávida, suponho. E eu estava muito cansada. Quanto mais tarde da noite ficava, mais falante Malcolm se tornava... e seu assunto favorito era ele mesmo. E muito antes de transarmos ou qualquer coisa, quando estava doente e dormindo na minha cama, ele me mantinha acordada todas as noites, contando a história da sua vida. E isso continuava. E eu dava aulas no dia seguinte! Ficava exausta. Não conseguia me concentrar. Portanto, quando nos juntamos, não foi exatamente um período feliz. Eu estava realmente esgotada, e Malcolm levava sua vida na faculdade, de estudante de arte, e não vinha para casa necessariamente toda noite. E nós discutíamos o que fazer, mas o negócio é que eu ainda estava casada com Derek e, se Malcolm e eu quiséssemos viver juntos direito, não poderíamos casar. Ele era um estudante universitário com uma bolsa de estudos e não podia me incluir como dependente. Nós não podíamos reivindicar seguro-desemprego, assistência social, porque disseram que, se ele era o pai do meu filho, ele teria que me sustentar, o que significava que ele precisaria abandonar a faculdade, e eu não faria isso com ele. Então, a única solução, parecia-me, era eu continuar lecionando – até Joe nascer e logo após o nascimento.

"Estamos em novembro de 1967, o parto está quase um mês atrasado e eu vou ter que induzir, e Malcolm sabia que eu tinha sido internada. Naquela época, passava-se uma semana no hospital e eu não me importava quando os maridos vinham visitar e o meu homem não, porque ele era especial, não era como os outros homens. No sexto dia após o nascimento de Joe, ele chegou. Parece que o estou vendo, em seu terno de tweed de segunda mão com flocos de neve derretendo sobre ele. E a irmã da enfermaria disse: 'Onde você estava? Você é motorista de caminhão de longa distância, ou o quê?' Mas eu não me importei, pois estava feliz da vida de ter tido Joe, e, para mim, Malcolm era como um anjo coberto de neve. Alguns dias depois, quando saí do hospital, ainda estava nevando, e sabe o que ele fez? Isso era típico de Malcolm, a primeira coisa que fizemos como pais foi comparecer a um encontro do Partido Socialista dos Trabalhadores para participar de alguma trama trotskista. Era tudo muito secreto, subindo e passando por uma saída de incêndio e atravessando um telhado coberto de neve e entrando por uma portinhola. Nós não nos tornamos membros do grupo. Malcolm achou o líder mandão demais! Uma coisa ele fez: alugou um apartamento para nós perto de Oval. Mas, fora isso, ele não tinha intenção nenhuma de ficar preso a uma vida familiar. Começou a chamar o grande cacto que ele comprou e do qual eu gostava tanto de 'papai do Joe', e, quando Joe era um bebê, Malcolm fazia questão de dizer para ele que o cacto era seu pai. Ele sempre se recusou a ser chamado de 'papai'."

A mesa de Malcolm, em uso atualmente no escritório de Andreas...
Ainda com um cacto.

Joe nasceu no dia 30 de novembro de 1967 e ganhou os nomes Joseph Ferdinand, por causa do quadro de Diego Velázquez *Fernando de Valdés Y Llanos* (rei de Portugal), exposto na National Gallery, e o sobrenome português Corré, em homenagem à bisavó que deu dinheiro para que ele fosse abortado. Vivienne aceitou tudo, e dedicou-se a criar para sua nova pequena família uma rotina que possibilitaria a todos os homens na sua vida – Joe, Ben e Malcolm – prosperarem cada um a seu modo. Eles mudaram-se para Aigburth Mansions, bem próximo a Oval, na região de Kennington, zona sul de Londres, o que facilitava a Malcolm pegar o transporte de Vauxhall para a faculdade de arte de Croydon, e voltar para seu recém-descoberto mundo da política radical e da arte situacionista. Enquanto Vivienne penava para atender às demandas da amamentação de um bebê voraz, assim como as de um menino febril de 4 anos, e decorava seu pequeno apartamento com lanternas chinesas e cactos, Malcolm começava seriamente seu longo flerte com políticas radicais e com as aliadas táticas de choque dos estudantes de arte do final dos anos 1960.

"Ainda bem que Ben e Joe foram bebês fáceis de lidar. Eu cuidava de todos eles. Dos três. O pequeno Joe, Ben... e Malcolm, que era um estudante. Eu levava Joe para a creche. Ben tinha uma vaga na mesma escola em que eu lecionava. E Malcolm não ajudava em nada. Não ajudava. Ele se recusava, dizia que a decisão de ter Joe havia sido minha. Eu falava com ele: 'Malcolm, você tem, pelo menos, que levar Joe para a creche para mim, de manhã. É demais eu ter que levá-lo todo dia.' Eu chegava atrasada no trabalho quase toda manhã, ameaçada com demissão, e Malcolm ainda na cama. Sabe quanto tempo leva para amamentar um bebê e tudo mais? Joe levava um tempo enorme, e eu pensava, 'Corre, Joe, *por favor*, sim?' Eu dava a mamadeira – tinha que dar porque eu o coloquei na creche. Coitado do Joe – eu o enchia de leite e comida e descia correndo uma rua longuíssima até a creche com seu peso cada dia maior – nós não tínhamos dinheiro para comprar um carrinho de bebê –, em seguida, pegava o ônibus com o Ben até o meu trabalho. A minha vida e a das crianças foi duríssima. Por sorte, eles não se lembram. E, à noite, eu tinha que dar banho, arrumar as coisas, cozinhar e lavar, e fazia muita preparação de aula à noite. Eu ficava exausta. E pedia ajuda a Malcolm, e Malcolm olhava para mim e dizia: 'Você pode me dar ele' – referindo-se a Joe –, 'mas se o fizer, eu o levo direto para a Dr. Barnardo's.'* E eu sabia que ele era capaz de fazer isso, ele realmente faria. Portanto, não podia pedir ajuda a ele de forma alguma. Conheço gente que acha isso louco. Mas era assim. Malcolm era horrível, naquela época. E ele reservava um 'horrível' especial para qualquer mãe. Ele odiava minha relação com as crianças, mesmo com o filho dele, mesmo com Joe. Ele sempre fez de conta que não era o pai de Joe. 'Não, seu pai é o leiteiro', ou 'Seu pai é o cacto no canto da sala', e por aí vai. Não chega a ser surpreendente que minha mãe e ele fossem incapazes de se dar bem e, portanto, eu tampouco podia ver minha mãe naquele momento da minha vida. Ficou difícil demais para mim, porque eu era muito leal a Malcolm, por vários motivos. Eu acreditava nele, absolutamente, como artista. E acreditava que precisava de mim. Daí, não via minha mãe. E, entretanto, ela era ótima e cuidava do Ben frequentemente, depois da aula. Ela amava Ben. Ela provavelmente amava mais o Ben do que havia amado a mim e Olga e Gordon, quando éramos pequenos, porque ela achava que ele era negligenciado e que precisava dela. E estava certa. Mas era um amor imenso, quase assustador para ela. Costumava dizer que a sala iluminava-se quando Ben chegava. E, quando tive Joe, ela disse: 'Eu nunca amarei tanto Joe quanto amo Ben. Não posso me permitir.' Ela falou: 'Nunca mais investirei tanta afeição em alguém como fiz com Ben.'

"Embora possa parecer que Malcolm fosse um filho da puta porque não ajudava, essa era a extensão do mau comportamento dele, de início. Minha posição era simples. Tratava-se de compromisso. Eu o amava. Acreditava nele. Podia aprender com ele. A longo prazo, meus filhos poderiam se beneficiar, e, às vezes, ele organizava coisas muito criativas

* Barnardo's é uma organização beneficente fundada no século XIX para assistir crianças carentes e abandonadas. (N. das T.)

para os meninos fazerem. Simplesmente, eu valorizava muito o que podia aprender com Malcolm. Acho que o que quero dizer é o seguinte: sei que as pessoas vão pensar que eu era um capacho porque aguentei sua atitude arrogante em relação a mim e aos meninos, porém, ao mesmo tempo, eu sabia o quanto ele dependia de mim. Convenci-me disso. Ele precisava de mim. Eu precisava dele pelo que ele sabia, e ele precisava de mim porque alguém tinha que precisar dele – e eu podia conversar com ele e desenvolver-me por meio dessas conversas. As ideias são mais importantes do que tudo, sabe? Por isso, fiquei com ele. Eu aguentaria qualquer coisa de Malcolm. Porque eu havia me comprometido com ele."

Pode-se dizer que o documento fundador, em termos do que depois se tornaria o movimento punk, foi *A sociedade do espetáculo*, de Guy Debord. Foi um texto que influenciou profundamente os estudantes de arte da época. Debord foi o teórico original do movimento político e artístico que ficou conhecido como Internacional Situacionista, fundado no final dos anos 1950, mas que encontrou voz e pauta uma década depois por toda a Europa e em universidades americanas. No final das contas, foi parte do que embasou os *acontecimentos de maio* em Paris, poucos meses após o nascimento de Joe. Desde as revoluções dos anos 1840 que os estudantes e artistas não sentiam seu poder de sacudir governos e atiçar as chamas da mudança. Os situacionistas declararam que artistas e pensadores tinham a obrigação de romper as definições entre arte e "vida real", para evitar a comercialização da arte. Em outras palavras, artistas e ativistas eram encorajados a confundirem seus espectadores e público, e a agirem, idealmente, como agentes provocadores criando happenings ridículos e potencialmente arriscados como forma de comentário absurdista sobre o *status quo*. Assim como o protesto, a arte deveria estar nas ruas e desconhecer barreiras. Bom gosto e estrutura foram defenestrados, juntamente com a mídia consagrada e com as limitações da galeria, da imprensa ou do meio acadêmico. Hoje em dia, um descendente do situacionismo pode ser reconhecido ime-

Vivienne e a loja Let It Rock, em 1971.

diatamente no absurdo festivo do *flash-mobbing*, organizado por meio das novas e velozes redes sociais. No final dos anos 1960, era um pouco mais difícil organizar as coisas. Malcolm ficou fascinado com a fusão do surrealismo, do dadaísmo e do hedonismo movido a drogas da época, em happenings situacionistas que desafiavam a categorização como protesto, arte ou teatro de rua. Por exemplo, no mês seguinte ao nascimento de Joe, ele teve a ideia de vestir-se de Papai Noel, junto com Fred Vermorel e outros estudantes de arte, invadir a seção de brinquedos da Harrods e distribuir todos os brinquedos. Poucos pais jovens sonharam dar uma resposta tão anárquica quanto essa à comercialização da infância. Os seguranças da loja levaram meia hora para dispersar a alegre confusão. O Natal chegou cedo para alguns poucos fregueses sortudos, embora não para Joe, e Malcolm inalou pela primeira vez o oxigênio vertiginoso da exposição na mídia, da polêmica e da infâmia no mundo da arte.

Enquanto Vivienne batalhava pela sobrevivência em Aigburth Mansions, Malcolm, por mérito tanto do seu cabelo quanto de sua política, tornou-se conhecido como Red Malcolm, e atraía um grupo de artistas com inclinações políticas, como ele. Jamie Reid, o artista gráfico por trás de boa parte da iconografia punk, Fred Vermorel, Robin Scott e mais tarde Helen Mininberg, eram, na época, devotamente radicalizados e insistiam que seus objetivos deveriam ser revolucionários no escopo e nas ambições. Enquanto Reid fundava uma revista política radical em Croydon, Vermorel foi a Paris e incentivou Malcolm a segui-lo, apesar de, ou por causa de, Vivienne e do pequeno Joe. Embora Malcolm não tenha podido ou querido ir para Paris antes que os tumultos de Maio de 1968 tivessem terminado, ele reuniu por intermédio de Fred inúmeros slogans que se transformariam em mantras icônicos do movimento punk nas camisetas criadas por Vivienne, mas que foram vistos primeiro espalhados pela Escola de Belas-Artes nas manifestações que pressionavam a Rive Gauche de Paris: "Seja realista: exija o impossível", "Sob as pedras da calçada está a praia", "É proibido proibir".

Aquele foi um período de excitação febril na política e no mundo das artes, e Malcolm ficou enlouquecido para participar, com ou sem sua companheira e o bebê. "Fiquei animado com essa ideia de levar a cultura para as ruas e mudar todo um modo de vida, usando-a como um meio de provocar, na verdade", disse ele. Foi um mantra que Vivienne adotou e que ainda encontra eco em muita coisa que ela cria e proclama: fazer as pessoas pensarem e mudar o mundo fazendo arte publicamente. No seu caso, as roupas tornaram-se sua arte "situacionista".

Boa parte disso virou *mainstream* como ideia, inerente ao que a arte contemporânea passou a significar, muito antes das táticas de choque de Damien Hirst ou de Tracey Emin, amiga de Vivienne. As definições do que é arte mudaram, para o bem ou para o mal, e ideias e protestos são expressados em tantos meios quanto a invenção permitir. E embora Malcolm e todo o pretensioso e hedonista universo da política estudantil do final dos anos 1960 sejam agora facilmente ridicularizados, não se deve subestimar o legado dos situacionistas via Malcolm e Vivienne, e o punk. Ele trouxe a moda de rua para a alta-costura. Possibilitou que muitas formas de expressão e protesto fossem discutidas como arte, e ajudou a fundir os já relacionados mundos da música pop, da arte, do design gráfico e da moda em um rugido persistente e desafiador chamado punk.

Esse período coincidiu com um momento violento na arte e na política ocidentais, a construção para 1968 quando "a anarquia, a propaganda política e o radicalismo eram ouvidos continuamente... e... uma revolução violenta na Europa parecia não apenas possível, mas... provável". Essa atmosfera inquieta também testemunhou uma revolução no design gráfico que teria um grande impacto no trabalho de Vivienne mais tarde. Ela não tem muita clareza sobre o quanto conseguiu absorver na época; suas memórias são de preocupações cotidianas com o aluguel e a alimentação do bebê. Tudo que proporcionava a Malcom o tempo para assimilar o espírito da época e juntar quadrinhos políticos e pornografia de compêndios em Camden ou criar pôsteres emulando o que estava sendo feito em Paris e, tão relevante quanto, em São Francisco. Tudo isso, a seu tempo, instruiria o trabalho de Vivienne e Malcolm na moda, nas artes gráficas, na música e no marketing.

Porém, enquanto Malcolm estava contemplando a revolução, e indo brevemente a Paris (mais tarde ele exagerou bastante seu envolvimento, ao ponto de romancear um relato de ter conhecido Guy Debord), Vivienne lecionava.

Vivienne, Malcolm e os dois meninos não brincaram de casinha por muito tempo. Vivienne, exausta e além do limite, voltou à escola com o título de "senhorita", mas manteve o "Westwood". Malcolm cuidou da casa, parcamente, entre seus compromissos com a arte, com a política e com o situacionismo. A srta. Westwood é lembrada como uma professora maravilhosa, apesar de não convencional – descrita por um colega como "possivelmente a melhor professora primária" que eles jamais conheceriam. "Eu não era", protesta Vivienne, "era assim na verdade: eu ficava como professora substituta em Old Kent Road, uma vez, em Brixton, em Streatham – cuidando de até oitenta crianças. Eu gostava delas e elas gostavam de mim. Mas não houve muita coisa aprendida. Lembro-me de algumas vezes haver crianças dançando nas mesas. Havia o pequeno Tony Hogan, irlandês, mais terrível do que qualquer um. Havia principalmente crianças jamaicanas. Eu era muito politizada, então não disciplinava as crianças e achava que os desobedientes estavam certos. Lembro-me de um, o Leroy, que ficava sentado cantando 'ei vaca, ei vaca, ei vaca', mas ele fazia todas as somas direito. Eu o adorava. E quando os levei para o campo, ficou aterrorizado. Ele nunca tinha visto capim." Nesses dias felizes, antes da imposição de medidas visando à saúde, à segurança e à proteção das crianças no Currículo Nacional, os professores de escolas primárias tinham uma enorme liberdade criativa no que ensinavam, no que faziam e aonde iam. Vivienne levou uma turma de alunos de 8 anos para assistir ao filme mudo russo *O encouraçado Potemkin*, com frequência os levava para o ar livre, ao parque mais próximo, para passear e aprender sobre a natureza, e até conseguiu que McLaren os levasse de ônibus para o campo. Enquanto

McLaren continuava com sua dieta adolescente de batatas fritas e doces, Vivienne ia cada vez mais em direção ao vegetarianismo como uma escolha de vida e de economia. Ela chegou a mandar McLaren e os pequenos irem colher dente-de-leão para fazer "café" da maneira que tinha aprendido durante a guerra. Mas em meados de 1968, as pressões que sofria como uma mãe que trabalhava fora forçavam as coisas a um ponto de ruptura.

"Foi assim que acabei morando num trailer. Em 1968, Joe e Ben passaram um mês com a avó. Quando Malcolm e eu retornamos de um verão na França, acampando na praia, Joe não me reconheceu. Para começar, tive que ir direto para o trabalho. Ele foi para uma creche. Após duas semanas, vou buscá-lo e ele está catatônico. Ele se desligou emocionalmente, por completo. Só horas depois, Malcolm conseguiu fazê-lo sorrir. E eu desabei de joelhos e dei graças a Deus, mas no dia seguinte fui até o trabalho e entreguei minha carta de demissão dizendo que estava saindo imediatamente para cuidar dos meus filhos. E então não tínhamos dinheiro. Nenhuma renda. Não conseguíamos bancar o apartamento. Tentei morar com Dora, mas nosso estilo de criar filhos era muito diferente. Ela queria bater em Joe se ele quebrasse objetos – e tinha uma porção de bugigangas ao alcance dele que ela não guardava. Então brigávamos. E foi papai que sugeriu que morássemos no galpão – o que se transformou na ideia de morarmos no trailer deles, na cidade litorânea de Prestatyn."

Vivienne certamente é uma das poucas pessoas no ramo da moda e da alta-costura que conheceu a verdadeira pobreza. Sua família a apoiava de forma constante e oferecendo bastante, mas Vivienne insistia que devia se virar sozinha com os meninos e com as escolhas que tinha feito, e isso significava, em curto prazo, aceitar a oferta do trailer apertado na cidade varrida pelo vento, Prestatyn. Ela tirou Ben totalmente da escola e estava determinada a viver com o auxílio da família (seis libras por semana, mais compras de mercado) e por conta própria com seus menininhos. É um ponto de destaque da personalidade, e talvez uma chave para sua falta de medo e de preocupação com o sucesso de crítica e comercial, que Vivienne tenha ido embora e encontrado autossuficiência – e alguma criatividade positiva – em dificuldades financeiras dramáticas: "Só posso dar o meu melhor", como ela diz. "Às vezes isso é realmente tudo que você pode dizer ou fazer... Lembro-me que Joe aprendeu a andar segurando nas laterais daquele trailer..."

O parque, na fazenda Tan y Rogo, perto de Prestatyn, com vista para o estuário de Dee, era deserto. Ben se lembra do trailer parecer minúsculo, até mesmo para um menino de 7 anos, sem água encanada ou quartos separados. Mas para ele aquilo se tornou tão mágico quanto um trailer cigano, uma aventura escrita e com figurino de sua mãe. Como professora registrada, Vivienne podia manter Ben fora da escola legalmente, então viveram juntos, os três, com Vivienne levando Joe e Ben para caminhadas improvisadas pela natureza, passeios pelos campos e saídas para colher frutas silvestres e legumes. "Eu me recordo que quando era meu aniversário, minha avó, Dora, mandava um bolo", lembra-se Ben. "Era a coisa mais empolgante. A mamãe o comia quase todo. Mas eu não ligava. Tenho que dizer, ela nunca me fez sentir como se aquilo fosse uma luta. Eu simplesmente sempre soube: a vida com mamãe era muito interessante." Apesar de a vida preocupar financeiramente e não estar claro quanto tempo o esquema poderia durar, Vivienne estava aliviada de ter o campo ao seu redor e algum tempo, novamente, para pensar. Ela lia romances de Hardy e tricotava, passava mais tempo com os filhos do que qualquer carreira ou vida normal poderia proporcionar e, em duas ocasiões, recebeu Malcolm no Norte do País de Gales para uma visita e para falar do futuro.

Enquanto Vivienne lutava como mãe solteira num estacionamento de trailers, Malcolm, sem o conhecimento dela na época, havia se casado. Foi um cambalacho de visto, explicou ele mais tarde, combinado com uma companheira estudante que queria permanecer no Reino Unido e que pagou a ele a quantia nada opulenta – mesmo naquela época – de trinta libras que ele precisava para seu filme estudantil, *Oxford Street*. "Não fiquei incomodada", diz Vivienne, "nós dois desprezávamos as convenções e nem tenho certeza se acreditei nele." Parece

As roupas e o estilo da Let It Rock, renascimento do rock and roll em 1973.

provável que seu motivo inconfesso fosse provar novamente seus sentimentos controversos a respeito de uma vida familiar a Vivienne, e mesmo quando, mais tarde naquele ano, eles voltaram a ficar juntos, Malcolm disse aos amigos que só estava fazendo aquilo para o bem de Joe, "para que o menino não fosse criado de uma forma limitada e da classe trabalhadora como Vivienne tinha sido".

Vivienne aceitou o convite de Malcolm para voltar a Londres, primeiro para uma quitinete em Cavendish Road, em Clapham, e depois para um apartamento art déco que ele tinha alugado perto de Rose, em

Clapham South. Vivienne, Joe, Ben e Malcolm se mudaram para o número 10 de Thurleigh Court, na Nightingale Lane, no começo da primavera de 1969. Esse seria seu lar até um período relativamente recente e ainda é mantido em seu nome e do jeito que ela e Malcolm o decoraram. A administração da casa na Nightingale Lane foi gradualmente assumida por Vivienne, trocando uma parceria convencional pelo que ela sentia que podia aprender de Malcolm. "Na verdade foi uma vida bem feliz por um tempo", conta ela, e Vivienne voltou a lecionar, bancando o aluguel semanal de 3,10 libras pelo apartamento de dois quartos. Ele era, e continua sendo, apertado, e apesar de sua política radical, logo Malcolm cogitou a perspectiva de mandar os dois meninos para o colégio interno. Com um casamento fracassado nas costas e uma lealdade instintiva e decisiva, Vivienne fez um esforço para fazer aquilo funcionar e, de certa forma, poderia dar certo. Havia parentes de ambos os lados capazes de ajudar de tempos em tempos – Rose estava logo na esquina e Dora e Gordon ficavam com os meninos todo verão desde seus primeiros anos. Em sua minúscula quitinete déco azulejada de verde, Vivienne aperfeiçoou suas habilidades na cozinha macrobiótica e vegana – desprezada pelos filhos quase desde então. E Malcolm ia e vinha. Joe, o filho deles, agora ele mesmo uma grande figura no mundo da moda, explica, "Ao longo dos anos, Malcolm tentou se desculpar pelo pai que tinha sido e explicar aqueles anos. E acho que ele realmente nunca conseguiu se explicar direito para mim. Mas creio que ele percebeu uma porção de coisas diferentes a respeito do que achou que estava tentando ser, onde eu não me encaixava, nem tampouco mamãe, como sempre, e acho que a maioria daquilo estava ligado à própria infância dele. Agora consigo enxergar. Acho que ele estava sempre tentando fazer as pazes com sua própria infância confusa. Ele mandou tudo à merda muitas vezes e, um dia, nunca mais voltou".

Talvez o tópico mais emocionalmente destrutivo fosse precisamente o compromisso de Malcolm com ideais maiores, como ele os via, do que a paternidade ou a parceria. Vivienne garantia a ele liberdade completa e dava a ele uma constância no amor e na crença que, no fim das contas, substituiu o laço de codependência dele com a avó. Porém, isso veio a um custo que ainda é óbvio na atitude ambígua de Ben e Joe em relação ao seu pai/padrasto. E veio a um custo para Vivienne também, que aceitou, como o fez repetidamente, um amor condicional, baseado frequentemente nos interesses compartilhados e na criatividade, e também em sua habilidade desinteressada de dar amor sem muita expectativa de retorno.

Se Malcolm era inconstante em sua atenção à vida doméstica em Thurleigh Court, ele também era uma presença inquieta. "Malcolm *tinha* que brigar", diz Vivienne, "tentava dar a impressão de que me odiava. Ele tentava me ferir." As coisas também se complicaram por causa dos amigos da escola de arte de Malcolm que moravam intermitentemente em Thurleigh Court: Robin Scott, Jamie Reid e Fred Vermorel. Ben, um menino gentil e tímido, ao contrário de seu exaltado irmão mais novo, se lembra das brigas inflamadas: "Eu certamente costumava ter bastante medo de Malcolm. Ele era genioso, então era melhor tomar cuidado. Ele me bateu umas duas vezes. A mamãe se cuidava, na maior parte do tempo, não sempre. Ele só virava e dava um tapa, era o negócio com Malcolm. Então realmente me lembro de não ficar nem um pouco preocupado com a ideia de que Malcolm poderia não estar mais em minha vida um dia. Se mamãe se separasse dele em algum momento, estaria tudo bem por mim.

"Joe e eu ouvíamos as brigas, para cima e para baixo no corredor em Thurleigh Court, fora do nosso quarto. Nós íamos dormir, Joe e eu, mas então várias vezes acordávamos às onze da noite e ouvíamos música tocando e também conseguia ouvir o que eles estavam dizendo. Lembro-me de terem uma briga numa noite e mamãe falar, 'Estou indo. Estou indo embora'. E a ouvi indo para a porta. Bom, se ela tivesse mesmo passado pela porta, acho que eu teria pulado da cama para ir com ela. Mas de repente ouvi Malcolm se acalmar e pedir, 'Não me abandone. Não me abandone, Vivienne'. E então houve uma pausa e depois o ouvi dizer, 'Preciso de você. Preciso de você'. Assim, novamente, ela ficou."

"Eu nunca teria ido embora sem os meninos", afirma Vivienne, "nunca."

Frequentemente, casais em guerra encontram um território seguro onde conseguem coexistir – uma fagulha do sexo ou do romance que os juntou no começo, algum interesse em comum onde não haja disputa ou mantenha a perspectiva de criatividade contínua. Para Vivienne e Malcolm, como um contraste às brigas ou como uma folga, havia as roupas. Nas roupas e na moda, eles encontravam uma ilha segura e cumplicidade criativa. Aos sábados, quase sempre sem os meninos, eles andavam pela King's Road, entrando e saindo das novas butiques que estavam começando a puxar o centro de gravidade da moda de Londres para a parte oeste. "Eu gostava especialmente da Mr Freedom, de suas peças de veludo. Malcolm usava uma gravata tricotada, camisa xadrez da Viyella e calça de veludo cotelê – parecendo um estudante de arte moderno. E eu me lembro de usar um visual marinheira, com pérolas." Vivienne começou a experimentar, com incentivo de Malcolm. Ela cortou e descoloriu o cabelo e, em contraste ao visual escovado exagerado daqueles tempos, percebeu que ele mantinha o formato. Pode ter sido seu primeiro presente a um culto emergente à juventude, cujo visual David Bowie copiou. "Tenho certeza de que (ele) copiou de Vivienne", opina o guru de estilo Simon Barker. "Vivienne tinha aquele visual um ano inteiro antes de *Ziggy Stardust*... *coup sauvage*, como os cabeleireiros acabaram chamando-o."

Eles já formavam um casal impressionante nas raras ocasiões em que circulavam juntos pela Nightingale Lane – Red Malcolm e a professora primária de Brixton com um gosto radical no vestir-se e cabelo selvagem. "Todos conheciam os dois – era impossível não conhecer", recorda-se o morador local e ex-presidiário Louie McManus. "Vivienne tinha um visual incrível."

"Há que se lembrar", conta Gene Krell, "que Vivienne era, é, simplesmente deslumbrante. Mas naquela época: sua atitude, sua linguagem corporal, seu visual – aquilo era de tirar o fôlego." Com o mundo doméstico sempre desabando ao seu redor, Vivienne estava aprendendo uma importante lição – uma lição que não foi perdida com Gene Krell, que morou com ela um pouco depois, ou mesmo com Malcolm, que tinha ensinado o truque a ela: as roupas podem lhe dar confiança. Em contraste aos fluxos em mudança de sua vida pessoal, Vivienne encontrou força se vestindo de forma destemida.

"Se você usa belas roupas, tem uma vida melhor", é uma frase frequentemente atribuída a Vivienne, mas aqui também pode haver pistas à contínua busca da estilista. Podemos ser reféns de nosso futuro tanto quanto do passado: com frequência, os artistas se esforçam na direção de um "eu melhor" ideal ou, como disse Vivienne, "um mundo melhor", como uma forma de ignorar os acordos do presente. Talvez um caso amoroso nunca pudesse corresponder às expectativas do potencial exato do que Vivienne podia criar e do que podia imaginar para o mundo. Ela projetou na moda sua positividade, sua criatividade e seu amor. Os analistas estão sempre ávidos por apontar que o passado pode ser um peso envolvido desnecessariamente no presente. É algo sobre o que os biógrafos pensam bastante a respeito. Mas o futuro está vivo e pesa no presente também, especialmente para Vivienne; tão positivo e tão prejudicial quanto. Acho que o futuro sempre pareceu estar mais vivo para Vivienne do que o presente, o que é um dom para ela como artista e defensora de causas, apesar de uma maldição no âmbito pessoal. O futuro é algo que ela está criando e que, por sua vez, a criou. O futuro foi e é um lugar fantástico que a molda todos os dias. E foi sua salvação e solução, a bênção e a maldição da vida com Malcolm. Conforme os anos 1960 foram se transformando nos anos 1970, e conforme o relacionamento dela com Malcolm cambaleava de uma crise a outra no ritmo da oscilante economia britânica, Vivienne se voltou à ideia de um estande de vendas. Considerando que ela já tinha tido um estande próprio, vendendo bijuterias, agora ela e Malcolm estavam com a ideia de vender discos vintage juntos.

"Era só aquilo, para começar", recorda-se Vivienne. "Tínhamos embalado nas roupas – artigos dos anos 1950 que conseguimos no Brixton Market, mas dava para ver que havia uma segunda leva de Teds que se reuniam ao redor do bar Black Raven, em Bishopsgate. Malcolm começou a juntar discos antigos de rock and roll, alguma *memorabilia* também e podíamos ver que haveria mercado para tudo. Patrick Casey, um sósia de James Dean, usava todas essas coisas dos anos 1950. Lembro-me que havia um lugar chamado Emperor of Wyoming. Tudo estava se encaixando. Mas tudo que estávamos procurando fazer era ter um estande e vender discos – e, naquela época, eu realmente queria voltar para a universidade." Em vez disso, Vivienne escolheu uma daquelas ações com consequências imprevisíveis que caracterizaram sua vida. Foi a mais decisiva. Ela pediu demissão em seu último emprego de escola primária, a Santley Street Primary, em Brixton, ao mesmo tempo que Malcolm finalmente saía da escola de arte, e com um pouco do dinheiro de seu último salário, comprou uma máquina de costurar Singer.

(Especialistas em roupas de látex, roupas glamorosas e roupas de festa)

SEXO NO FIM DO MUNDO

A invenção não consiste em criar a partir do nada,
mas a partir do caos.
MARY SHELLEY
Introdução de *Frankenstein*, 1831

Não havia punk antes de mim e de Malcolm. E a outra coisa que você também deve saber a respeito do punk: foi ***superdivertido.***
VIVIENNE WESTWOOD

"Punk" – Vivienne cospe a palavra com o peso extra que seu sotaque dá à vogal – "o punk era tudo para mim e Malcolm. Não falo tanto a respeito dele hoje em dia quanto as pessoas parecem achar que eu deveria, mas não é porque eu tenha vergonha ou ache que ele está ultrapassado ou algo assim. Estou mais interessada no que estou fazendo agora, mas o que preciso explicar é o seguinte: o que estou fazendo agora ainda é punk... ainda tem a ver com gritar a respeito da injustiça e fazer as pessoas pensarem, mesmo que seja desconfortável. Sempre serei uma punk nesse sentido. O punk, para mim e para Malcolm e na loja, se tornou uma espécie de bricolagem: juntando ideias. Juntando pessoas..."

Ela suspira e ajusta a bandana em que se lê "Caos". Inspira fundo, toma um gole do chá de ervas e reconhece sabiamente que "Existem fatos do passado dos quais você nunca pode escapar. Tentei fugir de tudo depois de Malcolm, mas hoje em dia tenho orgulho de meu papel como uma punk porque acho que contribuiu para a postura que muitos jovens assumem até hoje: 'Não Confie no Governo.' Nunca. A Revolução Climática é punk. E o que fiz nos Jogos Paralímpicos foi totalmente punk. O punk está vivo! A mesma atitude, mas com ideias mais desenvolvidas, mais sólidas e tomara que mais efetivas para mudar o mundo do que conseguimos da primeira vez".

Malcolm embarcou na ideia de vender artigos de rock and roll. "Para começar, tudo se tratava de discos", conta Vivienne. "Havia Harold, o Ted que trabalhava na Mr Freedom, na King's Road, ele fazia parte da segunda onda de Teds. Isso foi no outono de 1970 e Malcolm conseguia discos por meio dos classificados *Exchange & Mart*: Larry Williams, esse tipo de coisa, e foi assim que começou." Os londrinos na moda, desiludidos pelo otimismo fracassado com o hippismo dos anos 1960 ("hippos", como Malcolm os chamava), estavam se voltando ao retrô-chique no primeiro dos muitos revivals do rock and roll. De acordo com Malcolm, estava tudo planejado para ser menos um estande de vendas do que uma instalação de arte, fazendo pequenos manifestos a respeito do sistema capitalista vendendo "bugigangas retrô", tocando música e de fato se recusando a vender itens principais de estoque. Não podia haver premissas ou ordem do dia e havia muito pouco dinheiro. Mas nasceu algum sincronismo entre Vivienne, Malcolm, a música e o caos.

"No início não se tratava de roupas. Malcolm estava muito influenciado por Patrick Casey e começou a comprar EPs e discos de 78 rotações. Ele teve a ideia de que podíamos juntar discos e vendê-los, mas conhecemos roqueiros da segunda leva como Tommy Roberts, da Mr Freedom, e ele sugeriu que procurássemos um estande em um lugar mais a oeste – talvez Portobello de novo. Eu tinha sido uma cliente regular por lá, mas não se tratava de roupas. Eu amava o que comprava lá. Sentia-me como uma princesa do espaço de calça de veludo de leopardo e camisetas de trovador, com copas e espadas, eu me lembro, ou vestidos longos de camisetas com estrelas e um lenço na cabeça do Woolworths com lurex purpurinado e batom roxo! Por isso digo que não se tratava das roupas, mas é claro que eu me interessava. A sequência de roupas foi simples, na verdade. Primeiro Malcolm comprou para mim alguns paletós de Teddy Boy do alfaiate Sid Green e os customizei com colarinhos de veludo de cores diferentes, esse tipo de coisa.

Depois Patrick Casey forneceu um paletó vintage de risca, de zíper, com asas de morcego, e eu fiz uma cópia. E a seguir fiz algumas camisetas listradas para mulheres. Mas isso foi um pouquinho depois, quando tínhamos mais do que um estande...

"Eu diria que tudo começou de fato em 1971. As roupas e eu. Havia um evento no estádio de Wembley: rock and roll. Convidaram Chuck Berry, Little Richard e Gary Glitter; iam todos tocar juntos, e havia todos aqueles Teds, a segunda leva de Teds. Eles não gostavam de Gary Glitter, os Teds, e tudo ficou uma loucura: todos eles jogavam latas de cerveja nele e coisas assim. Tínhamos investido nessas camisetas. Mas elas não venderam. Foi um desastre. E já que elas não venderam, começamos a experimentar com elas. Fazendo buracos nelas, remodelando-as. A primeira coisa que fiz foi transformar algumas delas em calcinhas. Não vendemos muitas, então colocamos botões nelas. Então, venderam. As calcinhas eram quase inteiramente pretas com uma imagem branca que dizia 'Let It Rock' e tinham uma foto de Little Richard ou na frente ou atrás. E em algumas das brancas acabamos fazendo buracos. Depois com as camisetas tentei costurar as mangas para que elas ficassem arregaçadas e isso deu início a um entusiasmo de cópias por camisetas com um tipo de manga arregaçada. Um pouco trabalhoso. Mas essa era eu. Em seguida pegamos todas aquelas pin-ups, fotos delas, e isso também se tornou parte das camisetas. Bem anos 1950. As garotas com visual Raquel Welch. Elas sempre estavam numa pose parecendo meio detonadas ou encalhadas numa praia ou, francamente, violadas de uma forma ou outra. E acrescentamos essas garotas pin-ups – como cartões de maço de cigarro, sabe, que havia naquela época – e elas ficavam em pequenos bolsos de plástico na camiseta. Então, começamos a fazer buracos nas camisetas e comprar um pouco de plástico, às vezes plástico colorido, e fazer esses bolsinhos nas camisetas e cortando imagens de livros – principalmente pin-ups – para grudá-las ali. Eu fiz isso. Depois eu deveria colocar slogans situacionistas nas camisetas. Achava que eram realmente bons na época – lembro-me de um que era 'Sob as pedras da calçada está a praia', que é um bom dito, e isso seria escrito acima de uma das pin-ups com seus seios e beicinho. E então abríamos buracos na camiseta e costurávamos os furos de volta com linhas coloridas ou virávamos as mangas para fazê-las parecer apertadas e pequenas, o que era bem típico das coisas dos anos 1950 que tinha feito.

"Então, era parte uma garota Teddy e parte primórdios do punk. Eu fazia essas coisas e é claro que as usava – como essas blusinhas que eram abotoadas até em cima na frente com uma pequena gola e sem mangas. Contudo, mais uma vez, veja só, as coisas estavam mudando e tivemos que repensar e refazer. As pessoas não gostavam de roupas que fossem muito anos 1950 e estavam começando a se interessar por roupas mais 1970 – ou ao menos uma pequena inclinação no que tínhamos feito, então me lembro que cortamos umas blusinhas apertadas e as fizemos ficar parecidas com as pin-ups dos anos 1950 –, o que quer dizer os anos 1950, mas numa ilha deserta ou algo assim. Arrebatadoras. Fizemos isso. Lembro-me de grudar tampas de garrafa nas camisetas, as que se conseguiam naquela época com as bordas onduladas. E no fim percebemos que podíamos fazer coisas cobertas com aquelas tampas de garrafa. E assim, finalmente, acabamos por produzir furos com cigarros nas camisetas e cortar buracos nelas. E era só usar um par daquelas calças capri com elas que você se parecia, sabe, com uma pequena mulher perambulando pela praia – numa ilha deserta.

"E daquilo veio um dos meus primeiros sutiãs na rua! Nunca estive em Porto Rico. Na verdade, não sei nada a respeito de Porto Rico. Mas eu tinha visto porto-riquenhas em algum lugar usando seus sutiãs na rua e pessoas que se vestiam com shortinhos e sutiã, e elas simplesmente iam a uma loja com latas de Coca-Cola no cabelo em vez de bobes. Então, esse se tornou não apenas um visual para alguém perambulando na praia ou alguém que fora estuprada ou algo assim, era também um sentimento dos mais pobres. Porém, mais do que isso, também me lembrava de quando eu tivera 15 anos: eu tinha uma amiga de 24 anos, Marjorie Naylor, uma tecelã na fábrica de algodão, e ela ia trabalhar de bobes no cabelo e os deixava o dia inteiro e então, quando saía à noite, se saísse, só então tirava os bobes. Daí os ingredientes do punk são vários. A ideia de pessoas usando roupas um pouco grandes ou um pouco pequenas – como roupas usadas ganhadas de alguém e tudo o mais. Isso tudo era parte de um visual. E roupas ferradas. E pessoas que tinham uma vida mais difícil e uma experiência mais dramática do que as nossas. Analiso da seguinte forma: os pobres têm uma condição, a condição de ter mais experiência e, consequentemente, uma aura de prestígio se liga às suas roupas. Eles eram heroicos. Tudo tem a ver com histórias."

Os primeiros anos da parceria de Vivienne e Malcolm foram notavelmente fecundos, criativamente. Foram os anos que fizeram nascer uma nova linguagem nas roupas que, em certo momento, transcendeu ao punk: camisetas rasgadas e descosturadas e jeans velhos, amostras retrô e mistura de estilos, de slogans, de apliques e bricolagem (coisas grudadas às roupas de uma forma copiada da arte contemporânea) – ideias que teriam sido impensáveis em eras anteriores da moda. Talvez seja apropriado, portanto, que um dos comentaristas mais interessantes disso tudo seja o outro produto dessa parceria fecunda: o filho de Vivienne e Malcolm, Joe. Joe Corré, ele próprio, tem feito enorme sucesso no mundo da moda com o negócio de lingerie fina, Agent Provocateur, batizado espirituosamente em homenagem a um dos termos situacionistas favoritos de seu pai. Joe combina um humor seco e uma bonomia cálida com uma certa dureza reticente, e agora se tornou, depois de anos como modelo nas passarelas da mãe, um sujeito com o qual você não gostaria de mexer. Seu resumo da situação é acompanhado de um típico sorriso malicioso: "As pessoas acham que sou assustador, mas não sou, ganho a vida fazendo calcinhas de babados e minha mãe ainda me veste! A vitória deles, de mamãe e Malcolm, foi que encontraram um ao outro. Não importa o que tenha acontecido depois, há que se creditar isso a eles; os dois transformaram tudo e é difícil dizer quem inspirou quem. Malcolm era incrível na manipulação da mídia e em todo o ensino situacionista que permitiu a ele ser um tipo de antigerente com mamãe e fazer tudo de uma maneira contraintuitiva. Malcolm estava sempre interessado naquelas ideias de arte moderna – mais interessado do que Vivienne jamais esteve. Vivienne estava mais interessada em técnica e em realmente saber como fazer algo. Então aqui está a fusão: Malcolm tinha ideias para manifestos como 'Sem Futuro' e 'Dinheiro do Caos', mas o que fazia tudo funcionar era a técnica de Vivienne e fazer aquelas ideias darem certo, graficamente, e em algo que se quisesse usar, algo para o corpo. Mas quando as pessoas afirmam que Malcolm era o homem das 'ideias' e Vivienne só as costurava, simplesmente não é verdade. As ideias não são nada se não forem expressadas. E creio que as ideias dela e a forma como as fazia funcionar fizeram com que tudo acontecesse. Em algum nível, Malcolm reconhecia totalmente isso, ficava assustado e não gostava de admitir. Acho que percebeu isso por completo quando deixou mamãe e descobriu que não havia ninguém mais que pudesse encontrar em sua vida com quem pudesse manter tal colaboração. Apenas Vivienne podia manifestar as ideias dele em algo. Ele nunca mais achou outra pessoa depois dela. E acho que essa é a verdade e a tragédia dele."

Em outubro de 1971, conforme a lenda punk, Malcolm usava um terno azul-bebê pela King's Road. Foi modelado para ser bem parecido com o terno usado por Elvis Presley na capa do álbum de 1959, *50 Million Elvis Fans Can't Be Wrong* [*50 milhões de fãs de Elvis não podem estar errados*]. Nele, Malcolm, acompanhado por Vivienne, andou pela King's Road procurando inspiração na moda. O World's End, batizado por causa do bar na dobra da rua que dava uma guinada em direção ao que Dickens descreve como o "barbarismo de Chelsea", era e ainda é um destino de ônibus conhecido da maioria dos londrinos da parte oeste. Mas aquilo também era uma brincadeira e uma metáfora. Era até onde a moda e as compras se estendiam pela Sloane Square e estava bem no limite, no fim dos anos 1960, do varejo lucrativo. Na frase memorável de Evelyn Waugh de sua resenha do romance *World's End*, de 1937, na revista *Night and Day*, o bairro do World's End era povoado pelas pessoas "economicamente, politicamente, socialmente e teologicamente, numa bagunça". Então talvez fosse o lugar perfeito para Vivienne e Malcolm estarem. A bagunça, no entanto, tinha ficado bem mais hippie nos anos imediatamente anteriores à chegada deles.

Frequentemente, a "descoberta" de King's Road é atribuída a Mary Quant, ou melhor, à exploração de seu potencial como uma rua de compras. Ela abriu sua primeira loja por lá bem cedo, em 1955. Era longe dos tradicionais elos de compras do West End – Knightsbridge ou Bond Street. Mas tornou-se o foco de uma nova forma de compras, nascido dos finados anos 1950, da riqueza recém-descoberta e da ousadia de alfaiataria dos britânicos. E essa nova forma de compras estava baseada nas "butiques". Ao longo da década que traria Vivienne e Malcolm para a King's Road, as butiques – expressando diferentes estilos do que era legal – assumiram o lugar dos merceeiros e ferrageiros que uma vez tinham servido a comunidade local. A butique Granny Takes a Trip tinha um carro americano que parecia entrar pela janela, a Mr Freedom, de Tommy Roberts, tinha uma vitrine que uma vez exibiu um gorila azul gigante, e a Alkasura, de John Lloyd, era dirigida por seu dono vestido de monge. Trevor Myles, cuja butique Paradise Garage ocupava o número 430 da King's Road, ficou conhecido por vender os primeiros jeans usados. "Eu não gostava de jeans naquela época ou do estilo detonado em nada", conta Vivienne. "Meu vestido preferido era um da Mr Freedom com uma forma zigurate, em vermelho e azul. Todo aquele futurismo dos quadrinhos: eu amava aquilo." "Todas essas lojas", escreveu Malcolm, "eram a resposta visual da rua à cultura pop musical" da época; a King's Road estava onde a música e a moda se encontravam.

O número 430 ficava para além da florescência da cultura de butique na King's Road. Por um lado, ficava logo além da vista do nó principal da rua. Por outro, situava-se numa pequena parada de lojas em atividade e ao lado de um clube pouco atraente do Partido Conservador. O 430 tinha sido uma loja de penhores e uma mercearia. Com o teto cedendo, tivera um suporte de ferro colocado no nível da loja. Até hoje o ambiente é mal iluminado pela pequena janela da frente e dificilmente teria recebido crédito como o epicentro provável de uma revolução global na moda. Foi sempre parte da economia local de pequenos negócios e aluguéis baratos até 1967.

A primeira loja de moda que abriu no número 430 chamou-se Hung on You. Ela faliu ao longo de 1968, resultado, como foi dito, da má vontade dos amigos de seus donos elegantes de flanar até tão longe na King's Road e do gasto excessivo dos donos com material promocional. De qualquer forma, o aluguel foi assumido em 1969 por Tommy Roberts, da Mr Freedom, e, por conseguinte, foi o começo do relacionamento de Vivienne com o número 430.

O império da moda da Mr Freedom de Tommy Roberts se estendia, no final dos anos 1960, desde a Carnaby Street até a Kensington Church Street. Junto a Trevor Myles, Roberts tinha fornecido caftãs para a Hung on You e coletes para outra das butiques de Robert, a Kleptomania. Seus clientes, que migrariam para Vivienne, incluíam Jagger, Sammy Davis Jr. e Twiggy, entre vários outros, e seu estilo, que mais tarde influenciou bastante algumas das criações de Vivienne e McLaren, era com frequência conhecido como história em quadrinhos-Hollywood-vulgar. Reproduzia, sem exatidão histórica, modas extravagantes que tinham entrado com força na consciência britânica por meio dos filmes em cores – e o visual da butique combinava com as roupas: art déco, lanchonetes, sundaes – as roupas e os estilos dos filmes B dos anos 1950. "Trevor Myles era muito, muito inteligente", diz Vivienne, "totalmente à frente de tudo. Trevor acabou assumindo a Mr Freedom que tinha estado no 430 e transformando-a na Paradise Garage. Nunca achei naquela época que ela acabaria sendo minha."

Com a Hung on You e depois a Mr Freedom e a Paradise Garage no 430, o lugar estava bem no caminho de se tornar um marco de Londres para aqueles que se importavam com roupas. Quando Vivienne se instalou por lá, as pessoas já tinham expectativas de, por exemplo, jeans e couro estilo detonado, roupas com tachas e estilo motoqueiro, pastiche da Disney e *rockabilly* americano. Havia outras expectativas com o endereço também: "Ele abria à uma da tarde, talvez. Duas pessoas colocavam música para tocar e (alguém) pegava uma xícara de chá. Talvez modelos aparecessem para um ensaio fotográfico – Justin de Villeneuve ou Twiggy, a King's Road era como um set de filme naquela época, o sonho de uma criança. Era onde tudo estava acontecendo. Havia pessoas procurando pelas estrelas pop que apareciam: Jagger e Bianca, Keith Richards, Peter Sellers, Rod Stewart, Freddie Mercury, Marianne Faithfull, Jerry Hall, Lulu, Britt Ekland, Elton John. Todos conheciam o endereço. Ele tinha uma reputação de ser uma área livre para drogas – os vendedores da loja posavam nas janelas fumando baseados – e um ar mal-afamado e de panelinha, incentivado por sua clientela: Mick Jagger, Ossie Clark e o fundador do Pink Floyd, Syd Barrett. Também começou uma longa associação com vendedores ostentando muita atitude. Jay e Bo, que trabalharam lá nos tempos da Hung on You, e voltaram depois que Malcolm e Vivienne assumiram o controle, ficaram conhecidas por gritar para potenciais clientes do lado de fora "Vocês são legais?",* para o que a melhor resposta à queima-roupa na Londres nebulosa foi: "Na verdade, está um frio do caramba." Então, elas os deixavam entrar.

Roberts tinha assumido o aluguel do número 430 da King's Road em 1969, mas, apesar da atração que a butique exercia nos conhecedores da moda, ela também fracassou sob seu comando. Em parte isso aconteceu porque seu interesse estava migrando para a música – ele agenciou Ian Dury em seus tempos da banda Kilburn and the High Roads – e passou o controle da loja no World's End para Trevor Myles. Myles mudou o nome dela para Paradise Garage e também se esforçou. "Era muito boa a Paradise Garage", diz Roberts. "Roupas americanas e jeans antigos, mas Trevor era muito inconstante e bobeava demais – e ainda era eu que pagava o aluguel, então ele alugou o fundo da sua loja, quando pôde." "Malcolm e eu conhecíamos bem Tommy Roberts àquela altura", conta Vivienne. "Eu sempre sabia quando Malcolm tinha andado com Tommy porque ele voltava falando como ele, termi-

* No original, "Are you cool?", que também quer dizer "Vocês estão com frio?". (N. das T.)

Vivienne na Let It Rock, 1971.

nando cada frase com 'e isso e aquilo'." O que aconteceu, bem a tempo de Vivienne e Malcolm invadirem como colonizadores o número 430 da King's Road, em 1971, foi o seguinte. Trevor Myles se apaixonou por uma modelo sueca "como se faz, como se fazia na época", casou-se com ela e partiu para a Jamaica com (sem o conhecimento dele) um cartão de crédito roubado e outra "garota muito rica que tinha acabado de se separar". Como se faz... como se fazia na época. Quando o trio viajandão voltou, Myles descobriu que Malcolm McLaren, seu companheiro da escola de arte, Patrick Casey, e Vivienne tinham se mudado para lá. Como Malcolm contou mais tarde à revista *Swindle*, "um cara americano [tinha me visto] e me convidou para o número 430 da King's Road". "Onde você está indo, cara, curti sua calça de boca fina", aparentemente foram as primeiras palavras do americano, Bradley Mendelssohn. Ele tinha saído da loja para fumar um cigarro. Depois dessa tomada de posse comercial não ortodoxa, o número 430 permaneceu a casa de venda a varejo de Vivienne Westwood desde então.

Na verdade, McLaren sabia exatamente o que estava fazendo: como ele e Vivienne eram frequentadores assíduos da King's Road, já conhecia o local, e tinha filmado parte de seu filme estudantil, *Oxford Street*, na Mr Freedom. Myles estava ávido por sublocar os fundos da loja para ajudar a conseguir o dinheiro do aluguel que devia a Tommy Roberts, e isso Malcolm rapidamente, e de forma dissimulada, disse que podia pagar.

"Malcolm e eu procurávamos mercados para os discos antigos de rock and roll que compramos por um xelim. Sua ideia era que conseguiria vendê-los nos fundos do 430 para pessoas modernosas que faziam compras ali. Inicialmente, a Let It Rock tinha roupas de segunda mão, bugigangas e peças que eram possíveis de se achar naquela época, sobras dos anos 1950; cardigãs fluorescentes do Brixton Market e de um mercado no País de Gales, recordo-me, coisas de rock and roll e coisas suburbanas dos anos 1950. Charles Saatchi e Paul Getty – o jovem que tinha sido sequestrado – estavam entre nossos primeiros clientes. E eu ia ajudá-lo a fazer roupas dos anos 1950. Nós queríamos ação;

procurávamos temas de rebelião e focávamos no rock and roll... mas tudo que fazíamos estávamos criando juntos."

Malcolm e Vivienne se instalaram nos fundos da loja, lugar cada vez menos frequentado por Myles. O sucesso deles por lá foi quase instantâneo. McLaren se sentiu capaz de importar cada vez mais objetos efêmeros dos anos 1950: revistas e cartões-postais, até mesmo móveis, que davam autenticidade a suas recriações de roupas dos anos 1950. Patrick Casey, um entusiasta da velocidade, estava cada vez menos presente também, e no fim disseram a Vivienne e Malcolm que eles "poderiam ficar com as chaves. Tommy já não tinha mais nenhum interesse financeiro", diz Myles, "Vivienne e Malcolm pagaram algumas libras a Tommy para assumir o controle. Mas qualquer que tenha sido a série de acontecimentos, eu simplesmente pulei fora". Vivienne, com o varejo no sangue, estava determinada a se sair melhor e foi zelosa nos primeiros anos em relação aos pagamentos do aluguel e dos fornecedores em dia. Junto com seu sócio nos negócios, Malcolm Edwards, agora obrigado a reviver seu sobrenome legal neglicenciado por muito tempo, McLaren, para assinar o aluguel, Vivienne tomou posse do número 430 da King's Road. Malcolm recuperou a antiga jukebox de Myles e a encheu com seus discos para que pudesse fazer os hits de Eddie Cochran voarem pelos ares e espantarem qualquer hippie que estivesse passando. A Paradise Garage, com sua decoração vagamente do Pacífico Sul e painéis corrugados, mudou de nome, de estilo e reabriu como "Let It Rock". Vivienne também se lembra que as sementes do amargor que viria depois foram plantadas de imediato. "Minha mãe nos emprestou dinheiro, cem libras, para assumir a loja. Eu não queria. Dora insistiu para que tudo fosse oficial, então fomos a um cartório e formamos uma sociedade. Foi o que Malcolm usou para me segurar para sempre: foi um grande erro."

Vivienne colocou a máquina de costura para funcionar do outro lado do rio, em Thurleigh Court. Ela achou ternos e calças dos anos 1950 e os desmanchou cuidadosamente para criar moldes que pudesse reproduzir. Começou a fazer blusas de *mohair*, numa aproximação do visual beatnik de Nova York, para serem combinadas com meias-calças como se você estivesse "usando o suéter do seu namorado". Em amarelo-canário, é um visual que ela exibiu nas primeiras fotografias e é um dos itens mais antigos que ainda está preservado no fundo de seu arquivo de roupas. Nesse meio-tempo, velhos painéis eram pintados de preto e enormes letras cor-de-rosa anunciavam "Let It Rock". Na parte de dentro, Malcolm fez com que se parecesse com uma sala do subúrbio de Brixton nos anos 1950. Tornou-se também, imediatamente, um lugar para as pessoas se encontrarem. Steve Jones, mais tarde dos Sex Pistols e um amigo íntimo de Vivienne, escreveu "Você sentia, sabe, como se pudesse ir para lá, ficar por ali e ninguém te incomodaria... era apenas como ir para uma loja só para fazer a social". A parte da frente da loja, mais perto da King's Road, era dominada por papel de parede Odeon, fotos de Billy Fury e Screaming Lord Sutch e uma cristaleira customizada por Vivienne com tafetá rosa e que exibia brilhantina Brylcreem e brincos imitando pedras preciosas que podiam ou não estar à venda. O todo era uma mistura de vintage e reconstruções em termos de roupas e decoração. Os primeiros produtos de Vivienne no número 430 da King's Road foram os ternos Teddy Boy de Sid Green customizados com detalhes em veludo. "Primeiro foi uma questão de mudar as coisas. Nossos primeiros clientes eram homens, que algumas vezes faziam compras para suas namoradas. Como a camiseta customizada, onde eu tirava as pontas das mangas compridas e as transformava em detalhes ao redor da gola em V. Tive que vender minha máquina de costura Singer para comprar um telefone na Thurleigh Court, mas logo pude comprar uma máquina industrial pequena."

Como ela e Malcolm declararam, o 430 era tanto uma instalação de arte quanto uma loja. Em parte, isso acontecia porque ela atraía uma turma cult específica de pregadores do rock and roll – os Teddy Boys new wave que compareciam às apresentações de Shakin' Stevens. Porém, ela não podia ter durado só com aquele breve revival e esse não era o ponto. McLaren tinha um instinto para misturar moda, música e cult que era uma forma de arte em si. "Entrar na loja dava a sensação de entrar num set de um filme B dos anos 1950", recordou um visitante. "O lugar onde a música e a arte se juntam", proclamou McLaren, "chama-se moda... criar roupas é como pular na extremidade musical de uma pintura, e o número 430 se tornou uma extensão natural do meu estúdio de artista." Era uma afirmação e tanto vinda de um homem que não tinha um estúdio e que não tinha feito nada das roupas. Mais tarde, ele mediu um pouco mais as palavras a respeito de como foi para ele e Vivienne: "Eu vinha contando com um momento de glamour inesperado e o encontrei no número 430 da King's Road. Neste buraco negro do World's End, mudei minha vida, nas várias encarnações da loja – Paradise Garage, Let It Rock, Too Fast to Live Too Young to Die [Muito rápido para viver, muito jovem para morrer] – fiz roupas que se pareciam com ruínas. Criei algo novo destruindo o antigo. Isso não era moda como mercadoria, era moda como uma ideia."

"Bem, tudo isso é verdade", comenta Vivienne, "exceto que ele não fez nada. Malcolm ficava muito empolgado. Ele permanecia até tarde na loja numa sexta à noite, decorando a loja, e era muito bom nisso. Eu me lembro de uma vez em que ele pegou uma escadinha e simplesmente dobrou um monte de camisetas nela, várias camisetas com correntes e glitter com dizeres como 'Elvis' e 'Eddie', 'Gene Vicent and The Blue Caps', com mangas enroladas e botões, e aquilo ficou incrível, todas descendo em cascata pela escadinha. Ele simplesmente decorava a loja toda, havia Teddy Boys, e a loja deveria abrir às dez horas no sábado; e às 12:30 havia muitos desses Teds do lado de fora, e eles diziam 'Vamos lá, Malc, deixa a gente entrar'. De trinta a cinquenta pessoas esperando do lado de fora, fumando e tomando cerveja. Mas ele não as deixava entrar até que tivesse feito a decoração perfeita. Enquanto isso, eu tinha ficado a noite inteira acordada fazendo coisas para a loja – enfeitando roupas com tachas ou pintando jaquetas de couro ou o que quer que fosse. Desde então, me dizem que sou uma desgraça para a liberação da mulher por deixá-lo levar o crédito quando eu estava fazendo tudo, não ele. Mas no início precisou de dois. Malcolm e eu éramos iguais."

O gerente americano da butique mais abaixo na rua, Granny Takes a Trip, Gene Krell, ficou curioso de imediato. "Naquela época", recorda Krell, "no número 430 da King's Road não havia um 'banheiro', devo dizer. Então, vi Vivienne pela primeira vez indo a um banheiro público, do outro lado do bar, numa pausa para um xixi. Tínhamos uma grande janela. Ela tinha um visual incrível, sabe. Eu simplesmente me apaixonei. Não apenas pela maneira que ela se vestia. Sua linguagem corporal e seu senso de autoridade, e ela simplesmente andava com um tipo de confiança, sabe, que era quase arrogância. E eu queria conhecê-la. Mas achei que não havia forma, sabe, já que ela devia me enxergar como rival porque a Granny Takes a Trip era meio burguesa; nosso público eram as estrelas pop.

"A música se tornou o canal de nosso relacionamento. Vivienne se interessava particularmente por música doo-wop naquela época, que era o punk de seu tempo já que era a voz da rua. Conversávamos sobre música e ficamos amigos. E, naquela época, bem, eu levava uma vida bastante saudável. A Granny estava indo bem. Eu morava no número 13 da Shawfield Street onde Christine Keeler morou. Aluguei dela. E tínhamos uma TV enorme. E me lembro que Vivienne não tinha televisão, então logo depois que a conheci, convidei Malcolm e ela à minha casa. Resolvemos olhar embaixo do assoalho para ver se Christine Keeler tinha guardado algo ali, e quer saber do que mais? Tinha. Havia escondido vários documentos secretos embaixo do piso que eu e Vivienne descobrimos. Ficamos amedrontados de nos comprometermos de um jeito ou de outro – apesar disso ter sido anos depois do escândalo Profumo* – então, nunca os lemos e, no fim, Keller apareceu e os levou embora. Mas dali pra frente, Vivienne e eu estabelecemos uma relação especial. Eu só ficava mais fascinado por ela: todo mundo aparecia na King's Road quando Vivienne chegava, por conta do que ela representava. Ela realmente competia com a personalidade do lugar.

* O caso Profumo-Keller foi um escândalo da política britânica, que envolveu o ministro John Profumo e a modelo Christine Keller, que teve várias implicações, como a posterior renúncia do primeiro-ministro Macmillan, por motivos de saúde, em 1963. (N. do E.)

Não era uma punk naquele tempo. Havia a *imagem* punk e havia uma atitude punk bem antes da própria cultura existir. E a atitude era Vivienne. Vivienne gostava de criar uma polêmica. Ela gostava de desafiar."

Logo havia atenção da mídia, assim como a atenção dos colegas da Granny Takes a Trip. Houve um artigo no *London Evening Standard* e uma menção na *Rolling Stone*, um ensaio fotográfico com a amiga e fã de Vivienne, Louise Doktor, para a *Club International*, seguido de perto por uma encomenda para fornecer as roupas de Ringo Starr e de David Essex no filme de 1973, *That'll be the Day*. Era um começo embriagado no mundo da moda para uma mulher operando com pouco dinheiro, em orçamentos de estande e com uma máquina de costura em seu apartamento. Entretanto, foi superestimulado pela promoção espalhafatosa e os truques de estilo "agente provocador" de Malcolm. Vivienne seria persuadida a sair à noite para boates frequentadas por Teds para distribuir folhetos "Teddy boys para sempre! A era do rock é nosso negócio" e a entrar na balbúrdia dos shows de Wembley. No final de 1971 e em 1972, Vivienne e Malcolm surfavam na mais recente onda do revivalismo do rock and roll, mas (como descrito por Vivienne) a maré estava girando abaixo deles. Uma geração mais nova queria algo subversivo junto a suas músicas de rock e roupas, e Vivienne e Malcolm começaram a dar a eles camisetas e calcinhas que podem não ter sido reconhecidas como tal, mas eram na verdade a primeira desconstrução essencial do rock.

O proprietário anterior, Tommy Roberts, visitava de tempos em tempos e ajudou a colocar o aluguel em nome de Vivienne e Malcolm. Ele ficou imediatamente impressionado com Vivienne. "Trevor Myles tinha falido, então falei a Vivienne e Malcolm para ficarem com a loja. Fiquei preocupado, pois ela não tinha uma formação em design, apesar de Malcolm ter frequentado a escola de arte, mas eu costumava conversar com ela... era tão interessante – tinha um bebezinho, me lembro, na loja às vezes... e ela era um pouco difícil de vez em quando, mas *inteligente*, muito inteligente. Eu me lembro das roupas de Teddy Boys, no início – eles tinham grupos de turistas de Teddy Boys visitando! Ninguém sabia se aquilo ia funcionar, mas funcionou."

O nome Let It Rock não durou muito. Ironicamente, foi uma questão de saúde e de segurança. O painel corrugado estava desmoronando e tinha que vir abaixo, junto com o letreiro rosa. Ao mesmo tempo, no verão de 1972, Vivienne e Malcolm estavam cientes de que o negócio Teddy Boy não podia sustentá-los criativa e comercialmente – e havia um apetite para subverter. "Malcolm já estava um pouco entediado com os Teds àquela altura e ficamos mais interessados nos roqueiros. Chris Bedding era um cliente, e Red Baron, um roqueiro de Clapham – um dos que se encontravam na Chelsea Bridge com colete de couro sem mangas: um visual motoqueiro." A loja trocou de nome para "Too Fast to Live Too Young to Die" ou TFTLTYTD, em uma referência a James Dean, e apesar de terem continuado a vender *creepers* e ternos *zoot* refeitos por Vivienne, seus novos designs inovadores começaram a encontrar espaço nas prateleiras – e uma clientela fascinada. Um vendedor da loja nessa época, Glen Matlock, recorda-se de ser contratado (por 3,50 libras ao dia) e ficar confuso de se ver vendendo tanto ternos Teddy Boy quanto camisetas estranhamente customizadas. O fluxo de caixa era bastante ditado pelos sapatos – uma lição e um sinal para Vivienne: "Nas manhãs de sábado, você aparecia tarde e havia uma fila de pessoas esperando para comprar os *creepers* que tinham sido entregues da Cox na noite anterior. Todos acabavam no meio da manhã."

Para a TFTLTYTD, Vivienne e Malcolm entregaram primeiro uma série de camisetas pretas sem mangas, compradas em massa e customizadas de uma maneira que depois virou *mainstream*. Em uma delas, no peito, estava escrito VENUS com botões; outra trazia a inscrição SCUM* na frente (Society for Cutting Up Men, de Valerie Solanas, Sociedade para eliminar os homens). Outras tinham as mangas substituídas por arcos curtos de pneu de bicicleta e a mais revolucionária

* A tradução literal de *scum* é ralé, escória. O manifesto feminista radical de Valerie Solanas, publicado em 1967, afirmava que os homens tinham arruinado o mundo e cabia às mulheres consertarem-no. (N. das T.)

Bricolagem, correntes, zíperes nos mamilos (funcionando), mangas arregaçadas: o nascimento do punk.

Aplique de ossos de frango cozido: "era bem trabalhoso, na verdade".

tinha pequenos zíperes sobre cada mamilo. Se elas funcionaram ou não, não foi importante, pois a ideia foi instantaneamente subversiva. Tudo isso foi ofuscado pela camiseta que se tornou o emblema dessas primeiras inspirações de punk chique: uma camiseta preta decorada com ossos de frango branqueados, presos e costurados para formar letras, a mais icônica com a palavra ROCK.

As roupas se afastaram bem mais radicalmente do Teddy para algo agressivamente roqueiro. "Compramos estoques antigos – apresentamos o jeans escuro, modelos superapertados." *Let the Good Times Roll*, a versão teatral de *Grease: Nos tempos da brilhantina* e o filme *Loucura de verão* acenavam na direção de um novo entendimento dos anos 1950 como mais vestido com couro e sexualmente diferente dos padrões – fascinante sendo perigoso. *O selvagem*, tanto quanto *Juventude transviada* tornaram-se a imagem símbolo, mas a camiseta com jaqueta de couro dos anos 1950 ficou mais suja na era dos Hells Angels, fazendo referência a filmes góticos (ossos, mortalhas, lábios roxos) tanto quanto a motocicletas cintilantes. E como ninguém tinha feito uso de couro, perigo, morte e choque como os nazistas, elementos de sua iconografia também entraram nos designs de Vivienne e Malcolm.

O apartamento de Thurleigh Court começou a cheirar a couro e cola, a tinta e tecido com glitter, e a loja no número 430 da King's Road era enfeitada semana a semana com criações que tinham referências livremente cruzadas de Elvis, Himmler, moda de motoqueiros/fetiche e caveiras e ossos em forma de cruz. As roupas, e a loja, paravam o trânsito. As camisetas vendidas tinham palavras e slogans formados com botões, glitter ou com pequenas correntes, costuradas por Vivienne e depois customizadas com bolinhas eróticas e correntes. O painel corrugado foi decorado com uma caveira branca. A "Let It Rock" foi mantida como uma marca e "linha" e a "TFTLTYTD" apresentou uma outra coleção. Era o início de uma prática que McLaren e Westwood repetiram frequentemente: reinventar, criar outra marca e vender o antigo assim como o novo.

Gene Krell não era o único americano atraído pela loja e pelo "casal acontecimento", como Vivienne recorda alegremente. Gerry Goldstein, o amigo metade americano de McLaren de Stoke Newington, e amigo de Lenny Bruce, veio trabalhar na loja com Roberta Bayley, uma californiana que Vivienne conheceu num restaurante vegetariano de Chelsea. Em troca, eles ajudaram a atrair uma multidão sem classe e internacional de cineastas, artistas e cantores que procuravam em Londres a próxima tendência em pop e moda. Iggy Pop e James Williamson iam para a loja no meio da gravação de *Raw Power*, Marianne Faithfull era uma cliente fiel, e Jimmy Page, e a banda The Kinks. As roupas de Vivienne para o filme *That'll be the Day* chamaram atenção de Ken Russell, que pediu a ela para criar algo apropriadamente chocante para o clímax de seu filme sobre Mahler. Ela e Malcolm inventaram um traje de couro dominatrix Valquíria com uma suástica brilhosa e um aplique de Cristo na virilha. O conjunto foi completado com um capacete nazista e um chicote. Não era um visual fácil para andar pela King's Road ou por qualquer outro lugar, mas exatamente o tipo de coisa para incendiar os tabloides e atrair ainda mais atenção para a loja.

De onde aquilo tudo tinha vindo, esse visual? E quem ia comprá-lo? McLaren parecia impassível na posição em que rapidamente se encontraram de gerar notoriedade bem fora de proporção para seu perfil de varejo ou habilidade de tirar proveito. Vivienne depositava sua fé nele e em sua aptidão de reinventar e reposicionar a loja e, enquanto isso, continuou com o trabalho simples, mas vital, de fazer mais e mais roupas chocantes. Era uma revolução naquele item simples, a camiseta. Às vezes, Vivienne recebe o crédito por "inventar" a camiseta com dizeres, mas seria mais acurado dizer que foi Tommy Roberts e, em certo sentido, isso os precede já que foi uma ideia nascida da marca militar da Segunda Guerra Mundial e das campanhas de propaganda americana dos anos 1950. Contudo, algo se tornou lugar-comum: brincadeiras e ideologias espalhadas em nossos peitos – "Não há filosofia que não possa ser impressa numa camiseta", como Tom Stoppard descreveu a moda de forma seca e breve – foram popularizadas por Vivienne e pelo punk. É um de seus direitos singulares e específicos para a posteridade. A bricolagem de Vivienne customizando camisetas, e depois outros itens do vestuário, também foi algo absolutamente novo. Bolsos feitos de plástico nos quais cartões de cigarro podiam ser inseridos. Tachas e correntes e até câmaras de ar de borracha. E depois a ideia extraordinária, na moda senão na arte contemporânea, de pegar detritos como ossos de frango e tampinhas de garrafa e vertê-los à moda. "Era muito trabalhoso. Tentar colar com Araldite ossinhos de frango que se desfaziam. Trabalhoso. Mas valeu a pena."

Também deve ser mencionado que Vivienne, creditada há muito tempo como uma das estilistas e *couturiers* mais vitais de nossa época, também era e é uma designer gráfica profundamente influente. De 1969 a 1979, ela, Malcolm e seus colaboradores criaram imagens, principalmente em camisetas, que se tornaram parte de nossa linguagem visual comum. Por exemplo, o texto em roupas. O texto na arte contemporânea vem sendo um tropo dentro dos círculos da fina arte por décadas; era conhecido como letrismo. Vivienne duvida que alguém tenha dito algo assim no número 430 da King's Road, mas ela e Malcolm, em Thurleigh Court, começaram a experimentar com designs escritos que depois eram impressos. A letra cursiva clara de professora primária de Vivienne foi utilizada para um uso bem diferente escrevendo letras de música e transcrições de pornografia leve. Uma ideia bastante influente foi a divisão da camiseta em uma lista do que estava "por dentro" e do que estava "por fora", e de "odiado" e "não odiado". A ideia data da época de, no mínimo, Nancy Mitford, ou antes, mas nunca havia sido feita num contexto de moda ou certamente não numa camiseta. McLaren, de forma típica, mais tarde negou que Vivienne tivesse algo a ver com aquilo, e algumas pessoas dizem que foi Bernie Rhodes, mas o principal slogan, "um dia você vai acordar e saber em que lado da cama tem dormido" é reconhecidamente a letra manuscrita de Vivienne. A lista de "odiados" incluía alvos óbvios dos meios de comunicação em massa e do pop comercial: Leo Sayer, David Essex, o programa de televisão *Top of the Pops*. Também incluía a *Vogue*, a *Har-*

pers & Queen e a loja uma vez amada por Vivienne, C&A. Os "amados" traziam referências a todo o seu fundo rock and roll, mas também aos rapazes rudes jamaicanos, Jimi Hendrix, Iggy Pop, e uma banda da qual ninguém ainda tinha ouvido falar, Kutie Jones and His Sex Pistols. Essa foi a avó de todas as listas de "por dentro" e "por fora" que amaldiçoaram ou abençoaram a imprensa de estilo e moda desde então. Também foi uma declaração eficaz do tipo, "classe alta" e "classe média aspirante" do tribalismo, que ajudou a vender os primeiros modelos punks.

O letrismo, entretanto, era apenas uma parte do universo gráfico de Vivienne e Malcolm. Vendidas no número 430 da King's Road por preços entre duas e sete libras, "o que era bem razoável, na verdade, levava horas e horas para fazer alguns daqueles modelos", as camisetas eram impressas em cores de grande contraste, rasgadas, algumas vezes costuradas por fora e frequentemente customizadas com queimaduras de cigarro e zíperes. As poucas que sobrevivem são de valor inestimável na história da moda. Eram itens que desafiavam os olhos e a mente e tiveram um impacto quase fora de proporção pelo número relativamente pequeno que venderam no início. Também ajudaram a estabelecer a ordem do dia nas artes gráficas e na identidade em formação do Vivienne Westwood Group como inovadores de tecidos impressos e acessórios. Pegue uma ideia, talvez da alta arte, talvez da cultura popular existente; justaponha-a àquilo que desafie a intenção original da imagem ou que simplesmente choque. Coloque-a centralizada cruzando o torso ou algo assim de forma que algum detalhe apareça apenas com uma inspeção atenta. Venda. Surpreenda. E aguarde que as notas em jornais ou revistas induzam mais vendas.

Conforme os anos se passaram, os modelos se tornaram mais bizarros e afrontosos. O que Malcolm se referia de modo condescendente como "carimbo de batata" de Vivienne – uma descrição tecnicamente acurada em alguns casos – incorporou ícones e tabus. Um dos mais duradores – ainda é vendido na loja Worlds End – é uma camiseta simples estampada com um seio nu na altura do peito. Uma preferida de Paul Cook do The Sex Pistols, ela também alcançou notoriedade com

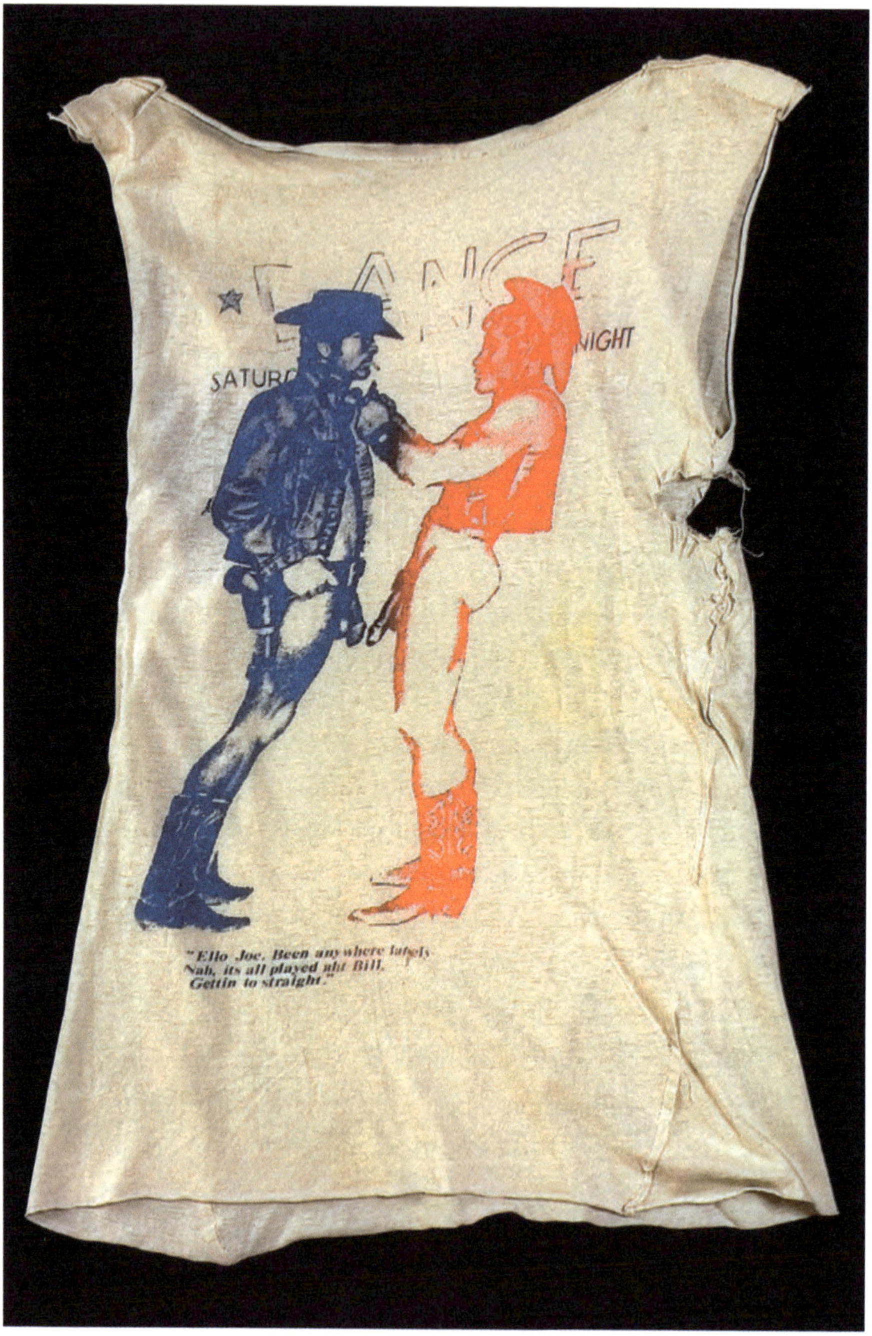

Camiseta de masculinidade duvidosa. Supostamente, a obscenidade está no toque.

os americanos quando Alice Cooper a usou em uma capa de revista de 1973. Outras pegavam ícones da infância e adolescência de Vivienne – Mickey Mouse, Branca de Neve, Marilyn Monroe – e os subvertiam de uma maneira tanto ridícula quanto chocante. O personagem que é logomarca da Disney teve sua orelha transformada num "A" anarquista e a princesa da Disney foi redesenhada numa reunião sexual com seus anões epônimos. A polícia de Chelsea apreendeu essas imagens depois de uma reclamação de um morador de King's Road. "Foi realmente irônico. Eles nunca apreenderam nossa camiseta 'Como fazer um coquetel molotov'. Mas estavam atrás de qualquer coisa que pudesse nos acusar de 'promover uma exibição indecente'. E a Disney desaprovou, então tivemos que parar. Hoje em dia não poderiam: tudo está com os direitos autorais vencidos. Uma vez, Jordan escondeu todo o estoque em sacos de lixo no hall de entrada para o apartamento acima, onde íamos para fazer xixi. Na verdade era irritante perder o estoque. Fiquei de saco cheio daquilo, mas me senti ainda mais obrigada a continuar."

As imagens mantêm seu poder de perturbar. Uma turma de gays punks transa, citando o jogo de palavras de Joe Orton, "Prick Up Your Ears" [Aguçar suas orelhas]. Dois caubóis, nus da cintura para baixo, de frente um para o outro, os pênis flácidos quase se tocando. Um trabalho saído diretamente da pornografia gay (Malcolm gostava de deixar bastante pornografia vintage e pesada pela loja), a camiseta de caubói causou ultraje desde então. Perturbadoramente delicada assim como sexual, é típica da atitude elíptica de Vivienne com o sexo, requerendo de nós que reflitamos sobre a intimidade entre homens assim como sobre o poder do fálico na moda. Também levou à prisão do amigo de Vivienne, Alan Jones, sob a alegação de "exposição à visão pública e exibição indecente". "Conhecíamos Alan do Portobello Hotel. O jovem Paul Getty costumava se hospedar lá, e eu e Malcolm íamos lá para beber tarde da noite, então o conhecíamos bem. Ele adorava nossas roupas." Ainda mais "extravagantes" seriam as camisetas dos Sex Pistols, apresentando o nome da banda com preservativo cor-de-rosa e exibindo um garoto nu antes da puberdade fumando um cigarro. Estranhamente, é uma das poucas imagens que é provavelmente mais chocante e menos vendável agora do que quando foi produzida pela primeira vez. A infame "Marilyn mijada" mistura a iconografia óbvia dos anos do rock and roll – os espólios de James Dean e de Marilyn Monroe lucraram imensamente no início dos anos 1970 com o revival dos anos 1950 – com pornografia pesada. Falos ejaculadores decoravam cada braço, mirando vagamente na deusa das telas, dependendo de como se usava a peça de roupa, o rosto de Marilyn ao estilo de Jackson Pollock com fios de esperma amarelado de urina. Ben, o filho pequeno de Vivienne, a viu produzir a camiseta: "Eu fazia meu dever de casa no canto enquanto ela produzia; e quando ela fez o Mijo/Marilyn Monroe, eu disse: 'Mãe, estou confuso: você gosta dela ou não?' E ela respondeu: 'Sim, não se trata disso, só estou tentando chocar as pessoas colocando mijo em cima.' E depois ela estava esboçando o pau de Jesus na cruz invertida na camiseta suástica/Destrua, eu estava fazendo meu dever de casa e realmente me lembro de pensar: 'Minha mãe é bem excêntrica.'"

Como não tinham sido deusas do cinema nem o Messias que tinham morrido recentemente, mas jovens universitárias, talvez fosse de se esperar que a camiseta estuprador de Cambridge tivesse causado a maior controvérsia. "É a única coisa da qual me arrependo", afirma Vivienne, e é um dos poucos manifestos de design do qual ela se desculpou ao longo do tempo. O estuprador em série em questão tinha sido descrito usando uma máscara trançada fetichista, igual à que era vendida na loja na época. O gerente de então, Michael Collins, foi entrevistado pela polícia. "Malcolm tinha acabado de voltar de uma viagem aos Estados Unidos onde queria começar uma banda, e a primeira coisa que sugeriu que fizéssemos quando voltou e ouviu falar daquilo foi essa camiseta do estuprador." Vivienne criou uma camiseta destacando a máscara, uma foto do empresário dos Beatles, Brian Epstein, que havia morrido fazia pouco tempo, supostamente em circunstâncias sadomasoquistas, e a legenda "It's been a hard day's night" ("Hoje foi um dia duro"). "Era tudo parte da campanha de Malcolm, 'Proteja o Pervertido' e da ideia que 'A Inglaterra é o Lar do Exibicionista', dando à garotada 'autonomia sexual' deixando-os ver a hipocrisia ao redor deles. Em primeiro lugar, Malcolm era um comerciante chocante, não tão envolvido com a política dessa forma. Acho que talvez seja bom chocar o establishment, digamos com uma suástica, invertida, de forma ideal, para não parecer que você está apoiando o nazismo. Não acho que foi certo fazer a camiseta do estuprador."

Vivienne reflete: "A forma de uma camiseta é simples e bonita. Você está ciente do tecido, do corpo, mas também de uma imagem: é uma tela." E como uma tela, a camiseta estava aberta a experimentações de todos os tipos. Arte pop. Letrismo. Objetos encontrados e bricolagem; a camiseta era o lugar onde a moda, o sexo, a política e a arte se encontravam. Como diz Vivienne, "Meu trabalho naquela época e meu trabalho sempre foi confrontar o establishment para tentar descobrir onde está a liberdade e o que se pode fazer: o jeito mais óbvio que fiz isso foi pelas camisetas". Essa politização das roupas foi outro presente de Vivienne e Malcolm à cultura contemporânea. Estabeleceu o cenário para o que outros, notavelmente Katharine Hamnett, fariam. Também estabeleceu o cenário durante o início dos anos 1970 para o que se transformaria no punk, unindo a raiva e o ultraje, ou apenas o tédio, pelo prisma da afronta sexual que sempre será um apelo aos libidinosos e jovens. Por isso foi apenas uma questão de tempo, de certa forma, antes que a Too Fast to Live Too Young to Die mudasse de nome, e o nome óbvio também era o ponto central de vendas: SEX.

O sexo, ou ao menos a ideia de sexo, era imensamente importante para Malcolm. Vivienne nega que fosse para ela, de início. O impulso sexual e a iconografia do comportamento sexual e dos desvios sexuais (correntes, elásticos, moda fetichista, sem contar os saltos altos) se tornaram ícones de liberação para os dois, em desacordo com a vida familiar simples vegana de sua casa e o que Vivienne afirma que nunca foi um relacionamento carregado de sexo. "A moralidade sexual que inibe o desejo à liberdade", escreveu Malcolm, "assim como as forças que se sujeitam aos interesses autoritários originam suas energias da sexualidade reprimida." Liberar-se sexualmente era liberar-se politicamente, que era onde Vivienne se sentia envolvida. Era simples assim. As imagens da repressão e de perversões eram todas parte de uma propaganda mais ampla concebida para apelar àqueles que buscavam liberdade. Que é por que e como Vivienne pode sentar agora tricotando em seu estúdio, com 73 anos, e explicar uma trajetória clara de grampos em mamilos até a Revolução Climática.

"A única razão pela qual estou na moda é para destruir a palavra 'conformidade'. Nada é interessante para mim a não ser que tenha esse elemento. Então, começamos em nossa loja 'Let It Rock' com um olhar dos anos 1950. As paredes eram cobertas com páginas arrancadas de revistas pornográficas de pin-ups dos anos 1950 – essas sedutoras destruídas ou arruinadas. Os anos 1950 também me inspiraram a ter um corte de cabelo masculino escovinha. Meu cabelo era tão fino que o pintei de loiro para deixá-lo mais encorpado para que pudesse ficar espetado. Então tive prazer em deixá-lo crescer, mas ainda espetado, e esse estilo de cabelo pegou. As pessoas nunca tinham visto aquilo antes."

E então as mudanças progrediram de correntes e couro (Too Fast to Live) para elásticos, bondage e salto agulha à guerrilha punk urbana. O sexo estava no ar, então se tornou o nome da loja.

O ano de 1974 viu a loja adquirir sua terceira identidade sob o comando de Vivienne e Malcolm. Apesar de o ferro corrugado de Tommy Roberts ter sobrevivido em parte por baixo, a fachada foi dominada por letras cor-de-rosa gigantes soletrando o novo nome em tamanho maiúsculo, SEX, com o aforismo de Thomas Fuller abaixo, "A arte deve estar vestida, mas a verdade adora andar nua". O interior foi remodelado novamente, pintado com spray com grafites pornográficos (os pênis voadores ainda são vendidos como brincos e abotoaduras) e coberto por decoração de excentricidades pornográficas explícitas: cintos de castidade, cortinas de borracha, correntes, chicotes, algemas. "Não se parecia, por dentro ou por fora, absolutamente com uma butique; só entrar já dava uma sensação pervertida – como um mergulho no sexo ao largo da Times Square ou por algum beco do Soho." Marco Pirroni, do grupo Adam and the Ants, recorda-se, "Vivienne ficava na loja usando calça de couro e maquiagem roxa. Tinha um visual fantástico".

"Eu achava que parecia uma princesa de outro planeta", conta Vivienne. "Achava que não podia ter uma aparência melhor. Particularmente adorava meu visual SEX; minhas meias-calças de látex e camisetas com imagens pornográficas e saltos agulha e cabelo espetado. Devo dizer que a Mr Fredom teve uma grande influência em mim em termos de confiança em parecer 'intergaláctica'. Eu parava o trânsito com meu *négligé* de látex..."

A SEX intimidava deliberadamente. Era parte do brilhante "antigerenciamento" de Malcolm, como coloca seu filho, sentir que essa sexualidade sombria e essa atitude convencida inspirariam sua própria "panelinha", seus próprios clientes fiéis. As roupas da SEX eram usadas da mesma forma que qualquer outra coisa como um emblema de honra de que se estivera lá. E como tal elas eram de fato declarações tanto pessoais quanto políticas: o corolário da moda à produção contemporânea de Germaine Greer ou Camille Paglia: um berro raivoso de provocação sexual. A clientela era bem misturada. Prostitutas, exibicionistas e voyeurs eram atraídos à loja – para horror da própria Vivienne. "Uma vez alguém me perguntou onde estavam as garotas e tive que dizer, 'Isso não é um BORDEL, sabe'. Mas fiquei bem amiga de algumas das prostitutas e supostas 'diferentes dos padrões'. Linda Ashby, dominatrix e lésbica, tornou-se uma grande amiga e eu ia com ela ao Louise's, o clube lésbico no Soho." Descrita por Adam Ant, que se tornou naquela época um frequentador assíduo do número 430 e ainda continua a ser, a loja era simplesmente "uma das melhores de todos os tempos na história". É lembrada vasta e carinhosamente por parceiros tão diversos quanto Jerry Hall, Bryan Ferry e Jonathan Ross por seu extraordinário e revolucionário abarcamento pela moda das pessoas fora dos padrões e seu uso flagrante da sexualidade. Também foi extensamente lembrada e de fato fotografada por causa de duas assistentes que Vivienne recrutou na época: Chrissie Hynde, que mais tarde ficou à frente da banda The Pretenders, e a "deusa vendedora" conhecida simplesmente como "Jordan". Jordan virou ela própria uma atração, tornando-se tão garota-propaganda dos primórdios do punk quanto a própria Vivienne. "Andy Warhol ficou desapontado quando me conheceu", relembra Vivienne, "porque achou que eu era Jordan – ou melhor, tinha visto fotos de Jordan e achado que era eu. Ela era incrível. Eu vinha detonando as roupas, pensando que outros seguiriam o exemplo, mas ninguém o fez até Jordan desfiar as meias-calças, e mais tarde Johnny Rotten." Jordan, originalmente Pamela Rooke, loira de farmácia, educada no balé, curvilínea e confrontadora, não tinha vergonha de posar com o "visual" da era da SEX: vestidos transparentes de látex de "preservativos", couro preto, calcinhas com visual antigo e roupa íntima emborrachada. Foi um "desvestir" em estilo dominatrix diabólica que foi assumido por ela e Vivienne com cada vez mais maquiagem bizarra nos olhos, batom gótico e cabelo de choque elétrico. A toalete de Jordan levava mais de duas horas antes que ela fosse de casa em Seaford, Sussex, para o trabalho em World's End. A British Rail concedeu a ela seu próprio vagão de primeira classe para acalmar os companheiros de viagem e prevenir brigas, provando a teoria de Vivienne de que roupas extraordinárias podiam proporcionar uma vida melhor às pessoas. O dono de clube noturno, Michael Costiff, recorda-se que Jordan "ofuscava qualquer outra coisa à vista. Ela era como uma deusa".

Quando o apresentador de telejornal Reginald Bosanquet e outras figuras do showbiz passaram cantadas sem noção nela, Jordan os repeliu com uma língua ferina. As roupas podiam parecer um convite ao sexo, mas não tinham essa intenção. Como funcionárias ou clientes, a SEX atraía um grande número de personalidades fortes femininas que tanto refletiam quanto ajudavam a moldar o estilo pessoal de Vivienne. Bella e Rose Freud, filhas do pintor Lucian, foram recrutadas, em parte, por seus visuais que chamavam atenção. "Sempre fui fascinada por mulheres fortes e bonitas", diz Vivienne. Durante a rápida passagem de

(Da esquerda para a direita) As clientes fiéis Danielle, Alan Jones, Chrissie Hynde, Vivienne e Jordan soletrando sua loja preferida.

Chrissie Hynde trabalhando na loja, ela posou de saltos agulha e roupas de bondage para uma série de ensaios fotográficos, incluindo um onde a palavra S.E.X. está soletrada com batom nos traseiros dela, de Vivienne e de Jordan. Siouxsie Sioux, mais tarde vocalista de The Banshees, Margi Clarke, a atriz e apresentadora com sotaque de Liverpool, Toyah Willcox, conforme migrou para sua versão de punk-pop, e Gerlinde Costiff, a promoter de clube noturno, todas elas viraram clientes assíduas. Para ser aceito na loja, em primeiro lugar, era preciso comprometimento e autoconfiança, então o grupo se tornou autodefinidor. "Isso era o atraente a respeito delas", escreveu um dos membros do círculo social Adam and the Ants de Vivienne naquela época, "era tudo ou nada."

A coleção da moda de fetiche e de bondage da SEX era quase apenas preta. Quando perguntei a Vivienne sobre o assunto, citei uma afirmação de Malcolm McLaren: "O preto expressava a denúncia da afetação. Niilismo. Tédio. Vazio. O sexo traduzido para a moda se torna fetiche, e o fetichismo é a própria materialização da jutentude." "Bem, sim", reflete Vivienne. "Eu ainda digo isso e acredito no que ele declarou, que 'a crença fundamental na própria imortalidade da juventude' é aquilo de que 'ela precisa para se afirmar e se reafirmar repetidamente... O fetichismo é o fio da navalha necessário, a fronteira excitante entre vida e morte'. Sim, eu acredito nisso. Eu falo isso sempre." Talvez fosse inevitável, naquela época, novamente citando Malcolm, que uma loja e uma estilista com novas respostas tão radicais aos tempos devesse "agir como um catalisador para os gostos musicais da época também". E Malcolm e Vivienne já tinham vivido uma década entre eles nas bordas das cenas musicais de Londres. Eles eram estilistas em busca de uma banda.

"Meu melhor visual naquela época, que também era vendido na loja, era uma sainha de látex que conseguimos pela *Exchange & Mart*. Apertada no traseiro e franzida no cós, podia ter sido alta-costura de tão bem-feita. Uma Chanel, na verdade, mas emborrachada. E meu modelo preferido na época era aquela saia com uma camiseta turquesa, com texto nela – uma das que eu tinha escrito com uma vara de bambu como muitas daquelas camisetas da loja Seditionaries – com tinta roxa com alguma citação pornográfica e uma fenda horizontal bem acima do peito, e com sapatos masculinos de bico fino azul-claros puxando para o cinza e meia-calça cor da pele. Aquilo era eu."

Isso, na época, era o verdadeiro início do punk como uma fusão distinta de fetiche, bricolagem, letrismo e atitude. Apesar de Vivienne e McLaren brincarem que estavam vendendo "trajes de látex para o escritório", as roupas vendiam para um grupo exclusivo relativamente pequeno de jovens clubbers londrinos, particularmente seguidores dos

Sex Pistols vagabundos do sul de Londres, rapazes notórios como Simon 'Boy' Barker, Billy Idol, Philip Salon e Steven Severin, assim como para aquela panelinha constante oculta de pessoas com fantasias sexuais e fetiche por látex. O genial em termos de marketing era a notoriedade que a loja e seus assistentes geravam, e as camisetas que podiam ser vendidas simplesmente aludindo à extrema sexualidade dos outros itens e da decoração da loja. Nas periferias sombrias do sexo urbano, Malcolm e Vivienne encontraram iluminação para um potencial futuro no estilismo assim como para a própria ordem do dia de Malcolm em confrontação sexual: "Começou como um interesse em qualquer forma de revolta jovem; Teddy boys e roqueiros. Trouxemos o elemento sexual a ele." E isso acendeu o estopim.

FUCK
EVERYBODY
EXCEPT
US
US FOREIGN POLICY

BONECA DE NOVA YORK

Rimbaud escreveria sobre a cidade monstruosa...
e aqui está em 1973. É sobre isso que são minhas músicas.

DAVID JOHANSEN
The New York Dolls

Não acho que o punk teria acontecido sem Vivienne e Malcolm. Algo teria acontecido, e poderia até ter sido chamado de punk, mas não teria tido o visual que teve, nem mesmo nos Estados Unidos. E o visual foi muito importante.

CHRISSIE HYNDE
The Pretenders

"Devemos voltar um pouquinho, para que eu possa explicar. Vou falar sobre The Sex Pistols mais tarde, mas queria explicar a respeito de Nova York."

Vivienne agradece a Tizer pela xícara de chá e pela carta que tem que assinar – algo para a Anistia – e então volta sua atenção ao punk.

Realmente depende de em quem você acredita. O punk começou ou em Nova York ou em Londres, ou em 1974 ou 1975. Para alguns tudo girava em torno da música, para alguns, especialmente os londrinos, tudo girava em grande parte ao redor de um "visual". Para outros era arte. Mas foi inegavelmente uma história Nova York-Londres – um estilo e uma cena nascidos da angústia da vida na cidade. A capital americana do punk era Manhattan, e o centro de tudo em meados dos anos 1970 eram dois clubes noturnos do centro da cidade, o CBGB (Country, Bluegrass e Blues) e o OMFUG (Other Music for Uplifting Gormandizers/Outra música para elevar glutões), que se pareciam com a TFTLTYTD em termos de estilo. Os punks pareciam adorar acrônimos. Talvez fosse mais fácil de colocar nas camisetas. Ou fosse a emoção absoluta de explicar – ou não explicar – aos ignorantes. O local em Nova York com o melhor título para ser o berço do punk por lá foi fundado por Hilly Kristal no número 315 da Bowery, no East Village. Em Londres, ao mesmo tempo, o punk estava incontestavelmente centrado no número 430 da King's Road. Foi por essa razão que a recente mostra punk no Metropolitan Museum of Art de Nova York recriou fielmente ambos os locais como se fossem estúdios gêmeos de um grande artista ou o cenário de algum infame ato de violência. De certa forma, ambos eram. A conexão entre os dois, a mistura confusa de energia criativa que se estendeu entre a Bowery e a King's Road, em Londres, foi Vivienne e Malcolm.

Em agosto de 1973, várias lojas da King's Road foram convidadas a expor seus artigos no que era na época um evento anual no Hotel MacAlpine em Manhattan, a Mostra Nacional de Butiques. No fim das contas, era uma exposição comercial, mas se baseava em uma conscientização de que as butiques eram necessariamente um mercado de nicho. Os negócios nunca seriam do tamanho dos de uma loja de departamentos. Ainda assim, o alarde feito no evento podia ter um valor publicitário bem maior do que o valor de pedidos feitos. Vivienne começou a planejar na primavera de 1973 para estar lá, e esquematizou para que Ben e Joe passassem outro verão com os avós para ela e Malcolm poderem fazer sua primeira viagem aos Estados Unidos.

"O ano de 1973 marcou minha primeira vez nos Estados Unidos. Fui com Malcolm e nosso amigo Gerry Goldstein. Aqui está uma foto dele na TFTLTYTD e isso quer dizer que era 1973 – éramos chamados de Let It Rock, mas estávamos no meio da mudança de nome da loja. Eu estava tão empolgada. Gostava muito dos Estados Unidos naquela época, mas quando cheguei lá estava tão decadente – não como a brilhante Gotham dos quadrinhos de Batman, de jeito nenhum! E era incrivelmente, incrivelmente quente – e eu simplesmente mantinha a banheira cheia de água fria, e só entrava e saía da banheira – não havia ar-condicionado em lugar nenhum. Mas a primeira coisa que fizemos, logo no primeiro dia em que chegamos a Nova York, antes mesmo de desfazermos as malas ou começarmos a vender algo, foi visitar a Factory de Andy Warhol. Simplesmente achamos que era o que se fazia em Nova York. Na maior parte do tempo na viagem, usei um macacão de lycra que parecia de tweed – um tweed delicado chamado *dogstooth*, e ele tinha um sutiã tricotado em *mohair* preso a ele, na parte dos seios, com tiras de strass nas costas, e eu o usava com botas estilo Robin Hood e a parte de cima era cortada como um bufão, como um castelo, Malcolm tinha visto essas botas nas janelas da loja de balé Freed's – para algum tipo de papel de uma atriz usando roupas de menino, e então eu usava essas botas o tempo todo em Nova York, eu as adorava... essa era minha melhor roupa para a viagem de Nova York, mas eu também tinha algumas camisetinhas rasgadas e outras coisas... estava realmente quente..."

Em meados dos anos 1970, ainda havia transatlânticos chegando da Europa todos os dias nas docas controladas pela máfia no rio Hudson, em Nova York. Vivienne e Malcolm voaram para o aeroporto LaGuardia com o amigo da escola de arte de Malcolm, Gerry Goldstein, e malas de amostras o suficiente para ter mais do que justificado pegarem a travessia marítima mais vagarosa. Porém, eles não tinham a intenção de ficar muito tempo longe da loja em King's Road ou dos meninos. Ainda assim, tinham muito o que carregar. Eles se instalaram no Hotel MacAlpine com um estande em um quarto – uma instalação envolvendo camisetas, roupas Teddy Boy e roqueiras assim como *memorabilia* de rock and roll. De um pequeno toca-discos portátil comprado no centro, explodiam hits de Jerry Lee Lewis e Bill Haley. As pessoas iam e vinham. Ninguém comprava nada.

"Primeiro fomos ao Hotel MacAlpine, bem do outro lado da rua da loja Bloomingdale's – lembro-me até que uma das letras da Bloomingdale's estava faltando, era assim que Nova York era na época – e a forma como as roupas eram exibidas por lá, era como um porão de barganhas. Eu ficava andando pelo salão porque tinha um bom visual e Gerry Goldstein estava lá com suas roupas Teddy Boy, e eu não sabia onde Malcolm estava, mas provavelmente não andando pelo salão – tentávamos atrair as pessoas, mas estávamos no lugar totalmente errado. Não vendemos nada.

"Cerca de seis meses antes, porém, The New York Dolls, a banda, tinha ido à nossa loja em Londres, e eles foram nos visitar no Hotel MacAlpine no quarto onde estávamos com a exibição de roupas – então saímos com eles para dançar no clube Max's Kansas City e para festas. Acho que eu tinha uma ideia de que a juventude americana estava onde este estava. Eles tiveram os primeiros adolescentes. E, mais do que isso... eu sentia um negócio pelos homens americanos – pelos seus corpos. Meus pais tiveram uma agência dos correios em Harrow e depois em Ruislip e perto de lá havia uma base do Exército americano, desde a época da guerra e pelos anos 1950, e eles tinham uma piscina – e eu achava que os soldados americanos eram realmente algo... algo muito poderoso e sexual para mim, a ideia de um americano... eu tinha uma ideia romântica dos homens americanos, até mesmo de soldados americanos; sabe, Elvis em seu uniforme do Exército, e eu ainda sentia que os Estados Unidos eram muito inspiradores durante e depois da viagem – por causa dos filmes, e dos homens, e dos filmes de Andy Warhol –, Joe Dallesandro – ele era realmente algo... mas, veja, isso era uma *ideia* dos Estados Unidos, não, como se mostrou, o negócio de verdade."

Já havia interseção o bastante entre o que acontecia nas cenas de música alternativa da Londres e da Nova York do início dos anos 1970 para que alguns nova-iorquinos soubessem da Let It Rock na King's Road. Alice Cooper e Sylvain Sylvain, guitarista da banda The New York Dolls, foram até a "instalação" no quarto de hotel de Vivienne no MacAlpine. Sylvain e seu colega de banda, Johnny Thunders, conheciam Vivienne da loja no número 430 e, se não por mais nada, era óbvio para eles que as roupas de Vivienne eram vestes de banda: chocantes, teatrais, um tapa na cara; elas também tendiam a exaltar os corpos leves e delgados daqueles que se acabavam nas noites. "Nós adorávamos nos produzir", diz Sylvain. "Nos Estados Unidos ninguém dava a mínima para roupas, mas na Europa alguém perguntava 'Que porra você está fazendo com uma calça doida dessas?'. Isso podia fazer você ser descolado." Sylvain sugeriu a Vivienne que eles se mudassem do MacAlpine para seu hotel preferido: o Chelsea. Era ali que a verdadeira aventura deles em Nova York ia começar.

Sylvain era um dos três membros principais da banda The New York Dolls, e, junto a Johnny Thunders e Billy Murcia, era tanto um obcecado por roupas quanto um visitante ocasional de Londres. Todos conheciam o número 430 da King's Road. O grupo havia se formado durante 1972, com Arthur Kane no baixo e David Johansen nos vocais, e seu visual e estilo tinham elementos do glam rock e da atitude teatral de Jagger e de Bowie, mas com uma guinada particular do centro de Manhattan e Warholesca. Os Dolls se produziam para chocar e para brincar com os estereótipos de gênero e ideias de revolta, por isso tinham muito em comum com Vivienne, mas também habitavam um mundo ao redor dos últimos suspiros da Factory que se glorificava em travestismo e foi habitado por drag queens, gays e heterossexuais. Johansen, quando perguntado se era bissexual, respondia: "Não, cara, sou trissexual, experimento qualquer coisa."

A gritaria dos acordes e as palhaçadas maliciosas no palco eram novidade para Vivienne e Malcolm. Elas tinham seu lugar como ingredientes do que mais tarde se tornou a música punk no Reino Unido. The New York Dolls, junto ao outro fã do número 430 da King's Road, Alice Cooper, deu a McLaren algumas novas ideias essenciais para a revolução punk que Vivienne estava vestindo em Londres, e ele começou seu longo namoro com o grupo como um empresário não oficial, ou "camiseiro" como colocou Johansen sarcasticamente, Svengali e *stylist*. "Tornou-se minha *raison d'être* para estar em Nova York", explicou McLaren mais tarde. "The New York Dolls era uma aventura que eu queria ter."

Enquanto isso, os Dolls sugeriram a Malcolm e Vivienne que se mudassem para o Hotel Chelsea. Lá, entre os fantasmas dos moradores passados, Frida Kahlo e Dylan Thomas, Jimi Hendrix e The Doors, Vivienne e Malcolm desfizeram as malas e se instalaram. Era, em todos os sentidos, um local mais apropriado para o que estava prestes a se desenrolar. "O Hotel Chelsea não pertence aos Estados Unidos", disse uma vez Arthur Miller, tendo vivido lá por seis anos após seu divórcio de Marilyn Monroe. "Não há aspiradores de pó, regras e vergonha." Vivienne o adorou, apesar do calor.

O Chelsea, na West 23rd Street, estava, no início dos anos 1970, talvez no ponto mais baixo de sua respeitabilidade e, portanto, prestes a entrar em seus anos de glória manchados de sangue. Tornou-se lendário pela violência, excentricidade e excessos góticos. Uma vez, Jack Kerouac reservou com Gore Vidal o quarto onde Vivienne e Malcolm ficaram, o único registro de Kerouac passando a noite com outro homem. Vivienne se lembra de Malcolm afirmar ter visto o contorno em giz de uma vítima de assassinato num quarto vizinho, "mas pode não ser verdade; ele tinha uma imaginação muito ativa". O hotel era selvagem e violento, mas também era um lugar de empenho artístico e experimentação, e ligado a uma forte tradição literária e artística. Rothko trabalhou lá e Larry Rivers também e eles pagaram, em parte, com seu trabalho; então, quando Vivienne se mudou, ele era um misto de galeria de arte *avant-garde*, um clube de rock and roll e um antro de crack mal gerenciado.

A eminência presidindo o Chelsea na época era Stanley Bard, que o administrou por mais de cinquenta anos. Assim como Vivienne, "Stanley realmente acreditava que a arte transformava o mundo e que era uma força para a civilização", recorda o escritor britânico Barry Miles (que esbarrou em Vivienne nos corredores). "Acho que ele encarava como um dever, de certa forma, proporcionar uma casa para aquelas pessoas. E ele era roubado por muitos, mas administrava o hotel como um santuário para a escória e para quem não podia pagar, mas podia elevar a reputação do local." Vivienne e Malcolm imediatamente caíram nessa categoria. Outros moradores na época incluíam Nico, a namorada de Gene Krell, e a "*superstar*" de Andy Warhol, Viva. Quentin Crisp também morou lá, e George Kleinsinger, o compositor americano, que dividia o apartamento com sua coleção de répteis – uma serpente de três metros e meio e um jacaré de estimação – e a namorada de 20 e poucos anos. Kleinsinger, nos anos 1970, era tão velho quanto o século. Então, Malcolm e Vivienne tinham o endereço perfeito para entrar na cena do centro da cidade com Sylvain e Johnny Thunders do Dolls. Eles desistiram amplamente do comércio em favor da anarquia, das festas e da cultura, com os Dolls como seus guias, e ninguém, aparentemente, pagando as contas de nada. Foram entrevistados por Andy Warhol para a revista *Interview*, foram farrear com os Dolls no CBGB e lá viram apresentações de Richard Hell (Myers), Patti Smith e dos Ramones. "Havia muita cocaína", diz Vivienne, "muita – ela só ficava passando. Eric Emerson estava lá e Viva, e Warhol, é claro – toda a turma de seus filmes da Factory. E um monte de cocaína." A amiga de Vivienne, Debbie Harry, mais tarde na banda Blondie, lembra-se, entretanto, que algumas roupas eram vendidas, mesmo que em situações não convencionais: "Eu andava com os caras da banda The New York Dolls na época e uma das outras garotas que estavam nesse círculo de amigos/fãs era Eileen Polk, que morava na West 13th Street em Greenwich Village. Um dia, alguns de nós estávamos na rua dela e Malcolm McLaren chegou com um sedã alugado, estacionou, abriu a mala do carro e começou a tirar caixas e vender todas aquelas roupas maravilhosas de látex criadas por sua (então) parceira, Vivienne. Foi uma espécie de frenesi ou, como era, um 'frenesi da moda' na West 13th Street!"

Apesar dos frenesis da moda, em 1974 Malcolm tinha decidido que seu próximo golpe situacionista não seria tanto como um mascate da moda, mas como um promotor de banda. Era um momento empolgante para fazer parte da noite de Nova York. Os Dolls usavam látex e colarinhos mundanos e saíam com Iggy Pop e Lou Reed, assim como com as clubbers adolescentes *heroin-chic* que formavam o grosso de sua plateia. Hilly Kristal, o promoter de clube noturno que os agendou, apresentou Vivienne e Malcolm a Alice Cooper e Michael J. Pollard, que foi visitá-los no Chelsea naquele verão quente, e Bob Colacello perguntou se podia fazer uma entrevista filmada com eles e Andy Warhol nos escritórios da *Interview* de Warhol na Union Square. Eles concordaram. Malcolm falou. Vivienne posou – e Warhol ficou em silêncio. Foram a festas particulares dos Dolls com a poeta Patti Smith e se viram tarde da noite no apartamento de Johansen quando o novo álbum dos Dolls seria tocado pela primeira vez. Com o gosto de Vivienne e Malcolm ainda tendendo ao rock and roll, era um choque "tão terrível que ele tivesse caído no outro lado, na magnificência... foi essa estética invertida (que) reacendeu o interesse de Malcolm no pop".

Enquanto o centro de Nova York estava provendo novas ideias para o olho de moda de Vivienne – o real tão oposto aos Estados Unidos dos filmes –, Nova York para Malcolm era o ponto de virada em sua carreira no mundo pop. A música virou sua obsessão naquele verão, como se a feira da butique Let It Rock não tivesse sido nada mais que uma desculpa para ele começar a se reinventar como um *stylist* de bandas. Mas, por meio dos Dolls, ele e Vivienne souberam do homem que ia mudar sutilmente o que Vivienne andava pensando sobre roupas assim como a banda estava mudando as ambições de Malcolm dentro da música. Seu nome era Richard Myers, também era músico, e sempre foi conhecido como "Hell" [Inferno]. Ele é o ponto de ligação, em termos estilísticos, entre Nova York, Vivienne, Malcolm e o punk.

"Eu simplesmente achava Richard Hell incrível... ele era um cara todo desconstruído, detonado, parecia que tinha acabado de se arrastar de um bueiro, que não dormia havia anos, e que ninguém dava a mínima para ele. E parecia que ele realmente não dava a mínima para você! Ele era aquele cara maravilhoso, entediado, sugado, marcado e sujo com uma camiseta rasgada. Acho que não havia alfinete de segurança na época, embora possa ter havido, a imagem desse rapaz, o cabelo espetado, tudo a respeito dele – não havia dúvida de que eu levaria aquilo de volta a Londres. Inspirada por aquilo, eu ia imitá-lo e transformá-lo em algo mais inglês."

Essas são palavras de Malcolm, mas têm a marca distinta de uma conversa que ele tivera anteriormente com Vivienne, e ela agora afirma que Hell se tornou um tipo de garoto símbolo para um visual que eles já tinham montado. Como Vivienne, Hell buscava sua inspiração na história literária, no caso dele a estética autodestrutiva dos poetas franceses Verlaine e Rimbaud. Seu conjunto de cabelo desgrenhado, tons dos anos 1950, camisetas rasgadas e couro estava totalmente dentro da órbita do que Vivienne e Malcolm já estavam fazendo e usando. Mas ele ajudou a harmonizar o visual para homens, com sua fusão sexualmente ambígua do que era mundialmente usado, estética das drogas, mod afiado, roqueiro ameaçador... e alfinetes de segurança.

Tornou-se controverso quem exatamente – Hell, Johnny Rotten, Sid Vicious, Vivienne ou Malcolm – usou um alfinete de segurança pela primeira vez, que estava para se tornar uma parte tão icônica da semiótica do punk. Vivienne dá de ombros a esse respeito hoje em dia, e afirma que foram Sid e Johnny. "Johnny usava um alfinete de segurança na orelha. Sid tinha uma calça de gabardine rosa – consigo vê-la agora – e ela tinha sido destruída, rasgada em pedaços por algum viciado procurando drogas, e quando Sid voltou, sua calça estava cortada, então ele a prendeu com alfinetes de segurança. Ele apareceu na loja, me recordo, com essa calça e um pouco de papel higiênico em volta do pescoço como uma gravata. Era assim, naquela época. As garotas irlandesas usando chaleiras como bolsas e um cara que circulava com torrada com geleia na cabeça. Então, alfinetes não eram tão extremos."

Mas Malcolm viu nesses primeiros experimentos de Hell com roupas desconstruídas, e na estética londrina de alfinetes de segurança e bolsas de chaleira, que a moda podia ser bricolagem. Richard Hell, que Vivienne não se lembra de conhecer, se tornou a pedra de toque de Malcolm do que o punk poderia ser: uma moda de guerrilha urbana, uma ofensa incandescente em roupas e atitude. O visual do punk começou a tomar forma própria. Se McLaren era o "Diaghilev* do punk", como era descrito pela ativista Caroline Coon, Vivienne era a Nijinsky dele, e a primeira pessoa que usou o "visual" completo na Inglaterra foi ela.

---

* Fundador da companhia de balé *Ballets Russes*, da qual muitos dançarinos e coreógrafos famosos surgiram mais tarde. (N. das T.)

Johnny Rotten (John Lydon) imediatamente se agarrou ao estilo retrabalhado de Vivienne quando ela voltou ao World's End. Parte da turma que frequentava a loja e que se tornaria a banda The Sex Pistols, Rotten não tem dúvidas de que Vivienne foi a criadora de tudo – enquanto, por sua vez, ela o reconheceu como a origem da moda do alfinete de segurança. Hoje em dia, ele a castiga por vender um visual que, por sua própria natureza, deveria ser tanto criativamente faça-você-mesmo quanto anticapitalista. Porém, mais uma vez, alguns roqueiros se recusam a seguir em frente.

Ironicamente, foram os Estados Unidos e os Dolls que deram a Vivienne e Malcolm seu tema mais controverso: a suástica. A banda, conforme afirmava Johansen, tinha rabiscado a insígnia nazista com caveiras e ossos cruzados desde o ensino médio; historicamente neutralizada, como a bandeira pirata, de seu poder original de aterrorizar. Era parte da semiótica do choque para uma geração distanciada da realidade do Holocausto. "Quando se quer fazer uma declaração do quão MAU você é, é assim que se faz", comentou Johansen, e assim aquilo foi acrescentado à colagem da revolta. Para muitos, e certamente para o pai de Vivienne logo que ficou ciente daquilo, a suástica era um emblema que ia longe demais, ainda especificamente aliado à política não de liberdade, mas de repressão.

"Quando eu estava com Malcolm", explica Vivienne, "ele queria chocar – eu estava preocupada... a respeito da suástica, por exemplo, mas Malcolm, sendo judeu, tinha seus motivos para querer fazer aquele tipo de coisa. Não estávamos apenas rejeitando os valores de uma geração mais velha, também estávamos rejeitando seus tabus." No todo, aquilo foi servido com ironia e humor – as coleiras de cachorro enfeitadas com tachas que eram feitas para cães de verdade, por exemplo: "você coloca aquilo e está basicamente se insultando, mas também está se limpando de toda a vaidade".

Algo mudou depois da viagem de Nova York, mas não foi uma simples infusão de um visual da cidade. A Let It Rock tinha sido fundada como uma reinvenção de itens americanos; assim também tinha

"Os Dolls eram uma atitude. E, se nada além disso, éramos uma grande atitude."
Johnny Thunders, The New York Dolls.

sido o mundo de James Dean da TFTLTYTD. No começo dos anos 1970, Vivienne e Malcolm trabalhavam com imagens dos Estados Unidos baseadas em filmes e música que exploravam a violenta implosão da vida americana metropolitana. As referências incluiriam *Taxi driver*, *Parceiros da noite* e todo o visual cult de sexo e morte dos Hells Angels, fundidos com a maquiagem macabra e violência frenética do filme de Kubrick, *Laranja mecânica*. Vivienne começou a desconstruir esses visuais, literalmente descosturando os pedaços para prosseguir com a demanda fazendo cópias híbridas. E Nova York fez com que ela percebesse o impacto que suas ideias estavam tendo no estrangeiro: Warhol estava interessado, os Dolls queriam suas roupas e Richard Hell tinha apresentado uma síntese completa do que já estava se delineando na cabeça dela; acrescentando ao niilismo poético do guerreiro-urbano-chique um elemento de masculinidade americana sem classe que Vivienne sempre achou atraente. Nova York também sinalizou uma mudança nos interesses dela e de Malcolm e no interesse de um pelo outro. Ela tinha visto o potencial do que estava fazendo na moda para moldar o visual de uma geração, enquanto Malcolm tinha sido atraído para ainda mais perto da ideia de que uma banda poderia ser a melhor fusão de arte, música e "acontecimento" situacionista. Eram os verdadeiros primórdios da revolução punk, mas também era o começo do fim para eles dois.

Vivienne voltou para casa antes, respondendo às demandas paralelas da loja, ao período escolar e ao fim da boa vontade de Dora em cuidar das crianças. Malcolm ficou em Nova York, e na verdade ficaria para lá e para cá entre 1974 e 1975. Era um gostinho do que estava por vir e do que ele queria. Nos Dolls, ele encontrara um casamento entre rock e atitude que lhe caía perfeitamente bem. Quando eles foram a Londres e a Paris logo depois tocando na Sala Arco-Íris do Biba e no programa de televisão *The Old Grey Whistle Test*, ele os seguia como uma tiete, algumas vezes com Vivienne a reboque, expressando sua vontade de empresariá-los, de fazer seu *styling* e de vesti-los. Começou a sair mais com os americanos em Londres – com Marty Breslau e Gene Krell, indo e voltando da Granny Takes a Trip, onde Keith Richards era um freguês habitual. E o trabalho de Vivienne se tornou inspirado pelas nuances mais escuras de Gotham e pelo machismo travesso de Richard Hell. "Você começava a ver os primeiros movimentos de uma artista de verdade, assim como de uma ativista", recorda Gene Krell a respeito do trabalho dela na época. "Com Vivienne, as filosofias e as referências eram sempre tão profundas, tão diversas. Rimbaud. Roqueiros. Brando. Gotham. Piratas modernos. Quem pensa assim na moda hoje em dia?" Enquanto isso, Nova York tinha incentivado uma ideia já na cabeça de Malcolm que toda a pilha de combustível deles precisava mais do que os designs extraordinários de Vivienne ou a inteligência de mídia dele. Precisava de música, de uma banda e de um vocalista. "Escrevi letras para duas canções", escreveu para um amigo em Nova York quando finalmente voltou a Londres, "uma delas chamada 'Too Fast to Live Too Young to Die'. Tenho ideia para um vocalista...".

No fim de agosto de 1975, Bernie Rhodes, em algum momento gerente no número 430, identificou um jovem magricelo de dentes podres chamado John Lydon, vestido como Richard Hell e ajeitando sua calça com alfinetes de segurança na King's Road, e sugeriu que ele entrasse na loja...

GOD SAVE THE QUEEN
SHE AIN'T NO HUMAN BEING
SEX PISTOLS

DEUS SALVE A RAINHA

Eles realmente queriam dizer aquilo, sabe, The Sex Pistols, e eu adorava as letras – não apenas aquelas que escrevi, apesar de eu adorar escrever letras de música [Vivienne se juntou aos créditos de algumas das canções dos Sex Pistols] e ser boa nisso. Eles eram geniais, The Sex Pistols. Conheci uma pessoa outro dia, bem velha, mas sabia que ele tinha sido um punk antes de ele me falar. Me dê um punk e vou te apontar o cara.

VIVIENNE WESTWOOD

"Talvez o punk tenha vindo em parte de Nova York, mas o 'visual' punk evoluiu na nossa loja no número 430 da King's Road. Malcolm e eu mudávamos os nomes e as decorações da loja para se adequarem às roupas conforme nossas ideias evoluíam. Mas o punk não significava nada além daquilo no início. Eu não me via como uma estilista de moda, mas como alguém que queria confrontar o *status quo* apodrecido pela forma como eu me vestia e vestia os outros. No fim, essa sequência de ideias culminou no punk. A maneira que eu pensava a respeito da política do 'punk' era essa: na época, estávamos apenas começando a ficar cientes dos políticos terríveis torturando pessoas – penso em Pinochet, por exemplo. Quero dizer, o mundo é apavorante. É cruel, corrupto, perigoso e há pessoas horrorosas governando o mundo. Então, primeiro de tudo, o punk se tratava de desprezo. Não sei se existe uma palavra forte o bastante para isso, na verdade. Desprezo pelas gerações mais velhas porque não tentaram fazer nada. A ideia era que a garotada tentaria travar a roda dessa terrível máquina de matar.

"E é mais ou menos isso. Foi quando fiz o símbolo da anarquia. Coloquei esse 'A' em tudo, de que éramos anarquistas. Era eu. Malcolm não estava terrivelmente interessado na política daquilo tudo ou em nós nos mobilizando como anarquistas. Ele só odiava todo mundo. Ele odiava particularmente qualquer um com autoridade... mas era bem geral. Ele odiara todos os seus professores na escola. Detestava qualquer um que lhe dissesse o que fazer. Tinha um problema com Richard Branson porque Richard era poderoso. Ele odiava gravadoras. Malcolm detestava tudo aquilo. Como Richard Nixon, ele mantinha uma lista das pessoas em quem pensava como um tipo de inimigo. Então não é surpreendente, imagino, que ele também me odiasse em algum nível. Ele abominava a ideia de família. Detestava figuras maternas. Ele sempre tentava, sempre que eu estava com ele e os meninos – The Sex Pistols, como ficaram conhecidos –, fingir que eu era uma figura materna/babá que os expulsaria se eles fizessem algo errado ou falassem palavrão. Ele era todo cheio de 'não conte para ela'. De vez em quando, Malcolm era horrível. Não é que eu me ressentisse exatamente – mas era isso –, acho que a palavra seria 'exaustivo'."

A Too Fast to Live Too Young to Die durou de 1972 a 1974 no número 430 da King's Road, e a SEX de 1974 até o fim de 1976. O ano do Jubileu de Prata da Rainha, 1977, testemunhou a loja fechada com tábuas no reconhecimento final do quebra-quebra de janelas normal dos torcedores do Chelsea FC que passavam. Em seguida, os tapumes foram grafitados com "Seditionaries" [Sediciosos] – "que é minha posição, de qualquer forma, depois de todos esses anos", afirma Vivienne, "fazer roupas para heróis e encorajar a sedição – seduzir para a revolta". McLaren descreveu a loja naqueles anos após Nova York como "um refúgio para aqueles privados de direitos ou privilégios, o que, por sua vez, ajudou a criar o fenômeno conhecido como punk rock". Na mente do público e da mídia cada vez mais fascinada, o número 430 da King's Road era o lugar onde procurar pelo significado emergente do punk e, ano após ano, Vivienne nunca deixou de criar manchetes. A Seditionaries se tornou a síntese de seus experimentos de alfaiataria. Alguns elementos – as camisetas rasgadas e com dizeres – eram uma constante, e os zíperes estranhamente localizados seguiram facilmente pelo fetichismo da SEX para a linguagem essencial do punk. Não havia muitos

Seditionaries, número 430 da King's Road, 1977: "sempre entre por qualquer porta onde sua entrada não pareça permitida". Malcolm McLaren

botões envolvidos. O látex e o fetiche, nos limites do usável, entretanto, moldaram referências-chave para Vivienne como uma estilista e polemista. Isso forçou-a a abraçar as reações fortes à sexualidade feminina proativa e ensinou-a o valor da pesquisa: "Fiquei tão intrigada quando comecei a fazer roupas de látex para todos aqueles fetichistas e os motivos por trás do que faziam... eu queria fazer exatamente o que usavam... foi de onde todas as tiras e coisas vieram." O fetiche, que cresceu do desejo situacionista de Malcolm de mudar por meio do choque, por sua vez ensinou Vivienne a respeito de restrição e de tiras, e portanto tem seu lugar para entender não só a complexidade da sua arte de costura em espartilhos mais tarde, mas todo o mundo de roupa íntima usada como roupa para sair. "O visual", como escreveu depois Jon Savage, "– tanto no original quanto nas imitações – se espalhou pelo mundo."

Chrissie Hynde diz que alguma forma do punk teria acontecido, de qualquer maneira; Vivienne discorda. Talvez o lento declínio da autoconfiança britânica na sua economia, as ignomínias específicas da semana de três dias* e a queda do governo Heath; talvez o que estava à volta tivesse vomitado alguma dissidência turbulenta. O singular a respeito do punk era que as roupas eram muito integrantes ao significado dos tempos. A música, na verdade, seguiu no despertar de um "visual" que Vivienne e Malcolm formaram. "Nós não roubamos ninguém ou exploramos algo da rua: não havia punk antes de nós." Eles estavam tão interessados em cultos, Vivienne afirma, que "inventamos o nosso próprio. Não foi inventado pelas ruas, foi o contrário". Vivienne criou um novo conceito em calças como parte dessa estética. Cada vez mais ao longo dos anos elas foram feitas de seu há muito estimado tecido de lã xadrez da Escócia. Ela colocou uma tira entre os joelhos, por sugestão de Malcolm, ligando um joelho ao outro, de uma maneira que eles ti-

* The Three-Day Week, ou semana de três dias, foi uma medida do governo do Reino Unido no fim de 1973 e começo de 1974, numa tentativa de reduzir o consumo de energia e a inflação, instituindo que atividades comerciais que consumissem energia elétrica só funcionassem por três dias por semana, em vez de cinco. A medida foi bastante controversa, e após uma série de protestos, apenas três meses depois de instituída, foi revogada. (N. do E.)

Debbie e Tracey em trajes de bondage da Seditionaries, 1977.

nham visto num modelo de camisa de força de bondage. Ela costurou um zíper em algumas que ficavam bem abaixo do períneo, novamente como uma referência à pauta do acesso à virilha do fetiche e da excentricidade. As calças, "*bondage kecks*", se tornaram "uma declaração de guerra contra a moda consumista de High Street", de acordo com Malcolm, e "uma explosão do corpo" por seu confinamento. "Fiz as calças bondage em cetim de algodão", recorda Vivienne, "e Malcolm veio com a ideia da tira. Ele também disse que deveríamos anexar uma pequena aba na parte de trás. Ele simplesmente achou que ficaria bom. Mas então eu falei que deveria ser atoalhado. Ele queria a sugestão de algo tribal, como uma tanga. Era assim que trabalhávamos." A ideia ecoa nas criações de Vivienne até hoje em termos de fortalecimento paradoxal de constrição na moda. Mais amplamente, é claro, fivelas e tiras sem um fim prático adornaram a moda de rua quase desde sempre. Foi Vivienne que deu início a isso. O visual era forte o bastante para servir como sua fanfarra própria: os zíperes, os fetiches e as referências à pornografia assim como à política foram acrescentados por Vivienne com elementos ainda mais fortes de violência implicada: lâminas de barbear como joias (desgastadas, em parte, por lixas de unha); correntes e alfinetes de segurança e o uso do estilo "detonado" e tecidos aparentemente sujos – "roupas com tendência ao ferrado", como Malcolm as chamava, "roupas para heróis modernos", como dizia Vivienne, para uma loja onde "o moderno era destruído todos os dias". Era uma inversão deliberada das regras comuns da moda: era uma ideia de "rua" criada numa butique. O culto cresceu. Os punks se sentiam seguros na loja. Em meados dos anos 1970, o número 430 da King's Road era internacionalmente renomado para certos conhecedores da moda e da música, mas era conhecido por cada adolescente londrino como centro do novo e perigoso visual, independentemente se eles escolhiam usá-lo. Muitos escolheram. "A polícia costumava ter que esperar em Sloane Square", recorda-se Vivienne, "e juntava todos os punks quando eles saíam do metrô. Quando arrebanhavam uns duzentos deles, os

Vivienne em 1977. "Realmente me lembro de pensar [quando a vi usando aquilo], 'Minha mãe é bem excêntrica.'" Ben Westwood

acompanhavam numa procissão pela King's Road até a loja. É uma caminhada de vinte minutos. Era realmente doido."

Vivienne estava se fixando num tipo de relação criativa que se tornaria seu estilo característico, "apesar de eu realmente começar a preferir quando Malcolm estava longe". Em Nova York com os Dolls, Malcolm recolheu um novo léxico de imagens e táticas de choque: "*fist-fucking*, coisas assim: isso veio de Malcolm e dos clubes de Nova York", e as imagens e o vocabulário encontraram seu caminho nos designs de camisetas com Vivienne. Mas quando estava em Londres, explica Vivienne, "ele teve um caso com uma das atendentes da loja" e ficava com frequência com Helen Wellington-Lloyd em Marylebone. "Ela era muito divertida e inteligente, uma ótima pessoa", reconhece Vivienne. "Malcolm disse que eles só transaram uma vez."

A natureza intensamente fotogênica de muito o que Vivienne criava também seria vital à história. De slogans e imagens posicionados ao centro a formas reveladoras e reestruturadas, Vivienne sempre teve um instinto para o que a câmera gostaria. Em uma era cada vez mais visualmente culta, e vivendo com um mestre da manipulação midiática, isso foi um presente que perdurou. Apesar de nem ela nem Malcolm dizerem isso na época, eles também estavam sendo pioneiros em uma nova forma de criar e fazer marketing: na qual a imagem estava à frente da própria música e do culto. Isso nunca tinha acontecido antes com as roupas em primeiro lugar – ou por uma única loja. "As roupas precisavam dos grupos", observou McLaren mais tarde. "Quando entrei no negócio da música, ninguém queria saber da conexão com a moda. Agora é o maior diferencial que se pode ter." Numa era familiarizada com Madonna e Gaultier, é difícil imaginar que a moda e a música algum dia não estiveram casadas, mas essa era a reivindicação essencial de McLaren naqueles tempos: ele uniu os dois conceitos e agora o punk parece impossível como ideia sem as roupas de Vivienne e o que se tornou a banda de Malcolm: The Sex Pistols.

"Eu realmente gostava dos Sex Pistols", Vivienne reflete sobre o passado, sorrindo de forma triste. "Todos eles ficavam pela loja, claro. Foi meio assim que tudo começou. Meu preferido era Steve Jones. Eu gostava muito de Steve. E me dava muito bem com Sid (Vicious) também. Apesar de Sid ser uma pessoa muito, muito má. Ele simplesmente não sabia a diferença entre certo e errado, então não dava realmente para ser um amigo de Sid. Mas ele era muito inteligente. Muito sagaz e interessado. E interessante. O que é o tipo de pessoa de que gosto: se você tem tudo isso e fica incrível com roupas interessantes, vai capturar minha atenção."

Diz a lenda que John Lydon entrou na loja de Vivienne em sua encarnação como SEX bem quando Malcolm tinha desistido de tentar persuadir Richard Hell ou Sylvain Sylvain a liderar uma banda punk para ele no Reino Unido. Como muitas das histórias de Malcolm, não é bem verdade. "Ele me perguntou quem deveria ser o vocalista", conta Vivienne, "e eu disse Sid, mas não conseguíamos encontrá-lo. Johnny chegou, Malcolm estava lá; era sua primeira semana por lá desde que tinha voltado de Nova York e estava na loja naquele sábado, com Bernie Rhodes." Lydon, naquele verão de 1975, estava usando uma camiseta do Pink Floyd, deformada com um "Eu odeio" e com queimaduras de cigarro num estilo familiar de Vivienne. Com seu cabelo espetado e tingido de verde, palidez e atitude surpreendentes, era um garoto-propaganda provável para as roupas da loja, mas Malcolm procurava por mais do que um modelo. Quando perguntado se conseguia cantar, Lydon devolveu, "Para quê?", mas, novamente de acordo com a lenda, ele foi persuadido a cantar "School's Out", de Alice Cooper, junto à jukebox da loja. "Depois que a loja fechou, ele fez um teste de audição", de acordo com Vivienne. Lydon não foi o primeiro a ser convidado à loja – ou ao bar do outro lado da rua – para uma audição improvisada. Midge Ure e Kevin Rowland, que mais tarde seria o líder da banda Dexys Midnight Runners, também tinham sido "identificados como talentosos" na King's Road por Bernie Rhodes pela característica fora do comum de não terem cabelos compridos. Desde o início, o visual era essencial. A camiseta de Lydon estilo Vivienne não apenas tinha buracos e grafite, mas tinha até alfinetes a mantendo unida. "E então", explica Vivienne, "ele começou a rasgar tudo, exatamente como Jordan."

Steve Jones e Paul Cook tinham se conhecido na escola em Shepherd's Bush, e formaram um grupo com o baixista e estudante de arte Glen Matlock, por intermédio de McLaren. Matlock foi assistente na Let It Rock por um curto período. Como QT ou Kutie Jones and His Sex Pistols, eles aparecem na camiseta "Lista" criada por Vivienne e Malcolm no ano anterior, mas faltava a eles um líder ou dois, assim como uma assinatura que fizesse deles a banda de McLaren propriamente. John Lydon – que teve o sobrenome trocado para Rotten ["Podre"] por conta de seus clássicos dentes britânicos – e seu amigo John Simon Ritchie, mais tarde conhecido como Sid Vicious, se tornariam as figuras à frente da banda, embora Sid não tenha se juntado até depois do primeiro ano tumultuado da exibição dos Sex Pistols. Vivienne colaborou sugerindo ambos os "Johns", que ela conhecia dos tempos em que se reuniam no número 430 com outros do Bromley Contingent.* Vivienne dissera a ele que deveria "pegar o cara chamado John que veio algumas vezes à loja" para ser o vocalista. Quando Johnny Rotten foi recrutado para a banda, Vivienne disse a Malcolm "que ele tinha pegado o John errado". Mas a ideia de uma "antibanda" se formou: uma banda que compensava em cólera e em pose o que faltava em habilidade musical convencional. Como proclamou McLaren, ele "lançou a ideia de uma banda de garotos que pudessem ser percebidos como maus". Matlock começou a criar melodias, riffs e batidas; Lydon providenciou letras, ajudado por Malcolm, Vivienne e Jamie Reid.

"Eu simplesmente não me lembro de muito a respeito da coisa toda dos Sex Pistols. Estava muito ocupada. Tinha dois filhos pequenos. Eu só ia às apresentações se realmente achasse que precisavam da minha ajuda. John Lydon era incrível. Steve era um guitarrista maravilhoso.

---

* Apelido de um grupo de fãs e seguidores dos Sex Pistols. Entre eles estavam Siouxsie Sioux e Billy Idol e a turma ajudou a difundir a moda do movimento punk. (N. das T.)

Porém, a primeira apresentação deles foi horrorosa. Quando aconteceu o show deles Screen on the Green, com The Clash, todos achamos que os Sex Pistols iam acabar com eles no palco. Aquele foi, como resultado da competição com The Clash, o melhor show deles. A força! O poder! Impressionante. Acho que dancei – talvez até no palco – outras vezes, como um tipo de líder de torcida dos Sex Pistols. Eu estava incrível. E tínhamos um tipo de crédito ou prestígio com a cena punk, por causa da loja. Estava ciente do impacto que eu causava – a saia curta de látex e o corte de cabelo feito por Malcolm, sem fixador ou gel. Era extraordinário de se olhar. Eu me acostumei com as pessoas parando os carros. Apesar de uma vez um cara ter gritado para mim sobre o meu cabelo; ele falou 'os seus pentelhos são iguais?'. Fiquei *tão* encabulada."

Em 6 de novembro de 1975, Vivienne foi à primeira apresentação dos Sex Pistols, na escola de arte St Martin em Charing Cross Road. Os Pistols, desde o início, tocavam muito alto. Faziam covers da banda que Vivienne conhecia desde seus tempos com Derek, The Who, antes de tentarem passar para seu novo material, "Pretty Vacant" e outras músicas, mas não tiveram chance quando os seus amplificadores foram puxados da tomada no momento em que ficou claro que o equipamento emprestado estava sendo estragado nas mãos da banda de alta energia. Uma briga explodiu – apenas a primeira de muitas que se tornaram uma característica das apresentações dos Sex Pistols.

Vivienne e Jordan ficaram responsáveis pelo visual dos rapazes. Não era fácil. "Eles entraram muito na onda, mutilando as roupas. Acharam que não tinham que pagar por elas." Na verdade, Malcolm deduzia os custos dos direitos autorais deles. A segunda grande apresentação foi na escola de arte de Ravensbourne, no sul de Londres. Simon Barker estava lá, e Siouxsie Sioux (Susan Ballion) com sua maquiagem inspirada em *Cabaret*, Billy Idol, Soo Catwoman e Philip Salon – mais tarde promoter de clube noturno e assistente de Westwood – além de Debbie 'Juvenil' Wilson, que foi trabalhar na loja. O núcleo do "Bromley Contingent", como Bernie e Malcolm os apelidaram. Alguns deles ainda estavam no colégio, e tornou-se uma característica dos shows e do visual punk (blazers escolares esculhambados, gravatas usadas como se fossem laços de forca) que o estilo tenha chamado a atenção para uma explosão de frustração sexual e política de uma multidão muito jovem, apesar de, é claro, Malcolm ter vestido Vivienne com uniformes escolares por anos. Eles eram mais jovens que os primeiros fãs de Bowie ou do Queen, e eram mais pobres do que a maioria da clientela que tinha, até então, comprado na loja do 430. Mas o Bromley Contingent deu significado e vivacidade ao visual, e seguidores à banda, até mesmo adotando um novo estilo de danças, "pogando", que expressava tanto a energia quanto o individualismo, e a ameaça de violência que era típica do punk.

Vivienne não estava imune às correntes de violência ao seu redor, ou relutante em se bater contra os outros de vez em quando. "Ela era bem forte", afirma Steve Jones, "trancou Malcolm num guarda-louças... mas Malcolm se libertou com um chute." "Isso é uma mentira", diz Vivienne, "não tínhamos um guarda-louças. Eu o trancava em salas ou batia uma porta na cara dele. Ele me provocava, me deixava enfurecida." Ela mesma se metia em brigas de vez em quando. "Foi no bar Nashville, num show do Sex Pistols, alguém falou algo para mim sobre um banquinho perto do palco, ela disse 'Você não pode sentar ali' (o namorado dela tinha ido pegar uma bebida) e na hora pensei, 'Bom, isso não é muito punk, vou me sentar onde bem entender'. Eu era arrogante e voluntariosa. Eu era. Não saí quando ele voltou, então ele me pegou, e ao banquinho também, e Steve Jones chegou para me proteger. Então Sid tirou o cinto, que era coberto de tachas, e bateu na cabeça do cara. Imediatamente me arrependi daquilo. Caroline Coon disse que fiz aquilo de propósito – algo terrível de se falar –, mas foi minha culpa."

Joe Strummer, do The Clash, estava lá, e comentou, "Aquela briga no Nashville: foi quando toda a publicidade cresceu... Acho que todos estavam prontos e os Pistols foram o catalisador".

"Então no Clube 100", continua Vivienne, "tudo ficou realmente violento. Sid acertou Nick Kent, o escritor da *NME* que era namorado de Chrissie Hynde. Chrissie era uma amiga muito, muito chegada.

Debbie Juvenil, também presa após o fiasco do Jubileu Sex Pistols.

Pedi desculpas a Nick e Malcolm me repreendeu dizendo que eu estava sendo burguesa, então da vez seguinte em que encontrei Nick, fui antipática. Eu seguia Malcolm assim, como escrava. Estava errada de ser convencida por ele. Mas eu era fanática, agora entendo: eu era jovem.

"Johnny Rotten me deixou com um olho roxo. Foi assim que aconteceu. Era noite do Dia dos Namorados em 1976 e havia uma festa no apartamento de Andrew Logan em Butler's Wharf. Ele conhecia todas as pessoas 'modernosas' bonitas. Fomos convidados, mas Malcolm sacou seu caderninho de telefones inteiro e convidou todo mundo – acho que era para ser um show ou um truque de publicidade para os Sex Pistols. Então estava entupido, não dava para entrar. Derek Jarman estava lá e Duggie Fields e os Costiffs, Michael e Gerlinde. Ia ser 'O Primeiro Miss Mundo' – em parte gay, em parte travesti –, mas não apenas isso. Andrew Logan estava vestido metade homem, metade mulher, e sua namorada, Luciana Martinez – ela era muito bonita – estava com os seios nus, e Michael Costiff estava todo pintado de azul, como um deus inca, ele tinha o corpo mais incrível. E Derek Jarman, me recordo, para a rodada de 'traje de banho', não tinha um modelo de traje de banho, então foi até o lado da piscina – havia uma pequena piscina – e aí caiu de lado nela. Intencionalmente. Foi uma festa incrível, mas então recebi uma mensagem de que Johnny Rotten não estava conseguindo entrar. Fui até a porta e Johnny estava tão furioso que me deu um soco na cara. Todo mundo me segurou – eu estava bem bêbada – para eu não bater nele. Ele não conseguiu entrar."

A violência, ou o potencial para ela, foi um dos "extremos" com que Vivienne sempre brincou em seus designs, mas em meados dos anos 1970 ela estava, sem dúvida, no auge do seu vigor. "A violência punk era teatral", recorda um contemporâneo, "mas ao mesmo tempo, McLaren e Westwood eram cúmplices em incitar atos de violência." E Vivienne, que já tinha flertado com a imagem de culto à morte do Terceiro Reich, procurava inspiração na linguagem da violência, assim como em suas imagens. Ela emprestou a Sid Vicious, "que simplesmente não sabia a diferença entre certo e errado", as memórias do assassino em massa

Charles Manson. Se alguma vez ela se sentiu insegura ou pouco à vontade com o frisson da violência que rodeava o Sex Pistols e a imagem que ela criou para eles, nunca revelou. "Nunca tive medo de nada e de lugar nenhum", alega ela, "o slogan do punk era 'ninguém é inocente'." "Não acho que [o punk] fosse intencionalmente ofensivo", afirma Gene Krell, "nem nasceu do cinismo ou tentou explorar as coisas que achava serem verdadeiras. Ele foi realmente bem genuíno. Vivienne não tem um fio de cabelo cínico em seu corpo."

O visual, a ideia, o estilo se espalharam rapidamente pelo sufocante verão britânico de 1976 e 1977 adentro. O auge do punk foi de fato notavelmente rápido – uma erupção de criatividade rudimentar, um punhado de discos e bandas e criações seminais de Vivienne e de Jamie Reid. "O punk inicial era simplesmente tão criativo", conta Vivienne, "realmente apenas seis meses de todos esses estilos de visual louco." Steve Jones, citando Vivienne, explicou de forma útil, "Na verdade, a nossa onda era o caos, não a violência". A agenda de música e apresentações ao vivo era um contraste completo ao resto da cena pop do meio dos anos 1970: roqueiros de estádio, Abba e Rod Stewart. Ela tocou para uma pauta diferente dentro da Grã-Bretanha e, como se revelou, dentro da cultura ocidental, de revolta contra o consumismo e o pop. Funcionou especialmente bem para adolescentes urbanos. O visual e o estilo se espalharam rápido para o Norte, primeiro para Manchester e dali para dois estudantes do Instituto Bolton que se despencaram para Londres atrás da loja SEX, viram os Pistols e imediatamente formaram sua banda naquele estilo punk, The Buzzcocks. Como colocou um deles, "Minha vida mudou no momento em que vi os Pistols". Enquanto isso, a banda punk original dos Estados Unidos, The Ramones, lançou seu primeiro álbum no Reino Unido na primavera de 1976, o que alertou a indústria da música para o potencial não explorado de um público para a música punk. Ele estava andando rápido das faculdades de arte de Londres e da King's Road para o *mainstream*, em parte por causa da força de sua imagem. Os modelos de Vivienne e Malcolm eram tão surpreendentes que a banda e seus seguidores eram instantaneamente reconhecíveis, arrastados para a tribo pelo ultraje imediato que seu visual provocava. Quando os Pistols tocaram em Paris mais tarde, em setembro de 1976, o primeiro show foi um desastre, mas o segundo estava cheio de franceses querendo parecer punks em modelos punk improvisados com sacos de lixo e cabelos raspados em casa com gilete. As referências culturais de Vivienne eram facilmente copiadas e prontamente personalizadas. O clube Roxy, na Neal Street, em Londres, que abriu naquele ano, tinha que repor as correntes dos banheiros com frequência: elas eram parte da semiótica dos modelos de Vivienne e eram roubadas toda noite. "Eu adorava ser copiada", comenta Vivienne. "Quando Soo Catwoman aparecia de toalha com uma teia de aranha pintada nela, e depois num saco de lixo... eu adorava que o faça-você-mesmo estivesse realmente acontecendo."

Para Vivienne e Malcolm, apesar das tensões na vida doméstica, era um momento de união e empolgação criativas, e a única vez depois do rock and roll quando Vivienne se ligou completamente a um estilo de música popular: "Malcolm era brilhante no que fazia. Desde aquela época, desde ele e desde os Sex Pistols, não me interessei realmente por música pop. Na época eu pensava que os Pistols estavam realmente protestando, mas depois de um tempo estava além deles e eles meio que desabaram sob a pressão das expectativas, mas era muito genuíno no início. Todos os outros grupos pop desde então, fingindo ser maus e fortes e tudo o mais, pessoas como The Clash, eram simplesmente tão pobres diante dos Sex Pistols. Joe Strummer era um homem adorável e o que ele escrevia e cantava era de coração. Com os Sex Pistols, as músicas eram ultrajantes. Arquetípicas. Se ouvirmos 'Anarchy in the UK' [Anarquia na Grã-Bretanha] hoje em dia, seus cabelos ficam de pé. É absolutamente horripilante. Ou Rotten, como um católico, cantando: 'Sou um anticristo... quero ser anarquia...' E Malcolm estava no front, nas barricadas com a bandeira, se preferir, ou empurrando a retaguarda por trás, depende de como você olha! Eu adorava as letras de Rotten. 'O sonho futuro é um projeto de compras' – eu o achava realmente inteligente e conversava bastante com ele sobre política.

Sabe, politicamente, eu me desenvolvi tarde. Não gosto do que penso a meu respeito naquela época. Eu queria que aquilo tivesse a ver com heróis. O sexo ia quebrar a hipocrisia da Inglaterra. Não sou mais uma fanática, mas me orgulho da imagem chocante. De algumas. Não do estuprador de Cambridge, mas o garoto fumando, acho que aquilo faz pensar. Achei aquela imagem e depois Bernie Rhodes a transformou numa camiseta, embora ele não quisesse."

As coisas andaram rápido e em várias direções. Malcolm começou a procurar um contrato de gravação sério para "os meninos" e para ele enquanto o negócio na loja (conforme seguiu da SEX para Seditionaires) exigiu que Vivienne contratasse colaboradores extras: "alfaiates gregos e turcos, principalmente, artesãos de verdade, e fornecedores de pequenas fábricas". Jordan recrutou seu namorado na época, Simon Barker, como assistente de McLaren, e por meio de seu grupo, Vivienne conheceu Murray Blewett e Mark Spye, alfaiates modernos que trabalham com ela desde então. Vivienne começou a se apropriar, para ela e para a loja, de um círculo social carismático, volátil, de *outsiders* e criativos que eram atraídos por ela e pelas ideias que abarcava. "Todos nós, no grupo Blondie, adorávamos ir a Worlds End para fazer compras", recorda-se Debbie Harry de seus tempos visitando Londres "na época de King's Road" dos anos 1970. Outra grande amizade que data daquela época e local é com a modelo texana Jerry Hall: "Conheci Vivienne na SEX, enquanto estava fazendo compras lá", ela me conta. "Eu morava em Londres com meu noivo Bryan Ferry e trabalhava como modelo com a *Vogue* inglesa (sic). Minha primeira impressão – que se revelou ser verdadeira – foi a de uma pessoa mundana, sexy e excêntrica – bem o meu tipo! Vivienne e eu nos demos bem de cara, comprei um MONTE de roupas e era uma compradora frequente na SEX. Trabalhamos juntas e somos amigas desde então." Vivienne ri lembrando de Jerry naquela época: "Ela era tímida, muito tímida." Como se lembra Gene Krell, que começou a gerenciar a loja: "Todas as personalidades que conheci no número 430 da King's Road eram tão fascinantes quanto Jerry. Elas olhavam para o mundo e se articulavam. As pessoas se

Vivienne e Malcolm, 1979.

esquecem que o punk era encantador de sua forma própria: lembro-me de me sentar no bar com Vivienne e as vovós que iam ao bar no World's End naquela época. E a garotada punk entrava e dizia: 'Ei, Bess, quer uma bebida?' E alguma velha vovozinha que tinha sobrevivido à guerra diria: 'Sim, não me importaria.' Eles interagiam, de mundos completamente diferentes, mas sempre achavam uma linguagem comum, e essa foi uma das grandes coisas que Vivienne iniciou em minha cabeça com o punk: não se pode ser uma pessoa que julga. Ela aceitava até aqueles que rejeitavam as coisas nas quais ela acreditava. E sempre achei que ela foi uma das pessoas responsáveis por explorar todo esse conceito, você não precisa se definir de apenas uma maneira, você não precisa ter medo da escuridão."

Em 8 de outubro de 1976, McLaren firmou o primeiro contrato de gravação para uma banda que já tinha um culto modesto. A EMI assinou com eles por dois anos, McLaren alugou um apartamento para eles na Denmark Street, e eles entraram imediatamente numa sessão de gravação com Chris Thomas, supremo produtor musical das bandas Pink Floyd e Roxy Music. Não foi uma combinação fácil. Entretanto, o primeiro *single* da banda, "Anarchy in the UK" ("A ideia e o título foram meus", diz Vivienne), foi lançado em 26 de novembro de 1976. "Da abertura de acordes descendentes de Steve Jones", escreveu o crítico de música John Robb, "aos vocais irônicos fantásticos de Johnny Rotten, essa música (é) uma peça impressionantemente poderosa de política punk; uma escolha de estilo de vida e um manifesto que anunciam uma nova era." Outra resenha a chamou de "a convocação para ação de uma geração". O estilo dos Pistols era ao mesmo tempo raivoso, eufórico e descuidado: a perfeita pose adolescente de um jeito que não tinha existido desde os inebriantes tempos do rock and roll. Vivienne e Malcolm tinham a trilha sonora de sua "explosão total" de um culto.

A embalagem e a promoção visual de "Anarchy in the UK" também desbravaram novas terras dentro da indústria fonográfica: Reid e McLaren vieram com a ideia de vender o disco numa capa completamente sem palavras, preta e sem quaisquer características. A EMI ficou assustada. Uma solução conciliatória foi alcançada com uma "bandeira anarquista" – uma bandeira do Reino Unido rasgada e com alfinetes de segurança que também apareceria em ilustrações e em camisetas do Jubileu. Essas e outras imagens criadas por Vivienne e Jamie Reed para os discos, cartazes e roupas dos Sex Pistols se tornaram emblemas do punk. "Você tem que saber, entretanto", diz Vivienne, "que não havia nenhum plano principal com Malcolm. Ele só queria Confusão. Nada era planejado. Quero dizer, ele realmente queria um cantor de verdade!"

A filosofia situacionista de Malcolm envolvia tirar partido de toda a mídia para um discurso criativo, sem consideração por convenções ou por mercados convencionais. Ao mesmo tempo ele também estava motivado pela habilidade de suas campanhas de mídia em gerarem dinheiro do caos – "apesar de aquele slogan", afirma Vivienne, "ser meu". Para esse fim, ele aceitou alegremente, em nome da banda, um convite para aparecer ao vivo na TV em dezembro de 1976, depois da banda companheira de EMI, Queen, ter tido que recusar. A entrevista com Bill Grundy catapultou os Sex Pistols, e por tabela Vivienne, Malcolm e toda a comoção punk, à consciência nacional. Era um programa de revista de TV do início da noite, *Today*, da Thames Television, exibido apenas na área de Londres e com figuras em decadência, até os Pistols, manipulados por Malcolm com bebidas no camarim, atingirem as telas com um rosnar de desdém de seu apresentador pomposo e uma vontade de serem provocados cheios de palavrões na televisão, ao vivo na hora do chá.

Era uma semana devagar de notícias e era um mundo diferente. Os jornais ficaram loucos pelas "palavras de quatro letras que abalam a TV" (*Daily Telegraph*), e expressaram "Fúria no bate-papo obsceno na TV" (*Daily Express*). Mas foi o *Daily Mirror*, guardião do puritanismo da nação, que deu a Malcolm a manchete que ele tanto esperava. "A obscenidade e a fúria!", alardeava. "Foi a linguagem mais obscena jamais ouvida na televisão britânica", continuando ao transcrever todo o conteúdo. "Quem são esses 'punks'", perguntava o *Mirror*, "que deixam o ar melancólico e causam alvoroço enquanto pessoas reclamando congestionam as linhas de telefone da TV?" A pergunta foi respondida durante todo o ano de 1977, enquanto os Sex Pistols, e seus padrinhos óbvios, Malcolm e Vivienne, se viram como o Inimigo Público Número Um, assediados pela imprensa e pelos atiradores de pedras locais de Thurleigh Court, mas também no olho do que se revelou um furacão de mídia muito lucrativo. Vivienne, que estava habituada às maneiras dos "meninos", quase perdeu a entrevista porque estava, apropriadamente, em casa sendo mãe. "Eu estava no apartamento passando aspirador e tive que parar e aumentar o som da televisão quando vi que eram eles. Mas não achei nada demais. Simplesmente continuei passando aspirador. Todos aqueles palavrões, 'foda', não achei nada a respeito daquilo porque era simplesmente o jeito deles. Foi só quando Malcolm chegou em casa, e ele estava preocupado. Foi quando ele me falou o quão preocupado estava.

"Malcolm era mais um líder da gangue do que um ditador. Era o que ele queria ser. Um moleque com sua própria turma. Como quando ele tinha 6 anos e fez um acampamento ou uma toca. Quando a professora chegou e desarrumou tudo, ele disse que nunca odiara tanto alguém em toda a vida quanto aquela professora. Wally, o guitarrista (Warwick Nightingale, da formação original dos Sex Pistols), por exemplo, Malcolm achava que ele era muito profissional. Ele detestava profissionais e professores, então algumas vezes me escalava como figura da professora. Embora na verdade quando vinha à minha aula e aprendia uma lição, tudo se tratasse de 'objetos encontrados' e ele era muito bom. De qualquer forma, ele demitiu Wally, decidiu que Steve Jones era mais um guitarrista do que um vocalista – ele cantava do fundo da garganta, na verdade era muito, muito bom. Mas aquela primeira apresentação deles tinha sido o que chamamos de 'acontecimento que não aconteceu' e foi quando Malcolm tomou o controle. Ele quase chamou Chrissie Hynde para ser a vocalista principal, mas, no fim, para Malcolm, sua 'gangue' tinha que ser uma gangue de rapazes. É preciso entender, não havia qualquer plano. Malcolm criava uma situação e, então, meio que a enfrentava descaradamente. Tentar vencer.

Tentar ganhar do sistema. E ele me escalava como ajudante e instigadora, a única professora a jamais ajudá-lo, mas ele sempre me escalava como a velha, a mãe que estragava a diversão e interrompia as brincadeiras. Ele mudou um pouco sua visão quando surgi com o slogan 'Cash from Chaos' [Dinheiro do caos] para uma camiseta que ia ajudar a angariar fundos para seu filme. Àquela altura, ele estava se apegando à ideia de marketing de que The Sex Pistols não conseguia tocar. Quanto a Rotten, como Malcolm sempre o chamava, aqui estão minhas considerações. Tanto ele quanto Malcolm eram dançarinos – dançavam na sua direção e dançavam ou te empurravam para longe. Malcolm adorava a atitude de Rotten, 'o garoto de cabelo verde', e quando voltamos daquela primeira audição, ele comentou que Rotten não cantava nada, mas que adorava aquilo e adorava que Rotten fosse espalhafatoso e provocador. Mas na verdade eles nunca mais se deram bem. Era uma batalha de egos. E sei que é clichê, mas Rotten era muito irlandês – brigando com os colegas e, depois de algumas garrafas, se abraçavam para se consolarem. E eu me lembro de ficar do lado de fora da porta do apartamento de Thurleigh Court com Rotten tentando entrar para bater em Malcolm, sendo a mediadora, sendo a reconciliadora. Johnny só ficava confortável quando estava no estágio certo de bebedeira. Então, no fim, me tornei aquela professora que Malcolm imaginava. Era assim. Porém não tenho certeza se alguma vez ele se importou com política. Eu estava envolvida com a anarquia naquela época porque achava que podia convencer os jovens a desafiar as coisas. A ideia dele de anarquia era apenas: simplesmente não havia plano."

A tempestade em torno da entrevista com Grundy e a subsequente notoriedade dos Sex Pistols levanta uma série de perguntas na história de Vivienne. Alguns artistas e comentaristas têm um sexto sentido para as mudanças nas correntes de uma cultura, para o potencial de expressar, mesmo antes de o sentimento ser articulado por políticos ou pela imprensa, a mudança de pulso de uma civilização, e a pauta conforme ela muda de uma geração para outra. Malcolm e Vivienne pareciam ter um instinto, descobrindo tendências na música e nos filmes americanos e nas subculturas urbanas britânicas e reconhecendo que uma banda podia ser "vendida" ou podia articular verdades emergentes a respeito de cultura jovem sem jogar o jogo convencional – na verdade não sendo em absoluto uma banda no senso comum, mas em como eles se vestiam e se comportavam. Para alguns, a entrevista com Grundy só serviu para confirmar o que achavam que já sabiam, que a cultura popular era degenerada, pueril e intencionalmente feia. Fez os Sex Pistols, e por tabela as agendas de design tanto de Vivienne quanto de Jamie Reid, parecerem nada mais do que a exploração comercial do choque, um tijolo através do prato de vidro da civilização, embrulhada em logos, paga por aqueles idiotas o bastante para quererem pagar por rancor. Mas para muitos outros, que acordaram com os jornais da manhã com uma verdadeira surpresa de que alguém pudesse cometer o que pareceu ser suicídio comercial na televisão ao vivo, também havia um senso de que isso refletia exatamente uma verdade furiosa. A sociedade estava mudando. Era, portanto, um momento na cultura popular tão emocionante quanto as primeiras aparições de Elvis na TV ou a estreia de *A sagração da primavera*. Vivienne, como aqueles que olham para o punk como as dores violentas do parto em vez de algum ponto final de império, percebe sua associação a ele como a primeira grande prova de seu valor como uma artista. Ela ajudou a expressar um momento, percebê-lo, moldá-lo, criá-lo e vesti-lo. E foi um momento que, na época, sequer foi compreendido.

"É preciso entender que eu tinha uma vida horrível naquela época. Minha terapia era o trabalho. Não havia pressão da moda em mim. Era terapia. E quanto à fama – ou infâmia –, só parecia difícil. Eu via aquilo como uma cruzada, roupas para heróis. NUNCA quis glória pessoal ou atenção. Como linha, contorno e forma, estávamos fazendo o que acreditávamos. Eu estava. Sentia-me como se estivesse lutando por uma causa. E quando as coisas que eu havia criado começaram a aparecer em passarelas, pensei, de novo, 'Acorde, Vivienne – dê sentido ao que você está fazendo'. Mas com o punk, bem, nós éramos contra a geração mais velha. A liberação sexual era o negócio. Anticonformismo.

Para mim, era de verdade. Queríamos ser seguidos e operar mudanças. Porém, no fim, acho que aquilo não estava comunicando nada além de pular, cuspir e ser furioso com o mundo."

A economia e a estrutura social urbana britânicas caindo aos pedaços dos anos 1970 têm sua própria especificidade sem graça. Agora é usada como uma imagem para o que a decadência urbana se parece. Se a Grã-Bretanha foi a primeira nação industrial, também foi a primeira terra devastada pós-industrial, e a linguagem visual do punk hoje é rotineiramente utilizada como uma metáfora para o grunge pós-moderno. Não que Vivienne assim a denomine; ela fala, como Malcolm sempre falou, de um visual para os "despossuídos". A metade dos anos 1970 viu aumentos sem precedentes no preço do petróleo pela OPEP, uma consequente desvalorização da libra, a queda do governo Heath e o início do fim do movimento dos sindicatos de trabalhadores como uma força política central, o que levou, de certo modo, a um fim do positivismo socialista dos anos do pós-guerra. Tudo tinha dado terrivelmente errado. Mas, como continua a ser o caso, a violência das crises monetária e econômica foi sentida no Reino Unido muito desproporcionalmente. Foi mais sentida pelos pobres do meio urbano e pelos jovens.

Os situacionistas já batiam na cara do consumismo há tempos e censuravam publicamente qualquer arte que visasse ao lucro – embora, no caso de Malcolm, acumulassem felizes o que aparecesse pelo caminho. Como é dito com frequência no marketing hoje em dia – tamanho é o impacto contínuo do punk – não há nada que venda melhor do que autenticidade. Se você conseguir fingir algo, consegue vender qualquer coisa. E o punk soava e parecia, na verdade era, originalmente, autenticamente furioso e frustrado com os sonhos destruídos dos anos 1960. A juventude, de repente, era de novo um problema, como tinha sido com os mods e os roqueiros, o que fez ainda mais empolgante ser jovem e ser associado à revolta rudimentar. Vivienne admite ter sido fortemente influenciada nos últimos modelos pela visão pós-apocalíptica de Ridley Scott em *Blade Runner*, que, por sua vez, assim como Vivienne, deve ao *Laranja mecânica*, de Kubrick, que, inadvertidamente, deu apelo de cinema à maquiagem do "punk" e teatralizou a violência e as roupas de fetiche de forma ainda mais atraente do que o afetado *Rocky Horror Show* tinha feito. "Mas a influência está em toda parte e é inesperada", afirma Vivienne. "Pegue *Star Wars*, por exemplo: aquele design simplesmente não poderia ter acontecido sem o punk."

Os Pistols e suas roupas rasgadas e desconstruídas, sem mencionar sua habilidade de romper as normas do decoro da TV ao vivo, alcançaram uma nota ressonante. "Foi hilário", disse Steve Jones. "Foi uma das melhores sensações, no dia seguinte, quando se via o jornal: pensava-se, 'Puta merda, isso é demais!'. Daquele dia em diante, foi diferente. Antes daquilo, era só a música; no dia seguinte, era a imprensa." Foi o momento em que todo o fenômeno ultrapassou muito além das fronteiras da King's Road e, para alguns, aquilo estragou a festa. Mas também deu a Vivienne, ainda que rapidamente, o tipo de exposição que nenhum dinheiro pode comprar e uma plataforma da magnitude que ela não teve de novo até um período relativamente recente. Para alguns, o punk, uma palavra hoje entendida imediatamente, já tinha as sementes de sua própria destruição plantadas porque a mídia agora ditava seus próprios objetivos em uma subcultura que ela decidira que era melhor ridicularizada do que escutada. Vivienne diz que não se recorda se ela ou Malcolm tinham ciência do "movimento" se partindo pela súbita pressão da infâmia e das vendas de discos suspensas. Ela estava muito ocupada na loja e Malcolm planejando turnês, lançamentos de discos e o contrato maquinado por muito tempo com a EMI. "Para mim eram os negócios normais na loja. Havia pedidos de entrevistas e imprensa estrangeira, esse tipo de coisa. Eu não estava muito impressionada. Lembro-me de alguém entrando para vender joias com lâminas de barbear – eu podia ver aquilo tudo se espalhando, e disso eu gostava."

A loja no número 430 da King's Road foi remodelada novamente, dessa vez com um design *high-tech* e cintilante de Ben Kelly e com duas vistas da cidade gigantes em preto e branco; uma, invertida, de Piccadilly, e outra sempre tida como Dresden bombardeada, mas recentemente revelada como um achado não identificado de Malcolm do Museu Imperial da Guerra. "Para soldados, prostitutas, lésbicas e punks" traziam as etiquetas das roupas, com "As" anarquistas e o crédito dividido de Malcolm McLaren e Vivienne Westwood. Era cada vez menos verdade. O tempo de Malcolm era devotado aos Pistols. A imprensa começou a captar o racha entre os dois. As roupas da Seditionaries mostradas em todos os ensaios em revistas dos Pistols depois da entrevista com Grundy traziam citações antagônicas de Vivienne e Malcolm: os jornalistas falavam com Vivienne a respeito das roupas e com Malcolm sobre a banda. Apenas fazia sentido. Era a divisão clara do trabalho.

A entrevista com Grundy foi no início de dezembro, e na virada do ano para 1977, Vivienne e Malcolm estavam mais no centro de apuros que de uma festa. As janelas de Thurleigh Court tinham sido quebradas por skinheads locais, o caminho dali à estação de metrô de Clapham South era um curso diário de tentativas de agressão para Vivienne, e Malcolm se mantinha em sua mesa no escritório da Denmark Street, o "Glitterbest", empresa que ele fundara para empresariar os Sex Pistols, escrevendo manifestos sobre o que tudo aquilo podia significar. "O que o punk pode fazer", disse ele, "é inspirar os fãs a pensarem e agirem por si mesmos." Era um manifesto claro das mais altas aspirações do punk, antes de tudo parar em um mar de lama e recriminações; 1977 seria um tremendo ano.

"Eu concordava com o que Malcolm dizia sobre o significado daquilo tudo, mas nunca aconteceu de verdade. Da forma como eu enxergava, tratava-se de tentar colocar uma trava nas rodas do *status quo*. Para a garotada, era uma chance de se engajar e formar opiniões. Só que eles não o fizeram. Apenas ficaram pulando. Mas o visual: isso eu achava que era especial. Então fui ver Grace Coddington na *Vogue* para dizer que Soo Catwoman deveria estar na capa deles. Grace ficou tão constrangida. Ela disse que eu deveria ir falar com a revista *Ritz*. Tenho as cicatrizes daquela época até hoje: Debbie Juvenil conhecia um sujei-

Vivienne no *Queen Elizabeth*, 1977.

to que era chamado de 'Pete, o assassino' – um verdadeiro narcisista – e ele veio até o número 430 um dia com um machado e me ameaçou. Disse que eu era uma capitalista burguesa explorando garotos. Fiquei com tanta raiva e disse isso a ele – e coisas piores. Então, ele voltou na semana seguinte com uma gangue de punks. Não ME assustou. O idiota do Michael Collins, o gerente da loja, trancou a porta comigo do lado de fora, mas aí ficou preocupado comigo e a abriu e a garotada toda entrou e roubou tudo. Tudo. Tentei forçar a porta contra eles e veja" – Vivienne levanta seu dedo médio – "tenho esse dedo defeituoso por tentar segurar a porta contra uma turma de punks."

Os primeiros meses de 1977 foram uma curva de aprendizagem para Malcolm e Vivienne em termos de vergonha pública e da posição dos Sex Pistols na indústria da música. A EMI os largou e eles se deram conta de que precisavam de um selo menor independente e de um jeito de usarem a notoriedade a seu favor. Entre o fim da promoção de "Anarchy in the UK", no outono de 1976, e a "Turnê secreta", como ficou conhecida, em 1977, já que nenhum lugar se arriscava a agendá-los por receio de tumulto, os Pistols só tocaram três vezes. Tudo aquilo gerava cobertura de imprensa, mas nada de vendas, renda, ou, principalmente, um novo contrato fonográfico. E, nesse meio-tempo, a banda começou a se desintegrar. Glen Matlock saiu ou foi expulso por Malcolm, e Sid, um fã de longa data e possivelmente quem deu origem ao jeito de dançar "pogando" dos Sex Pistols, foi recebido como o novo baixista. "(Glen) vinha crescendo separadamente dos outros por algum tempo", comenta Simon Barker. "Dá para ver nas fotos – no começo ele sempre usava as roupas de Vivienne da SEX, mas depois seu cabelo e suas roupas ficaram bem limpos. Ele estava decepcionando." Ele também cometeu o erro primordial de dizer que admirava os Beatles. Então, Vivienne teve sua escolha preferida de "Johns" nos Sex Pistols, embora tarde, com um homem rebatizado como "Sid Vicious", que seria o outro representante para o visual que ela e Malcolm haviam criado.

"Eu colaborei para Sid estar nos Sex Pistols", conta Vivienne, "fui eu. Foi muito inocente de minha parte. Ele era um viciado. E se eu soubesse o que era ser um viciado e estar ao redor de um viciado, jamais o teria empurrado para estar numa banda. As pessoas dizem que foi Nancy (Spungen) que o apresentou à heroína, mas não foi. Ele disse que a mãe tinha dado a primeira dose a ele quando ele tinha 14 anos. Ele era um viciado. Por isso estava na loja com calça rasgada segura com alfinetes de segurança, em primeiro lugar."

Em fevereiro de 1977, a avó Rose morreu enquanto Malcolm estava rapidamente em Los Angeles tentando firmar um contrato fonográfico americano. "Levou duas semanas para a encontrarem", lembra-se Vivienne, "no apartamento em Clapham South." Em março, a nova formação dos Pistols assinou com a A&M Records do lado de fora do Palácio de Buckingham, para provocar uma sensação de publicidade de Malcolm, e uma semana mais tarde, uma Nancy Spungen de Nova York chegou a Londres, foi direto para o número 430 da King's Road, e começou a tentar achar um Sex Pistol para transar. "Ela era uma garota do subúrbio bem típica", disse Richard Hell, que teve um breve caso com ela em Nova York, "no sentido que venerava estrelas do rock." Ela ficou de olho em John Lydon, mas acabou com Sid, com quem arrumou imediatamente um pouco de heroína.

Março de 1977 também testemunhou a primeira gravação da música de Lydon, "God Save the Queen" [Deus salve a Rainha], sempre imaginada por Malcolm como uma perfeita inversão do ato idiota planejado para celebrar os 25 anos de Elizabeth II no trono, e originalmente intitulada "No Future" [Sem futuro]. Deveria ter ocorrido da forma normal da indústria daquela época, com uma data de lançamento marcada uma vez que o *single* entrasse em produção. Mas ao longo de março, a A&M Records entrou em pânico com o título, com o comportamento violento do grupo e com a atitude de "deixa pra lá" de seu suposto empresário que dizia que eram "garotos sendo garotos", e retirou seu apoio; 25 mil cópias do *single* já tinham sido impressas. Em 16 de março, os Pistols e a empresa de McLaren, Glitterbest, estavam 75 mil libras mais ricos, mas com um contrato encerrado e sem recursos imediatos para lançar o disco. O telefone na Thurleigh Court tocou

Vivienne e Malcolm, 1979. Calmaria na tempestade numa xícara de chá.

durante a noite e no fim McLaren deu uma declaração ao *Evening Standard* de que "os Pistols eram uma doença contagiosa: eu simplesmente continuo entrando e saindo de portas e as pessoas continuam me dando cheques". Era uma bela fala que roubou todas as manchetes no dia seguinte, mas parecia provar que Malcolm era melhor em gerar ignomínia do que em realmente conseguir que as coisas fossem feitas ou ditas.

Vivienne compareceu à primeira apresentação de Sid como líder da banda, no Screen on the Green, em Islington. A ocasião se provaria danosa ao grupo: Sid saiu para arrumar heroína com Nancy pela Camden Passage, e acabou com uma hepatite que o colocou no hospital por mais de um mês. No fim, Malcolm encontrou no jovem Richard Branson da Virgin Records um produtor fonográfico desejando se arriscar com "God Save the Queen". E o *single*, com sua imagem de capa lesa-majestade, voltou a ser produzido, assim como as celebrações estavam se acelerando para o Jubileu de junho. "Foi o começo de uma longa amizade – Richard Branson e eu", recorda-se Vivienne. "Malcolm o odiava porque eles eram contemporâneos e Branson já era uma figura de autoridade. 'Nunca confie num hippie' costumava dizer Malcolm a respeito de Richard. Mas eu gostava dele, e minha opinião sobre ele se confirmou anos mais tarde quando ele se ofereceu para assumir a Loteria Nacional sem fins lucrativos. Ele é um bom homem."

Naquele verão de 1977, conforme a imprensa internacional convergiu para Londres para cobrir as pompas reais, a imagem criada por Reid e expandida na Seditionaries como uma camiseta "God Save the Queen" seria vista pelo mundo inteiro. Foi lançado um cartão-postal mostrando a camiseta e um grupo de punks de King's Road. O retrato de Cecil Beaton da rainha com um alfinete de segurança no lábio tornou-se o ícone essencial do verão do punk – o Verão do Ódio, como ficou conhecido – porque ele, e o uniforme de Vivienne, começaram a ser vistos por toda a Grã-Bretanha e pelo mundo ocidental. A camiseta, ou suas várias primas com slogans, que se juntava a modelos bondage e aos kilts amados por Vivienne, couro com tachas e coleiras, giletes e correntes, slogans situacionistas, maquiagem à *Laranja mecânica* e moicanos se tornaram um motivo tribal de Tóquio à Califórnia. E a música foi direto para as paradas de sucesso, e na verdade para o primeiro lugar, apesar, ou por causa, da proibição da transmissão nacional.

O Verão do Ódio teve seus símbolos enfáticos e também teve seu clímax dramático. Era um plano bem simples. Contrate um barco, navegue pelo Tâmisa, atraque em algum lugar perto do Palácio de Westminster (dava para fazer isso naquela época, apesar do IRA) e coloque "God Save the Queen" para tocar a todo volume. A rainha não estaria lá, apesar de ser a semana das celebrações de seu Jubileu de Prata. O barco, no entanto, se chamava *Queen Elizabeth* – era antigo o bastante para ter sido batizado em homenagem à rainha-mãe. Haveria uma flotilha real mais tarde naquele dia, e fogos de artifício também, então Malcolm tramara um golpe publicitário para superar tudo que já tinha acontecido antes. Era, afinal de contas, o primeiro hit de verdade dos Pistols.

McLaren, Vivienne e a banda embarcaram no *Queen Elizabeth* no píer de Charing Cross por volta das 18:30 – junto com cerca de duzentos festeiros. Eram dias antes das regras de segurança ou dos desastres de barcos no Tâmisa que baniriam tal superlotação, mas, mesmo assim, era imediatamente aparente que o golpe tinha o potencial para desastre. As apresentações dos Sex Pistols eram, por hábito e fim, riscos de incêndio caóticos e superlotadas. Mas era ainda mais alarmante quando a única saída de emergência era o rio lodoso. A equipe do bar ficou imediatamente cautelosa e insistiu em vender apenas doses simples, não duplas, de tão alarmada que ficou com a multidão punk rouca. Johnny Rotten tentou tocar, apesar da área da banda lotada sob uma tenda no convés, e de problemas de retorno. Alguém botou The Ramones para tocar alto como competição. Vivienne, usando uma jaqueta de couro que resiste até hoje no arquivo da Elcho Street, começou a trabalhar intensamente como anfitriã escolhida e dançarina entusiástica. Era uma daquelas noites quentes de verão que entraram para a história inglesa – os verões abafados de 1976 e 1977 – e começou tanto mágica quanto louca: o tipo de ocasião que Vivienne adorava. Mas então a polícia foi notificada. Pintaram *God Save the Queen* ao lado do barco numa tinta fluorescente rosa e amarela (a tinta foi fornecida por Vivienne), e toda a iniciativa tinha sido planejada para levantar os narizes do establishment e atrair a atenção da imprensa para os Sex Pistols. McLaren e Vivienne não eram mais ou menos antimonarquia do que muitos outros de sua geração naquela época, tratava-se mais de vender discos do que provocar um ataque pessoal ao grande dia de Sua Majestade. Eles só não tinham atentado para o quanto o centro de Londres estava cheio de polícia naquele dia e quanta atenção injustificada da polícia sua façanha no Tâmisa ia atrair.

O *Queen Elizabeth* foi abordado pela polícia fluvial antes do pôr do sol, e escoltado de volta ao píer. A força foi convenientemente cortada no barco (mais um ato de normas de segurança, em primeiro lugar) logo que Rotten estava prestes a começar um cover de "No Fun". Começaram as brigas, e quando os mais de duzentos passageiros estavam sendo direcionados à prancha para desembarcar, já estava escuro, o caos reinava e havia uma desculpa para muitas prisões. Vivienne pode ser claramente vista numa filmagem da época (Malcolm e Julien Temple tinham organizado para que uma pequena equipe de filmagem comparecesse) sendo colocada à força na traseira de um furgão da polícia com sua jaqueta de couro. Os jornais do dia seguinte estão cheios daquelas notícias: "Empresária dos Sex Pistols levada de algemas." Eles conseguiram as manchetes e o primeiro lugar de fato para o *single* banido, mas à custa de uma festa respeitável. E Vivienne passou a noite na delegacia de polícia de Bow Street. "Eles não estavam me prendendo, na verdade", explica Vivienne. "Eu só pulei no furgão já que estava muito preocupada com Malcolm. Logo se tornou divertido. Acho que dei uma cambalhota quando chegamos à delegacia. Eu me lembro que havia um interesse de alguma forma lascivo da polícia. Os mamilos de Debbie Juvenil estavam aparecendo e eu estava com meu batom de sempre e havia umas descrições por escrito da polícia, 'lábios pintados' e 'mamilos projetados'. Foi divertido. Eles me colocaram numa cela com Debbie, uma garota chamada Tracy e havia uma menina irlandesa que estava congelando porque tinha sido presa dançando nos chafarizes de Trafalgar Square e estava molhada. Então, basicamente me lembro de ter sido muito bom escapar do banco marrom duro de plástico e sair na manhã seguinte, só para me lavar. E, mais especificamente, eu tinha ficado muito preocupada com os rapazes, já que estavam sozinhos no apartamento e não sabiam onde estávamos..."

Era a manhã após o ápice do punk. Os Pistols continuariam a chamar atenção com banimentos da mídia com *Never Mind the Bollocks*, com turnês na Escandinávia e até, desastrosamente, nos EUA –, mas nunca recuperaram o ponto alto do Jubileu. E quanto a Vivienne, tudo acabou com as mortes primeiro de Nancy, depois de Sid, com 18 meses de diferença. "Sid matou Nancy", afirma Vivienne enfaticamente. "Ele admitiu para Malcolm, que me contou. Ele a esfaqueou. Ele estava doidão e, quando voltou a si, ela estava morta. Malcolm dizia que Sid escaparia. Mas é claro que ele estava morto antes do julgamento. Quando tudo explodiu com Sid, falei, 'Vou a Nova York ver Sid e ajudar. Vou à prisão de Riker Island ou sei lá, só vou estar lá' e Malcolm disse 'Você e a mãe de Sid! De que ajuda você vai ser com dois viciados em Nova York?' porque a sra. Beverley, a mãe drogada, ia para lá tentar 'ajudar'. Nosso fornecedor de couro na época era médium, e ele disse, depois que Sid morreu, que Sid tinha feito contato com ele do além e dito que quando saiu de custódia e viu sua mãe esperando por ele, soube, ali ele soube, que estava vendo a Morte. Eu deveria ter ido."

A banda se esforçou em vários aspectos e arranjos só até o início de 1978, devorando cada vez mais o tempo de McLaren e o dinheiro de Branson, com sessões de gravação no Rio, em Paris e em Londres, quando se provava impossível ter a mistura volátil de personalidades em um estúdio. A Seditionaries, enquanto isso, progredia cada vez mais. A loja da King's Road se tornou um local de peregrinação para aqueles interessados na moda e nos sons "New Wave", e o resto da rua despertou para o potencial dos designs de Vivienne de uma forma levemente menos *avant-garde*. Em abril de 1977, Zandra Rhodes colocou o punk na passarela pela primeira vez, tendo a delicadeza de dar crédito ao "movimento" e na verdade a Vivienne por suas "roupas rasgadas, correntes e alfinetes de segurança", e Debbie Juvenil e Jordan na loja se viram cuidando de uma multidão que ia de fashionistas chiques a arruaceiros. Outra loja "punk", conhecida por BOY, abriu mais perto da estação de metrô de Sloane Square. "Essas roupas tratam de sobrevivência em Londres em 1977", declarou o dono ao *Evening News*. "Elas tratam do que acontece todos os dias nas ruas", o que era bem verdade se o que acontecia nas ruas todos os dias incluísse agulhas hipodérmicas, contraceptivos como apliques e mais bondage e suásticas. O Beaufort Market, logo antes da mania em King's Road, mudou de antiguidades e objetos colecionáveis para objetos efêmeros retrô, roupas e joias punk, dirigido por Marianne Elliot-Said, mais conhecida como Poly Styrene.

A explosão para o *mainstream* e o reflexo no trabalho dos outros tem sido uma experiência comum para Vivienne desde então. "Não me importei com Zandra copiando a coisa punk porque ela fez no estilo dela", diz Vivienne – e ela gostou que suas ideias de design tenham voltado à tona nas ruas e em formas improvisadas de faça-você-mesmo. Apesar de Vivienne pensar nela como "moda de guerrilha urbana", os historiadores da moda apontaram que ela também foi o início da moda contracultural – de colocar do lado externo o que tinha sido pensado, ou escondido, no interior. Costuras, sutiãs, moda sadomasoquista de fetiche e detritos recondicionados estilo "Terceiro Mundo" de alfinetes de segurança a tampas de garrafas a, infamemente, um absorvente interno pintado de vermelho, tudo isso encontrou seu caminho do interior literal para figurar no exterior.

Portanto, um dos primeiros efeitos dos modelos foi a licença que o punk deu às mulheres de se vestirem de forma assertiva e de se apossarem dos antigos instrumentos de sujeição. O que começou com roupas de látex e meias 7/8 chegou a tempo de incluir um léxico de moda para mulheres punks que eram tão fortes, assertivas e individualistas quanto o estilo criado para os "meninos" de Malcolm. Esse não tinha sido o caso com cultos de música e moda anteriores, mesmo aqueles em que Vivienne estivera envolvida, como o rock and roll, os mods, Teds ou Trads. O punk era quase unissex e, na verdade, para alguns era perversamente assexual. No fim de 1977, Vivienne e Malcolm tinham sido bem-sucedidos em sua causa pretendida e declarada: criar, dar estilo e tentar controlar um culto jovem, para propósitos que se estendiam pela política, arte e cobiça comercial. Vivienne também começou a estabelecer uma clientela que se manteve com ela. Suas roupas não apenas atraíam e proviam mulheres assertivas ou mulheres que queriam que as roupas transmitissem confiança a elas, mas também conquistavam um grupo de fora, uma clientela central daquelas que se sentiam levemente ao lado da normalidade. Em 1977, bem quando o relacionamento de Malcolm e Vivienne tomou seu empurrão final em direção ao abismo, Gene Krell, seu gerente de loja, viciado em heroína havia algum tempo, mudou-se para o quarto vago em Thurleigh Court.

Ele conta esta história de como era ser um dos assistentes no ápice do punk, uma narrativa longe da arrogância comum da lenda punk:

"A maioria da garotada que vinha não era, francamente, superatraente. Não eram as lindas modelos como Coco Rocha desse mundo, sabe, não eram todas como Linda Evangelista. Eram pessoas meio que desajustadas. Com bastante frequência tinham problemas de peso. Alguns tinham deformidades físicas. Apareceu um garoto por lá sem pé. Ele era um cliente assíduo, tinha meio que um toco de madeira – e fazia uns barulhos quando andava no chão da loja. Eu o vejo com extraordinária clareza porque lembro dele entrando e ele tinha aquelas meias pernas de couro preto cobertas em tachas douradas e ele realmente lutava com aquilo. A vida era uma grande luta para ele. Aquele garoto saiu da loja de Vivienne e se sentiu especial, legal e aceito. O punk demandava aceitação e das virtudes nobres de Vivienne é que ela virou uma pessoa que tornava as coisas possíveis. E fazíamos aquilo sempre. Aqueles garotos sofriam abusos, em muitos casos. Eles eram párias sociais e, sabe, eles iam até lá e saíam com algo que era bastante sagrado para eles. E as pessoas sempre repudiam o que fazíamos e só olham para aquilo como sendo algo meio que unidimensional e detestável. Porém, sabe, para um garoto entrar, daquele jeito, sem pé, e perder suas inibições e deixar a loja sentindo que era parte de algo mais mundano e mais universal é uma oportunidade muito, muito rara que nos foi apresentada e Vivienne sabia disso. Fazer alguém se sentir tão relevante ou importante quanto qualquer um que anda nessa terra, esse é um presente raro e estimado. O punk podia fazer isso. A moda pode fazer isso – raramente. Vivienne faz isso sempre."

"Quando me virei, nas barricadas", conta Vivienne, "não havia ninguém lá. A sensação era essa. Eles ainda só estavam pogando. Então perdi o interesse. E acabou completamente para mim quando Sid morreu. Mas estou orgulhosa. Se eu tivesse ganhado o título de Dame apenas por criar o punk, teria pensado 'é justo'. Só com isso, já fiz mais o bem que a sra. Thatcher. Mas aquilo não mudou a minha vida – ou não pareceu estar mudando na época. Pareceu natural, e uma continuidade."

No entanto, realmente mudou a vida de Vivienne. Para começar, trouxe a ela validação como artista e designer já que se falava e se escrevia sobre o punk globalmente, e ela e Malcolm, como "curadores" de uma nova forma de se vestir e se comportar, têm seu lugar entre as origens da exposição mais antiga de Vivienne à "moda", no estilo de reaproveitar e transformar, e o impacto cultural de seus designs subsequentes. "Apenas tivemos aquelas ideias e as organizamos", ela dá de ombros. No entanto, o punk trouxe a ela o tipo de fama que até uma família podia notar: as pessoas se viravam e apontavam para ela na rua, e sabiam o seu nome. "Lembro-me quando pensei pela primeira vez: 'Meu Deus – ela é famosa no mundo todo'", recorda seu irmão Gordon. "Eu conhecia um cara trabalhando para a estação de TV da Nova Zelândia dos meus tempos na escola de cinema, e ele ligou para dizer que estava vindo para fazer uma matéria sobre as pessoas na King's Road numa loja e falei 'é a minha irmã'. Foi bem quando os Sex Pistols explodiram na cara de todo mundo, mas ele estava fazendo essa grande matéria não sobre eles, mas sobre Vivienne. E foi a primeira vez em que soube. Eu não tinha percebido exatamente. Quem percebe? A respeito de um irmão? Mas aquele foi o momento em que pensei, ah, meu Deus, ela é conhecida no mundo todo. Num instante." Só por aquilo, como disse seu filho Joe, a vida dela nunca mais foi a mesma.

Vivienne me conta que o punk começou com um sentimento, um espírito nascido de Londres e de Nova York que ressoou autoevidentemente por todo o mundo, e com um visual criado por ela e Malcolm. E fez o rock retornar à sua função rock and roll: isto é, a ser rebelde, desagradável aos mais velhos, crítica do *status quo* e a dizer a importante verdade de que é prerrogativa de cada geração imaginar e descrever seu futuro. Mas não parecia assim naquela época. "Trata-se de identidade", afirma Vivienne, "você não pode ser um estilista sem ideias. Às vezes, pessoas talentosas apenas fazem coisas para elas mesmas. Mas concluí muito cedo com o punk que ele era uma oportunidade imediata de marketing. Eu apoio a liberdade artística individual das pessoas, e o punk tem a ver com uma estética, mas às vezes acho que a única coisa boa que saiu dele foi a ideia de 'Não confie no governo' e que, nesse meio-tempo, realmente acho que eu tinha um visual incrível! Só que isso é realmente tão importante? Ele deu às pessoas uma complacência, e a ideia de que 'Ninguém tem o direito de me dizer nada'. E um filho bastardo disso foi um elemento do thatcherismo. Quando posei para a *Tatler* vestida como a sra. Thatcher – e realmente me pareço um pouco com ela –, foi como uma atuação: 'Coloque um pouco de dúvida em seus olhos e você vai se parecer com Thatcher.' E é verdade."

"As músicas de Johnny Rotten eram realmente inteligentes, não eram?", diz Vivienne enquanto estou fazendo as malas um dia, e ela começa a sussurrar. "*Sem futuro. Seu sonho futuro é um projeto de compras*. Temos que parar de educar as pessoas para ser consumidoras e educá-las para serem capazes de pensar com suas próprias mentes, como Noreena Hertz diz em seus livros: você pode olhar para a economia partindo do *outro* lado, das pessoas que ela anula. Era disso que se tratava o punk."

worlds
end
McLAREN
WESTWOOD
BORN IN ENGLAND

THURLEIGH COURT

Não há inimigo mais sombrio da boa arte
do que um carrinho de bebê na entrada.
CYRIL CONNOLLY
The Charlock's Shade

Tive muita sorte de ter filhos. Conhecê-los foi uma das melhores
coisas que me aconteceu. Tenho orgulho dos meus meninos –
eles nunca desprezaram ninguém. A melhor coisa que se pode
fazer pelas crianças, creio eu, é dar ideais a elas.
VIVIENNE WESTWOOD

Vire à esquerda saindo da estação de metrô de Clapham South, onde Sid Vicious e Johnny Rotten se demoravam esperando por Malcolm, e pela Common depois de onde a vovó Rose morava, e você chega a um prédio baixo e bege estilo art déco. Thurleigh Court, na Nightingale Lane. Há uma janela larga de sacada no primeiro andar que dava para um carvalho perene e para um espaço livre. E atrás dessa janela fica o "cômodo da frente" onde Vivienne morou e trabalhou, criou modelos e costurou por mais de trinta anos.

Thurleigh Court não tem uma plaquinha azul,* mas, sem dúvida, algum dia vai ter. É um dos endereços seminais de Londres porque é onde o punk foi feito, quase literalmente, em uma máquina de costura Singer, e onde Vivienne e Malcolm moraram, brigaram, se separaram, ficaram juntos de novo, e concordaram, em uma noite de inverno,

* Em Londres, placas azuis são dispostas em lugares onde pessoas eminentes viveram. A primeira foi colocada em 1867, marcando a residência de Lord Byron. De lá para cá, são mais de 870 placas só em Londres, e muitas outras por toda a Inglaterra. (N. do E.)

que ele seguiria seu caminho em direção à música e a Hollywood e ela seguiria o dela na moda. É onde os termos contratuais dos Sex Pistols foram gritados por um telefone de baquelite, onde as camisetas de "Marilyn" e de "Anarquia" foram pintadas à mão e reproduzidas em estêncil, e onde Ben e Joe foram criados. E é onde, sem dúvida, Vivienne ainda estaria morando não fosse pela razoável falta de inclinação de seu jovem marido de viver para sempre à sombra de seu passado. "Para começar, as roupas eram muito feitas à mão, é verdade, e eram feitas basicamente lá. Quando Malcolm encontrou aquele apartamento para nós, pareceu uma dádiva divina. O zelador era adorável e nos deu um desconto no aluguel porque o apartamento tinha sido detonado por uns hippies que pintaram todas as pilastras de vermelho. Então o conseguimos bem barato, seis libras por semana, e Malcolm o pintou de preto."

A casa no número 10 agora é cuidada por um amigo íntimo de Vivienne, Louie McManus, antigo traficante de drogas na parte sul de Londres que se tornou um artista plástico. Seus quadros, pintados dentro e fora da prisão, estão dispostos pelo apartamento apertado e sua reabilitação pela arte tem sido apoiada por Vivienne, Joe e Ben. Há muito tempo, ele se interessou de forma protetora e paternal pelos meninos e agora é parte da família, e o curador ideal e guia para esse lugar cultural incomum, ainda pintado com as cores que Malcolm e Vivienne escolheram, ainda lotado com arte, projetos pela metade e os detritos coloridos de vidas caóticas e criativas. Um longo corredor interno mal iluminado liga dois quartos pequenos, uma cozinha americana e um banheiro, ainda com os azulejos como quando Rose e Malcolm o encontraram e, na parte de fora dele, uma varandinha onde Vivienne secava as roupas que pintava numa enorme panela mantida para esse propósito na cozinha. O grande "cômodo da frente" com a janela de sacada, na verdade na parte de trás, era onde Vivienne dormia e costurava. As janelas foram consertadas há bastante tempo, depois que jogaram tijolos no furor do ápice do punk, mas o cerco de Thurleigh Court

Joe Corré, Malcolm McLaren e Vivienne em Thurleigh Court.

depois da entrevista com Grundy continua sendo a memória mais evidente de Joe quando tinha 10 anos:

"A memória mais estranha que tenho é de ficar trancado no apartamento por uma semana, sem poder sair. Era como se de repente meus pais fossem o Inimigo Público Número Um... espiar pela janela e ver todas aquelas crianças com quem eu brincava – paquistaneses, indianos da Costa Ocidental, chineses – e eles estavam rindo com racistas. Eles achavam que era engraçado a gente ter as janelas esmigalhadas. Foi quando mudei. Depois daquilo fiquei bem mais cuidadoso com quem eram meus companheiros, quem eram meus verdadeiros amigos."

Os mesmos anos que testemunharam Vivienne plantar as sementes da fama internacional e de um império da moda também a viram criando dois meninos, em grande parte sozinha, em Thurleigh Court. Sua vida como uma mãe que trabalhava é um lado não muito contado de sua história, em parte porque, como disse recentemente Shami Chakrabarti da Liberty:* "Vivienne é uma feminista *prática*. Ela segue em frente. Ela não martela no fato de que talvez, por ser mulher, tenha sido um pouco complicado." É uma parte não glorificada e intrigante de sua imagem também que naqueles anos em que ela andava a passos largos pela King's Road de látex e batom roxo, ou além disso os anos que se equilibrava em sapatos plataforma e espartilhos, ela também estivesse controlando como ia a escola em parte do tempo ou lidando com filhos adolescentes nada inclinados a andar do mesmo lado da calçada que ela. De qualquer forma, muitos dos admiradores e também dos detratores de Vivienne ficam intrigados que ela pareça ter lidado com tudo isso, e balanceado as exigências conflitantes da carreira, de ser uma mulher na moda e da maternidade, e ter saído do outro lado com dois filhos ajustados e bem-sucedidos que claramente a adoram. "De jeito nenhum", protesta ela. "Eu não era uma boa mãe. Eu pensava comigo mesma, o melhor que posso fazer por meus filhos são as ideias que tenho, o que sei, o que aprendo, então não me concentrei na vida em família. Não fiz o que as outras mães fazem. Negligenciei meus filhos porque tinha que fazer certas coisas, o que significou que não pude estar presente para eles. Para fazer 'moda', porque, naquela época, eu achava que a moda era um tipo de cruzada. Na época do punk pareceu ser. Precisávamos mostrar ao mundo que éramos sérios. Agora, como mãe e avó, eu me arrependo daquilo. Não balanceei direito. Mas estava fazendo o melhor que podia, na minha visão, naquela época."

Os meninos de Vivienne discordam veementemente. "Se eu tive uma infância feliz? Sim", afirma Ben. "O negócio é que nós não apenas

* Conselho Nacional para as Liberdades Civis. (N. das T.)

a amávamos, Joe e eu, nós *gostávamos* dela." "Com o punk, por exemplo", comenta Joe, "eu simplesmente me sentia parte dele, no meio daquilo o tempo todo, na verdade. Eu realmente gostava das garotas da loja, realmente gostava que minha mãe fosse tão diferente, e estava bem feliz de estar no meio daquilo tudo. Não me lembro de alguma vez não estar em meio ao que minha mãe estava fazendo." Ben concorda: "Eu nunca me preocupava e me divertia. A gente nunca parecia ter dinheiro, mas a mamãe deixava tudo divertido. Todas aquelas pessoas trabalhando na casa e todas aquelas máquinas de costura e Hells Angels vindo experimentar roupas de couro. Eu amava aquilo. Havia muito apoio do resto da família vindo dos meus avós maternos. Joe e eu passávamos bastante tempo com eles desde bem pequenos. Mas aí é que está, eu me lembro de uma vez que tinha cerca de 9 anos e estava ficando na casa de papai, mas falei com ela ao telefone e ela organizou para vir me ver um dia e esperei no final de uma estrada grande e longa. Então a avistei vindo, cerca de um quilômetro e meio de distância. Estávamos na cidade de Luton, a Terra do Plástico. Posso vê-la agora, com seu cabelo descolorido e espetado, e só pensei: 'Uau. Minha mãe é demais. Ela tem um visual diferente de todo mundo neste maldito lugar'. E simplesmente a amei."

"Eu não teria conseguido lidar com tudo sem os meus pais", afirma Vivienne, "eles eram maravilhosos. E assim: caixas de tachas e alicates, rolos de tecido e estampas pelos cantos, tesouras e amostras, e todo dia uma costureira irlandesa casada com um turco, Anne Alli, vinha e ajudava. Sid Green passava lá, bem como o sr. Mintos, o alfaiate, e Red Baron, um motociclista, e estariam lá os trabalhadores com couro escandinavos, e era assim que acontecia para os meninos."

Quando os garotos se mudaram para Thurleigh Court, Ben tinha 6 anos e Joe tinha 2. O longo corredor ficou repleto com a algazarra das crianças e, à medida que os anos se passaram, da parafernália da obsessão compartilhada deles por bicicletas. Vivienne era e permanece uma força criativa tagarela, acumulando tecidos, recortes de jornal, trabalhos artísticos ou livros que possam inspirá-la. Aquilo deixava Malcolm louco, e algumas vezes ameaçava inundar Thurleigh Court, já que cada cama e todas as superfícies eram recrutadas a serviço do design ou do conserto de bicicletas. "Mamãe realmente precisava de espaço para criar", diz Ben. "Ela tinha aquela atitude, sabe, 'Vai lá fora brincar, estou ocupada'; ela estava fazendo algo o tempo todo. Mas isso é inspirador, de certa forma, para uma criança; no fim, *era* interessante."

"Nenhum deles nos impunha nenhuma censura de nada daquilo", recorda Joe. "Eu me lembro de uma vez, deve ter sido na era da SEX, em que Malcolm chegou com uns pesos de bolas que são para prender nos testículos e então levantar do chão, e eu me lembro que ele mostrou para mim e para Ben e a gente estava se acabando de rir com Malcolm os experimentando em casa. E todos nós ficamos simplesmente histéricos, mamãe também."

Havia uma atitude de criação livre nos cuidados paternais e maternais que refletia um pouco da própria educação de Vivienne em Derbyshire, mas seria condenável para os pais modernos da cidade. "Fomos criados para ser muito aventureiros", recorda Joe, "fora de casa o tempo todo. Como viajantes. Ben e eu estávamos indo sozinhos para a França quando tínhamos entre 10 e 12 anos acampar na praia. Quando chegava o verão, se não estivéssemos na casa de Dora, Malcolm estava sempre falando 'Podem sair agora' ou mais tipo 'São as férias de verão – tire essas porras dessas crianças da porra dessa casa'. A primeira vez em que saímos por conta própria, acho que eu tinha uns 9 anos, fomos de bicicleta até Devon, para onde nossos avós tinham se mudado após se aposentarem. Foi ideia de Malcolm. Foi totalmente aceita e lá fomos nós. Malcolm nos dissera que tínhamos que fazer aquilo e acho que levou uns dez dias para chegarmos a Devon de bicicleta. Levamos uma barraca. E ninguém nos parou, e lá fomos nós, com tudo nas costas. No ano seguinte, levamos a metade do tempo porque aí já sabíamos um pouco melhor o que estávamos fazendo. Então nossa infância foi muito livre, ou pelo menos as férias, de qualquer forma."

Na verdade, Vivienne faz questão de dizer, em sua defesa, que eram outros tempos, e que Dora e Gordon ficaram suficientemente impressionados com a ideia para fazer uma bandeira quadriculada para saudar os netos na chegada. Apenas na primeira noite, um casal preocupado que encontrou os meninos ligou para verificar se a história deles era verdadeira e se não estavam fugindo.

Dora e Gordon, entretanto, chamados a participar como avós, algumas vezes criticavam o modo de criação de Vivienne. "Não criticavam o bastante para achar que as autoridades deveriam ser envolvidas", conta Ben, "mas quase. Eles odiavam o punk e odiavam Malcolm. Discordavam de coisas que mamãe fazia, mas a apoiavam totalmente. Havia as coisas comuns entre pais e avós, como Joe vestido com roupas de couro e com uma camiseta escrito 'Killer Rocks' e vovó dizia, 'Não vou sair com você esta noite para o clube da Força Aérea Real vestido dessa forma'. E é óbvio que Dora e Gordon não gostavam de Malcolm. Eles achavam que era chocante o que mamãe estava fazendo, sabe, colocando alfinetes de segurança no lábio da rainha e a palavra 'foda-se' que era muito comum entre Malcolm e mamãe, e meu avô dizia, 'Estou realmente chocado com isso, Vivienne, sabe, realmente, que você use um linguajar desses e permita que seus meninos usem', mas isso não era nada comparado ao apoio dela ao IRA. Vovô ficou muito, muito chocado com aquilo. Então, em certo sentido, nada parecia tão ruim depois disso. Ele não viveu para ver o enorme sucesso de mamãe. Ele só queria que ela ganhasse algum dinheiro!"

"Nunca tivemos Natal por lá", acrescenta Joe. "A única data que celebrávamos em nossa casa era a Bonfire Night [Noite da Fogueira].* Essa era a grande comemoração. Por semanas e semanas antes da Bonfire Night, Ben e eu pedíamos dinheiro na estação de Clapham South, em todos os horários à noite. Conseguíamos bastante dinheiro. Fazía-

* Tradição que relembra com fogueiras e fogos de artifício a noite em que o rebelde Guy Fawkes tentou explodir o Parlamento, em 1605, em protesto contra o rei James I, que perseguia os católicos. Comemorada, na Grã-Bretanha, em 5 de novembro. (N. das T.)

mos fogueiras enormes. E jogávamos estalinhos nas caixas de correio das pessoas e fogos de artifício uns nos outros. Faz sentido, na verdade; para a nossa família esse era o grande acontecimento: o feriado do caos. Aniversários, ninguém ligava muito. Apesar de me lembrar que a vovó Dora sempre se lembrava dos nossos aniversários e algumas vezes até mandava entregar um bolo para Ben ou para mim – sabendo que era improvável que mamãe ou Malcolm se lembrassem. Dora fazia ótimos bolos."

As noites de fogueira se tornaram lendárias e a data, se não o lugar, permanece fixa no calendário de trabalho de Vivienne, com uma festa anual. Seu amigo Robert Pinnock se lembra, entretanto, que, nos anos de Thurleigh Court, a noite acabava em danças e música selvagens. "Sabe, Elvis, esse tipo de coisa, e Vivienne bebendo uísque e dançando – Jameson era com ela mesmo, e dançar até o amanhecer..."

Tanto no caso de Ben quanto no de Joe, o colégio interno foi cogitado logo que as exigências das carreiras paralelas de seus pais, com os Sex Pistols e a Seditionaries, significaram que não seria possível contar muito com Malcolm e Vivienne em Thurleigh Court. Apesar de ser crítica do establishment, e antiga anarquista, Vivienne abraçou calorosamente a ideia de uma educação privada em colégio interno para seus filhos, talvez por um amor ao aprendizado puro, mas também como uma solução prática à sua falida parceria pessoal e profissional. O que se provou totalmente desastroso.

"Logo que chegamos a Thurleigh Court, minha mãe me perguntou se eu estaria interessado em ir para o colégio interno ou ir morar com meu pai por um tempo", recorda-se Ben. "Eu não tinha particularmente nada contra isso e ela disse que seria conveniente para ela. E para Malcolm, imagino. Então achei, com 8 anos, que estava ajudando minha mãe. Derek estava morando em Luton com sua segunda esposa. Voltei depois de um ano e meio morando com meu pai, e então mamãe e Malcolm me mandaram para o colégio interno por dois anos e meio. Em dias de visita, mamãe costumava aparecer. Não com Malcolm, mas

Vivienne em casa em Thurleigh Court, fotografada por seu filho Ben Westwood.

com Gene Krell, todo vestido de preto com um cabelo ondulado e longo preto e uns vinte anéis nos dedos, e mamãe com seu cabelo descolorido espetado. Eu me lembro que ela ia com seu cabelo e uma minissaia de látex, e meus colegas me falavam o quanto fantasiavam depois que ela ia embora. E uma vez ela veio até a escola com Chrissie Hynde – ela não era famosa na época, mas era muito sexy, e meus colegas também gostaram dela."

Para Joe, também, é a experiência do colégio interno que ele cita como a falha dos cuidados paternais e maternais de Vivienne e Malcolm, e mesmo nisso ele é otimista e pronto a perdoar. "O colégio interno foi um trauma porque fui para lá com 5 ou 6 anos. Malcolm tentou me convencer de que ia ser uma grande aventura fantástica, mas acabei naquele lugar e era como a porra de uma casa de horrores: eles colocavam sabão na sua boca. E, bem, depois disso, nada mais me aborrecia. Não guardo mágoa. Eu sabia que mamãe e Malcolm estavam tentando fazer o melhor. E sabia que tínhamos nossos avós para as férias, por exemplo, o que era ótimo. Eu também gostava de ficar à toa em Clapham e tal. Mas o internato me afetou muito profundamente. Era um lugar cruel, apesar de não achar que mamãe e Malcolm tivessem intenções cruéis. E na primeira visita em que foram me ver naquele lugar, perceberam e me tiraram de lá, e então me botaram em outro, que na verdade era bem melhor. Eu apenas ia de uma escola a outra. Elas nunca duraram muito. Sempre tive a impressão de que mamãe e Malcolm me colocavam nesses colégios internos sem nunca ter intenção de pagar. Lembro-me de ser chamado regularmente à tesouraria e do tesoureiro dizer: 'Seus pais não pagaram. Eles vão pagar?' E no fim aquilo simplesmente se tornou uma rotina à qual me acostumei, primeiro trimestre, escola nova, então na metade do segundo semestre a chamada à tesouraria a respeito do pagamento do primeiro trimestre. Fim do segundo trimestre: duas contas não pagas. Fim do terceiro trimestre: mudança para uma nova escola. Agora minha mãe diz que eles sempre pagavam, e Malcolm dizia que ele pagava, mas não pagava."

O casal, uma vez descrito como Bonnie e Clyde da moda, só teve um incidente de verdade de fuga de casa (Vivienne dirigia; Malcolm nunca aprendeu). Eles chegaram a uma das escolas de Joe, com Ben já a bordo, o encontraram na entrada, gritaram "Entre no carro" e saíram em disparada. Malcolm uivava de tanto rir com a emoção subversiva daquilo tudo enquanto os meninos se escondiam de vergonha no banco de trás. Mais tarde Vivienne pagou o que devia, e além disso afirma que os meninos não lembravam direito da simples questão de Michael Collins estar roubando o dinheiro dela; ela estava sem dinheiro e algumas vezes atrasava pagamentos. "E ele era muito, muito gentil, aquele diretor da St Christopher em Letchworth. Ambos estiveram por lá em algum momento, e estávamos atrasados com os pagamentos, mas ele era muito gentil a respeito."

Previsivelmente, talvez, a questão memorável de crescer como filhos de Vivienne Westwood tivesse menos a ver com fugir ou não da escola, do que com lidar com a posição de destaque cada vez maior dela e sua aparência surpreendente. A maioria dos adolescentes se rebela contra a maneira dos pais se vestirem e com seu senso de decoro, mas quando sua mãe está na vanguarda de gosto extremo, isso apresenta seus próprios desafios em se ter 14 anos. "Sua mãe o veste quando você é uma criança, eu realmente nem pensava em roupas quando estava crescendo", recorda-se Joe, "mas de fato me lembro de sair com uma garotada em Clapham e deles todos de repente apontando para mim e rindo. E eu simplesmente não conseguia entender. Eu estava com uma coisa pregueada semitransparente que mamãe tinha feito e tinha uma foto 'mulherzinha' de uma pin-up pornô leve no bolso. Era uma das camisas da SEX, mas só lembro que realmente gostava por causa do jeito que me sentia com ela. Então, quando finalmente percebi que eles estavam rindo das minhas roupas, apenas pensei, bom, isso é uma idiotice. Por que alguém riria das roupas dos outros? Mas quando saíamos com mamãe, até para fazer compras, meu irmão passou por uma fase de se esconder atrás de árvores. Quase cem metros atrás. Ele estava passando pela puberdade e morria de vergonha. Eu era mais novo, não dava a mínima, e adorava que ela também não desse. Ben era diferente, ou um tanto punk, e tudo aconteceu num momento diferente para ele – ele é quatro anos mais velho que eu, então estava começando a ficar preocupado a respeito de seu visual e todo o tipo de angústia adolescente e tudo o mais. Também passei por isso, mas depois. Quero dizer, houve algumas porras de umas roupas vergonhosas em alguns momentos. E eu ia para escolas novas o tempo todo e, no fim, pensei, quer saber? Preciso comprar umas roupas mais caretas; preciso ter umas roupas normais e não algo superultrajante feito por minha mãe. Não quero ir a outra escola nova e ser o porra-louca roqueiro punk. Acho que eu gostava de coisas de piratas àquela altura, começo dos anos 1980, então lembro de ir a Marks & Spencers e comprar coisas totalmente quadradas que teriam assustado minha mãe. Mas falando de forma geral, eu diria que sempre gostei muito do que ela fez."

Nenhum dos meninos se destacou no sistema escolar, talvez sem surpresa, e Vivienne os importuna até hoje – com a filha de Joe, Cora, sua única neta – a respeito da leitura. "Desde bem pequeno", recorda-se Vivienne, "Joe assumiu a responsabilidade de ser o chefe da casa. Era o jeito dele, mesmo quando criança." Ficou claro com ambos os meninos que a educação escolar ortodoxa podia não ser apropriada, e depois que Ben fugiu de uma escola e antes que outra pudesse ser encontrada, Vivienne se viu novamente ensinando em casa. "Não fui à escola por seis meses inteiros", lembra-se Ben, "e mamãe me mandava para um museu diferente de Londres todos os dias, o que eu adorava fazer, mas ela deveria estar nos ensinando – ela tinha permissão, legalmente, porque era uma professora. Então, depois que decidi de quais museus eu gostava, passei três meses no Museu de História Natural e três meses no Museu da Ciência. Todo dia. Eu não ia ao Victoria & Albert ou aos museus de arte. É claro que a pior parte disso no começo foi ela me dando aulas em casa. Ela meio que dava algo muito difícil para fazer e apenas me deixava no quarto. Depois voltava, após horas produzindo algo. Então, ela desistiu daquilo e me mandou aos museus."

A trindade de Vivienne e seus dois filhos se tornou familiar pelos recortes de imprensa e cobertura de notícias ao longo dos anos: em eventos de moda e desfiles de passarela em Paris, e posando orgulhosamente do lado de fora do palácio de Buckingham quando Vivienne recebeu sua primeira OBE* e mais tarde sua DBE (mais a esse respeito à frente). Eles têm muito orgulho uns dos outros, e são afetuosos. Seus filhos são fisicamente muito diferentes um do outro e em temperamento, com traços, talvez, de seus respectivos pais. Ben tem um sorriso fácil, uma presença gentil e calma; Joe é um homem inquieto e alerta, de voz alta e obstinado. Mas seu amor como irmãos é tão evidente e frequentemente declarado quanto sua admiração pela mãe, seu orgulho por ela e seu desejo protetor de repetir constantemente que não importa o quão bizarra tenha sido a criação deles, "foi a melhor, para Joe e para mim – eu não gostaria de ter mudado nada". Dada a força de seu relacionamento, a tradição de família por trás de Vivienne e a indecisão de Ben e Joe quando eram jovens a respeito do que fazer da vida, talvez fosse inevitável que eles acabassem ajudando "na loja". É um padrão que tem permanecido. "Meu envolvimento pessoal com a loja começou nos anos 1980", conta Ben, "quando eu era adolescente. Mamãe estava fazendo as coleções 'Punção' [Punkature] e 'Bruxas' [Witches]; seus primeiros desfiles em Paris. Então eu fui. Trabalhei para minha mãe, principalmente com Tom Binns, que mergulhava pedaços de metal em amônia para deixá-los verdes, acetato de cobre – tampinhas de refrigerante oxidadas com amônia. Tudo aquilo. E depois indo aos tintureiros em Clapham Common para tingir toda aquela lã. Eu me lembro de fazer a camiseta 'Foda sua mãe punk e não fuja' e meio que pensar 'isso é estranho'. Mas algumas vezes parecia que eu estava devidamente envolvido: lembro-me que mamãe ficou interessada em *Blade Runner*, e, tendo 19 anos, eu era um verdadeiro fã de ficção científica, então a levei à loja Forbidden Planet. E curiosamente, a Forbidden Pla-

* OBE e DBE são ordens do Império Britânico concedidas por serviços prestados ao Reino Unido. (N. das T.)

net era dirigida por Alan Jones na época, que tinha trabalhado para mamãe na Let It Rock e fora a primeira pessoa a ser presa usando a camiseta 'Caubóis' (nus). Então, mamãe e ele bateram um belo papo sobre os velhos tempos – o que foi legal da parte dele, já que ela não tinha aparecido no tribunal para ajudar, pelo que me lembro da história – e ele nos deu uma porção de fotografias de *Blade Runner* de graça."

Para Joe, Ben e Vivienne, Thurleigh Court representa os anos punk assim como a infância dos meninos. É parte do que faz ambos os garotos nostálgicos de forma feroz em relação ao punk, por tudo que seus respectivos gostos pela alfaiataria os levaram em muitas outras direções desde então. O cadinho de criatividade que era a casa número 10 de Thurleigh Court também era uma lição em família, em sua habilidade de ser tanto um conforto quanto uma ameaça à individualidade. "Lá por 1985, o punk estava em todos os lugares. Estava em Teignmouth, Devon, porra, onde Dora e Gordon moravam àquela altura." Para os meninos, a sensação era de que algo que estava no cerne da parceria e do relacionamento destrutivo de seus pais tinha ficado muito público; então, para eles, o punk só pode significar os anos loucos em Thurleigh Court e uma ideia de futuro que nunca realmente aconteceu. "No momento em que o punk começou a se espalhar, ele já tinha morrido", diz Ben. "Morreu com a separação dos Sex Pistols porque aquele era o grande lado político de qualquer coisa. Mas o lado político dele morreu quando Malcolm mudou e quando mamãe e ele mudaram seus focos para outras coisas, basicamente. Foram eles que começaram e terminaram o punk e isso é tudo que se pode dizer a respeito do punk."

Vivienne, como todos os pais, tem seus arrependimentos. Ela é extremamente próxima de Joe e Ben, e o padrão estabelecido no final da adolescência de trabalho deles, quando a necessidade apareceu, para e com sua mãe, continua no lugar. Ben tem sua própria linha de roupas vendida pela loja em Worlds End, cujo site ele também gerencia. Fotógrafo talentoso e respeitado, contribuiu com trabalho para este livro e para muitas outras publicações sobre sua mãe. Joe ajudou a salvar

Vivienne, começo dos anos 1980.

o negócio depois do fiasco da separação de sua mãe de Malcolm e hoje tem uma carreira semelhante na moda, sendo um dos cofundadores da empresa de lingeries Agent Provocateur com Serena Rees, assim como dirige as linhas de roupas Jack Sheppard e Child of the Jago. Vivienne afirma que "aprova profundamente"; ela e os filhos continuam ligados ao negócio da moda e assim continua como era em Thurleigh Court, um assunto de família. Mas Vivienne se relaciona com as pessoas ao seu redor por e com seu trabalho e sua criatividade. A *ideia* de maternidade, ou, no caso, de ser avó, é talvez mais evidente para ela do que a realidade. Em sua Árvore da Vida – um pictograma publicado na fundação de sua campanha Revolução do Clima, em 2009 – "maternidade" e duas crianças são muito importantes. "Nossos pais são GAIA, a Terra Mãe, e a ciência", escreve ela, e seus filhos são "o mundo melhor no qual podemos criar – se pararmos e escutarmos nossos pais antes que seja tarde demais... a estabilidade é necessária – conforto e libertação da preocupação e do sofrimento, só aí poderemos nos render aos nossos instintos mais elevados, instintos que nos definem como humanos... Esse é nosso mundo... é por isso que o amante da arte é um guerreiro da liberdade por um mundo melhor". E, ela poderia ter acrescentado, que faz uma mãe melhor.

Enquanto Ben passeia com o cachorro de Dora, Jackie Onassis, num parque de Londres perto de Thurleigh Court comigo, ele se recusa a achar que Vivienne poderia ter sido mãe de alguma outra forma. Enquanto um avião acima ameaça abafar sua voz suave, ele me conta esta história:

"Eu me lembro de quando tinha ido morar com meu pai por um tempo e as coisas estavam realmente ruins, muito ruins, com mamãe e Malcolm – e Derek me deu meu próprio quarto. Ele o decorou com fotos enquadradas de aviões da revista *Flight*, e fez um ótimo trabalho. Ele era um pai excelente. E quando voltei para a mamãe, o beliche em que Joe e eu dormíamos estava completamente lotado de tecidos. O quarto estava cheio de caixas. E lá estava mamãe nessa caverna de caixas, completamente enterrada em rolos de tecidos e coisas com uma lâmpada de 40 watts ao lado da máquina de costura e ela olha para cima e fala, 'Não tive tempo de limpar seu quarto nem nada. Desculpe'. E eu comecei a chorar. Mas estava tudo bem; era um tipo de choro feliz porque ela sentou comigo, costurando, e disse que estava muito feliz, e dava para ver que ela estava. E aquilo me deixou tão feliz, vê-la fazendo o que gostava. E então ela disse que também estava muito feliz por me ter de volta."

worlds end
McLAREN
WESTWOOD
BORN IN ENGLAND
Vivienne Westwood
& Malcolm McLaren
invite
GRACE CODDINGTON
to the
Worlds End Collection
Autumn-Winter 81 Show
at the Pillar Hall Olympia
12.30 for 1.00pm
Tuesday 31st March
R.S.V.P.
Marysia Woroniecka
89 Marylebone High Street
London W1
Tel: 01-486 3251

PRINCESA PIRATA

Vivienne, naquele tempo era como
uma granada com o pino puxado.
CARLO D'AMARIO
CEO e antigo namorado de Vivienne Westwood

Deixe tudo comigo. Eu lucro para você. Junte-se a mim
e você pode ganhar uma parte da minha recompensa.
Meu nome é Progresso... Quase não há mais ninguém
hoje em dia que acredite num mundo melhor.
Qual é o futuro de lucro infinito num mundo finito?
"O Pirata" e "Resistência Ativa"
em *Resistência Ativa à Propaganda* [*Active Resistance to Propaganda*],
de Vivienne Westwood

"A razão de ter me tornado uma estilista se conecta, na verdade, com a necessidade de simplesmente levantar e continuar com aquilo. Eu tinha começado a ajudar Malcolm apenas porque podia. Mas então chegou um ponto com os Sex Pistols, e Sid tinha morrido, em que tudo tinha que mudar. A banda tinha parado, o aluguel foi aumentado em nossa lojinha em World's End e eu realmente tinha que tomar uma decisão de continuar ou não. Eu podia ter desistido. Àquela altura eu estava perdendo muito dinheiro na loja – o que não sabia na época era que o motivo era o gerente da loja, que estava roubando tudo por causa de seu vício em drogas. Foi um grande problema para mim. E, nesse meio-tempo, as coisas desmoronaram completamente com Malcolm. Então, Malcolm começou aquilo para mim, desenhando, mas depois acabei fazendo sozinha. Na coleção 'Piratas' [Pirates], eu fiz *tudo*, eu conhecia cada peça de roupa como se fosse minha própria filha porque tomei *cada decisão em relação a todas elas*. Já não faço isso hoje em dia."

Em 1979, o governo conservador de Margaret Thatcher ganhou com a maioria esmagadora dos votos. Ele ascendeu ao poder em uma abundância de ideais contraditórios, misturando a nostalgia por supostos valores dos tempos de guerra – autoconfiança e retidão moral – a uma desconfiança declarada dos pobres e desvalidos. O partido conservador de "Uma Nação" foi entregue aos legisladores a favor da economia radical de livre mercado e de uma afirmação de que não havia algo como a sociedade, apenas o indivíduo e, para alguns, a família. Quando lady Diana Spencer estava acelerando o passo com o herdeiro do trono, a moda britânica também estava se agarrando a um caso de amor pleno com o passado, e na verdade com o passado monarquista, que veio bem a calhar no que Vivienne trabalhou depois do punk. O país parecia estar se reinventando, para o bem ou para o mal, e assim também fez Vivienne. Mas o final dos anos 1970 e o começo dos 1980 foram mais, para ela, do que a transição de proprietária de butique punk a guru da moda *mainstream*. Também foram os anos que testemunharam sua separação definitiva de Malcolm e sua apropriação do total controle criativo como estilista. "Tudo por meio dos Sex Pistols e do punk rock, eu nunca tinha pensado em mim como estilista." Depois disso, ela pensou.

"Aconteceu o seguinte. Quando os Sex Pistols se separaram, nós fechamos a loja (Seditionaries). O aluguel aumentou e eu tinha que tomar uma decisão de continuar ou não. Disse a Malcolm, 'Ou eu te ajudo no negócio da música ou você me ajuda na moda', e ele respondeu, 'Sempre a moda'. Malcolm me disse para onde olhar; ele falou, 'Deve ser romântico'. Fiquei chocada: era a última coisa que eu esperava que viesse dele. Quando as pessoas me perguntaram o que faríamos em seguida, comentava que seria 'romântico'. Pouco depois, essas pessoas de repente estavam se chamando de Novos Românticos. Estavam comprando figurinos de peças teatrais em liquidação da Fox. Um deles tinha um visual realmente descolado – Jeremy Healy, o DJ, que era

A coleção "Pirata" e a estampa de Westwood que se tornou um ícone.

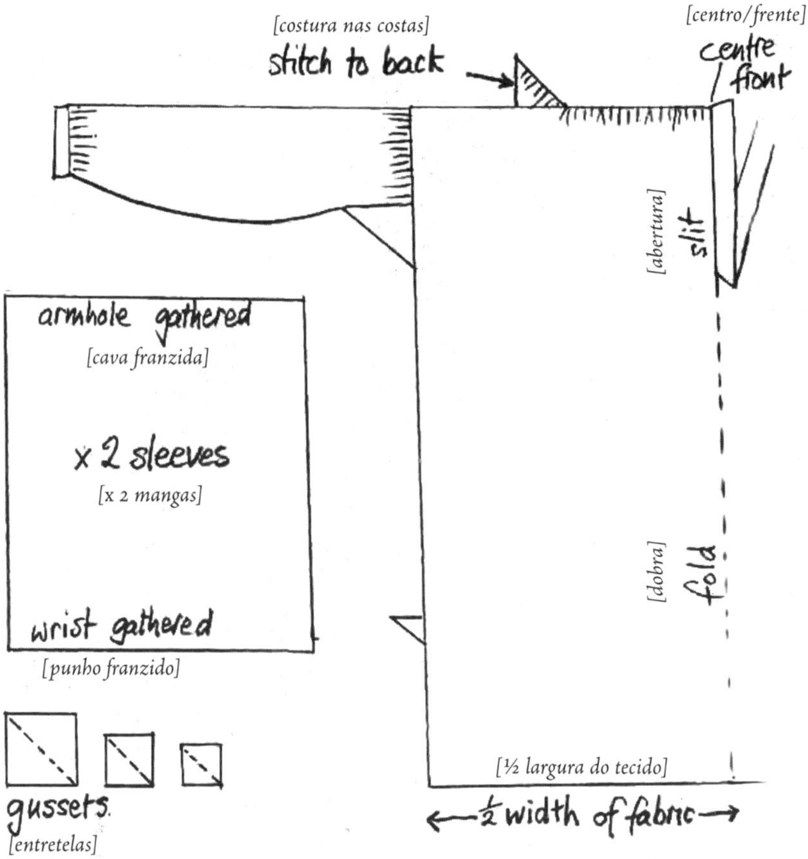

Traditional shirt based on rectangles + using full width of fabric (c36") The gussets give 3 dimension e.g. the Shoulder gusset opens up the neck + it becomes round so you don't need to cut it round. A slit filled with a gusset opens up the fabric + gives volume – you can also use them to make a flared skirt for example.

[Blusa tradicional em retângulos e usando largura total do tecido (36cm). As entretelas dão terceira dimensão i.e a entretela do ombro abre a gola e a torna redonda sem que precise cortá-la redonda. Uma abertura forrada com entretela abre o tecido e dá volume. Você pode usá-la também para fazer uma saia evasé por exemplo.]

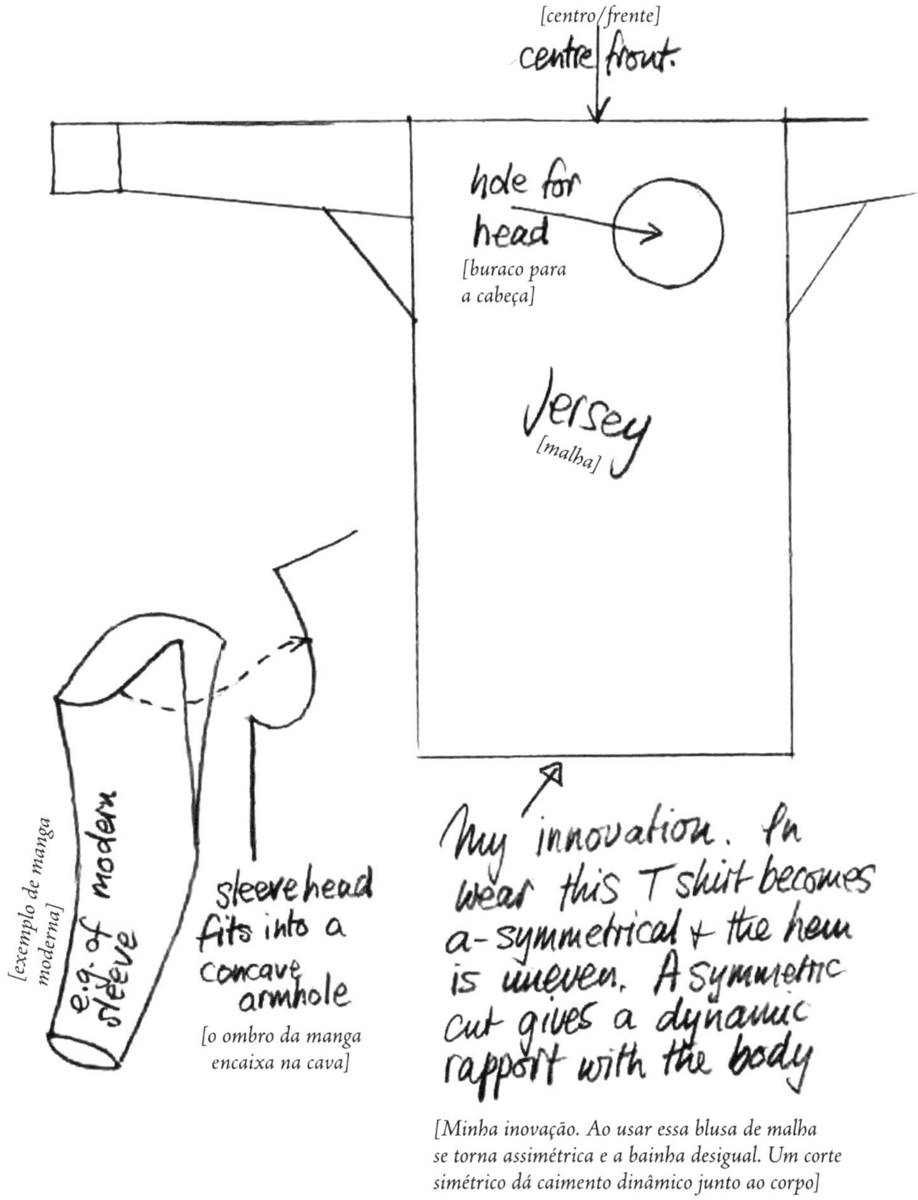

Vivienne explica sua técnica de corte, histórica e revolucionária.

muito bonito e magro. Ele descoloria, depois pintava o cabelo de cinza e o prendia numa trança. Parecia o libertino da série de pinturas de Hogarth, 'O progresso do libertino' [*Rake's Progress*]. Acho que ele, na realidade, começou a coisa toda e que Malcolm pensou em 'romântico' ao olhar para ele. Pouco depois, Jeremy mudou seu visual para sem-teto/vagabundo. Pensei, 'OK, isso é o que outros estilistas fazem'. Então, comprei um livro sobre história da moda para mim.

"Enquanto isso, Adam Ant pediu a Malcolm para empresariá-lo e à sua banda, The Ants. A primeira coisa que Malcolm fez foi se livrar de Adam e procurar outra vocalista, e no fim encontrou a jovem Annabella, que trabalhava numa lavanderia, e a banda se transformou em Bow Wow Wow.

"O visual que me atraía – e descobri que isso também acontece com os alunos a quem ensinei – eram o vestido, as pinturas e as gravuras da Revolução Francesa, da *jeunesse dorée*, como a moda *Les Incroyables et Merveilleuses*. Eles usavam suas perucas e casacas ao contrário, e uma fita vermelha amarrada à garganta em memória do Terror e da guilhotina, e as Merveilleuses cortavam os cabelos num estilo chamado '*à la victime*' e se vestiam com longos pedaços de musselina amarrados sob o busto, que molhavam para que ficassem grudados – tentando se parecer com estátuas gregas. Incluí esse vestido na coleção 'Piratas' e Malcolm me fez pintar um capacete nazista para usar com ele em vez de um grego. No entanto, o penteado principal da coleção era cortado ao redor exatamente como aquele de 'Rod the Mod' Stewart, e as sobrecasacas do século XVIII com seus ombros estreitos estavam muito perto das modas da época dos anos 1970.

"Malcolm apenas não estava por perto. Ele tinha ficado interessado em mixar música – fazer música a partir da música dos outros: piratear. Ele queria que eu conseguisse um visual pirata, então voltei na história para a sensação de mosqueteiro das peças de roupa do século XVII. Copiei alguns dos cortes históricos tão precisamente quanto pude, ficando encantada com minhas descobertas, e sempre tentava capturar o epítome da casaca daquele período, digamos, ou dos calções até a altura dos joelhos. Sou a única estilista que tentou fazer isso. Inevitavelmente, você adapta as estampas, as enfeita e/ou simplifica, de acordo com o que espera. Havia uma ou duas ideias inspiradas em tribos, no Terceiro Mundo e estampas de alforjes pintados dos índios americanos. Conseguimos produzir a coleção como se os piratas tivessem incorporado ao seu vestuário os artigos exóticos das tribos.

"Comecei a trabalhar na coleção 'Piratas', no fim lançada como uma coleção oportuna no outono/inverno de 1981, usando um padrão de camisas que não fora usado por séculos. Achei que, para fazer o que queria fazer, teria que ir ao museu V&A com uma fita métrica! Mas em vez disso, encontrei e comprei o livro de Norah Waugh, *The Cut of Men's Clothes* [O corte de roupas masculinas]." Era o início de toda uma nova linguagem para Vivienne. Ela fizera referências ao passado antes, mas tinha sido ao passado recente ou a uma ideia de tribalismo. Era como se ela trabalhasse como uma estilista para teatro, criando uma história e um ambiente em que a loja e a música também apareceriam, e isso desse contexto e significado a uma ideia do passado. "Quando fiz a coleção 'Piratas'", diz Vivienne, "eu tinha visto uma gravura de um pirata cuja calça era muito grande e o gancho estava todo amarrotado e eu queria fazer aquilo... queria aquele visual devasso... eles se interessavam [no século XVII] pela sexualidade de uma forma totalmente diferente. E só descobri isso por meio de pesquisa.

"E eu diria que minha confiança cresceu. Tinha que crescer. Eu tinha decidido, bem conscientemente, ser uma estilista oficialmente, fazer um desfile e também olhar para o passado, entrar na história e ser romântica. Era daí que outros estilistas tiravam suas ideias, imaginei que eles iam de férias para o México e conseguiam suas ideias dali. Eu não podia fazer aquilo. Estava falida e tinha dois meninos. Mas podia olhar para o passado em livros, o que acabou sendo romântico. Foi quando comecei a pensar em piratas. Era uma ideia de sair da ilha – essa pequena ilha, esse momento no qual eu estava presa – e embarcar na história e no Terceiro Mundo, tentando descobrir mais a respeito do mundo no qual vivíamos por meio da coleção 'Piratas', em vez de no

Desenho do arquiteto para o relógio da Worlds End.

túnel de Londres, apenas nas ruas com os punks. Era exploração e a Era da Admiração. Essa era a ideia. Dentes de ouro, nada mais de preto e correntes. Se houvesse correntes, então seriam correntes piratas enferrujadas – de estilo 'detonado' e Novo Mundo. A primeira coleção era uma combinação de inspiração de Gerônimo a piratas. Era uma combinação dessas coisas, junto à Revolução Francesa com todas as suas promessas de mudança, sua violência e sensualidade. É um visual que se espalhou por todos os lugares, chegando ao teatro e ao cinema. É possível vê-lo até em *Piratas do Caribe*: Jack Sparrow poderia ter estado na passarela de 'Piratas'."

A loja no número 430 de King's Road foi mantida e remodelada – pela última vez – no espírito de um navio de bucaneiros, com um piso inclinado de deque. Foi rebatizada de "Worlds End", sem o apóstrofo, tanto indicando destino quanto uma declaração de fim do mundo. As treze horas no relógio da Worlds End do lado de fora giraram no sentido anti-horário desde então e a etiqueta da Worlds End na coleção vendida por lá ainda traz um cutelo de pirata e a inscrição "*Born in England*" (Nascido na Inglaterra). A coleção "Piratas" foi posta à venda no número 430 reformado, a Worlds End.

"Piratas" foi a primeira vez de Vivienne em vários sentidos. Foi a primeira vez que a condição de estilista foi concedida a Vivienne e que ela se deu essa condição. Foi a primeira vez que ela foi a uma passarela, no Olympia, no fim de uma coleção de verdade. "Eu estava com um velho suéter cinza da escola e sem maquiagem, quase perdi o desfile, e Malcolm me fez subir ao palco dizendo, 'Eles querem ver você como você é, eles querem ver que você estava *trabalhando*'." Foi a primeira vez que Malcolm conseguiu sincronizar devidamente sua interseção entre moda e música, obtendo patrocínio de tecnólogos de música de ponta da Sony Walkman (!) e exibindo sua banda mais recente, a Bow Wow Wow, nas roupas de pirata de Vivienne. E o museu V&A prontamente comprou uma das roupas. Como John Galliano foi persuadido a dizer, "É impossível pensar nas bandas, na música, e no espírito tanto do punk quanto do novo romantismo sem o trabalho de Vivienne". Seria seu próximo título na posteridade da moda. Boy George estava no desfile, Adam Ant já tinha seguido no caminho do visual pirata Healey/McLaren/Westwood, "e Steve Strange [o promoter de clube noturno] chamou seu 'Club For Heroes' [Clube para Heróis] exatamente como tínhamos chamado as roupas da Seditionaries de 'Roupas para Heróis' – era excelente para os negócios". Donos de clubes e frequentadores assíduos como Steve Strange e Leigh Bowery compravam e usavam entusiasticamente suas roupas. Assim como os promoters Michael e Gerlinde Costiff, que estiveram presentes naquele primeiro desfile no Olympia. Michael o descreveu como "a coisa mais extraordinária que já tinha sido vista – absolutamente mágica. Tudo era tão luxuoso, todo o brilho do ouro, todo aquele sentimento fanfarrão e heroico, foi impressionante... até então Vivienne tinha usado muito preto; ver todas aquelas cores, aquele *ouro*!". Elas eram de fato roupas para heróis, conforme a inscrição da loja, e o heroísmo era, na cabeça de Vivienne, parte da cruzada punk em andamento com as roupas: "Não acredito em encerramento. Você não faz as pessoas quererem mudar as coisas fazendo-as perceberem o quão pobres e humilhadas elas são... é preciso fazer as pessoas se sentirem ótimas antes de se conseguir mudança."

"Sou muito literária", Vivienne repete para mim numa manhã, "e tenho ideias literárias. As calças de pirata, por exemplo, são como algo de uma história. Porém, mais do que isso, só usar sarja de Nimes passa a ideia de experiência. Se você usa roupas antigas, então pode parecer que tem experiência, a história que as roupas carregam. Por isso, foi um momento realmente grande de estilismo quando fiz aquelas calças de pirata – foi o início de todo um novo visual. Eu procurava por algo e encontrei na indumentária histórica, então também é o começo para mim de olhar para o passado tanto quanto para o futuro. E é importante, de maneira humilde também, para validar a questão de 'detonado' e 'vintage' como são usadas agora. Porque aquilo se tornou parte de como contar uma história na moda, e dá uma ideia de experiência. Para começo de conversa, Malcolm tinha sido muito importante, e frequentemente era quem iniciava as ideias. Mas, naquela altura da coleção 'Piratas', tudo estava mudando e então, com 'Bruxas' e 'Punção', eu não queria criar com Malcolm de jeito nenhum. Ele estava quase o tempo todo nos Estados Unidos e de repente aparecia de volta e interferia, e depois de um tempo eu não o queria mais mandando em mim.

"Então aquele foi o momento em que nos separamos, criativamente. Podemos dizer que Malcolm batizou a coleção 'Piratas', mas eu dei à luz; ele não estava por perto, um pai ausente. Eu a criei. Ele veio com umas ideias de tecidos, a estampa de rabiscos, a estampa da série africana que se tornou uma de nossas marcas registradas, mas ela estava na mesa de Jean-Charles de Castelbajac, um estilista amigo meu, quando Gary Ness e eu por acaso estávamos em seu escritório. E então Malcolm parou de estar criativamente envolvido.

"Agora tenho de admitir que uma parte de mim queria descobrir se uma pessoa como eu, sem nenhuma ligação com uma grande marca de moda, podia sobreviver com talento, trabalho duro e boca a boca, não apenas marketing. Eu tinha uma espécie de interesse prático para saber o que a moda, o negócio me ensinariam sobre o mundo. Ela teria que me fazer sobreviver no mundo de negócios. Eu teria que entender mais a respeito do mundo. Então, encarei como um desafio intelectual. E um pessoal. Eu tinha uma ambição pessoal de tirar vantagem de minhas próprias criações e senti que, se não o fizesse, seria apenas uma loja vendendo artigos dos outros. E assim como tudo aquilo (e isso vai soar louco, mas talvez eu fosse), dá para resumir assim: além de minha ambição de provar algo a mim mesma, também havia, para mim, um tipo de dever. Uma obrigação que eu devia à moda ou a mim mesma. Aquilo que *podia* fazer, de alguma forma eu *devia* fazer. Porque se não fizesse, ninguém mais faria. Exatamente como a minha política, na verdade. Exatamente como eu quando uma menininha. 'Era eu.' Não sei. Então é por isso que fiz e, apesar de algumas vezes ser uma pequena tarefa, não me arrependo. Bem pelo contrário. Provei o que queria provar e encontrei satisfação real naquilo, assim como uma voz. Mas se alguém tivesse chegado para mim em 1979 e dito, 'Veja, Vivienne, você é realmente boa, mas sou tão bom quanto você e posso fazer esse trabalho para você. Vá para a universidade', eu provavelmente teria respondido, 'Ah, está bem, certo, eu vou.'"

"Havia o que ser provado a respeito de dinheiro. E isso também tenho liberdade de explicar agora, e espero que seja útil para qualquer um que já tenha se sentido exausto comercialmente ou tenha sofrido... fraude. Não que seja ruim com dinheiro. Fui criada numa loja; não é isso. Apenas confio muito nas pessoas e presumo que elas sejam tão honestas e trabalhadoras quanto eu sou. Posso contar por que Michael Collins escapou daquilo – de me roubar por anos e anos. E posso dizer isso agora. Sinto muito que Michael tenha morrido, mas agora podemos ser honestos. No primeiro dia em que ele foi à loja já estava roubando. Ele trabalhou para mim por pelo menos oito anos e pegou cada centavo sobrando, e eu nunca conseguia entender por que aquilo não funcionava, por que os livros não se equilibravam, e achei que devia ser porque sou idiota com dinheiro. Até Michael trabalhar para nós, a loja tinha ido muito bem. Então, aquele jovem muito estiloso chegou e dei um emprego a ele. E naquele primeiro dia não consegui nenhum dinheiro. Eu não conseguia entender aquilo. Ele me disse: 'Ah, isso é terrível – então, olha só, eu tenho dinheiro –, não preciso de fato trabalhar. Tenho um namorado.' Michael era gay e falou: 'Ele me mantém. Vou te dar o dinheiro que precisa. O que você precisa?'

"Então ele me deu o dinheiro e apenas pensei, 'Que bom sujeito', e é claro que a loja estava recém-reinaugurada e eu não tinha toda a certeza de que poderia ser um sucesso, então não tinha motivo para suspeitar, confiei nele dali pra frente e era sempre, 'Ah, sabe, vou conseguir que meu namorado nos dê um pouco de dinheiro se você não tiver o suficiente'. Ele era muito encantador. E eu acreditava nele. Mas era O MEU PRÓPRIO DINHEIRO! O namorado não existia. Eu era tão inocente. Não mantinha um registro adequado de estoque ou de nada mais. Era assim que fazíamos as coisas. E, acredite se puder, foi assim por oito anos. No fim, um cortador de tecidos, Mark Tabard, que trabalhava comigo, falou, 'Não aguento mais isso. Vivienne: Michael está roubando todo o seu dinheiro', e a ficha caiu imediatamente. Senti-me constrangida por tudo aquilo, mas foi assim.

"Enquanto isso, durante todo esse tempo, Malcolm esteve empresariando The New York Dolls e depois The Sex Pistols e Bow Wow Wow. Eu fazia roupas para eles – os Dolls e os Pistols – e também mandava coisas para os Dolls nos Estados Unidos. Então eu tinha algum dinheiro, mas quase não o bastante para seguir em frente e estava sempre trabalhando como uma louca o tempo todo. Malcolm começou a falar, discutíamos a respeito, que por eu ter vindo do Norte da Inglaterra era totalmente idiota, confiava muito nas pessoas, não tinha responsabilidade no que tangia aos negócios e só era esperta com o que fazia com as mãos. Isso era o que Malcolm dizia, mas ele não era muito melhor. Ele era incompetente com dinheiro. Não interferia e falava 'O que está acontecendo com o dinheiro?' ou algo assim, sabe. Na verdade nós dois éramos idiotas. Mas por anos Malcolm fingiu que era tudo minha culpa, como se eu fosse incompetente e não conseguisse ganhar nenhum dinheiro, mas enquanto isso eu estava fazendo coisas para ele. A fraude financeira continuou por cerca de oito anos e Malcolm estava ocupado com seu negócio na música, morando nos Estados Unidos, muito interessado no início do hip hop, e eu mandando dinheiro e ele criticando o negócio. Então, algumas das raízes de nosso término finalmente estavam nisso, na verdade. E ninguém estava tentando fazer funcionar. Ainda que toda vez que eu tentasse me separar, ele de alguma forma me arrastasse de volta..."

No fim de 1979, Malcolm deixou Thurleigh Court pela última vez. Não houve uma briga derradeira ou um último ato de colocar as coisas em pratos limpos. Como conta Joe, um dia ele simplesmente nunca mais voltou. A mira de Malcolm estava cada vez mais ajustada para os Estados Unidos, mas as finanças da família estavam tão em crise quanto as da loja Worlds End, o que foi uma razão para Vivienne aceitar um inquilino na forma do amigo de longa data e gerente da loja, Gene Krell. Gene e Malcolm tinham sido grandes amigos, e tanto Malcolm quanto Vivienne admiravam o que Vivienne descreve como "o grande dom como vendedor" de Gene. Mas a Granny Takes a Trip fechou, "Gene estava na pior", e então Vivienne ofereceu a ele um emprego e uma casa. Portanto, o amigo mútuo, Gene, foi uma testemunha próxima das longas consequências negativas do rompimento, e admite, todavia, ver tudo por uma névoa de vício em heroína e um tom de amor agradecido. Ele dá o crédito a Vivienne, apesar de todos os problemas dela na época, por salvar sua vida.

"Eu era viciado em heroína e então fiquei viciado em bebida alcoólica porque não conseguia heroína. Vivienne cuidou de mim durante aquilo. Ela sempre foi muito antidrogas. Tenho que dizer, entretanto, que com Malcolm tudo ficou muito difícil. O nível de amargor quando Vivienne e Malcolm se separaram era inacreditável, as pessoas cuspiam em mim na King's Road ou quando eu ia a boates, porque se sentiam de alguma forma traídas. Como se o casal de ouro deles tivesse se separado. Como se fosse da conta de mais alguém. E Vivienne assumiu total responsabilidade pelos negócios e pelos designs. Ela tinha muito com que lidar. A imprensa deu a impressão de que éramos enormes, e nós éramos em termos de relações públicas, mas havia cobradores rondando. Eles tentaram fechar a loja, já que o aluguel não estava sendo pago, e eu me recusei a entregar as chaves. Aquilo poderia ter me levado à deportação. Mas Vivienne estava determinada a se manter no negócio, a provar algo a ela ou a Malcolm. Ela ficou em Thurleigh Court e, basicamente, costurou seu caminho de volta à vida. Ela se tornou tão reclusa que uma vez uma drag queen entrou e fingiu ser Vivienne. Foi, de muitas formas, um tempo estranho. Costumávamos receber muitas ameaças de morte. Entregues pelo correio. Nem sei se Vivienne sabe disso. Basicamente de quatro tipos. Pessoas que apoiavam Malcolm, pessoas que apoiavam Michael Collins e, enquanto isso, havia os cobradores e também havia uma outra correspondência sobre como éramos responsáveis pela decadência moral da nação. Eles eram mais articulados. 'A danação aguarda por você', endereçado a Vivienne, esse tipo de coisa. Muito pessoal. É claro que, hoje em dia, se levaria muito mais a sério do que eu ou Vivienne levamos na época. Mas provavelmente até hoje Vivienne não sabe o perigo que estava correndo. Não contei, pois ela já estava passando por muita coisa. Mas era uma atmosfera extraordinária."

"Mamãe é sempre muito cortês a respeito de Malcolm", Joe me fala pesarosamente, "ela é bondosa nesse nível. Mas é preciso entender que Malcolm deixou a todos nós com dívidas, mamãe, Ben e eu, em nossas vidas e em nosso lar também. Ele não apenas nos deixou todas as dívidas da empresa que ele tivera com mamãe, mas também nos deixou com a massa falida da empresa. Partiu e foi para os Estados Unidos. Não era uma empresa, era uma sociedade, mas ele abandonou tudo. Na época, com a Worlds End e a Nostalgia of Mud, a nova loja, era um período muito, muito arriscado. E não apenas foi embora, ele deixou tudo em pedaços. Tentou. Um dia, Vivienne foi trabalhar e a nova namorada de Malcolm estava lá usando as roupas dela, dizendo a todos o que fazer, que ela agora era a 'estilista' e que Vivienne não trabalhava mais lá, e você sabe quem tinha dito a ela para ir lá e fazer isso? Malcolm. Assim era o meu 'pai'. O que explica ser tão incrivelmente cortês da parte de mamãe mais tarde deixá-lo levar crédito também: em primeiro lugar, ele não fazia nada, ela que fazia, e ele também tentou destruir tudo quando ela estava lutando pela vida. Ele jogou tudo fora e tentou destruir tudo e esmagar Vivienne porque ele era assim: se não pudesse possuir algo por completo, era lixo para ser jogado fora.

"E então Ben e eu tentamos começar a ajudar, trabalhando na Worlds End, e não era porque queríamos ter uma carreira na moda ou no varejo. Só queríamos ajudar nossa mãe. Ela não tinha nada. É nossa mãe. E estamos em Clapham sem eletricidade, sem telefone, sem água, sem gás porque Malcolm mandou cortar tudo. Tenho ao redor meus companheiros espertinhos que sabem como religar de volta e as porras dos cobradores estão na porta – até uns caras grandalhões – e acabo pensando 'vou ligar para o meu pai' e me lembro de fazer uma chamada a cobrar e ele fala, de Hollywood: 'Vocês não têm telefone?'

"Vivienne, contudo, sempre foi muito legal a respeito de Malcolm. Especialmente comigo. Mas eu sabia que ela não estava dizendo o que

O programa da coleção "Punção" apresentava estampas inspiradas em *Blade Runner*.

de fato sentia. Ela falava o que achava que não ia me aborrecer. Mas essa é Vivienne. Foi difícil pra cacete pra ela. Hoje, porém, devemos dizer como era. A história dele virou 'a única razão pela qual Vivienne teve algum sucesso foi por causa de Malcolm McLaren'. E ele está certo, *mas* apenas no sentido de ele ser quem instigava. Acho que o que as pessoas se esquecem é que Vivienne *criava*: ela era a estilista. Todas aquelas camisetas fodas do punk rock, sei que são dela, porque vi acontecer, bem ali em Thurleigh Court quando eu era criança: foi mamãe. Tínhamos máquinas de silk-screen no apartamento e aquela mesa, a que ela tem no estúdio hoje em dia, nós comíamos nela, mas ela estava sempre coberta de coisas que estavam sendo impressas. E a contribuição de Malcolm? Depreciar tudo aquilo: 'Ah, cortando batatas de novo, é?' Todas aquelas camisetas da Seditionaries e de anarquia foi ela quem fez. Fez todas em nosso apartamento – tingidas em nossa banheira, impressas em nossa sala. Entrava semana, saía semana. Fazendo coisas para colocar na loja."

"Provavelmente devo explicar", diz Vivienne do nada um dia, quando estamos olhando para amostras de tecido e um design gráfico vagamente punk, "a respeito de mim e de Malcolm. Psicológica e mentalmente, por que fui em frente com aquele relacionamento tempestuoso. Porque as pessoas se perguntam. Ele ia embora, então mudava de ideia, voltava, ia embora de novo. Era exaustivo. Bem depois, no pior momento, lembro que Malcolm tinha um advogado me ameaçando, querendo 50 mil libras... e quando no fim dei um jeito de conseguir, Malcolm se recusou a aceitar o dinheiro e falou: 'Você não vê? Quero você de volta.' O tempo inteiro ele jogava esses joguinhos comigo, sem voltar para casa e tal. Mas eu realmente ficava com raiva. Eu costumava bater em Malcolm. Um dia ele me bateu de volta. Foi a última vez que bati nele. Mas fui eu quem bati primeiro. Porém, mais do que tudo, e acho que vou simplesmente dizer isso aqui propriamente, Malcolm me fazia chorar. Ele tinha esse negócio, e levou um tempo para eu lidar com isso, em que ele não conseguia deixar o apartamento até que tivesse me feito chorar.

"Então chegou um ponto em que eu simplesmente parei de chorar: perdi a capacidade. Eu não tinha mais lágrimas sobrando. Percebi que a única forma de me livrar dele e de fazê-lo parar era chorar – era o que ele queria de mim. Ele queria se sentir mau ou algo assim – estava tentando me fazer sangrar. Estava tentando me ferir o tempo todo. Porque estava se ferindo. Era só o que fazia, e ele não conseguia sair de casa até que, de alguma forma, tivesse feito isso – me levar às lágrimas –, e às vezes eu ficava tão brava pelo jeito que ele era. Então, era mais fácil ceder; dar passagem às lágrimas para que ele parasse. Nunca mais tive lágrimas de verdade. Parei de chorar àquela altura. Não chorei devidamente desde então. Derramei tudo que podia. Penso no choro em que você só chora por si mesmo, e chegou um ponto em que eu simplesmente já tivera o suficiente."

Joe concorda. O alívio tanto para Joe quanto para Ben quando o relacionamento finalmente se desintegrou ainda é palpável no que eles dizem e se lembram daqueles anos, apesar de Joe ser muito claro em declarar que sua mãe estava longe de ser um capacho: "Chegou a um ponto horrível no fim. Todas as manhãs só gritando, berrando e gritando. Era como se estivéssemos apenas esperando por Malcolm sair de casa. No fim, toda manhã, Vivienne meio que se punha a chorar porque ela sabia que quando começava a chorar ele saía, e era isso, e podíamos começar nosso dia. Ele era um valentão horrível. Era arquetípico, um caso clássico de algo disfuncional, tóxico – um tipo de codependência em que fazê-la chorar permitia que ele sentisse... O que quer que precisasse sentir. Porque também não era simples Vivienne ceder tão facilmente sob pressão, sabe, dava para perceber quando tinha ido muito longe. Puta merda, sim. Quero dizer que mamãe consegue bater para fazer você ver estrelas. Lembro-me de estarmos no metrô uma vez, por volta dessa época, e não sei se isso é um exemplo de sua raiva, mas, bem, ela possuía um escritório em Camden e o metrô sempre ficava preso entre Mornington Crescent e Camden. E eu estava lá e umas garotas estavam esculhambando uma mulher indiana no metrô. 'Está um fedor de curry aqui', coisas racistas horrorosas do tipo. Então a senhora indiana se levantou para sair, mas não podia porque o metrô estava parado no túnel, e uma dessas garotas tirou uma meleca enorme do nariz e esfregou no sari da mulher. E a mulher se virou e falou: 'Por que você está fazendo isso comigo?' Vivienne avançou e disse, 'Elas apenas foram incrivelmente mal-educadas', e aí o metrô anda e nós levantamos para descer e uma das meninas estica a perna para derrubá-la. Então, Vivienne pegou a menina pelo cabelo, com uma das mãos cheia de cabelo, e esbofeteou seu rosto. E então saiu do vagão, só nervosa e tremendo. Mas foi bom. Então sim, Vivienne sabe dar umas porradas."

"Aqui está minha teoria", continua Vivienne, "quanto mais dor você investe num relacionamento, mais você se sente traído quando ele desaba. Tive que investir tudo naquele relacionamento. Por causa de Joe e porque sabia que Malcolm precisava de mim. E acho que algum elemento do meu amor sempre estava lá. Então, quando eu soube que estava acabado, quando ele foi embora, quando em algum momento arrumou outra namorada que era mais do que só uma paquera, eu me senti traída, senti que estava morta por anos. Por cerca de quatro anos fiquei morta por dentro. Até que encontrei um tipo de amor com outro homem – com Carlo. Por cerca de quatro anos, aquilo durou. Eu só queimava com traição; de alguma forma, tendo investido tanta dor em um relacionamento, era disso que se tratava. Isso é bem acurado, é por isso. Nenhuma outra razão. Não porque eu quisesse Malcolm de volta. Era a última coisa que eu queria. Mas me senti tão aborrecida por ele ir embora, entende? É engraçado, você remói mil vezes os acontecimentos do seu passado, e isso pode deixar você quase louco, tentando entender, mas uma coisa eu sabia, não o queria de volta. Ah, não, obrigada. E ao longo dos anos esbarrávamos um no outro em público em eventos, mas não nos vimos em particular por um longo tempo, anos depois. Eu me lembro que dez anos tinham se passado, e ele deve ter ficado surpreso com o quão satisfeita estava em vê-lo. Eu estava contente em vê-lo porque fiquei feliz de descobrir que não sentia qualquer emoção a respeito dele. Nunca parei de gostar dele, e de me interessar por ele. Mas foi um alívio enorme quando soube que ele não podia mais me ferir. Então descobri que podia ficar contente em vê-lo.

"Depois que nos separamos, as pessoas logo começaram a perguntar, porque era óbvio que estávamos separados, sobre a importância de Malcolm em contraste à importância de eu estar sozinha. Malcolm tinha muito ciúme das pessoas e certamente tinha ciúme de mim, e sempre queria declarar que eu era, de alguma forma, totalmente nada. Sua costureira, ele me chamava, sua criação. Ele era chamado de 'Svengali' em termos dos Sex Pistols. E ele criou aquela reputação para si próprio, era como queria ser visto, com relação ao punk, aos Sex Pistols e a seu trabalho comigo. Eu realmente não me importava. Eu sentia desprezo e até pena dele, porque era patético. Mas também, o negócio é o seguinte: sempre que você está fazendo algo criativo, acho que sempre se impressiona com o que *os outros* fazem. Eu me impressiono. E você nem pensa que o que faz – especialmente se é fácil para você – é importante, de forma alguma. E isso é a chave com Malcolm e comigo, na verdade. Dei todo o crédito a Malcolm porque só estava ajudando-o a fazer algo que ele queria fazer. E para começar, tratava-se de voltar ao visual dos anos 1950 e eu estava muito interessada naquilo, a ideia de rock and roll e tornar a vendê-lo. Malcolm tinha ideias ótimas, mas nunca foi capaz de me dizer 'Não, isso não está bom. Faça daquele jeito', nem uma vez, porque ele não era prático. E havia bons amigos que diziam, 'Vivienne, as feministas teriam vergonha de você – você está fazendo todas essas coisas, e aí está você ainda dando todo o crédito a ele – do que está falando, mulher?', 'POR QUÊ? Vivienne, por que você o deixa se safar com isso? Você não está dando crédito a si mesma sendo tão inteligente quanto é'. Mas, sabe, Malcolm era muito talentoso. Ele era muito bom com ideias, como colocar um sutiã por cima de algo para ser usado na rua. Era essa a ideia. Tenho dado crédito por isso. Gaultier, Madonna, tudo isso; mas aquilo era tanto Malcolm quanto eu. Coisas como aquelas que ele fazia ou pensava eram realmente boas. Ou ele podia só me incitar a começar – ele podia até me mandar algo; algumas fotos como inspiração. Era o jeito dele. E ele era muito bom com sapatos. Talvez uma forma de explicar isso seja a exposição no V&A. Houve um momento na coleção 'Bruxas' em que o crédito era 'Vivienne Westwood & Malcolm McLaren', e na verdade Malcolm fizera uma coisa ali, apenas uma coisa, que foi um chapeuzinho significativo estilo Chico Marx. Ele fez com que a curadora e escritora do catálogo do V&A ficasse uma pilha de nervos, ele a levou às lágrimas. Quase todos os dias ela recebia uma carta dele, redigida em termos legais, dizendo 'Você está completamente enganada. Está infringindo meus direitos autorais', e tudo mais, 'realizando essa exposição porque *eu* sou o estilista dessas roupas e não Vivienne'. Ele se referia a mim, no V&A, como sua 'costureira'."

Joe concorda que seu pai tinha uma intenção particular a respeito de atribuição de design. Foi uma história que repercutiu anos mais tarde quando Joe tentou abrir a Agent Provocateur elevando um elemento da capital com recriações de designs de seus pais. Sua mãe concordou; Malcolm ameaçou processar. "Então, eu o vi pelo que era e pelo que tinha sido com mamãe. Ele extraía um prazer perverso de tentar diminuir as pessoas ao seu redor, incluindo a mim e a mamãe. Apaguei o nome dele com corretor líquido de todas as etiquetas. O que foi uma metáfora. Não falei com ele por anos."

"Ele não conseguia evitar, suponho", comenta Vivienne, "tinha inveja de mim e até de Joe no final. Ele ficou realmente louco. Tinha tanta necessidade quando se tratava de ser reconhecido. Importava mais do que tudo para ele. Mais do que qualquer um de nós dois. Na verdade, fiz todo o possível para dar crédito a ele ao longo dos anos, frequentemente mais do que ele merecia, mas era por uma vida mais fácil na época. Veja, Malcolm era tão protetor com todo esse tipo de coisa, ou com a ideia de sua reputação ou com a posteridade. Malcolm acabou tentando sabotar tudo que eu fazia. E na verdade nunca falei muito a esse respeito, e nunca fui capaz de ser honesta sobre isso até agora, mas como ele está morto, não me importo de dizer isso: ele se comportava de forma incrivelmente cruel. Profissionalmente, pessoalmente, de todas as maneiras. Mas, no fim das contas, ele tinha problemas reais, e isso ainda tem o poder de me deixar triste. Porque em algum momento eu o amei. E permaneci leal a Malcolm. Até ele morrer.

"Acho que chega um ponto em alguns relacionamentos em que você percebe que aprendeu tudo que podia daquela pessoa. Eu fora fascinada por Malcolm, intelectualmente, mas conforme os anos passaram, o desgaste ficou tão grande por conta de seu temperamento e sua inveja que o tédio venceu. Malcolm nunca quis terminar um livro. Eu o vi ler um livro em 45 minutos e então decidir que havia uma novidade nele que ele poderia vender – apenas tire algo dele que você não seria capaz de encontrar se lesse o livro você mesmo! Mas era o bastante para ele se pudesse dar uma teoria às pessoas ou dizer a alguém que ele sabia de algo novo. Ele chapinhava no raso assim. Não estava interessado em descobrir nada de verdade, exceto coisas que ele pudesse simplesmente usar, para vender, chocar ou impressionar. E então, inevitavelmente, fiquei entediada com ele. Fiquei enfadada de ouvir as mesmas velhas coisas, a mesma abordagem a tudo. Realmente me aborrecia. As pessoas notavam, é claro. Há um trecho de uma filmagem em que eu estava vestida com uma saia xadrez – então deve ter sido no começo dos anos 1980, e nós já tínhamos nos separado pessoalmente, mas não profissionalmente – e Malcolm e eu estávamos sendo entrevistados. Eu estava tão enfadada com Malcolm que só ficava pegando no meu vestido e pensando, 'Realmente gostaria que ele calasse a boca'. E depois Simon Barker comentou, 'Vivienne, você estava tentando ofuscá-lo de propósito ou só estava muito desinteressada no que ele estava dizendo? É só o que dá para ver ali'.

"Depois que perdi o interesse nele intelectualmente, em certo sentido as coisas ficaram condenadas, porque aquilo era tudo o que tínhamos. No começo, Malcolm podia me ajudar, intelectualmente, com os assuntos que tinham me dado problema: assuntos políticos. Como descubro o que está acontecendo no mundo? E ele sabia muito mais. Ele foi à escola de arte e eles tinham todas aquelas Grandes Ideias: o underground, as pessoas alternativas e todo esse negócio que foi o início do movimento hippie em 1968. Só que uma vez que você tivesse

Convite para a coleção "Bruxas", com ilustrações de Keith Haring.

resolvido isso, não havia mais nada ali. Ele tinha prendido o desenvolvimento: estava empacado em 1968. Ele não indagava à procura de informações. Não estava preparado para tentar entender o mundo em que vivíamos. Ele preferia viver na superfície e tentar manipulá-la de alguma forma e manipular as pessoas ao seu redor. Eu não tinha mais nada a aprender com Malcolm no final; sabia que não podia crescer com ele, não havia mais o que conversar. Malcolm era mais conservador, em certo sentido. Eu me lembro dele me dizendo quando fiz a coleção 'Punção' como teria sido melhor se eu tivesse feito uma saia de algodão em seda, e me vi falando, 'Bem, Malcolm, podia ter sido assim. Teria sido bom. Mas está tão bom quanto assim, e na verdade prefiro desse jeito'. Ele só estava certo no fato de que a coleção teria parecido mais alta-costura e acho que minhas coleções teriam sido feitas de seda e tal mais cedo se fossem do jeito de Malcolm. O que é irônico, pois Malcolm gostava bastante de elegância. Mas depois da 'Piratas', eu simplesmente sabia que não queria mais trabalhar com ele – eu tinha ideias que queria avançar comigo mesma. Nossos dois nomes estavam nas etiquetas, mas cada vez mais era eu. A 'Punção' foi a última colaboração. E a 'Bruxas' foi a ruptura completa para mim.

"Eu originei a 'Bruxas' (outono/inverno de 1983) sozinha. Eu estivera em Nova York e, enquanto estava lá, fui apresentada ao trabalho de Keith Haring – e ao Keith. Grafites que pareciam hieróglifos. Símbolos. Ilustrações como um cão latindo ou um bebezinho com uma luz brilhando ao redor de sua cabeça; uma linguagem visual, para mim, que se assemelhava a símbolos mágicos. Ele pareceu extremamente lisonjeado quando eu disse que adorei seu trabalho e utilizei muitas daquelas ideias em 'Bruxas', porque comentou que estava entusiasmado por trabalhar comigo. Não sou tão ligada à arte moderna, mas há certas coisas que acho que são realmente válidas e creio que o trabalho de Keith Haring era. Deve-se chamá-lo de artista. Ele era um comunicador e seus trabalhos eram muito cativantes. Um ano depois de nos conhecermos, ele contraiu Aids e morreu. Foi uma das primeiras pessoas. Ele sempre foi um homem doce. Adorável, generoso, e realmente talentoso. Se tivesse sobrevivido, tenho certeza de que teria encontrado outras formas de desenvolver seu trabalho além do estilo de grafite. Então 'Bruxas' foi, em certo grau, inspirada por ele e por suas cores; a cor azul de fogos de artifício, sabe, aquele tipo de cor de malva... e seu grafite que era fluorescente. E verde sujo, quase preto – todas essas decisões de cores de acordo com a história, que era em parte a história de Keith. E Haring desenhava um rosto com três olhos. E um quadrado com três olhos. Era também época do hip hop, então havia um tipo de onda de imagem congelada no ar, dança, que podia ser refletida nas roupas, por exemplo, tênis de corrida com três línguas. Fui a primeira pessoa a colocar tênis numa passarela, mas tudo isso foi feito por uma razão, sabe – partes desse lance animado e desse lance de grafite que estava acontecendo em Nova York e em Londres, e esse jeito de desenho animado de dançar e tudo, que contei como uma história de moda.

"Gradualmente a confiança começou a voltar. Número um, àquela altura eu sabia que tinha um talento, uma confiança dada em parte pelo fato de ter visto todas aquelas coisas punks a que eu tinha dado origem sendo mostradas nas passarelas de Paris. Vi como eu tinha mudado tudo. Tinha mudado estilos de cabelo. Tinha mudado a *Vogue*. Eu podia ver que estava sendo levada a sério. Por exemplo, eu estivera com Grace Coddington (na *Vogue*, em Londres). Fui com uma mala das minhas coisas e ela só ficou constrangida com o que mostrei, não estava interessada, mas me lembro de pensar, bem, pelo menos ela pôde ver que era um bom design. A botinha, que se tornou a Bota Pirata, que coloquei na mesa em frente a ela, era fantástica. Você a vê por todo o mundo, por toda Paris agora. Mas a atitude dela na época foi, 'Não, procure outra revista'. Então fui a *Ritz*, que me botou na capa, mas aí é que está: ainda que Grace estivesse me rejeitando, estava usando uma cópia do suéter de *mohair que eu tinha criado*."

De acordo com a *stylist* Caroline Baker, "uma *stylist* incrível", segundo Vivienne, que trabalhou para Westwood, mas também na *Vogue*, até que Terry Jones deixasse a *Vogue* e ajudasse a criar a revista *i-D* – concentrando-se em como as modas de rua estavam transformando

A equipe e Vivienne (na fileira de trás, no centro) do lado de fora da loja Nostalgia of Mud, em St Christopher Place, 1982.

o cenário – a *Vogue* britânica não tinha acordado para o que perdera. "Eu adorava o que estava rolando na loja de Vivienne. Parecia uma manifestação natural e visível do caos que o país estava experimentando politicamente, e era louco que a *Vogue* e as outras estivessem ignorando aquilo. Minhas coleções preferidas dela, portanto, foram as duas primeiras – 'Piratas' e 'Lama (Buffaloes)' [Mud (Buffaloes)]. Eram como as refeições que ela cozinhava para nós: deliciosas, simples, feitas como que por mágica. Eu me transformei um pouco numa garota rastafári – que era o visual da coleção 'Lama': saias compridas, chapéus rastafáris e um estilo de penteado andrajoso de anel de cabelo que tínhamos descoberto (uma técnica antiga de encaracolar anéis de cabelo envolvendo os fios ao redor de fitas de algodão). E isso era Vivienne."

"Então, em 1982-83, eu estava por minha conta", explica Vivienne. "Tinha um cortador de tecidos para me ajudar e um ou dois outros pilotistas. Mas era eu mesma quem experimentava as roupas. Aprendi que não há nada como experimentar as coisas em você mesmo para conseguir que tenham um bom caimento e nos façam sentir bem. Ainda acredito nisso. Apenas segui em frente. Mas foi uma época muito, muito difícil.

"Então desenhava por conta própria, tinha a empresa por conta própria e era bastante difícil conseguir a produção e tudo o mais. Pessoalmente, continuei sendo de fato muito, muito pobre. Estava sozinha e mesmo com a imprensa ficando louca com o que estávamos fazendo, logo depois das coleções 'Mini Crini' e 'Harris Tweed', tivemos dez anos duríssimos."

Quando o relacionamento acabou, a empresa tentara expandir inicialmente e Vivienne abriu sua primeira loja no West End, Nostalgia of Mud, em St Christopher's Place, na lateral da Oxford Street, batizada assim por causa da ideia romântica francesa da pobreza idealizada. O interior causou tantos comentários quanto as roupas, mas combinava com sua paleta de tons terrosos e detalhes de vodu: um estilo que se derramou direto para a passarela e de fato para muito do design contemporâneo do teatro britânico. "Eu fui a responsável pelo visual daquela loja", conta Vivienne, "o visual de uma escavação arqueológica. Roger Burton e eu. O lustre Miss Havisham, todas as peças que eu juntava no meu carro, e fiz espantalhos de madeira e pranchas e foi assim que conheci Tom Binns. A única outra loja que fiz foi na Davies Street. Mas eu adorava a Nostalgia of Mud e ela foi muito influente." A loja deu seu nome à coleção "Nostalgia de lama" (Nostalgia of Mud), mas a trilha sonora Buffalo Girls e o uso de saias bolivianas amplas significaram que ela ficou conhecida como "Buffalo". A loja só duraria dois anos, uma vítima da separação de Vivienne e Malcolm. A coleção "Buffalo/Nostalgia de lama", no entanto, foi exibida em Paris com grande aclamação. Começou um período de criatividade, o primeiro de Vivienne basicamente por conta própria, de impacto quase sem precedentes no mundo da moda. O novo romantismo – as camisas e saias ondulantes, as cintas e tecidos luxuosos – foi apenas o come-

A capa de chuva "Bruxas" influenciou o design por todo o mundo.

ço. A paleta de cores barrentas da coleção e feltros de estilo "detonado" foram copiados por todo o mundo da moda, assim como nas ruas e nos clubes noturnos, tanto quanto nas passarelas. O visual inadequado de Vivienne e a coloração sutil eram muito admirados pelos japoneses, e seu estilo esfarrapado "sem-teto" foi imediatamente assumido pela Comme des Garçons como a marca de visual deles. Mas o impacto do visual foi mais fundamental do que simplesmente estabelecer uma moda como resultado do interesse intenso da imprensa nela e em seu parceiro. Ela também fez coisas radicais com tecido que se tornaram, quase imediatamente, axiomas na moda. Pegue a saia tubinho, por exemplo. Vivienne recorda: "Eu estava trabalhando em meu estúdio e tínhamos aqueles tubos de tricô duplo que são usados para limpar janelas. Tínhamos feito um cardigã 'pia de cozinha' com botões de tampinhas de Vim para a coleção 'Punção'. Então, comecei a usar um tubo do negócio – ele vem como uma meia gigante – porque estava sempre experimentando coisas que tinha feito." Vivienne era e continua usando o tamanho 10 britânico, manequim 38 no Brasil. "É só um tubo de tecido, e ninguém tinha feito um antes, a ideia de um blusão do tubo de jérsei. Dava para usar em volta do corpo da forma que você quisesse, mas eu gostava dele bem baixo, até os tornozelos. Ele se tornou um visual muito importante."

Os modelos de Vivienne estavam começando a ter um impacto cada vez maior. Pegue as capas de chuva da coleção "Bruxas" (1983) que permanecem no arquivo de Elcho Street. Elas parecem complicadas e futuristas, mas são feitas de quadrados de tecido, exibindo as habilidades de corte de Vivienne: evidentemente o trabalho de alguém acostumado a sobrepor tecidos em corpos e manequins, e não desperdiçando muito ao usar curvas. A capa de chuva foi copiada por todo o mundo, normalmente não tão bem. Embora depois Vivienne tenha ficado obcecada com a Savile Row, com alfaiataria e, eventualmente, com espartilhos, no tempo da "Bruxas", sua paixão era "o roçar do tecido contra o corpo. Começo com o material, coloco duas aberturas em um quadrado, faço mangas das aberturas e algumas nesgas de tecido para abrir espaço, e então tento ver onde uma roupa toca o corpo. Isso determina a forma como você fica de pé, se move e o que o seu corpo pode fazer fisicamente". Era um jeito radical para uma estilista trabalhar e pensar, e uma das alegrias de ver o progresso do trabalho de Vivienne é que, em certo sentido, ela aprendeu sua arte e seu ofício em público: dá para ver as costuras. A saia tubinho, a capa de chuva com várias camadas, muito copiada no Japão, com suas alusões ao quimono assim como à ficção científica, as calças e blusas inspiradas em piratas, a alegria infantil na lama – tudo isso virou *mainstream* tão rápido que às vezes é difícil lembrar que podem ser ligados a um tempo e a uma pessoa. Vivienne.

"Nunca quis que ninguém me amasse", declara Vivienne enfaticamente. "O amor não é essencial para mim. Fico agradecida se for querida. Mas não tenho expectativa de ser. Eu adorava estar por conta própria. O melhor elogio que posso fazer a alguém é que estar com ele é tão bom quanto viver sozinha." Em 1983, Vivienne parecia ter tido todo o clamor que a cidade podia lhe oferecer, a não ser, talvez, pela segurança financeira, e testemunhara seus dois filhos crescerem e começarem a partir. Mas, recorda Gordon, seu irmão, "nossa mãe estava muito preocupada com ela – ela disse que nunca tinha visto em sua vida alguém trabalhar tão duro. Era como uma obsessão. Era estranho até estar por perto – trabalhando a noite toda, dormindo em pilhas de materiais". O filho Joe explica sua mãe na linguagem de moda compartilhada por eles: "Metade da batalha com roupas ou com fazer algo é saber como resolver um problema. É muito calmante, porque a vida real não é assim. Vivienne pode te dizer um jeito de fazer algo funcionar. E a vi fazer isso para pessoas que tinham a alfaiataria no sangue. Elas sabem tudo a respeito de confeccionar roupas, e as vi quebrando a cabeça com um problema, tentando fazer algo dar certo por semanas, e vinte amostras depois, ainda não conseguiam. E, então, Vivienne chega e em cinco minutos ela acabou e se foi – eu a via fazer isso em Thurleigh Court –, e elas ficam lá paradas com o queixo caído, dizendo, 'Tá, como diabos ela fez aquilo?'. Essa é a mamãe, sabe. Nunca vi nada como ela depois de décadas na moda. Isso é uma pessoa genial – e também é onde ela coloca seu coração."

Um ponto a se considerar é que por grande parte de sua vida, e certamente pelos anos de glória do punk e do novo romantismo, Vivienne era frequentemente a pessoa mais velha no recinto, regularmente a que Malcolm podia escalar como "mãe" quando queria zombar dela ou repudiá-la. Ela tinha idade o bastante para ser mãe de Sid Vicious. Talvez tenha encontrado sua voz e seu devido progresso criativo um pouco tarde, mas estava mais qualificada, tinha mais experiência e base para aproveitar o que tinha aprendido por quase duas décadas ao redor de cultos e modas jovens quando finalmente se viu encarregada de um negócio florescente de moda, mas sozinha. "Depois da 'Piratas', percebi que não tinha que qualificar minhas ideias. Podia fazer o que gostasse; era só uma questão de como fazer para que aquilo fosse original. Percebi que podia seguir em frente para sempre."

Como frequentemente é o caso numa separação traumática, Vivienne foi estimulada a uma criatividade maior e diferente depois do explosivo fim de seu relacionamento com Malcolm. O que Carlo D'Amario, que a conheceu naquele ano, descreve como a volatilidade inquieta, "como uma granada com o pino puxado", foi visto por outros como parte da magia negra de McLaren e, em certo sentido, seu presente de despedida, e o melhor de todos.

"Malcolm costumava nos contar histórias na hora de dormir quando éramos pequenos", lembra-se Ben, "para mim e Joe, e eram ótimas histórias, realmente empolgantes. Mas o lance com Malcolm é que ele começava uma história e nunca conseguia terminá-la. Ele meio que deixava você preencher o final. Então, acho que talvez esse seja seu gênio e legado: ele começava algo, especialmente com mamãe, mas nunca era ele quem terminava. Ela acabava."

VIVIENNE WESTWOOD
PRESENTS
CLINT EASTWOOD
WINTER 1984 COLLECTION
WORLD'S END
SCUSA This invitatioN is VERY HorribLe
JARDIN DES TUILERIES SALLE PERRAULT
MONDAY 26 MARCH AT 19.00 HRS.
SHOWROOM: 4, RUE FAUBOURG ST. HONORE 75008 PARIS
TEL. 265 25 88
RSVP:
LONDON DAVID TEL. 434 24 25
PARIS SYLVIE GRUMBACH TEL. 296 34 81 - 246 10 87
MILAN - ELISABETTA TEL. 837 07 37

MULHER SOLTEIRA NA ITÁLIA

Por trás de uma grande mulher há um homem. Eu queria fazer de Vivienne uma rainha. Mas não escreva a meu respeito. Chame-me de "Carlo de Seingalt" [pseudônimo de Casanova]. "Carlo D'Amario" não está nesta história. Ele não existe.

CARLO D'AMARIO

Apresentei Vivienne a Keith Richards; achei que eles fariam um belo casal, e ele me disse depois, "Uau, ela é uma figura", e ela me disse, "Uau, ele é uma figura". Não sei se eles ficaram juntos alguma vez. Vou ter que perguntar a ela. [Perguntei. Eles não ficaram.]

GENE KRELL
tentou juntar Vivienne e Keith Richards

"Quando conheci Carlo D'Amario", conta Vivienne, olhando por cima do meu ombro como se ele pudesse estar ouvindo, "ele queria ser meu relações-públicas na Itália, mas quando o convidei para ser meu administrador um pouco mais tarde, foi em parte por causa de algo que ele me dissera. Algumas vezes sua vida pode dar uma guinada por uma ideia. Carlo disse que o punk era uma batalha, e então tudo o que eu tinha feito desde então fora uma batalha. Foi o que ele disse na primeira vez em que o vi. E aqui está a outra coisa que me falou que realmente me impressionou. Ele se interessa bastante por carros antigos, carros vintage. E ele me disse isso: 'O establishment é como um carro, e está indo a 160 quilômetros por hora. E você quer reduzir a velocidade. Então, o que faz Vivienne? Ela joga algumas pedras nele para tentar fazê-lo ir menos rápido. Mas sabe o que acontece em vez disso? Ele vai mais rápido: ele usa a sua energia. Não permita. Não gaste sua energia dessa forma – quando você, Vivienne, pode ir a 320 quilômetros por hora e causar um impacto.' E entendi o que aquilo significava para mim. Queria dizer, não ataque o establishment. Vá mais rápido. Deixe que eles corram atrás de você: bote as *ideias* para fora."

Vivienne tinha conhecido Carlo D'Amario – na breve ocasião a que se refere – depois da coleção "Bruxas" em Paris, na primavera de 1983. A experiência de Carlo incluía uma amizade estreita com o estilista italiano Elio Fiorucci e períodos na trilha hippie de e para Afeganistão, Goa e América do Sul, importando mercadorias étnicas e casacos afegãos para a Londres em efervescência. Ele ainda fala em parábolas da Era de Aquário, para frustração daqueles que têm que traduzi-lo para o japonês com fins comerciais, mas Vivienne dá o crédito a ele como o homem que quebrou o ciclo destrutivo de vida com McLaren e colocou as fundações para consequente triunfo comercial dela. Em 1983, Carlo ofereceu a ela mais do que a possibilidade de contratá-lo ou à sua empresa de RP. Dentro de semanas, tinha dado a ela uma apresentação a Fiorucci e a casa D'Amario em Milão como base. "Elio era muito gentil", recorda Vivienne. "Ele e Carlo disseram que eu tinha que produzir na Itália, e Carlo concordou em ser meu administrador se eu levasse a produção para lá. Então, ele foi até a Fiorucci e fizemos um acordo." Foi uma oferta perfeita, apesar da ausência de Vivienne do Reino Unido por muito de 1983 e 1984 ter sido parte do que permitiu a McLaren arruinar a ela e a loja Worlds End.

"Ele foi tão longe a ponto de ligar para a fábrica na Itália, dizendo a eles que não trabalhassem com ela", recorda Bella Freud, mais tarde assistente de Vivienne. "Ele não apenas partiu o coração dela, mas também queria que ela parasse de ter sucesso." Até mesmo na Itália.

Tudo poderia ter dado muito errado. Os Estados Unidos, em particular, estavam muito entusiasmados pelo nome de Vivienne, mas cautelosos com sua reputação nos negócios. A *Vogue* americana já podia ter citado os modelos de Vivienne como "alguns dos mais interessantes a saírem da Inglaterra desde os anos 1960", notando o efeito de luz estroboscópica de boate de suas capas de chuva de corte angular e o uso sem precedentes de tênis nas passarelas – se bem que com múltiplas línguas e com solados altos embutidos –, mas na prática os pedidos eram poucos. A Bloomingdale's fez um pedido para exibir em suas vitrines e depois desistiu por medo de que o pedido nunca fosse entregue. Enquanto isso, tinha ficado claro para Vivienne por alguns anos que seus padrões severos de alfaiataria, combinados a suas estampas e seus tecidos incomuns, confundiam seus fornecedores e subcontratados ingleses, e que se o negócio algum dia fosse avançar de King's Road e da butique de St Christopher's Place para a moda internacional, ela precisava encontrar produtores melhores, mais rápidos e mais responsivos. Carlo a persuadiu de que a Itália poderia oferecer justamente aquilo.

Deixando Ben encarregado de Thurleigh Court, e na companhia de Joe, que estava com 16 anos, e que iria se juntar a ela depois de uma viagem pela Europa, Vivienne deixou a Inglaterra. Sua coleção seguinte, "Hypnos", para a primavera/verão de 1984, foi criada enquanto morava com Carlo na Itália, e aprendia italiano. No fim, Carlo D'Amario é persuadido a contar a história:

"Eu tinha acabado de voltar do Afeganistão, onde dirigia um escritório da Fiorucci, importando joias étnicas e couro de carneiro – coisas hippies. Fazia aquilo havia quase dez anos. E estava procurando um novo emprego em Londres ou Paris. E tudo que eu ouvia em Paris era 'Worlds End, Worlds End'. E vejo Vivienne pela primeira vez lá. E ela era incrível – esse punk – esse desfile incrível, 'Bruxas'. E me lembro de Vivienne dizendo, 'Quero mudar o mundo'. Naquela época, nos anos 1980, as pessoas ainda falavam sobre 'o sistema' como se a moda não fosse parte dele. Thatcher era o sistema. Reagan era o sistema. A Coca-Cola era o sistema. Não a moda. Então falamos sobre o sistema. Então fui vê-la de novo, em Londres. E Vivienne já era bem famosa naquela época. Isso é antes de McQueen e Galliano* – ela foi o primei-

* Alexander McQueen e John Galliano, dois designers britânicos que tiveram projeção internacional, ambos tendo sido diretores da marca Givenchy. (N. do E.)

ro grande talento britânico reconhecido internacionalmente. Por isso foi um grande choque quando visitei o escritório dela, porque dava para ver que o negócio era um desastre e ela não tinha dinheiro, e apenas pensei, 'ah, droga'. Não era um negócio. Era punk. Eu costumava chamá-lo de 'Bombaim', aquela fábrica de caos em Camden. Mas a vi, e em um segundo tomei a decisão de ficar. E é por isso. É como quando você é uma criança e outra criança lhe diz, 'Entre para brincar comigo', e você sabe instantaneamente que vai ser uma aventura. Não se tratava de dinheiro. Não era o que as pessoas achavam ou acham – não era com um olho nas coisas. Foi apenas 'Entre em minha casa e brinque com os meus brinquedos'. Então entrei.

"A primeira coisa que fiz foi vender meu carro. Tinha dirigido minha Mercedes da Itália, pelos desfiles de Paris, até ali e a vendi. Foi imediato para mim, como um caso de amor. Apenas disse a ela, 'Vou ficar com você, Vivienne'.

"O problema é que estava confuso com Malcolm, pessoal e comercialmente. Worlds End, a marca, assim como a loja, também pertencia a Malcolm McLaren. Não havia 'Vivienne Westwood' em nenhum lugar. Então, eu disse a Vivienne:

– Esqueça Worlds End, esqueça Malcolm. Vamos chamar o que você está fazendo do que deveria ser chamado: vamos chamar 'Vivienne Westwood'.

"Parecia a mim que ela tinha sido como Cinderela, aquela mulher que fazia todo o trabalho de verdade enquanto Malcolm ia ao baile. Porém, ali estava minha perspectiva diferente, eu era da Itália e, na Itália, Vivienne já era o nome de verdade. A *Vogue* italiana, por exemplo, só queria falar com Vivienne. As pessoas esquecem, ela era mais famosa fora do Reino Unido naquela época: a Itália, a França e o Japão a descobriram muito antes que os britânicos, em termos de moda, se não em termos do punk. Isso acontece. Giorgio Armani era mais famoso nos Estados Unidos do que na Itália, para começar. Mas eu podia ver que ela tinha que sair da sombra de Malcolm financeiramente também.

"Então eu disse que a levaria para a Itália. Comecei a tentar melhorar o nome dela, sua reputação, individualmente. Primeiro de tudo, tinha que ser o fim da 'Worlds End' – porque se tudo fosse feito pela Worlds End, metade do lucro iria para Malcolm. Segundo, consegui um grande empurrão para Vivienne pessoalmente na Itália – a *Vogue* italiana e dali por diante, para fazer um perfil apenas dela. E então 'Vivienne Westwood' começou a ser uma história italiana. E tem sido, em alguma medida, desde então. A TV italiana fez a cobertura dela. Já tínhamos começado a fazer coisas na Itália. Eu me ofereci para pagar a Malcolm pela Worlds End, para comprar a parte dele. E ele recusou, de primeira. Contudo, no final estava afundando e ficamos com o nome. Em seguida, fui até Elio Fiorucci e disse:

– Você tem que me ajudar com essa mulher incrível, porque ela tem todo esse talento, e todo esse potencial, mas não tem capital.

E ele falou:

– Ligue para Giorgio Armani.

Então Fiorucci e eu ligamos para o administrador na Giorgio Armani, Sergio Galleotti, o homem que construiu Giorgio Armani. E, no dia seguinte, concederam-me uma reunião com Sergio Galleotti. Era como se reunir com o papa. Fui a um prédio enorme no centro de Milão e eles foram tão gentis comigo que fiquei desconfiado – há um cappuccino, muito bom, e Galleotti falou:

– Então, qual o problema?

– Bem, tenho esse Grande Nome, Signora Vivienna Westwood, mas preciso de dinheiro – respondi.

E ele falou:

– Vivienne Westwood?!! Sem problema... quanto dinheiro você quer?

Eu não tinha ideia do que dizer, então apenas falei sem pensar:

– 300 milhões; precisamos de 300 milhões – isso era no tempo da lira, o que era na época cerca de 150 mil libras, então, dinheiro de verdade. Só que ele apenas sorriu e comentou que ela o fazia lembrar de como era com Armani no início. E me deu o dinheiro. E esse era para ser o acordo: Giorgio Armani apresenta Vivienne Westwood. Uma joint venture. Mas enorme. Contei a Vivienne e ela ficou muito feliz. Ia mudar tudo. E eu me senti, sabe, como o menininho holandês com o dedo na represa – é essa a palavra? – segurando a água, que podíamos escapar com tudo. Mas então aconteceu o seguinte: Galleotti morreu – uma das primeiras pessoas na Europa a morrer de Aids – e eles recuaram.

"Em seguida houve duas coisas que deram errado ou não aconteceram na Itália. Nunca houve uma colaboração Armani/Westwood no fim. Mas Galleotti ensinou muito a mim e a Vivienne. Aprendemos que o homem de negócios mais sábio da moda italiana tinha fé de que Vivienne podia ser outra Armani. E Galleotti falou dos filhos que teríamos (criativamente!), Vivienne e eu, e sobre o futuro. Ele ensinou a mim e a Vivienne a pensar além, muito além de Worlds End. Antes de morrer, ele nos disse que o quanto mais criativo você é, mais precisa de uma estrutura. Uma viabiliza a outra. E antes disso, para mim, a moda fora 'sexo, drogas e rock and roll'. Eu queria fazer diferente, por Vivienne."

"Ele é muito interessante", continua Vivienne mais tarde naquele dia; "muito cheio de histórias grandiosas, mas verdadeiras, diferentes das de Malcolm, e dizia aquelas coisas incríveis. Minha vida sempre tinha se transformado em ideias. E simplesmente o adorei quando disse, 'Deixe o establishment para trás. Corra mais rápido. Tenha ideias melhores'. Adorei aquilo. Então falei, 'Certo: seja meu administrador. Eu vou para a Itália'. Começamos a namorar logo depois disso. Porém apenas por alguns meses. Não aqui na Inglaterra. Na Itália. E isso foi muito bom para mim, estar com Carlo, porque me fez superar Malcolm completamente, fiquei completamente livre dele e de me preocupar com ele. Aquilo foi muito bom para mim. E ir para a Itália e apenas fazer uma mudança total. Então foi assim, e continuamos trabalhando, Carlo e eu. Por que o relacionamento amoroso acabou? Bem, ele apenas não me desejava mais, acredito. Acho que foi isso. Pelo que me lembro. Apesar de haver problemas com aquilo ser um relacionamento desde o princípio. Para começar, Carlo me culpava por tudo que dava errado. Um dia ele disse que eu era uma bola e uma corrente em volta de sua perna. Mas ele se desculpou; bem, não, ele não se desculpou, ele se *explicou* depois. Um dos amigos dele na Itália tinha dito: 'Carlo, os ingleses precisam sofrer. É apenas parte do problema deles.' Então, ele considerou isso como conselho de como lidar com uma mulher inglesa, e decidiu que eu precisava sofrer, dizendo que cada vitória era dele e cada revés era meu. Então, não era muito bom, como uma relação pessoal. Mas como uma relação de negócios, funcionava. As coisas realmente deram errado, tivemos mesmo problemas com a empresa e tentando tirar o controle de Malcolm, então, nessa medida, é claro que Carlo estava certo. Eu vinha com bagagem.

"A cada poucos meses eu voltava para a Inglaterra para tentar ver Ben e Joe, e ver se eu conseguia salvar a loja e nossas finanças, então o maior período que fiquei com Carlo na Itália foi dois meses. Eu ficava na casa de Carlo em Milão e ele tentava achar uma boa produção na Itália. A 'Hypnos' (primavera/verão de 1984) e a 'Clint Eastwood' (outono/inverno de 1984) e até a 'Mini Crini' (primavera/verão de 1986) foram feitas na Itália. Aquele era nosso plano e o que estávamos fazendo. Aprendi italiano. Eu havia tido um namorado italiano uma vez, por pouco tempo, que voltou à Itália e então aquele foi o fim dele, mas com Carlo aprendi italiano. E eu tinha que aprender, na verdade, porque na fábrica era tudo que se falava.

"E amei a Itália desde então, a amei naquela época e achava que Carlo era maravilhoso. Achava que ele era a resposta. Porque ele era um homem tão incomum, e naquela época eu estava muito – bem, eu estava *interessada* nele. E achava o que ele tinha a dizer estimulante e instrutivo. Isso é o que me atrai aos homens, a qualquer pessoa. Eu aprendia com ele. Rejeitei muito daquilo por que Carlo se interessava conforme continuei, mas foi um estágio em aprender coisas, entender pessoas e entender os negócios. Porém, nunca estive a ponto de me mudar para a Itália permanentemente para estar com ele. Estava claro que isso nunca ia acontecer. Minha casa era aqui, em Londres. Havia meu

"Carlo disse, 'Aqui está sua logomarca': a orbe real e o futuro."

apartamento, meus meninos, apesar de Joe ter saído por um tempo... e então Carlo e eu concordamos em ficar amigos. E assim ficamos. Essencialmente. Por trinta anos.

"Mas houve outra consequência à história de Carlo e da Itália. A separação final de Malcolm ocorreu no desfile da coleção 'Hypnos', em Paris, em outubro de 1983. Malcolm foi e estava fazendo joias de borracha para o desfile com Tom Binns. Acessórios. Eu estava com Carlo. Malcolm então percebeu que o que ele tinha escutado era verdade. E quando aquela realidade o atingiu, Malcolm me pediu para voltar para ele. Apenas ri. Eu me lembro no aeroporto, Carlo e eu voltando para a Itália, e Malcolm estava lá e me pediu para ficar com ele, só ri sem acreditar e pensei, 'É tarde demais, Malcolm'. E dali pra frente as coisas ficaram ainda mais feias."

"A história continuou", prossegue Carlo mais tarde, "Vivienne e eu, e não sei realmente o que dizer, exceto que quase o tempo todo um estilista tem um parceiro, um administrador, e em algum ponto houve algo ali, homossexual ou heterossexual, e isso é normal e assumido na moda... e, veja, era um tempo heroico, é como penso nele. Estávamos na estrada. Dormíamos juntos. Ficávamos nos mesmos quartos juntos e dirigíamos a van juntos. Sim, dividíamos uma cama e era assim que era e como penso naquilo: estávamos lutando juntos no deserto. Éramos camaradas. Não éramos um casal burguês qualquer, éramos soldados na batalha... que dormiam juntos. E, veja, nós éramos muito diferentes. Estávamos convidando pessoas para nossas vidas, para nossa casa, para investir em nós. Aquilo parecia mais importante do que tudo. Moda: as pessoas acham que é como uma festa em Hollywood. Mas você precisa ter sua casa em ordem, não apenas algumas grandes ideias malucas. Então me concentrei nisso. É como uma casa que precisa de um encanador. Eu sou o encanador aqui. Uma casa que funciona precisa de um. As pessoas trataram isso como um novo conceito. Porque, antes de nós, ninguém tinha feito isso, pegado alguém como Vivienne, uma verdadeira dissidente, e dito, 'Podemos fazer disso um negócio também'. Mas foi o que fizemos. O encanamento." (Como comentei, Carlo fala em parábolas.)

"Houve três pessoas com as quais produzimos na Itália", explica Vivienne, "primeiro, Lorenzo, depois Carlo falou com Galleotti a respeito de Armani e planejamos fazer a 'Harris Tweed' e a 'Mini Crini', mas então no fim fizemos aquela coleção com Chianciano." "Criamos uma nova empresa", diz Carlo. "Casnell. Um nome pronto para uso. Ela tinha base na Grã-Bretanha. Hoje em dia, Vivienne Westwood, a empresa, tem uma parte em Milão, mas não naquela época. Nossa parceria profissional data do meio dos anos 1980, mas eu ficava para lá e para cá, algumas semanas aqui, outras colocando a produção no lugar na Itália. Mantivemos a estrutura em Londres: a Worlds End e 'Bombaim' – as reuniões em Camden. Mas também consegui mostrar a Itália a Vivienne naquela época. As fábricas e as viagens. Outra vida. Algumas vezes em hotéis cinco estrelas, algumas vezes dormindo no chão. Trabalhamos com uma empresa e essa empresa faliu. Vivienne e eu tivemos que escapar com todas as estampas e tudo mais que eles tinham nosso, e escapamos juntos à noite de Rimini para Milão num furgão Ford Transit que aluguei. Eram tempos heroicos. Em um hotel, como me recordo, estávamos maquinando o futuro – e essa é a outra coisa que poderia ter ido muito melhor e mais rápido. Uma noite eu disse para Vivienne que precisávamos de uma cereja no bolo, chamar Madonna. Usamos Madonna em nosso desfile. Era para a 'Mini Crini', que era em parte um monte de coisas da Minnie – sexy, mas americana, bem Madonna, e Vivienne respondeu:

– Aaaah, não, Carlo, não posso simplesmente ligar para a Madonna.

"Nós ligamos, entretanto. E fomos em frente, e uma assistente nos ligou de volta e colocou Madonna no telefone; e era Madonna, de verdade, eu sabia por causa do sotaque, como se ela mascasse chiclete, e ela disse:

– Oi, é a Madonna, posso falar com Vivienne Westwood? – E ela queria fazer algo com Vivienne.

"Eram três da manhã e eu pensava: 'Obrigado, *porra* – é a Madonna –, vamos fazer algo grande com Madonna', e elas devem estar se dando bem porque em seguida Madonna dizia que podíamos usar a casa dela em Londres, seu estúdio de produção ou qualquer coisa assim, para ensaiar para o desfile. Mas Vivienne falou:

– Aaaaaah, Madonna, não, não, não, não se preocupe; tenho um lugar onde podemos ensaiar.

"Madonna ainda dizia:

– Claro, claro. – Mas quando voltamos a Londres para ensaiar o desfile para Paris e tentamos entrar em contato, ela não retornava nossas ligações. Então há duas coisas da Itália que quase mudaram tudo para Vivienne: Armani e Madonna!"

De volta a Londres enquanto Vivienne estava na Itália, as coisas ruíram. "Nunca estivemos falidos de verdade – isso é absolutamente inverídico, o que foi escrito", afirma Vivienne, "mas foi muito, muito difícil."

"Nós nos inscrevemos para receber a verba em prol dos desempregados", conta Joe, "eu e Ben, recebendo vinte libras por semana ou algo assim, sabe, e chegamos ao fundo do poço, não dava pra chegar mais fundo. E há força nisso. A única direção quando se está por baixo é para cima, e a sensação era essa. Apesar de toda a atenção da imprensa que tenha havido. Não se tratava de ser forte. Era apenas, 'É isso que devemos tentar e fazer'. E fizemos. Recuperamos a loja e trouxemos mamãe de volta da Itália e começamos tudo de novo."

As coleções de Vivienne desenhadas na Itália incluem a "Hypnos", a "Clint Eastwood" – batizada em homenagem aos filmes de faroeste espaguete que fizeram o nome de Eastwood – e a altamente influente "Mini Crini" que redesenhou a silhueta dos anos 1980 e lançou uma nova linguagem de roupas íntimas na moda moderna. As coleções "Hypnos" e "Clint Eastwood" pareciam prontas a vender bem, mas a estrutura não estava no lugar para que se lucrasse efetivamente com elas. Essas coleções incluíram tecidos stretch e temas futuristas que se tornaram o esteio da cultura obcecada com o corpo de meados dos

Sara Stockbridge exibe a saia mini crini e as botinhas *rocking-horse*.

anos 1980, mas o desfile da "Clint" quase não aconteceu quando as fivelas chegaram tarde e tiveram que ser costuradas pelas próprias modelos. Os fãs de Vivienne na plateia, incluindo John Galliano e Alexander McQueen – ambos apenas começando suas carreiras na moda – esperaram por duas horas, mas eles e a imprensa presente consideraram que o atraso mais do que valeu a pena.

O período italiano de Vivienne testemunhou a criação da coleção "Mini crini" (1985) que é creditada por mudar a silhueta da moda das mulheres. A ela também se dá o crédito, embora não por Vivienne, de mudar o curso de sua carreira. "Isso foi mais com a 'Harry Tweed', mas, na verdade, na época, as coisas nunca parecem estar mudando a vida. Eu tinha sido inspirada por fotos da rainha quando criança e por uma bailarina. Eu tinha ido assistir a *Petrushka*, o balé, e havia uma armação de vestido como um sino, que balançava. Eu sabia que aquilo era incrível. E guardei aquela ideia para quando precisasse. E esse dia chegou na Itália." O impacto da "Mini crini" foi diverso. Em primeiro lugar, ela redesenhou a silhueta: bem poucas mulheres de fato adotaram a armação de saia propriamente, mas ela sinalizava a morte das ombreiras dos anos 1980 enquanto devolvia à forma feminina a realidade dos ombros femininos redesenhando a cintura. Às vezes a coleção é citada como as origens do trabalho de Vivienne com os espartilhos, embora, mais precisamente, isso tenha acontecido um pouco depois, com a "Harris Tweed". Mas revelando os detalhes em renda na parte de trás da saia, começou o interesse em roupas íntimas como peças para serem mostradas, o que era parte da brincadeira da saia mini crini, em primeiro lugar, uma paródia de estruturas vitorianas que realçavam o erotismo latente de roupas estruturadas. O fato da coleção ter conseguido ir da Itália para o Cour du Louvre para a primavera/verão de 1986 foi em parte uma história de quase desastre, de um Joe Corré de 17 anos e um amigo italiano dirigindo pelos Alpes.

"Eu já tinha saído de casa naquela época e estava morando em Finchley", recorda-se Joe. "Foi uma época ótima, saindo com Guy Ritchie e um monte daqueles garotos com os quais eu tinha crescido no sul de Londres e mais tarde se lançaram ao crime ou à imprensa. Eu não usava drogas, particularmente, então economizei uma boa grana e decidi que queria viajar e ver mamãe na Itália. Peguei o ônibus e acabei na Toscana. Ela estava ficando num hotel lindo, fui e fiquei lá. Eu vinha dormindo em espeluncas no caminho para lá, então foi maravilhoso. Mamãe estava nos estágios finais da 'Mini Crini'. Foi um verdadeiro ponto de virada para nós dois. A loja Worlds End tinha fechado. Estávamos lá na Itália. Fui com ela a Paris, ou melhor, viajei com a coleção no furgão pela fronteira com esse rapaz italiano. Fizemos o desfile e foi enorme. Ela acabou me perguntando, depois daquele desfile, se eu a ajudaria a se restabelecer na Inglaterra. Mudou minha vida. Mas então a empresa italiana decidiu pular fora: eles acharam que era muito *avant-garde* para eles, muito extrema. Embora tenhamos conseguido a capa da *Vogue* como melhor coleção em Paris naquela estação. Carlo e Vivienne concordaram em mandar a coleção inteira para Nova York para Susanne Bartsch, que tinha uma loja por lá e administrava clubes noturnos e estabelecimentos em Manhattan, para que ela pudesse fazer um tipo de desfile em Nova York."

A coleção, consequentemente, teve um tipo de lançamento no clube Limelight em Nova York e se tornou, brevemente, o máximo do que era descolado em Manhattan dentro do mundo do clube –, mas Susanne só tinha a coleção de passarela para vender, e nenhuma perspectiva de produção de mais de Londres ou da Itália. Ela teve impacto, entretanto, simplesmente por causa da rápida reação da imprensa de moda de Paris e de Nova York. "Eu sei e eu sabia", lembra-se Vivienne, "quando as coisas serão um sucesso, e eu sabia então, com o espartilho e com a armação da saia. Você precisa ter um senso do que é certo." Mais adiante, creditou-se à coleção a origem de uma moda breve de saias estufadas, que Christian Lacroix colocou na passarela aparentemente em homenagem a Vivienne. "Não foi bem assim", comenta Vivienne. "Mais tarde eu estava com um amigo dele; ele sempre foi um homem tão gentil, realmente uma boa pessoa, e ele disse: 'Quando vi a coleção 'Mini Crini', não soube o que fazer porque você já a tinha feito'. Ele já estava trabalhando em ideias parecidas. Então meu nome surgiu com isso."

No arquivo, libertada de seu saco grosso cor-de-rosa, e então balançando em tumescência empertigada, cortesia de uma barbatana de vinte anos – o Viagra das roupas íntimas – está a saia mini crini original da passarela. Flamejante com pontos bege sobre seda vermelho-sangue, parece não usada, e Murray Blewett sorri seu sorriso gentil como se alguém tivesse acabado de lhe trazer uma doce lembrança. "Então era sobre a 'Mini Crini' que eu queria falar", diz Vivienne. "Você tem que colocar as coisas sob contexto, porque estamos falando de moda; você tem que pensar no visual da época. O visual da época era Thierry Mugler, Claude Montana. Era a versão deles do futurístico, a versão deles da era espacial. O que realmente me interessava é quando é usada como uma roupa íntima, quando a crini tem a intenção de mudar a forma das roupas das mulheres. Pelos dez anos anteriores as roupas tiveram ombreiras e quadris apertados – o triângulo invertido –, mas eu queria que as mulheres fossem fortes de um jeito feminino. Esses vestidos dão uma postura de balé e são muito, muito elegantes... dão presença e balanço da forma mais sexy. Comecei com a silhueta, como se faz, que é apenas uma silhueta bonita e clássica que me lembrava de minha infância e dos casaquinhos que a princesa Elizabeth tinha. Mas então também olhei para Brigitte Bardot, que era uma heroína para mim. Havia esse sentimento dos anos 1950, formal e brincalhão. Era um sentimento bem infantil de Lolita. Eram ideias que eu tivera no fim dos anos 1970 que eu tinha guardado. E na época eu estava rodeada por pessoas como Jordan, que tinham algumas referências de balé em suas roupas, e eu estava com Carlo, e Carlo tinha uma influência, é claro. Ele tinha uma grande paixão por Walt Disney, então ele me incentivou a procurar inspiração em Walt Disney. O que me deu algumas das cores e estampas. Então, você vê como isso é feito: essas três tiras de tecido, usando a largura do tecido, foram costuradas juntas e então um canal foi inserido nas vísceras por dentro, por onde a barbatana é inserida e o segura. O cós e a amarração se referem ao cordel que é puxado para apertar. Lembra-nos de roupa íntima, e isso remete à coleção 'Piratas', em certa medida. Então é sensual. Divertido. Esse era todo o ponto: você se senta no metrô com aquilo, ela levanta. Você pode mostrar sua calcinha apenas pelo jeito que anda ou se movimenta ou dança. Por isso as pessoas a amavam porque ela tinha um aspecto legal de flerte. E de dança também. Mostrando ou não mostrando, é disso que se trata. Era usada com um conjunto de malha e casaquinho de lã e com pérolas, então era um aceno à minha juventude também, a fotografias da rainha e a Brigitte Bardot nos anos 1950. Fazia referência até a Jordan, porque ela costumava usar malha e casaquinho de lã e pérolas na loja. E com tudo isso, diferentemente de hoje em dia, havia elementos masculinos como um terno de alfaiataria, que é um terno ajustado com uma fileira única de botões com um ombro mais estreito clássico, que não se parecia com nada da época. Azul-claro ou de lã azul-marinho ou um vermelho vibrante."

Da coleção "Mini Crini" falou-se como tendo levado Vivienne em direções radicalmente diferentes, mas, para ela, remetia a trabalhos anteriores – a "Piratas", em particular – e para frente, com seus paletós de lã de alfaiataria e justos, às preocupações da "Harris Tweed" encabeçando seu caminho. O extraordinário é que essa coleção, que teve tamanho impacto na silhueta da moda feminina e que avançou a história dos sapatos (suas plataformas *rocking-horse*), espartilhos e roupas íntimas como peças para se usar nas ruas, tenha sido toda criada exatamente quando o mundo de Vivienne estava implodindo novamente. "Toda aquela atenção. Nenhum dinheiro. As roupas em Nova York", como coloca Joe, "então minha mãe e eu acabamos voltando para Londres. Ben tinha se isolado em Thurleigh Court, morando em apenas um quarto, isolado por medo dos cobradores que batiam à porta todos os dias, atrás do dinheiro que mamãe e Malcolm deviam. Era um pesadelo. Exceto por mamãe, parecera assim para sempre. O que era extra-

Vivienne e Holly Johnson (da banda Frankie Goes to Hollywood)
na Worlds End, 1986, por Ben Westwood.

ordinário, olhando para trás, é que ela nunca desistiu – ela apenas continuou. Ela tinha se separado de Malcolm. O negócio tinha ido por água abaixo. Não precisava ser assim... mas Malcolm foi tão cruel, odioso e tão escroto com ela quando se separaram que tentou destruir tudo o que tiveram, e destruí-la junto. Quero dizer, ele foi realmente muito escroto. É o que penso. Mas sabe o que ela fez? Deu um jeito de conseguir a coleção de pilotos de volta de Nova York – bem, uma parte – em vez de a coleção ir para a Itália, para onde deveria ter seguido, e a trouxemos para Londres. E ela admitiu a derrota e reabriu a loja para vendê-la – vender o que ela tinha feito. Ainda não pertencia a ela. E, assim, abrimos a loja lá novamente. E foi onde começamos. Ela e eu. Com a merda de uma luz de velas, de início, porque a porra da eletricidade tinha sido cortada.

"A história real", conta Vivienne, "foi que Susanne Bartsch, em Nova York, deu algum dinheiro pra mim e fez um pedido. Então, tínhamos roupas semiprontas para Nova York, cortadas, mas não costuradas. Só que Susanne nunca conseguiu mandar a segunda metade do dinheiro, então mantivemos as roupas de passarela em Nova York e as vendemos. Eu precisava de duas mil libras e simplesmente não conseguia juntar essa quantia, para reabrir a loja, terminar as roupas, pagar a alfândega; e Scott Crolla, o namorado de Georgina Godley antes de ela se casar com Sebastian Conran, tinha uma loja incrível e me emprestou o dinheiro. Ele não era rico; fez isso por respeito. Por mim. Algo tão maravilhoso de se fazer."

A notícia de que Vivienne estava de volta a King's Road se espalhou rápido e a já lendária nova coleção "Mini Crini" foi para a vitrine do número 430. Isabella Blow comprou vários trajes. "Ela usava minhas roupas em aviões, o que causava impacto naquela época." Murray Blewet recorda-se do alarido para cima e para baixo na rua e a pressa para chegar lá, ver e, se possível comprar, sabendo que a coleção ia se esgotar e por medo de que Vivienne se afundasse completamente. Pouco depois, Murray se viu costurando a coroa icônica que adornou a coleção seguinte, mas que é frequentemente vista nos ensaios fotográficos com a mini crini. Ele tem estado com Vivienne desde então.

"Eu estava trabalhando em King's Road e alguém disse, 'Vivienne está de volta! Há alguma nova atividade na Worlds End – está reaberta, com a mãe de Vivienne trabalhando por lá, e à luz de velas'. Dora Swire administrava a loja – Joe também estava lá, no verão de 1986, e todos fomos até lá e gastamos tudo que podíamos comprando aqueles pilotos. Por Vivienne. Porque a amávamos e todo mundo queria apoiá-la. Eram coisas incríveis. As pessoas esquecem, porque repararam basicamente nas saias mini crinis, mas foi realmente o início do belo tipo de alfaiataria Savile Row para os ternos masculinos por lá também. A própria Vivienne tirou minhas medidas. Comprei um dos 'ternos Savile': uma fileira única de botões, leve, de lã azul-clara. Longo, lapelas finas. Um botão âmbar de tartaruga, com a orbe de Vivienne nele, que agora está por todo o mundo. Ternos como aqueles mudaram tudo. Era como Roxy Music por todo canto, ou Kid Creole. No clube Limelight e lugares como Heaven, Taboo, Bar Industria, de repente todas as pessoas mais bonitas e descoladas em Londres estavam vestidas de Vivienne dos pés à cabeça", recorda-se Murray.

Algo que logo se tornou evidente era que Vivienne precisava de uma logomarca. "Quando fiz a coleção 'Harris Tweed'", lembra-se ela, "criei um suéter imaginando que seria para o príncipe Charles, algo que ele poderia usar com um *kilt*! Tinha um cardo, uma rosa, um trevo, leões bravos. E na época, Ben estava muito ligado à astronomia. Eu gostava da ideia de algo irradiante e futurista. Esse suéter dizia 'Céu profundo'. E Carlo falou, 'Aí está sua logo': a orbe real e os anéis de Saturno: a tradição e o futuro. Além do mais, sou uma grande fã do príncipe Charles."

Essa logomarca, representando a britanidade e preocupações globais e futuras todas de uma vez, refletia também um pouco da dualidade da empresa Vivienne Westwood na época e desde então. Vivienne se deslocou mais e mais para os reinos da alta-costura e da alfaiataria com referências históricas, ao mesmo tempo, porém, continuou a repetir gráficos modernistas e modelos punks antigos. Murray, se mudando para trabalhar nos estúdios de Camden, criou reinterpretações dos anos 1980 de modelos punks clássicos, com alfinetes de segurança fluorescentes dos anos 1980, por exemplo, assim como deu continuidade ao seu trabalho em coroas sob medida e espartilhos. Eles não apenas eram vendidos lado a lado na Worlds End, mas eram, e ainda são, usados juntos na impetuosa mistura de referências e estilos que tipifica a família Westwood. "Penso nisso como anglicidade", comenta Vivienne, "essa mistura de muitas referências, sempre alguma história, sempre algo mais."

No inverno de 1986-87, Vivienne estava imersa em pesquisa para a coleção que consolidaria seu deslocamento para a alfaiataria e de fato

Desenhos originais para o Red Label Vivienne Westwood, por Vivienne, 2000.

9
10
Cinnamon shirt in red #
11
12
13
14
Coat
Dress
24
Grey Vanilla
25
26
27
28
37
38
39
40
41
35
36
49
50
51
55
64
65
66
70
63
67
68
69

para o coração do público britânico, a coleção que ela batizou simplesmente de "Harris Tweed". Ela já tinha trabalhado muito com tecidos britânicos pesados; os fios de lã penteada e feltros que deram estrutura a algumas das roupas da "Buffalo" e da "Punção". Eram exatamente os mesmos tecidos que tinham revolucionado a alfaiataria no final do século XVIII quando Beau Brummell trouxe a moda de cavalaria e uniforme e a estrutura neoclássica à moda moderna. Vivienne estava indo na direção do tweed, com suas associações antigas à região campestre britânica e à aristocracia britânica: ideias e imagens que se refletiriam em seu trabalho por anos vindouros. "Adoro parodiar o inglês, e usar tecidos britânicos. Temos essa tradição incrível: um tecido para caça às raposas, outro para abertura do parlamento, outro para caça a tigres no Raj; isso é o que uso como estilista."

Enquanto isso, de volta ao lar em Thurleigh Court, Gene Krell percebeu a confiança e o ânimo recém-descobertos de Vivienne, e uma dedicação singular para fazer o máximo da oportunidade de se provar na moda. Ela disse que gostava de ficar sozinha (apesar de ele ter tentado, sem sucesso, juntá-la com Keith Richards, por quem, afirma ela, perdeu o interesse depois de ele passar uma tarde sentado em frente à televisão cutucando os dedões dos pés), e estava preenchendo o vazio em sua vida com a partida de Malcolm de uma maneira intrigante: considerando ela mesma uma mudança parcial para a música. Uma parte totalmente não celebrada da extraordinária carreira de Vivienne Westwood são suas incursões ocasionais à escrita lírica, mas, especificamente, sua criação de uma banda, esquecida há muito tempo, que fundia moda, arte, encenação ambiciosa de peças teatrais e as próprias músicas de Vivienne de uma maneira bem à frente de seu tempo. A banda foi chamada de Choice, no fim, e a busca por um vocalista foi parte do que levou Vivienne a ligar para Madonna do quarto de hotel italiano de Carlo. A intenção é que fosse um projeto de fusão, não diferente dos Sex Pistols, na forma que se tratava de um "visual" (as roupas de Vivienne) tanto quanto de música e era para se tratar de uma ideia: os usos da alta arte na cultura pop, junto a cantigas folk inglesas reimaginadas e reformuladas por Vivienne. No fim, sua escolha por uma vocalista principal foi pela modelo de 22 anos Sara Stockbridge, que se tornaria o rosto de Westwood por muito do restante dos anos 1980 e 1990.

"A ideia da banda", explica Vivienne, "era de cultura. Havia todas aquelas músicas que eram histórias, e a ideia era para ter vídeos incríveis, mudanças de visuais e que Sara interpretasse aquelas músicas a respeito do passado, sobre um homem primitivo, sobre Vênus, a deusa do amor." Era uma ideia radical, ainda mais por não haver uma voz singular criativa ou musical. Simon Baker empresariou o grupo e ajudou a transformar as cantigas murmuradas de Vivienne ("muito Hilda Ogden", de acordo com Murray; "meio cantigas folk, e adoráveis", de acordo com Sara) em sucessos em potencial. Mas se tratava bem mais do visual do que do som, e o visual era extraordinário e lindo. Em um deles, Sara saiu de uma projeção enevoada da *Venus*, de Titian, completamente nua; em outro, uma moldura dourada gigante enquadrava toda a banda. Talvez estivesse à frente de seu tempo, mas para aqueles no intimamente relacionado cenário da moda e da vida noturna do final dos anos 1980, a Choice se tornou brevemente cult e poderia, se tivesse sobrevivido, ter levado o nome e a criatividade de Vivienne à arena pop e aos eventos de instalação e música da história musical recente.

"Tocamos na Limelight, em Nova York", lembra-se Sara, "e fizemos um grande evento contra a Aids em Nova York, chamado Baile da Vida, no Roseland Ballroom. Foi um evento enorme com todos os estilistas internacionais participando, e foi pedido a todos – dados cinco minutos para apresentarem o que quisessem. Então Vivienne apresentou a Choice."

"Sara saiu de uma moldura", recorda-se Murray, "e a multidão ficou louca. Uma vez interpretei um príncipe com um terno de veludo de Vivienne e coroa, no clube Kinky Gerlinky com Leigh Bowery, e fomos convidados para ir a Tóquio. A primeira vez que nos apresentamos fora do país foi no Hamburger Bahnhof, em Berlim, por três dias com Michael Clark, então foi estranhamente alto nível considerando que (a) está completamente esquecido hoje e (b) Vivienne não tinha dois centavos sobrando na época."

Sara Stockbridge continua muito bonita e não perdeu nada de sua risada mundana, sagacidade ligeira e sua atitude "não estou nem aí". A mistura bem britânica de sensualidade atrevida e boas maneiras levemente antiquadas que fizeram dela a musa perfeita, e de fato uma atriz, nos desfiles extravagantes de Vivienne do fim dos anos 1980, ainda a marca enquanto ela me oferece chá na sua casa em Brixton. "A Choice estava totalmente à frente do seu tempo. Por décadas", opina ela. "Uma roupa diferente para cada música. Como Madonna faria agora ou Kylie – e eu cantando com um sotaque bem inglês, o que todos fazem agora, mas soava estranho naquela época. Só que as músicas realmente eram muito boas, as ideias eram muito boas." Sara, uma mulher que já esteve na capa de todas as revistas importantes de moda do mundo e numa liga com as chamadas "supermodelos" da era, diz que seu único arrependimento, hoje, é que ela deixou a Choice de Vivienne se dispersar.

O sonho pós-italiano de Vivienne de interpretar Malcolm no próprio jogo dele e juntar um quadro teatral, belos trajes e Brit pop inovador não era para acontecer. Mas Sara foi modelo em quase todos os desfiles de "Harris Tweed" a "Anglomania" e ainda embeleza quase todas as lojas de Vivienne Westwood, em imagens icônicas de coroas, pele de arminho e blusas transparentes. E a Choice e Sara Stockbridge são lembretes importantes de que Vivienne estava se divertindo bastante, criativa e socialmente, conforme se aproximava de seus 50 anos, e também começou a saber que na Itália tinha encontrado não apenas um país, mas um homem que podia assegurar a ela as bases financeira e de produção para se lançar em algo ainda mais ambicioso do que uma butique em King's Road ou uma banda pop.

Hoje em dia, o Vivienne Westwood Group poderia quase ser confundido com uma empresa italiana. É localizado e administrado de Londres, mas a maioria da produção está na Itália, e é tão provável de se

Vivienne, com Carlo D'Amario ao fundo. Ancas postiças por Herr Kronthaler.

ouvir italiano ou alemão em seu centro de operações em Battersea quanto inglês. Ainda que a maior parte das roupas de tapete vermelho, muitos vestidos de noiva e encomendas especiais sejam feitos na Elcho Street, quase todo o restante da produção da família Westwood está atualmente baseado na Itália. Muito disso está com as amigas próximas de Vivienne, Rosita Cataldi e Paola Iacopucci, coproprietárias da Cataldi, a fábrica italiana que produz as linhas Gold Label [Selo Dourado], Gold Label knitwear [Selo Dourado tricô], Unisex e Knitwear [tricô]. As linhas MAN Gold Label [Selo Dourado Masculino], Anglomania e Red Label [Selo Vermelho] são feitas pela Staff International, na Itália. Esse é o modelo "Carlo": de acordo com D'Amario, pelo menos, Vivienne Westwood exemplifica o paradigma "desenhado no

Reino Unido, produzido na Itália e vendido para a Ásia" que agora emerge na moda. Vivienne dá de ombros. Ela é entusiasta da produção italiana, de habilidades artesanais e da estética "small-is-beautiful" [pequeno é lindo], baseada no livro do economista E. F. Schumacher. "Algumas vezes, na Itália, você vai até o galpão no final do jardim e descobre que é onde algum elemento de luxo e arte está sendo criado. Cresceram organicamente os negócios familiares estabelecidos após a Segunda Guerra." Mas agora está mudando novamente, em parte por causa da paixão de Vivienne por tecidos fornecidos e fabricados eticamente e sua determinação em reduzir a emissão de carbono. As camisetas Vivienne Westwood, por exemplo, agora são produzidas na Grã-Bretanha para garantir um baixo impacto ecológico de produção e o uso de algodão orgânico. Então, Vivienne ainda viaja à Itália em fins de semana ocasionais uma ou duas vezes por ano, como fez desde seus tempos com Carlo. Hoje em dia ela fica com Rosita e Paola, preferindo casas de verdade a hotéis, e para que possam trocar aulas de inglês e italiano. "Ela causa uma impressão profunda em nós e em todos aqui na Itália", comenta Paola, "ela 'penetra em sua alma' como dizemos em italiano; o enriquece profissionalmente porque para ela nada é impossível, o que é um desafio e uma alegria para nós e para a fábrica. Ela desafia nosso orgulho e criatividade italianos porque é muito minuciosa e assim também são seus modelos. E ela xinga muito bem em italiano, o que é bastante útil!"

O principal legado da expedição italiana de Vivianne foi e permanece sendo Carlo D'Amario. "Ele é o outro lado da empresa", diz Vivienne enigmaticamente. "Devo muito a ele, e ele arriscou bastante, no começo. As pessoas esquecem, depois da separação de Malcolm, dois repórteres da *Vogue* foram embora do meu desfile em protesto: Carlo tinha fé em *mim*. E ele e Andreas se dão bem."

Vivienne tem uma ligação com a Itália e, sendo assim, mais do que apenas a prospecção do know-how italiano ou de fato as habilidades de gerenciamento italianas de D'Amario. A conexão italiana permitiu a Vivienne florescer e expandir. O que acontecia, naquela época, era o seguinte: haveria um risco enorme em criar uma coleção com Vivienne encomendando tecidos que valiam dezenas de milhares de libras, sem saber o que ia vender, mas precisando estar preparada para pedidos. É o problema clássico quando um estilista dá esse salto, como deu Vivienne, de butique para internacional. Quando quase toda a produção era na Inglaterra, havia o perigo de Vivienne ir à falência a cada estação. Esse foi o motivo de Carlo sugerir introduzir outra marca, outra linha, que se tornou a "Red Label". É uma linha licenciada ou o que é conhecido por uma linha de difusão. Em outras palavras, ela tira a inspiração da coleção principal de Vivienne, a Gold Label, mas os cortes não são tão extremos e são mais acessíveis. Há muito tempo, esse é o modelo de negócios para outras casas de moda comparáveis na Itália. E também, sendo uma licença, Vivienne não carrega o risco de ter que financiar o desenvolvimento. Ela agora vende criações e o risco é assumido pela fábrica na Itália, ou pelas pessoas que produzem a linha.

Enquanto isso, um pouco da Red Label também é vendida nas lojas Vivienne Westwood, em termos vantajosos. Porém, a coleção de alta-costura Gold Label e a linha Worlds End só são conseguidas em uma loja Vivienne Westwood. "A empresa de Alberto Biani na Itália, 'Nova York', foi muito útil, e então finalmente encontramos Paola e Rosita, que são maravilhosas. A Itália afetou tudo. Veja as roupas de tricô fino. Eu introduzi isso de volta à moda, quando encontramos o maquinário que conseguisse fazê-lo. E é claro que simplesmente fazemos os melhores sapatos no mundo da moda. E bolsas. Eu poderia continuar falando." Mais tarde, uma linha masculina foi iniciada – Vivienne Westwood MAN, e a MAN também é licenciada, mas tudo é desenvolvido na Inglaterra, e quase tudo feito na Itália.

A empresa Vivienne Westwood se expandiu pesadamente ao longo dos anos. Há uma linha de joias, que sempre foi uma parte importante das coleções, mas também acessórios, lenços, óculos, malas e artigos de

A coleção Vivienne Westwood MAN, lançada em 1996.

couro e perfume, que podem gerar lucros que ultrapassam de longe a moda que deu início a tudo. "Mas acho muito importante", insiste Vivienne, "que vendamos *nossos* modelos. A alta-costura é nossa força vital... Tenho ciência de que bolsas são algo muito importante, comercialmente." Contudo, como diz Brigitte Stepputtis, "Vivienne tem tudo dentro de um senso; somos quase únicos como uma casa de moda que lucra com a moda, com roupas – não está tudo apoiado nas franquias, porque Vivienne está no controle. Ela não está lá fora sendo uma marca à venda, mas ao mesmo tempo não está em risco constante de exposição financeira".

E por último, deve ser dito, o que Carlo e Vivienne fizeram juntos foi ter, em vez de alugar, a propriedade. Worlds End, Davies Street, Elcho Street em Battersea e a sede em Conduit Street. "Carlo gosta de investir em lojas, e eu gosto porque podemos vender direto de nosso próprio espaço", explica Vivienne, apesar de um dos efeitos colaterais disso ter sido a revivificação da área ao redor da Conduit Street em uma meca da alta moda. Vire à esquerda no topo da Savile Row, e ali está Vivienne Westwood. É mais uma razão pela qual o negócio fica de pé como um modelo, internacionalmente. "Você pode pegar um nome como o de Vivienne", diz Brigitte de forma admirada, "e usá-lo para restaurar toda uma área, trazer investimento e fazer toda a empresa menos vulnerável aos ventos da moda."

Carlo resume tudo de forma mais sucinta em seu modo preferido de parábola: "Quando Vivienne e eu estávamos no palácio de Buckingham em 2010 e ela se tornou Dame, apertei a mão da rainha, e é claro do marido, que não lembro o nome. E a rainha era bem como a minha mãe, bem mãe italiana, uma mulher muito doce, a rainha da Inglaterra, muito doce. E nesse momento, eu penso, é isso: esse é o segundo que resume toda a minha vida com a minha rainha, Vivienne. Sabe, no último dia da Segunda Guerra, o último dia da guerra na Itália, devo dizer, um bombardeiro destruiu a casa da minha família em Milão, um bombardeiro inglês. E 65 anos mais tarde e depois desses trinta anos loucos e incríveis com a rainha Vivienne, aperto a mão da rainha Elizabeth. E isso me dá o 'tudo em um segundo', o alfa e o ômega da minha vida. A moda pode fazer isso, ao que parece: pode te levar num ciclo completo. De ser bombardeado pelos britânicos a dar a eles um tesouro nacional britânico, feito na Itália. Foi uma experiência muito, muito emocional. E eu chorei. No palácio de Buckingham. Vivienne não chorou, claro que não. Mas eu tenho permissão de chorar: sou italiano."

Vivienne, no entanto, nem sempre está contente com a versão de Carlo para os acontecimentos. Ela atribui a gênese de seu sucesso comercial também ao amigo Jeff Banks e ao filho, Joe Corré. "Sem Jeff, poderíamos ter ficado completamente paralisados", explica Joe. "Para resumir (essa é a forma como eu me recordo): depois de 'Mini Crini', não tínhamos nada. Vivienne e eu tivemos que recomeçar do zero. Carlo voltara à Itália. Então Dora concordou em nos emprestar cerca de 7 mil libras. Vendemos amostras da coleção Crini e algumas coisas que Vivienne e Dora fizeram em casa. Assumi o controle dos negócios e, pouco a pouco, com Ben nos ajudando na produção, conseguimos nos desafogar um pouco. O processo foi dificultado porque, quando reabrimos a loja de Worlds End, os credores da sociedade de Malcolm e Vivienne vieram bater à porta cobrando o dinheiro devido a eles, que eu paguei em partes. Neste momento, Carlo começou a ajudar na busca de alguma produção para nós na Itália e enviando algum estoque, pelo qual pagávamos com a receita da loja. A loja começou a ir muito bem, e nos demos conta de que precisávamos tirar vantagem do interesse que havia pelos desenhos de Vivienne. Precisávamos de capital e de fluxo de caixa. Vivienne entrou em contato com Jeff Banks e ele nos ajudou a montar uma sociedade limitada, a abrir uma conta bancária, nos emprestou 15 mil libras e garantiu mais 10 mil, permitindo dessa forma que continuássemos na atividade. Por fim, consegui quitar todas as dívidas antigas, paguei Jeff, abri as duas lojas de Londres, comprei os prédios de escritórios em Battersea, montei toda a equipe e consegui com os japoneses um contrato de licenciamento para Vivienne. Foi quando Carlo quis se juntar. A verdade é que, depois de nove anos trabalhando para minha mãe, percebi que precisava de outra pessoa para levar o negócio que eu tinha estabelecido a um outro patamar. Ela escolheu Carlo. E apesar de ter sido um pouco traumático para mim na época, fiquei feliz em saber que mamãe agora tinha uma fundação sólida a partir da qual se desenvolver, um contrato de licenciamento com um retorno de royalties garantido, e Andreas para tomar conta dela. Portanto, era hora de eu sair para tocar meu próprio negócio. Que foi o que eu fiz."

Vivienne Westwood

ASSOCIAÇÃO CULTURAL

O caráter histórico e o fato de cada um ser único dão aos vestidos de Mme de Guermantes um significado especial. A mulher que usa um vestido assim assume uma importância excepcional.

MARCEL PROUST
Em busca do tempo perdido

A única coisa em que realmente acredito é na cultura. Nunca houve uma era em que as pessoas tiveram tão pouco respeito pelo passado.

VIVIENNE WESTWOOD

Há três partes na lenda de Vivienne Westwood. Existe o punk. E hoje em dia há o ativismo. E no meio está algo totalmente extraordinário, mas também central para entendê-la e a conexão que ela faz entre o punk e a política: Vivienne é uma franca elitista cultural. Não escrevo isso facilmente, já que isso pode afastar aqueles que recuam diante da ideia de alta arte ou a importância da história. Porém, Vivienne vai ser lembrada igualmente por essas três áreas intimamente interconectadas de sua vida e criatividade. Ela cocriou o visual do punk e agora ligou todo o seu trabalho às suas campanhas por justiça humana e ecológica. Mas em meio a isso, trouxe algo único à arte da moda contemporânea, uma paixão pelo passado e o que ele pode nos ensinar a respeito de estética e de roupas.

Para Vivienne, a moda nunca se tratou apenas de roupas – não durante o punk, nem depois. Nos anos após Malcolm, ela viajou, leu e passou um tempo enorme em galerias de arte. Ela ainda faz isso. Para entender Vivienne como uma artista do tecido é útil segui-la pela jornada que ela fez, em parte com o historiador de arte canadense Gary

Ness, às ricas telas dos séculos XVII e XVIII. Se era verdade que se tinha uma vida bem melhor caso usasse roupas impressionantes, Vivienne foi atraída cada vez mais à impressão que as histórias e formas históricas podiam causar. De piratas à realeza, e dos "retratos afetados" de Van Dyck, com seus tecidos ondulantes e tangibilidade poderosa, aos tweeds e tecidos de lã xadrez e toiles e brocados de outras gerações anteriores, Vivienne começou a fundir moda e história da arte, atraindo para ela admiração ao redor do mundo, além do aturdimento de alguns e a antipatia de outros. "O fato de ela ter conseguido evoluir o punk à alta-costura", reflete a modelo Lily Cole, "que ela tenha combinado aquelas duas forças juntas, reflete suas próprias dicotomias, o quão descaradamente sem remorso ela é de ser quem é. É raro na moda testemunhar alguém tão independente de pensamento e comprometida em ação." A ebulição do punk seguiu na elegância da fina alfaiataria e referência suntuosa ao passado, parecia uma mudança total no curso de ação, mas para Vivienne foi sem remendos.

A coleção "Harris Tweed" (outono/inverno de 1987) foi essencial para isso. As finanças estavam tão abaladas quando Vivienne voltou à Inglaterra que essa coleção opulenta, ainda que de visual tradicional, foi quase toda feita em Thurleigh Court na máquina de costura original de Vivienne. Mark Spye, que foi trabalhar com Vivienne nessa época, se lembra da coleção chegando na Worlds End em sacos de lixo pretos: "tweeds grossos que coçavam, ninguém usava esse tipo de coisa, mas aquilo eles usaram". Batizada por causa do tecido das ilhas Hébridas escocesas, e no fim levando à completa revivificação de uma indústria agonizante – uma razão pela qual Vivienne logo ganharia uma medalha da rainha –, a "Harris Tweed" consolidou as ideias forjadas na "Mini Crini". Foram-se os sinais da Disney e madeira falsa e vieram roxos chiques, arminho e, é claro, tweed, vestidos pelas insolentes e bacanas Patsy Kensit, Sadie Frost e Sara Stockbridge. "Toda a minha ideia para essa coleção foi tirada de uma menininha que vi no metrô", diz Vivienne, a dedicada usuária do transporte público. "Ela estava de pé e com

Sadie Frost veste a coleção "Harris Tweed".

um casaco escolar, o tipo de coisa que você podia comprar na Harrods, na época, e uma sacola com um par de sapatilhas de balé. Parecia tão serena – e adorável." A combinação da feminilidade e da dança com a alfaiataria e o britânico deu a Vivienne os acordes de que ela precisava para uma nova cadência na moda. "Pensei em debutantes indo a bailes, mas com um casaco da loja elegante Barbour por cima de seus vestidos de baile; essa mistura, essa naturalidade com o chique e a tradição." Os tecidos foram produzidos em teares escoceses e em tecelagens inglesas, e os casacos, masculinos e femininos, homenagearam as melhores tradições de Savile Row, mas a essência da coleção e seu apelo foram uma paródia galanteadora de anglicidade que teve quase tanto encanto no exterior como quando Vivienne abriu o desfile no Olympia.

"Quando fiz a coleção 'Harris Tweed', foi quando realmente comecei a fazer alfaiataria. É claro que antes tínhamos feito coisas que eram bem de alfaiate, mas me lembro da coleção 'Harris Tweed' como sendo a primeira vez que realmente foquei o negócio de alfaiataria com homens em mente. Antes disso, os homens sempre estavam *nas* coleções, mas talvez apenas com um par perfeito de calças. Quero dizer, desde a época da SEX fizemos os ternos *zoot*, mas eu queria estabelecer a ideia de alfaiataria como integral às minhas coleções."

Assim como os veludos roxos e os tweeds coloridos, Vivienne usou um tecido de lã xadrez e um *barathea* vermelho que causaram um grande impacto tanto na passarela quanto em fotografias. O uso de uma coroa, também, como um acessório divertido, e sua nova logo de orbe e anéis de Saturno, todos combinados para dar uma série de imagens arrebatadoras para os fotógrafos de moda e para a imprensa. "Estou realmente inspirada pela rainha nesse momento", declarou Vivienne na época, "toda aquela pompa, circunstância e Norman Hartnell",* e a *Vogue* britânica encomendou ao antigo cunhado da rainha, o conde de

* Norman Hartnell foi um costureiro e designer britânico. Em 1938, foi apontado como costureiro oficial da Família Real Britânica, função que exerceu até sua morte, em 1979. (N. das T.)

Snowdon, que fotografasse um traje de *barathea* vermelho da coleção do lado de fora do palácio de Buckingham, a modelo cercada de guardas da cavalaria uniformizados. Vivienne quase ficou em pânico no último momento com aquilo tudo e foi acalmada por sua então assistente, Bella Freud. "O que eu realmente adorava em trabalhar com Bella", recorda-se Vivienne, "era seu gosto. Coloquei uma coroa, tarde da noite em Thurleigh Court, e perguntei a ela: 'Isso parece uma brincadeira?' E ela respondeu: 'Vivienne, como você pode duvidar? É a coisa mais chique que já vi.' Os assistentes, assim como os modelos, eles têm que amar as roupas. Bella era incrível."

A "Harris Tweed" foi direto para o coração do público britânico tanto quanto para o da imprensa de moda, estupeficando, deleitando e fascinando mais ou menos em medidas iguais. A posição declarada de Vivienne de que tudo era "cômico, mas terrivelmente chique" não foi apreciada por todos. Sara Stockbridge lembra-se de rirem dela nas ruas de Londres, mas de ser literalmente aplaudida nas ruas de Nova York com o mesmo conjunto de casaco Harris Tweed e sapatos *rocking-horse*. "A verdade era", relembra Vivienne, "que eu queria que Diana usasse uma das coroas, naquele espírito do autoirônico, como o chamo.

"Fizemos a 'Harris Tweed' de Thurleigh Court – Carlo e eu não tínhamos nenhum outro lugar para fazer as coisas. Junto comigo estavam Bella Freud, o sr. Mintos e alguns trabalhadores externos. Algumas das peças só foram finalizadas no dia anterior." A "anglicidade" da coleção foi sublinhada pelo uso dos tradicionais conjuntos de malha e casaquinhos de lã Smedley. Eles foram customizados com logos Vivienne Westwood e ajustados a um corte levemente mais sexy do que tinha sido a política Smedley até então, mas se tornaram um elemento no repertório de Vivienne desde então, permitindo, no típico estilo dela, uma exploração do erotismo latente naquela figura da fantasia, a bibliotecária. Bem separadamente, Vivienne mudou a roupa-íntima-como-roupa-para-ser-mostrada da cintura para o torso, com uma série de espartilhos com um toque moderno – espartilhos "prontos para usar", como ela os chama – que tiveram um impacto sem paralelo na moda moderna. A origem do design é tipicamente Vivienne: o visual é saído direto do século XVIII ("aquele espaço entre os seios não tinha sido visto em duzentos anos"), mas a fabricação era toda moderna usando tiras elásticas de lycra dos lados no lugar de "espartilhos" ou renda, e a estrutura em barbatana de plástico, não barbatana de baleia. O efeito era imediatamente sexy, carregado de referência de um corpete se rasgando, mas confortável, e, em seu melhor, dando poder, tudo de uma vez.

"Quando Sadie Frost abriu o casaco, com aquela parte de baixo, houve uma expiração pública, todos os homens no recinto meio que suspiraram, e quando Sadie saiu da passarela, eles gritaram atrás dela, 'Volte, querida!'", recorda-se carinhosamente Vivienne a respeito da sra. Jude Law original. "Na verdade, a vi semana passada na casa de Kate Moss e disse a ela: 'Você é *tão* bonita!'" Como Vivienne faz questão de apontar, esse espartilho icônico também formou a fundação de alguns de seus modelos mais expressivos desde então. "Você pode desenvolver em qualquer direção se o torso estiver no lugar, e isso dá uma sensação ótima. Foi por isso que o chamei de espartilho Estátua da Liberdade", e a confecção do espartilho de barbatana se tornou o teste inicial para qualquer aspirante a trabalhar com Vivienne nos anos 1990. No arquivo, o espartilho original de veludo roxo, usado por Sara Stockbridge, mantém sua singular carga erótica e sensualidade resplandecente: mesmo guardado em plástico, dá para ver como ele se move, o quão forte parece e o quão prático. "Para mim, o foco de uma mulher é a cintura... É só olhar para o vestido de casamento de Diana", diz Vivienne, lembrando-se da roupa feita por David e Elizabeth Emanuel usada pela finada princesa de Gales, "para ver o quanto um vestido pode ser melhorado por um espartilho. Tudo se pendurava nos ombros, então tudo cedia. Era adorável de sua própria forma, uma ótima declaração, mas de um espartilho você pode desenvolver em qualquer direção, mas manter aquele núcleo forte, feminino.

Sara Stockbridge com legging folha de parreira.

"E este espartilho que fizemos é realmente, realmente sexy. Com um corte baixo. Segurava a cintura no lugar. Forçava os seios para cima. Esse era todo o ponto, o que aqueles espartilhos faziam, eles empurravam os seios para cima. E as pessoas simplesmente amavam. Três tamanhos foram tudo o que precisamos. Ele era adorado, um verdadeiro momento inspirado de euforia. O que Andreas agora chama de um momento 'ter que ter'. E devo dizer", continua Vivienne, entusiasmando-se com o tema do espartilho, "que eu o amava. Eu nunca quis fazer as mulheres parecerem vítimas, mas ele faz o oposto. E é claro que é muito bom para a postura. É um momento da história da moda no qual, é claro, ele é tirado de um padrão histórico, mas os originais eram medidos por homens, amarrados por criados. O tecido elástico muda tudo – daí o nome Estátua da Liberdade. Ele devolve aos seios um visual que não tiveram em gerações. E eu adorava que tivesse sido adotado em todo lugar, Gaultier em particular. Adorei o que ele fez, foi incrível."

As cinco coleções seguintes de Vivienne, de 1988 a 1990, consolidaram sua reputação, nascida da "Harris Tweed", como uma alfaiate, estilista e *couturier*. As coleções ficaram conhecidas como a série "A Grã-Bretanha deve se tornar pagã" ("Britain Must Go Pagan"), já que tinham uma agenda conectada de brincar, na moda, com ideias iluministas da sensualidade grega clássica (pagã). Alguns encararam isso como uma demonstração da abordagem esquizoide a influências em suas criações – a essa altura misturando livremente formas e tecidos tradicionais da alfaiataria britânica (o xadrez do príncipe de Gales, risca de giz e tweeds) a imagens gregas eróticas e uma divertida esperteza sexual. Na verdade, seu trabalho era um reflexo acurado da fascinação da Era da Razão com o sexual e suas imagens no mundo clássico, o que parecia estar em harmonia confortavelmente com nossa era moderna do superficial. Por exemplo, Sara Stockbridge se viu andando em um sapato *rocking-horse* em um vestido do século XVIII transformado em uma saia tão curta que precisou colocar por baixo o que Vivienne descreve como "calçolas de vovó John Smedley". Na "Pagã V", em 1990, Sara (e de fato Vivienne) estava usando uma jaqueta cor de mostarda de "Harris Tweed" modelada como uma jaqueta de caça do século XVIII, combinada com uma meia-calça cor da pele com um aplique de folha de parreira na virilha. Aquilo escandalizou os tabloides britânicos, num jogo que serviu bem aos dois lados – especialmente quando Vivienne posou com o modelo para um ensaio fotográfico do lado de fora do Museu de História Natural apoiando a greve dos funcionários da instituição –, mas o conceito estava todo em mantê-la revisitando o Iluminismo. Assim como *Les Incroyables et Merveilleuses* tinham pegado como amostra a civilização clássica para inspiração e, como muito do neoclássico, foram inspirados por murais eróticos herculanos tanto quanto por preceitos de democracia, Vivienne também estava simplesmente usando o melhor que tinha sido feito antes para imaginar um futuro melhor. Sexo e tolice sempre estiveram presentes na civilização antiga, e já tinham sido minados nas calças punitivamente apertadas da regência, por exemplo, ao que ela aludiu diretamente com seu vestuário de folha de parreira. "A anglicidade é vital ao que faço", afirma Vivienne, "trata-se de corte, de ironia e de correr riscos. E trata-se de política. Lembro-me de pensar 'Já sei – vou fazer isso sem saias, como um homem que é perfeito, mas acabou de perder sua calça porque estava transando'. Também foi um truque simplesmente manter aqueles casacos que eu adorava de uma coleção para a seguinte. Ou como nos anos 1950, quando não tínhamos muitas roupas, então aparecíamos em casamentos em combinações incomuns de estilos, roupas históricas ou vintage misturadas a apenas um pedaço de tecido. Trata-se da mistura de ideias. Ou como uma vitrine da Savile Row. Todos aqueles tecidos de camisas. Os ingleses têm tanto com o que trabalhar, tantos estilos para misturar, e adoro isso, essa indiferença de Gainsborough, a mania inglesa de cães e flores. Por isso os franceses admiram há tanto tempo o que fizemos, do que se trata a 'Anglomania', é uma ideia francesa. É como eles dizem, um pintor francês arrumaria o chapéu em sua modelo; Gainsborough sabia que seu tema teria a confiança de levantar o chapéu ela mesma."

Se a moda é uma arte, ela tem como tela o corpo humano e as decisões a respeito do que empurra e puxa, o que é revelado, escondido ou enfatizado. Esse tem sido o jogo das roupas pelos séculos. Algumas das mais belas ideias, necessariamente, já foram expostas, assim como os princípios básicos das telas corpóreas são constantes. A liberdade expressa como liberdade sexual tem sido um tema para Vivienne desde, bem, a SEX. O que mudou nos anos 1980 foi a inspiração que ela encontrou nas artes que já tinham celebrado o corpo por uma razão ou outra: os mundos das esculturas clássicas, por exemplo, ou a arte do retrato do século XVIII. Ela atou tudo isso a uma boa dose de humor, que talvez seja o acréscimo britânico singular aos desejos do sexo e, apesar de as meias com folha de parreira que se esgotaram em horas terem alusões óbvias às estátuas nuas clássicas tanto quanto às calças do sr. Darcy, elas também eram hilárias. "Minha memória mais feliz daqueles anos", diz Mark Spye, "foi ouvir Vivienne rir alto – eu não conseguia pensar no que tinha acontecido, mas era simplesmente porque ela havia experimentado as meias com a folha de parreira pela primeira vez e se visto no espelho."

Foram os anos que geraram para Vivienne Westwood uma persona na psique nacional britânica, algum lugar entre uma diva lírica e uma historiadora de roupas dominatrix, mas que também renderam a ela muitos seguidores intrigados e fãs, entre os quais tenho que me colocar. A verdade era que suas roupas eram notavelmente sensuais, fotogênicas e visuais de forma cativante, mas também havia muito a ser escrito e dito a respeito delas, por causa da pesquisa que Vivienne tinha dedicado às suas criações. Por conseguinte, suas coleções geraram muito mais espaço em colunas do que seria considerado normal para uma estilista britânica, e as imagens, que não paravam de brincar com visões de realeza, aristocracia e alta arte, foram publicadas ao redor do mundo para uma aclamação intrigada. Uma combinação do estilo de sensualidade teatral de Sara Stockbridge, o olho astuto de Vivienne para trajes históricos, alfaiataria primorosa e alusão clássica e política se combinaram para impulsionar seu trabalho às manchetes ano após ano. A questão que pairava no ar era se tudo isso podia se misturar ao sucesso comercial *mainstream*.

Enquanto anteriormente (e com Malcolm) Vivienne tinha olhado para a criação de um culto de rua como uma forma de comentar sobre a sociedade como ela a via, ao longo de 1980 seu olhar se virou ainda mais para a história de ideias e para a história da arte como forma de criticar o presente. Ela é generosa como sempre a respeito de reconhecer que isso é o resultado de uma "conversa" artística tanto quanto foi o caso com McLaren. Dessa vez, a pessoa que agiu como seu conselheiro e inspiração veio de um molde completamente diferente: um esteta homossexual canadense chamado Gary Ness.

"A maior influência na minha vida", conta Vivienne, "foi Gary Ness. Eu não seria a pessoa que sou se não o tivesse conhecido. As ideias dele eram tão atraentes para mim. Era como se eu não tivesse estado em lugar nenhum antes de conhecê-lo. Ele tinha uma personalidade muito forte com uma visão de mundo herética e isso iluminava sua força para mim. Ninguém nunca tinha falado comigo como Gary. Ele tinha um cérebro e uma personalidade incríveis, muito informado por seus heróis Aldous Huxley e Bertrand Russell. Eu nunca tinha ouvido ideias como as dele, mas soube imediatamente que elas faziam sentido. Sua amizade 'explica', ou ao menos estrutura, essa parte de minha vida e grande parte do que fiz desde então, em termos de design. Homens com cérebros diferentes do meu são os homens com quem quero conversar. Ele me deu *The Olive Tree*, de Huxley, para ler. Eu ainda era, veja bem, uma lutadora pela liberdade. Mas precisava recolocar minha cabeça no lugar.

"Durante aquele tempo que fiquei sozinha, Gary foi o importante centro das coisas para mim. Ele me ensinou muito sobre arte e história.

E sem ele eu não teria sido a estilista que sou. Para entender o que eu procurava e criava naquela época, e em minha vida antes de Andreas, você precisa saber de duas coisas. Precisa saber a respeito de cultura, e o porquê devemos nos importar, e precisa saber a respeito de Gary.

"Foi estranho o jeito como nos conhecemos. Gary precisava de dinheiro. Ele fora um pintor de retratos e desistiu – jogou seus materiais no Tâmisa em algum momento: de saco cheio dos donos de galerias, de saco cheio da coisa toda. Contudo, ele manteve as mãos na ativa, estava sempre desenhando. E sua ideia era fazer uma exposição de retratos, então estava procurando pessoas interessantes para pintar. Ele foi até minha loja em World's End, se apresentou e perguntou se podia pintar o meu retrato, aquele homem de aparência muito distinta, fumando cigarros Gitanes o tempo inteiro. Ele era muito bonito. Era gay. Mas quando o conheci, não estava interessado em sexo. Ele não estava tão bem, na verdade, para começar, apesar de eu não saber disso então. E falou que estava trabalhando em tinta pastel – ele pronunciava como os franceses – e disse: 'É a mesma técnica que óleo, bem diferente de aquarela.' Mas na verdade ele estava pintando em pastel porque tinha um lugar muito pequeno para trabalhar, e falou que era preciso de espaço para conseguir pintar adequadamente, para comprar material e tudo mais. Então, ele fez um retrato meu, pôs de lado e disse que teríamos que começar de novo. Ele argumentou, 'Não dá para salvá-lo. Fiz você parecer muito velha. Tenho que começar de novo.' Mas nunca o fizemos. Ele apenas preferia conversar. Nós só conversávamos e conversávamos, e ele nunca fez outro de fato.

"Ele era cheio de histórias engraçadas. Tinha viajado por todos os Estados Unidos pintando e passou cinco anos na Espanha de Franco, morando com expatriados ingleses em Maiorca – um círculo de pessoas cujas famílias não as queriam, costumávamos dizer – e conheceu bem Lee Miller e Roland Penrose. Ele era divertido, costumava citar poemas bobos:

Freud
Ficou irritado
Com o sexo
Então para atormentar
O mundo
Ele desenvolveu
Sua teoria.

Gary dizia: 'Ninguém ama gargalhar como os franceses.' O nome de Gary na verdade era Nelson, mas ele se parecia com Gary Cooper, até quando criança, então o chamavam de Gary. Ele realmente sabia pintar. Uma vez fez uma cópia de um autorretrato de Velázquez no Louvre e disse, 'Não dava para distinguir do original'. E era porque sabia a técnica de como pintar. Ele tivera Roland Penrose como um tipo de patrono e trabalhou em seu livro sobre Picasso, que, Gary disse, estava cheio de erros crassos, a respeito dos quais ele teve que ser um editor muito diplomata. Sua lealdade era mais de Lee Miller e Ness costumava dizer que ela foi levada a beber pela conquista de Penrose, mas, seja como for, depois que Penrose morreu, Ness precisava de um benfeitor, que foi quando veio para Londres. Ele se sentia mal de tirar dinheiro das pessoas, mas também sabia que podia ser útil. Quando o dinheiro da família de Ness acabou, Penrose o ajudou a conseguir um auxílio por meio de um livro, nunca completado, por ter o título 'Quem diabos precisa de arte?, por Phyllis Stein, nenhum parentesco com Gertrude'."

Nelson "Gary" Ness nasceu em Saskatchewan, no Canadá, em 1928, fazendo dele 13 anos mais velho que Vivienne. No fim da adolescência, frequentou uma escola de arte local, mas então ganhou uma competição de retratos que garantiu a ele uma bolsa de estudos na École Superieure des Beaux Arts na margem esquerda de Paris.

Paris nos anos 1950 deu vários presentes a Gary: sua crença firme de que a França era o centro da arte mundial e da cultura, uma visão

Sara Stockbridge, "Choice".

geral clássica de que a civilização teve sua origem nos gregos antigos, e também os anos mais felizes de sua vida. Ele vagava pela King's Road por causa de uma mudança para Londres e uma ambição renovada em pintura de retratos. Ele não podia bancar a tinta a óleo, então trabalhou em pintura em pastel em papel e cartão, e disse a Vivienne e ao mundo que esse era o veículo superior.

"O retrato não era muito bom", recorda-se Vivienne, "ou ao menos ele não *achava* que era muito bom, mas continuamos a conversar e toda vez que eu mencionava algo que me interessava, ele ia direto a uma prateleira e tirava um livro que desenvolvia meu pensamento, algumas vezes até ia a uma página específica. Eu aprendi. Ele tinha o tesouro que eu queria. Ele fez com que eu me interessasse pela China e por arte chinesa. E pela cultura nativa norte-americana. Ele era uma força que dava vida. O meu manifesto, por exemplo, foi moldado nos pequenos livros de bolso de Pauvert que ele juntou. E ele era heroico, de fato. Estava muito doente. Herpes-zóster – e a dor é insuportável – por anos. Nervos inflamados e pele machucada. Horrível. Então valorizei muito cada minuto que passei com ele. Aprendi demais. Ele mudou completamente minha opinião sobre arte. Costumava dizer que 'O propósito é uma invenção do homem; tudo que conhecemos é nosso próprio propósito', 'A dissociação de ideias é necessária para pensar' e, citando Whistler, 'Não há progresso na arte'. Ele teria 84 anos hoje, se estivesse vivo." Vivienne para e tosse. "Ele morreu há cerca de dez anos. Morreu com 72 ou 73, na verdade, que é exatamente minha idade agora. Uma vez íamos nos encontrar na French House, no Soho, e eu estava atrasada. Ele estava irritado. Odiava o lugar, disse que era falso. Ficou muito bravo. Porém me escreveu. Nunca abri a carta, mas guardei-a. E a abri recentemente. E era a coisa mais doce...

"Eu via Gary duas vezes por semana todos aqueles anos que fiquei 'por conta própria'. Dava dinheiro a ele, mesmo quando eu mesma estava recebendo auxílio para desempregados. Ganhava trinta libras por semana e dava metade a ele porque ele era um fumante inveterado e eu conseguia me virar com 15 libras. Consigo sobreviver com quase nada. E meus filhos Ben e Joe estavam cuidando deles mesmos àquela altura. Antes de ir para a Itália dei duzentas libras a Gary, na verdade emprestei das economias de Ben, e disse, 'É tudo que tenho. Preciso ir para tentar resolver as coisas, financeiramente, na Itália. Não posso mais cuidar de você'. Mas quando voltei, a saúde dele estava acabada. Ele não tinha feito nada a não ser viver de bebida de suplemento nutricional e cigarro. Estava cercado de sacolas com guimbas, aquele pobre homem com um cérebro de gênio." Numa era, hoje em dia, em que se pode ter biblioterapia ou uma lista de leituras no Kindle baseada nos padrões de compra anteriores, talvez não pareça tão estranho que Vivienne tenha apreciado ter um crítico cultural treinado na França como mentor que também era um evangelista para a importância da arte e, de fato, da moda. Era claramente um caso de amor, apesar de, forçosamente, platônico. Gary parecia estranho e carente para aqueles que o conheceram por meio de Vivienne, e quando ficou aparente para Carlo e outros na indústria que ela o tinha "contratado" como um tipo de consultor cultural, houve tanto espanto quanto ressentimento. O que, exatamente, Gary fazia?

"Gary me ajudava principalmente nisso", explica Vivienne, "na ideia de que a grande arte está tão viva hoje quanto estava quando foi feita pela primeira vez. Que o passado é relevante. Deu-me a confiança para dizer que a verdadeira cultura não trata de uma ruptura com o passado. E as pessoas no mundo da moda podem ficar muito irritadas com isso, por minhas citações e por fazer referências históricas, mas eu odiava quando era chamada de anacrônica porque sabia que o tempo estava ao meu lado; se a arte é original se encaixa na tradição."

Gary tem seu lugar como o homem de ideias por trás de muitos dos temas históricos do trabalho de Vivienne e de ter criado os títulos de quase tudo, de "Viagem a Citera" [Voyage to Cythera], (outono/inverno de 1989) a "Viva a insignificância" [Vive la Bagatelle], (primavera/verão de 1997), mas ele era bem mais do que um editor ou dramaturgo. "Dou conselhos a Vivienne sobre o que ler", uma vez alardeou orgulhosamente, e parou por aí. Mas as descrições cifradas na imprensa de Gary como um "esteta", um homem com um "apartamento ricamente decorado" e uma inclinação por "unhas com manicure impecável" denotam o simples fato de que Gary era gay na maneira quase enrustida de sua geração de pessoas sofisticadas. Ao que parece, ele descobriu o verdadeiro amor com Vivienne, no fato de descobrir uma paixão por ensinar e mentorear. "Não gostaria que ninguém pensasse nada além de muito bem de Gary", diz Vivienne. "Ele era um homem de verdadeira coragem moral e rigor intelectual. Adorava tecidos e adorava a arte. E me deu algo extraordinário. É da minha personalidade ser política. Por meio de Gary, descobri que podia ser política pela arte."

É um sinal da busca contínua de conhecimento de Vivienne que nos anos entre Malcolm e Andreas ela tenha se voltado para Ness para estímulo intelectual sem intenções físicas ou românticas de ambos os lados. Ainda assim, ele teve um impacto profundo sobre o pensamento dela, seu gosto, suas filosofias a respeito de arte e cultura, e a respeito do potencial da moda em ser arte e para uma estilista de moda ser uma propagandista para a cultura e, no fim das contas, uma ativista por meio da "arte aplicada", como ele chamava, "da moda".

Gary conduziu Vivienne a um belo novo horizonte de política harmoniosa – e a um respeito pela arte que permaneceu no núcleo do que ela acredita e faz. "A ideia básica", ele disse mais tarde, "é que Rousseau – protossocialista e padrinho do conceito do 'bom selvagem' – é responsável pelo dano que foi feito às ideias tradicionais." Aí podem ser traçadas as origens da ligação de Vivienne com a "hierarquia das artes" e com a cultura elevada: uma negação do romantismo no senso político ou "hippie". Em outras palavras, Ness, como muitos de sua geração, viu na emancipação política da Era das Revoluções as sementes da decadência da cultura ocidental. As melhores coisas devem ser debatidas e criadas por uma elite educada (os "privilegiados", como Vivienne diria hoje), baseadas em conhecimento claro do melhor do passado. Seus frutos devem ser oferecidos a todos, é claro, mas não serão apreciados por todos. O que quer dizer que *existe* algo como o clássico, *existe* algo como a alta arte. Pode ser definido e aspirado. Parecia uma mudança total no rumo para o punk na camiseta "Destroy", mas Vivienne abraçou tudo aquilo.

A dedicação de Vivienne às artes, e em particular à arte decorativa e belas-artes do século XVIII na França e na Inglaterra, foi a execração para muitos de seus aliados que tinham sido punks. Para Gary, não houve mais ideias depois de Picasso e Matisse, nada de verdadeiramente grande depois de Manet. Mas Vivienne atingiu algo extraordinário em sua fusão punkature do que tinha feito antes e do que faria depois da influência de Gary. Ela encontrou uma crítica ao mundo contemporâneo que era o melhor do passado. Isso se tornou seu contrapeso para a tralha facilmente comercializável: a arte elevada e um retorno aos valores de outras eras, mesmo dentro da moda. Era, à sua maneira, uma posição punk. Se pontos de vista excêntricos não conseguiram tempo na mídia era porque "para conseguir difundir qualquer mensagem é preciso muito dinheiro". Se faltavam valores verdadeiros às democracias, era porque as eleições eram exercícios de marketing. "O problema é que as pessoas de marketing têm o mesmo ponto de vista dos marxistas", Gary teria dito a ela, "elas estão tentando trazer a ditadura do proletariado. Ou, ao menos, foram bem-sucedidas em destruir a ideia de gosto." Foi por isso que Vivienne e Gary começaram a chamar as pessoas de marketing de "pessoal marxistente". Assim, Gary deu a Vivienne uma análise racional absoluta para olhar para trás e para frente ao mesmo tempo. Apesar dos escritores de moda rechaçarem o que viam como Vivienne-a-professora pregando a respeito de história das roupas, Vivienne e Gary tomaram isso como um reflexo apenas da comercialização da moda. "Se algo é absolutamente incrível", afirmou Gary, "se encaixa na tradição. Tudo o mais tem que se reajustar para acomodá-lo. Dessa forma, não apenas o passado influencia o presente, mas o presente se reajusta ao passado." Ou, como Vivienne declarou mais recentemente: "Pegamos o melhor do passado, e seus ideais para o futuro, e os fazemos dialogar com nosso presente e com nossas expectativas para o futuro. É isso que é a cultura, e o que a moda, em seu melhor, pode fazer. Minhas roupas têm uma história, é por isso que se tornaram clássicos; elas continuam contando aquela história. Todos os estilistas de moda merecedores do nome fazem o que faço nesse sentido: eles criam numa bolha, povoam essa bolha com pessoas que viveriam naquele lugar que eles imaginaram. Só que com uma aparência melhor."

Seu raciocínio estava no lugar. Suas paixões estavam engajadas numa jornada pessoal pela história da arte. Ela podia ser explorada para novas declarações na moda. E assim Vivienne entrou no período mais criativamente fecundo de sua vida. Tweeds, lã, conjuntos de blusa de malha com casaquinhos de lã e pérolas, ternos risca-de-giz com botões de losango gigantes de âmbar, blazers e suéteres Fair Isle compartilharam a passarela e coleções com padrões de Sèvres em togas clássicas, espartilhos de lamê em prateado e dourado, panos gregos esvoaçantes e até tutus. Toda a caixa do vestir-se foi aberta e a imprensa de moda às vezes ficava estupefata. Se havia clareza e foco nas roupas de Arlequim e Colombina de "Viagem a Citera" [local de nascimento de Vênus], havia confusão quando jaquetas Norfolk, boinas e calças abaixo do joelho eram combinadas a alusões de armaduras medievais na convenientemente batizada "Máquina do tempo" [Time Machine], outono/inverno 1988. Seu uso de temas históricos e referências literárias, entretanto, como pretendido, fez muitos desses itens estruturados e sob medida virarem "clássicos". Eles não apenas não ficam datados por não estarem atrelados aos ventos predominantes da moda da época, como também mantêm seu encantamento por serem bem-feitos e terem um forte argumento, em primeiro lugar. A linha Red Label outono/inverno para 2014 exibiu alfaiataria e temas da "Harris Tweed" (1987) e da "Anglomania" (1993), com tecido de lã xadrez e tweeds que se tornaram sinônimos daquela parte da produção de Vivienne inspirada por história britânica.

Nem todo mundo ficou impressionado. Certamente no terreno de casa, sua paródia do estilo britânico e seu elitismo cultural descarado podiam provocar uma reação exaltada. De forma desastrosa, em 1988, ela aceitou um convite para aparecer ao vivo no popular programa vespertino *Wogan*, conduzido, na ausência do apresentador Terry Wogan, por Sue Lawley. Na longa tradição britânica de zombar do *avant-garde* e do estético, Lawley pareceu encorajar a plateia a rir da estilista e de suas criações num momento de TV excruciante mais tarde parodiado por "Alan Partridge" e Rebecca Front. Sara Stockbridge recorda-se, "Ela era uma vaca, a Lawley. Janet Street-Porter tentou salvar as coisas, mas, resumindo, Sue Lawley botou a plateia inteira para rir de mim, de Michael Clarke e da outra modelo. E para as pessoas que achavam Vivienne ridícula, provavelmente só consolidamos aquela visão".

"Você pode rir", disse Vivienne de forma tranquila, "mas também *olhar*. Lembro-me de estar no metrô no dia seguinte e ouvir dois rapazes humildes falando a respeito. E me recordo que um deles falou, 'Aquela Sue Lawley não conseguiu segurar a onda', e sempre pensei depois daquilo: é preciso se lembrar, não se trata do público no estúdio, e sim dos milhões assistindo. E devo agradecer a Janet Street-Porter porque ela se levantou e se dirigiu ao público no estúdio e falou: 'Vocês sabem quem é essa? Percebem?' Mas de fato só fiquei intrigada na época."

Se aquilo consolidou uma visão de Vivienne na mente do público britânico, foi tudo além ou, na verdade, abaixo das preocupações dela naquele momento. Sua confiança como estilista cresceu pelos anos 1980 e começo dos 1990 em uma abordagem sistemática de desenhar com referência constante ao passado; uma cruzada, como ela escreveu e declarou, para civilizar por meio do aprendizado sobre o melhor, conforme ela vê, do que a cultura humana tinha a oferecer. Embora isso, em última análise, a tenha levado a explorar a arte asiática e sul-americana, por exemplo, inicialmente suas áreas de preocupação seriam reconhecíveis para um *saloniste* do século XVIII: forma e ideologia clássicas, liberdade de expressão e liberdade para explorar o universo sensual, a apresentação pavonesca do eu.

"A moda, como normalmente pensamos nela", disse Vivienne na época, "a moda do Ocidente, depende de roupas sob medida, roupas feitas de componentes especialmente confeccionados: mangas, corpetes, saias, calças. Essas roupas têm um relacionamento sempre em mutação com o corpo, como resultado de seu corte. Algumas vezes, o movimento é restrito; algumas vezes liberado, e as roupas afetam a postura, o comportamento e o movimento do corpo. O eros da moda está encontrando o desafio, assim como a defesa: a mulher essencial, escolhendo mostrar isso ou esconder aquilo. Você pode se expressar com roupas. Elas falam a respeito do corpo e expressam personalidade e ideias. As roupas também se movimentam de uma forma dinâmica e falam de potencial. A convenção de que roupas confortáveis devem ser largas é uma convenção da nossa época. Eu me sinto confortável quando acho que estou bonita, e não suportaria usar roupas sem formas, sem estampas, produzidas em massa. Crio roupas na esperança de *romper* convenções. O conforto também tem a ver com completar uma imagem mental de como você quer se parecer – o que e quem você é.

"Uma vez tive uma discussão a esse respeito com minha neta adolescente, Cora. Estávamos no Museu Britânico e ela chegou com algo, bem, vamos dizer que era 'confortável'? E acabamos debatendo, embora tenha sido corajoso e certo da parte dela me enfrentar, mas eu estava tentando explicar que o conforto vem de causar a impressão que você quer causar!

"Talvez o melhor exemplo de como eu estava trabalhando naquela época, no final dos anos 1980 e início dos anos 1990, o ponto alto dessas ideias sobre moda e arte, seja a coleção 'Retrato' [Portrait]. Eu queria fazer uma coleção em que pudesse reunir uma gama de tecidos tão ricos em escopo que pudessem se equiparar a toda riqueza de textura

"O eros da moda é escolher mostrar isso ou esconder aquilo." Vivienne Westwood

vista em pinturas a óleo. Do linho à renda, dos tweeds ao veludo. Eu tinha que experimentar. A lã vermelha *barathea* era importante (eu a tinha usado antes) porque representava a vida campestre inglesa. Eu queria até conseguir as texturas dos campos nas costas das minhas damas. E tive uma ideia de uma impressão tirada do mobiliário Boulle, a parte de trás de um espelho na Coleção Wallace, e queria conseguir todas as coisas que se veem em pinturas, até mesmo a mobília. Quando preparei esses tecidos, ainda faltava algo. Eram as próprias pinturas. Eu sabia que precisava de uma pintura de verdade nas roupas. Escolhi uma de Boucher, *Pastor cuidando de uma pastora adormecida*, da Coleção Wallace – e escolhi brincos com gotas de pérolas, como na mais óbvia das pinturas, e usei os sapatos com plataformas extra-altas, e isso servia para colocar minha dama num pedestal. Eu queria que ela parecesse ter acabado de sair de uma pintura."

A propósito, isso levou a todo um outro assunto dentro da iconografia de Vivienne Westwood: sapatos plataforma. A história de Vivienne e o design revolucionário de sapatos começa propriamente com a era de sapatos *rocking-horse* da "Hypnos", da "Eastwood" e da "Mini Crini", mas isso levou à era da coleção "Retrato" e adiante a plataformas gigantescamente elevadas, que, apesar disso, são adoradas por aquelas que as usam. "Antes de mim, as plataformas e saltos eram sempre acrescentados ao sapato, como um suporte separado. Eu coloquei o couro ou tecido por cima de toda a estrutura, sapato ou plataforma. É algo simples, mas os deixa radicalmente mais bonitos, uma extensão de todo o visual, e da perna. Eu encomendava couro para cobrir até embaixo da plataforma, então ele parecia um pouco ortopédico também – um pouco bizarro. Os sapatos se tornaram um clássico. Um pouco excêntricos, mas também arte, o que é muito eu. As mulheres deviam estar em pedestais. Como arte. Algumas vezes. Ou parecer que tinham saído de um retrato. Eu os uso o tempo todo." (É verdade.)

Com frequência, Vivienne observa que se pudesse voltar no tempo, teria estudado história da arte. Ela é conhecida em todas as galerias de

Denice Lewis desfila com o espartilho Boucher.

Londres hoje em dia, não apenas pela naturalidade imperturbável com os caçadores de celebridades, mas também pelo tempo que fica em frente a uma tela. Vivienne é uma observadora e tem, não importa o que se pense de seus outros talentos, a invejável habilidade de olhar. É o poder do indivíduo no retrato que parece tê-la alertado ao potencial da referência histórica nas roupas. "Minhas roupas são dinâmicas", declarou ela na época, "elas puxam e empurram e têm caimento leve. Há mais nas roupas do que apenas o conforto. Mesmo que não sejam exatamente confortáveis e escorreguem e tenham que ser reajustadas toda hora, eu não ligo, porque esses são um tipo de exposição e de gesto que estão ligados às roupas." Essas são palavras de alguém que entende como atores usam as roupas, o que podem significar no teatro, mas que aprendeu isso dos retratos teatralizados dos séculos XVII e XVIII. Andar de modo afetado tinha tudo a ver com conferir impacto às roupas, apesar de esse impacto, quase invariavelmente, usar a possibilidade de descobrir tanto quanto cobrir e, como a melhor moda sempre, ser em parte a respeito do sexo. "Lembre-se", Vivienne me corrige, "nós fazemos provas infinitamente. Trata-se do corpo de um indivíduo, como as pessoas se movimentam, o que pode ser bem específico. Como Andreas: ninguém se movimenta como ele. Então sempre dizemos: 'Como você andaria vestido com isso?' 'Coloque as mãos nos quadris.' Trata-se das roupas *e* do corpo e movimento. Sempre."

De vestidos inspirados em Watteau a casacos de equitação georgianos, de espartilhos barrocos à seminudez neoclássica, os séculos XVII e XVIII tiveram uma influência profunda no trabalho de Vivienne. Representada por máscaras e bailes de máscaras, no teatro e em uma aparente formalidade dura, a era estava viva ao sexual, ao revolucionário e ao artificial. Foi uma das grandes eras da moda no sentido que saqueou o passado (estátuas gregas reimaginadas como traseiros do século XVIII, imagens de Arcádia replicadas em redes) e brincou constantemente com o esconder e o mostrar e com o fingir, ou o vestir-se, se preferir – e isso seria mais verdadeiro para Maria Antonieta em seu *hameau* como para Thomas Jefferson em seu Monticello construído por escravos. Máscaras, performance, frisson sexual e uma moral imperativa para arte: tudo isso fez parte da história de Vivienne na moda, e deve ser dito que seus relacionamentos também têm um pé no século XVIII – o simples término de um casamento convencional ou homens convencionais não são para ela. Vivienne, frequentemente com o incentivo de Gary, tinha um instinto de que a Era das Superfícies (o século XVIII) falaria ao mundo moderno nos estertores do outro tipo de iluminação, revolução pós-sexual, saturação pós-mídia e pós-modernidade. Repetidamente, pelos anos 1990, ela aludiu à França revolucionária e às mulheres com poder da primeira revolução sexual: em especial da "Retrato" (outono/inverno 1990) a "Viva a cocota" (Vive la Cocotte), de 1997, pela "Sobre a liberdade" (On Liberty), de 1994. Apesar de alguns escritores de moda sentirem que estavam recebendo ensinamentos sobre a história da moda – e estavam – outros ficaram absolutamente encantados pela fina exuberância teatral daquilo tudo e pelo poder do século XVIII de ainda chocar, provocar e libertar.

Essa dualidade do século XVIII era uma zona de conforto para Vivienne: ela gostava de tê-la das duas formas. É possível ver nos artigos da época, e seu amor despreocupado de irritar os tabloides britânicos. Aceitando um convite para um evento da Semana de Moda dado pelo príncipe Michael no palácio de Kensington, Vivienne usou um de seus vestidos translúcidos do século XVIII inspirado em Boulle, mas sem roupa íntima. Os jornais, consequentemente, desaprovaram. "Foram as luzes!", protesta Vivienne, "O tecido era reflexivo na luz natural, mas, sob flashes, sim, as câmeras pegaram meus seios. Cobri o rosto quando vi os jornais, mas novamente a imprensa foi muito gentil a respeito. E recebi muitas cartas de apoio. Foi tomado como um protesto pelas mulheres, mas foi um acidente." Agraciada com uma medalha da ordem do Império Britânico nas comemorações pelo aniversário da rainha em 1992, Vivienne repetiu o incidente. Ela criou um terninho de saia inspirado em Dior, girou para as câmeras, e de novo revelou uma atitude bem século XVIII em relação a roupas de baixo. "Alguém no palácio me contou – não posso revelar quem, já que a pessoa ainda está lá – que a rainha achou aquilo tudo hilário." Sua neta, Cora, que estava no palácio quando Vivienne ganhou o título de Dame, recorda-se que a única pergunta em que estavam interessados era se sua avó usava ou não algo por baixo.

"Então comecei a acreditar que para fazer roupas hoje, se quiser fazer algo novo, é melhor às vezes voltar ao passado. Pegue o vestido Watteau, por exemplo. É chamado de vestido Watteau porque aparece em tantas das pinturas dele, mas é um estilo que durou setenta anos inteiros até a Revolução Francesa. Pode-se ver um na Coleção Wallace, o retrato feito por Boucher de Madame de Pompadour, a amante de Luís XV. Felizmente para mim, as sedas daquele vestido ainda são produzidas. Então copiei esse vestido, o vestido 'Watteau' que está, na realidade, em um retrato de Boucher. Sedas e ternos com costas que balançavam se rastejavam em minha coleção. Trabalhamos com meu cortador de tecidos para criar essa assimetria, o movimento que é visto na pintura, e aquilo inspirou o corte para o resto da coleção e tudo começou a parecer como se tivesse sido soprado pelo vento. E demos às peças nomes como 'pequeno terno de brisa' e 'jaqueta tempestade' e 'casaco rajada de vento', 'vestido furacão'. Então, enquanto tomava chá um dia em meu estúdio, o nome me veio: 'Tempestade numa xícara de chá' [Storm in a Teacup]. Roupas que presenteariam, por conta do bom gosto, o equilíbrio por qualquer tempestade e por todo o drama de um mundo louco. Era isso que estava em minha cabeça."

A Coleção Wallace de Londres – a melhor coleção fora da França de arte fina e decorativa do século XVIII – se tornou o lar espiritual de Vivienne por um tempo. É bastante mostrada no documentário *Painted Ladies*, que ela fez com o irmão Gordon, e no especial posterior *South Bank Show*, dedicado ao seu trabalho. No curso de sua ascendência como estilista, pós-punk, foram tanto os estilos dessa coleção quan-

A ideia de um salão do século XVIII, um fórum para discussão de artes e ideias, era central para os planos de Vivienne e Gary de seu futuro compartilhado.

to o gosto de Ness que moldaram seu mundo e pensamentos. Pegue, por exemplo, o padrão André-Charles Boulle que ela admirava no verso de um espelho. Ele foi apresentado como sobreposição metálica de renda e meias e permanece muito influente como padrão e técnica. Os tecidos dos vestidos esvoaçantes de Jean-Honoré Fragonard e as criadas de seios fartos tão queridas de François Boucher apareciam nas coleções de Westwood, como riffs modernos no gosto de Wallace e idealismo do século XVIII. Foi percebido, e aprovado, que havia um tema em desenvolvimento no trabalho e na produção de Vivienne. Em 1990, Karl Lagerfeld a abordou com a proposta de mostrar vários anos de trabalho que valiam a pena na *Vogue*, produzida por Isabella Blow e intitulada "Ich Bin Ein Englander" (em alemão, "Sou uma inglesa"). "É preciso uma mentalidade inglesa para ter sucesso", escreveu Lagerfeld, fazendo um tributo à criatividade e deferência ao passado de Vivienne. Versace foi ainda mais direto. "Tive o agradecimento mais adorável de Gianni – te contei?" Vivienne de repente se lembra quando estamos falando de querubins do século XVIII um dia. "Ele tinha começado a usar coisas barrocas em suas criações – sabe, todo aquele dourado e detalhes que ele fazia e eles ainda fazem. Ele disse que queria me agradecer pessoalmente pelos *putti*.*

Dois eventos, conforme a década virava, selaram o poder de Vivienne pelo fim dos anos 1980: sua coleção predominantemente masculina, "Cortar e rasgar" [Cut and Slash], exibida na Villa Gamberaia em Florença, instigada por Pitti Uomo, e o convite de Azzedine Alaïa para desfilar em seu ateliê em Paris de 1991 em diante. "Azzedine me emprestou seu espaço; foi muito generoso e incentivador. Também sou uma grande fã do trabalho dele." A primeira coleção no ateliê de Azzedine teve o nome de "Vestir-se" [Dressing up] e trouxe visuais de diversos desfiles anteriores de Vivienne: referências históricas incluindo braguilhas,** o tecido Tudor "rasgando" no desfile homônimo de moda

* *Putto* (plural *putti*) é um termo das artes que se refere a pinturas ou esculturas de um menino nu. (N. do E.)

** Peça de vestuário masculino que se usava nos séculos XV e XVI para cobrir os órgãos genitais. (N. das T.)

masculina, tecido de lã xadrez e outros elementos essenciais de coleções recentes – estampas douradas, espartilhos, a bolsa típica dos escoceses revestida de pele, babados de renda nas camisas e capas de chuva estampadas por velhos mestres. Essa coleção foi seguida de perto pela "Salão" [Salon], que foi talvez a coleção mais conscientemente século XVIII de Vivienne. A imprensa internacional – e a britânica – prestou atenção como nunca tinha feito antes. Houve uma série de recepções arrebatadoras, com a imprensa asiática em particular caindo de ponta-cabeça pelos retrabalhos de clássicos da arte ocidental e o reposicionamento de uma ex-punk como alguém que faz iconografia em tecido. "Westwood é provavelmente a maior estilista britânica deste século", a *Vogue* se sentiu induzida a escrever sobre a mulher que tinha sido espantada do escritório de Grace Coddington uma década antes. "Ela revitalizou sozinha as tradições inglesas de alfaiataria e de criar roupas de noite opulentas."

As coleções inspiradas pela história sob a ascendência de Gary Ness, pelo fim dos anos 1980 e nos anos 1990, são consideradas algumas das mais influentes de Vivienne. Elas mantêm sua beleza arrebatadora e atraem multidões em suas exposições tanto quanto as camisetas de anarquia ou sapatos plataforma. Linda Evangelista, no vestido Watteau de seda verde, se tornou a imagem principal da exposição no V&A tanto quanto a própria Vivienne, enquadrada em barroco dourado e fazendo uma expressão para o fotógrafo Rankin.

"Tenho interesse em corpos e algumas vezes em pessoas chocantes, mas a forma mais interessante de fazer isso pode ser pegar referências do passado. Quando você olha para o passado, tentando copiar técnica, começa a ver padrões de excelência – o bom gosto na maneira que as coisas são organizadas. Quando estávamos trabalhando na 'Viva a cocota' [Vive la Cocotte], em 1995, e 'As fêmeas' [Les Femmes], em 1996, fui capaz de criar toda uma nova silhueta, algo que não tinha sido feito antes; nem poderia ter sido feito porque era uma síntese agregada ao

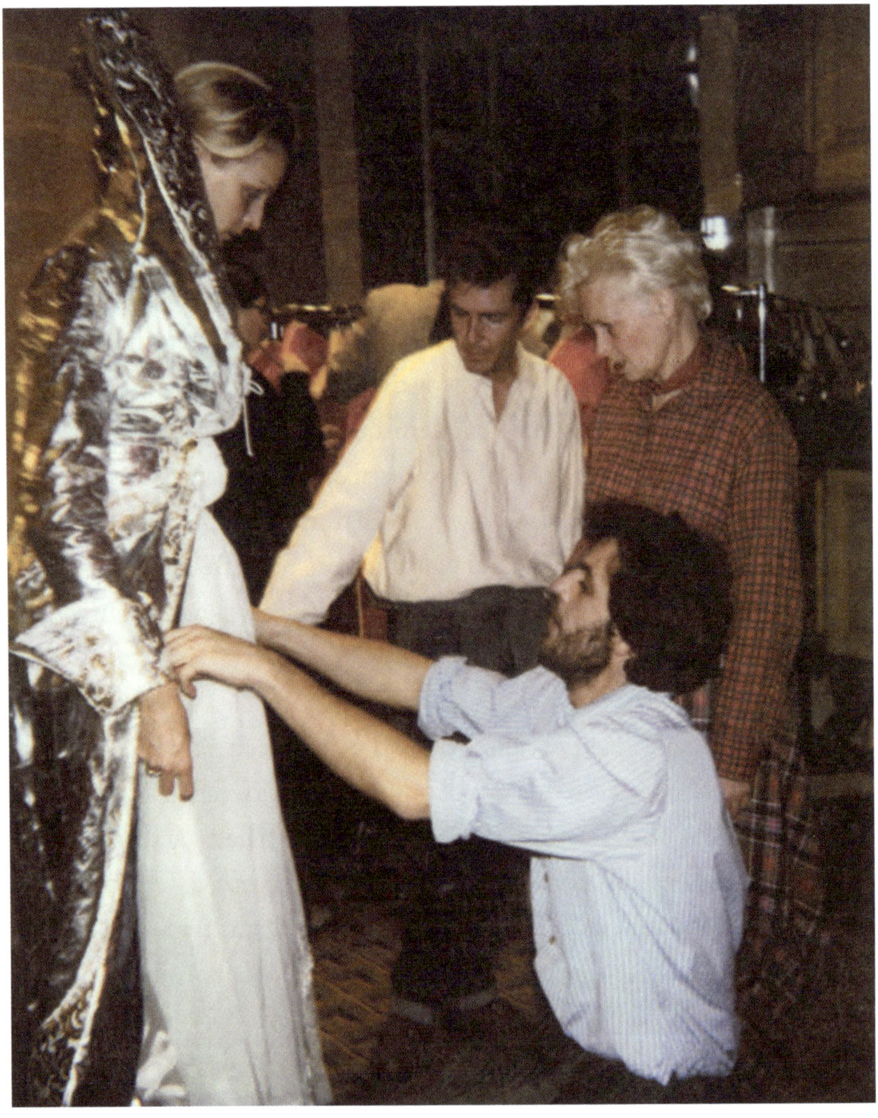

Backstage no Les Salons du Cercle Républicain, Paris, anos 1990, por Robert Pinnock.

presente com formas do passado. Nossa ideia sexy da figura da ampulheta com um meneio, levada ao extremo. O coquetismo é uma parte da sabedoria da mulher. Ele pode ser a coisa mais linda na terra e a moda mutante de suas roupas cria uma luxúria perpétua por seu corpo, a arte de seus gestos e o potencial em seu rosto. Essa é uma das coisas que a moda pode fazer e o que, na época, mais me fascinava."

O mundo da alta cultura, apresentado a Vivienne em parte por Gary Ness, é o ponto central entre o passado punk dela e o presente punk-ativista, já que ao usar o passado para olhar para o futuro, ela se mantém em seu negócio habitual de imaginar uma cultura, ou uma subcultura, que seja inesperada. Mais do que isso, seu ideal de uma "hierarquia das artes" permite que ela veja a importância moral da arte e do design de uma forma que ajuda a explicar seu direito – e seu dever, como ela o vê – de ter visões políticas como uma artista. "Fielmente antiquados, mas marcadamente originais", como colocou Proust escrevendo a respeito dos vestidos de Fortuny inspirados nos gregos; o passado provou ter um grande poder para inspirar o presente e para impressionar toda uma nova clientela de Vivienne. Ela viu tudo isso como punk. A bravata é punk. Assim como a Revolução Climática. "Sem dúvida, Vivienne teve um grande impacto na cultura e na moda britânicas, mas para mim sempre foi de um modo clássico", conta seu amigo, o artista britânico Tracey Emin. Vivienne é específica sobre a pauta moral: "Todos dizemos que amamos arte. E alguns de nós afirmam ser artistas. Bem, sem juízes não há arte. A arte só existe quando a conhecemos. A arte existe? A resposta a essa pergunta é de importância vital porque só se a arte estiver viva no mundo haverá mudança. Sem arte, sem progresso."

Seus temas históricos e reais, suas reflexões do erotismo latente dos espartilhos e da bravata, sem falar no seu apoio de modelos artesanais como a lã escocesa xadrez, certamente asseguraram a Vivienne, primeiro de tudo, a curiosidade e, de modo gradual, a lisonja dos conhecedores e da imprensa de moda. Independentemente de seus prêmios e títulos posteriores, o lugar de Vivienne Westwood no panteão da moda provavelmente será assegurado pelo muito citado testemunho de John Fairchild, o admirado escritor de moda, que escreveu, tão cedo quanto 1989, que haveria seis estilistas que seriam lembrados no fim do século XX: "Yves Saint Laurent, Giorgio Armani, Emanuel Ungaro, Karl Lagerfeld, Christian Lacroix e Vivienne Westwood [porque] deles toda moda pende de um fio de ouro."

Fairchild prosseguiu apontando que apenas Vivienne passou por dificuldades financeiras e que "dos seis, Vivienne Westwood é a estilista dos estilistas" (uma ideia citada diretamente no material de imprensa do filme *Sex and the City* no qual Sarah Jessica Parker usa um vestido de casamento Vivienne Westwood imensamente glamoroso).

"É claro que, na época, Fairchild só estava apontando que eu não estava vendendo tão bem quanto os outros!" Entretanto, ele pode muito bem ter indicado que Vivienne era única nesse panteão de mais uma maneira vital: ela era a única mulher.

DRESSING UP!
Vivienne
Westwood

FRÄULEIN KRONTHALER

A moda pode se apoderar da vida das pessoas...
Às vezes tudo começa apenas com um encontro casual.
MALCOLM McLAREN

Não sou uma pessoa ciumenta. Os chineses têm um provérbio que diz que se um cavalo é seu, ele sempre vai voltar para você. Assim é com Andreas. Em todos os aspectos, ele é um cavalo – orgulhoso, esquivo e elétrico.
VIVIENNE WESTWOOD

"Eu estava felicíssima sozinha. Há muitas vantagens nisso." Vivienne se inclina para frente com um leve ar conspiratório. "Por exemplo, Andreas está na Itália hoje, e essa manhã foi adorável: acordei às seis da manhã e não estava mais cansada, e se ele estivesse aqui eu ficaria na cama um pouco mais, fingindo estar dormindo, mas em vez disso posso simplesmente ligar a luz e ler um pouco, escrever e fazer o que *eu* quero. Você consegue fazer mais coisas quando está só."

Em julho de 1991, Vivienne deu uma entrevista totalmente fora do comum a Caroline Phillips do *London Evening Standard*. Ela fez parte de uma série chamada "Minha imagem e eu". Era um artigo inteligente e sofisticado sobre como era viver sob os holofotes, como Vivienne fizera por mais de uma década. Também pegou-a num momento essencial de sua vida. Ela tinha completado 50 anos alguns meses antes, mas estava oficialmente solteira, declaradamente feliz daquela forma, e no primeiro fluxo pleno de verdadeiro sucesso comercial. "Acho que vou ficar bem rica, provavelmente muito rica", declarou ela com a típica franqueza de Derbyshire. Fotografada sorrindo e fumando seu então habitual cigarro Gitanes, ela continuou de forma menos característica: "Gosto muito de mim fisicamente. Vejo todos os tipos de coisas em meu rosto; segredos e abismos. Nem sonharia em fazer uma cirurgia plástica." Sua autoconfiança seria motivo de inveja para qualquer mulher, especificamente vindo de uma mulher de 50 anos na moda, cujo perfil público se baseara em parte em suas particularidades fotogênicas e sensualidade provocante. Porém Vivienne, aos 50, estava bem longe de se aposentar rumo ao bege ou a sapatos confortáveis. Ela foi encorajada em sua própria natureza feminina confiante pela adoração crítica da imprensa – estrangeira, senão em casa – e por um senso crescente de que estava sendo compreendida dentro da indústria no Reino Unido, e fez uma série de revelações pessoais:

"Sei que tenho essas coisas caídas ao redor do queixo", reclamou, "mas ainda tenho uma confiança incrível no meu visual. Ainda acho que qualquer homem é louco ou burro de não preferir a mim que qualquer outra mulher no recinto – e quanto ao meu corpo, sempre tive prazer com ele... tenho todas as vantagens intelectuais e sexuais de ser uma cinquentona. Creio que sou generosa. Tenho um bom senso de humor – e tenho prazer em divertir a mim mesma e em saber que o que me diverte vai divertir os outros. Gosto de fazer graça a meu respeito. Mais do que qualquer outra coisa, de fato, não sou ortodoxa – é completamente instintivo –, nunca estou satisfeita em fazer as coisas da forma que as outras pessoas fazem. Nunca fui. Tenho orgulho de ser excêntrica, orgulhosa de essa ser uma era de conformidade, e eu ser vulnerável e tímida... até ficar na frente das pessoas! Estou bem feliz se não fizer sexo de novo até o dia em que eu morrer – consigo viver sem isso. Dizem que a arte e a criatividade são a sublimação dos impulsos sexuais, talvez isso me satisfaça. E, sabe, quando se faz isso sozinha, acho bem satisfatório."

Apesar disso, Vivienne continuou sugerindo o que estava mudando em sua vida, além da confiança comercial e artística que era seu dom: "... Também não ligo se não tiver um relacionamento porque gosto muito de ficar sozinha, mas de fato acho que o sexo é incrível...

gostaria que os homens me fizessem mais propostas indecorosas, e que eu pudesse fazer propostas indecorosas aos homens. Apesar de, na verdade, eu ter experimentado um pouco recentemente... com alguém".

O alguém em questão não poderia ter sido adivinhado pelo *Evening Standard*, ou de fato por muitos outros fora do círculo imediato de Vivienne e de sua companhia. Mas o jovem austríaco em questão poderia ser a causa ou o efeito dessa confiança sexual em ebulição. Seu nome era Andreas Kronthaler.

Desde 1989, Vivienne dava aulas três vezes por mês na Academia de Artes Aplicadas de Viena. Seu amigo de Paris, Jean-Charles de Castelbajac, a recomendara para o posto para substituí-lo. "Ele não conseguia dar conta! Era muito trabalho e para fazer valer a pena era preciso viver muito frugalmente, mas eu decidi que ia tentar." Vivienne ganhava 4 mil libras por mês. Sua carreira de professora na moda seguiu em frente e incluiu 13 anos em idas e vindas de Berlim depois de Viena. "Eu adorava dar aulas e adorava Berlim", conta Vivienne. "Jürgen Frisch virou meu assistente, um homem maravilhoso, sinto muita falta dele, e estabelecemos uma ótima relação de trabalho em Berlim, com ele e com Gundula Wolter, a historiadora de moda, e com Iris, que ainda é cortadora de tecidos comigo. E eu levava todo mundo a galerias de arte e à filarmônica. A Gemäldegalerie é minha galeria de arte preferida no mundo todo. Ou ao menos a que eu conheço melhor. Berlim tem uma '*cafe society*' de verdade: as pessoas conversam sobre ideias, e era mais barato para morar, para mim e para os meus estudantes. Na época. É uma cidade de arte de verdade, mas em pequena escala. Eu era muito feliz ensinando em Berlim, mas tudo começou em Viena, porque Jean-Charles de Castelbajac não queria o emprego!"

Vivienne e o ensino de moda se revelaram uma combinação perfeita. Seu último documentário, *Painted Ladies*, dá algum insight sobre sua técnica de ensino em Viena e em Berlim, que envolvia uma boa dose de recriação de trajes históricos e uma atitude bem Conselho de Artes, pois a melhor forma de aprender a apreciar a cultura é fazendo-a. Ha-

Tecido de lã xadrez Westwood MacAndreas.

via uma certa ironia, percebida na época e depois, que a costureira punk autodidata aderisse a esse aprendizado muito calcado em técnica de design e corte histórico. Mas havia uma ironia mais além que a radical e propagandista situacionista dos anos 1960 estivesse dando aulas sobre estilos do velho mundo na Viena do velho mundo. A história deu uma guinada inesperada adicional com o que aconteceu na academia.

"Eu adoro dar aulas e adorava dar aulas de moda. Comunicar coisas a outras pessoas. E meu único arrependimento é que nunca tentei aprender alemão enquanto estava lá. As únicas partes de alemão que ficaram na minha cabeça são de títulos de pinturas em galerias, de tanto que minha mente é literária: *Regenbogen mit Landschaft*: 'arco-íris com paisagem', que não se revelou muito útil em minha vida com Andreas! Sempre havia um processo de seleção para as pessoas que se inscreviam em meu curso. E daquela vez pedi a eles que fizessem um animal de cartolina e papel. E os considerei com base no que conseguiram fazer, apenas com cartolina. É divertido. Bem, teve um estudante que só pegou um tubo de cola em bastão da marca UHU e me deu – era um trocadilho: veja só, UHU significa coruja em alemão – então ele só me deu a cola e eu ri e o aceitei. E então havia aquele garoto, aquele homem, Andreas Kronthaler. Ele fez uma vaca. Nós nos conhecemos por causa de uma vaca. Ele tinha apertado o papel para fazer um modelo realista de vaca. Tinha uns cílios pintados também. Deus do céu, ele estava uma bagunça, tinha tinta em tudo quanto é lugar, nas mãos e no rosto, e perguntei a ele por que aquilo . Para ele, era a criatura mais bonita na qual conseguia pensar, e olhou para mim como se eu tivesse feito a pergunta mais tola. A vaca tinha olhos bem azuis, chifres e era preta e branca. E Andreas se virou para mim, com seus cílios longos, e falou: 'Vivienne, a vaca é o animal mais bonito que existe.' E foi isso."

Andreas Kronthaler, de 23 anos, foi selecionado. Filho de um ferreiro tirolês e de uma filha de fazendeiro de laticínios, e certo desde os 10 anos de que o design de roupas era tudo que queria na vida, Andreas se viu quase por acaso na aula de Vivienne e incapaz, de início, de entender completamente o sotaque dela de Derbyshire. Ele ficou, no entanto, impressionado com o estilo e a aura dela de sofisticação e conhecimento de moda. Logo se impressionou também pelas ideias e começou a entender sua pronúncia. As memórias dele a respeito do primeiro encontro também são bem nítidas.

"Eu tinha escutado falar de Vivienne Westwood, é claro. Vi algo um ou dois anos antes numa revista, quando eu tinha cerca de 20 anos, na *Vogue* italiana. Eu tinha escutado de outras pessoas que Vivienne era uma ótima professora. Ela tem um grande talento para ensinar, pois tem uma paciência incrível e, ao mesmo tempo, clareza e força. Então a história é essa. Tudo foi, para dizer o mínimo, inesperado. Eu era um estudante. Estava sentado perto da janela, naqueles bancos altos, realmente bem profundos, como pequenos guarda-louças. Então, ficava meio escondido com as pernas balançando. Observando. Sentei lá para trás, ela entrou na sala, uma sala grande. A nova professora. E, em um segundo, em apenas um segundo, uma fração de segundo, tudo se desacelerou. Como em câmera lenta. Vivienne entra na sala e ela era – ela é – tão chique. Talvez, mais do que tudo, essa foi minha primeira impressão. Meu Deus, essa *mulher*. E consigo ver tudo aquilo agora. Tudo que consegui pensar foi que nunca tinha visto alguém tão bonita, tão bem-vestida e tão elegante. Simplesmente achei – ainda acho – aquilo incrivelmente atraente. Lembro que ela estava usando um tricô escocês muito elegante com uma calça *fuseau* xadrez e um suéter combinando, e estava com um grande xale liso em um ombro, que meio que caía de seu ombro. Bem simples, bem sensual. E me lembro de que ela usava uma bolsinha feita de contas de madeira com um zíper em cima, terrivelmente linda. E dentro dela, uma lupa. Então eu meio que congelei aquele momento. E então ela se sentou numa cadeira alta a uma mesa e começou a falar. E foi o jeito que falou. Você sabe como é, como posso dizer isso... quando você ouve alguém falando com a sua alma? Como se diz isso? Ela transformou em palavras coisas nas quais eu tinha pensado e sempre acreditado, mas nunca tinha ouvido serem ditas antes. O que é um significado do amor. E eu apenas soube. Soube que estava apaixonado. Então, sim, Vivienne

Westwood abriu meus olhos e me surpreendeu. Lembro de simplesmente pensar que 'Bem, eu não esperava por isso quando levantei nessa manhã. Isso vai ser interessante'."

Andreas tinha 23 anos. Vivienne, 48.

"Pra começar, achei que ele era absolutamente fantástico", recorda-se Vivienne, "e o aluno que mais me interessava. Eu costumava voar pra lá e pra cá, e logo ele começou a ir me encontrar fora do avião também. Então imediatamente ele se tornou, sabe, especial. Andreas costumava dizer que eu tinha um visual incrível. Ele vem me falando isso desde então. A forma como eu me parecia. Apesar de me achar um pouco gorda na época, para ser franca; nem sempre gostei do jeito que era. Eu usava um kilt o tempo todo, que eu achava que favorecia – ou escondia. Mas de cara realmente gostamos um do outro. E foi assim que começou. Ele é muito divertido. Especialmente com as mulheres. Lembro-me de notar bem no início a importância que ele dava às roupas. Por exemplo, luvas. Ele me mostrou um conjunto de roupas, um dos exercícios era um traje de banho para uma garota, e ele o combinou com longas luvas, e disse, 'O braço de uma mulher... não há nada mais bonito... exceto as pernas, e é claro o rosto... tudo o mais entre eles não me interessa'. Ele é um grande conhecedor das mulheres, especialmente das pernas – e das nossas modelos.

"Andreas é um talento incrível. Quando o conheci, dando aulas, não era possível dar notas a ele, de jeito nenhum, ele era totalmente fora da escala. Seu talento era tão grande. Dava para saber imediatamente. Ah, Deus, ele era incrível."

Em março de 1992, a *Vogue* americana escreveu: "Pelas névoas de tempos difíceis, a genialidade da moda da Grã-Bretanha emerge em boa forma", e para ilustrar a figura representante dessa corajosa nova armada de talento britânico, a *Vogue* tinha Vivienne posando sozinha num vestido de noiva etéreo. Isabella Blow produziu o ensaio e ele estava programado para ser fotografado por Snowdon. "Era um modelo exclusivo: montanhas de tule leve como pena, rasgados à mão por Andreas e tingidos à mão de um *off-white* sujo por mim, umas 12 rodadas de tingimento." Na sequência, alguém na *Vogue* colocou esse vestido icônico numa caixa gigante para que de cima parecesse um lenço embalado, e um zelador da revista o jogou fora acidentalmente. Era para ficar parecido com Greta Garbo em *Rainha Cristina*, segundo Vivienne afirmou ser a intenção de Snowdon, mas o efeito ficou mais para srta. Havisham do livro *Grandes esperanças*, de Dickens. E aquilo levantou perguntas intrigantes sobre como ela se via dentro dos romances que representava em tecido, conforme o relacionamento com Andreas seguia em frente.

Apesar de ter levado vários meses antes de o romance com grande diferença de idade deles ser consumado, Andreas e Vivienne desenvolveram uma profunda obsessão mútua, passando várias horas trancados juntos discutindo e rindo sobre arte e ideias. "Algumas vezes era difícil", recorda-se Andreas, "ela é uma mulher muito forte e ficar no mesmo nível que ela, viver ao seu lado ou à sua sombra é duro. Porém, isso era e é o que acho atraente. Gostava daquilo. Queria ser um tipo de força silenciosa se pudesse. Eu olhava para ela dando entrevistas e tal e sempre pensava: 'Posso cuidar dela.' Mas eu bebia muito no início. Nós dois bebíamos, mas principalmente eu. Os austríacos bebem muito, quando bebem. E, veja, eu tinha lido que Yves Saint Laurent bebia uma garrafa de uísque todos os dias, e pensei em fazer o mesmo, sabe, porque essa é a rota para a genialidade! Só que não é. Como disse, eu era muito jovem. Vivienne era muito bondosa. Então, eu ficava incerto quanto ao que fazer. Aqui está alguém que diz essas coisas em voz alta que você só ouviu em sua cabeça. Ela também foi uma guru ou uma mentora para mim. Novamente, é diferente ir morar com alguém. Mas é tudo com Vivienne, sabe, não há limites. Eu adorava as causas que ela defendia e defende e o que ela acredita. Eu adorava o modo como ela vendia as coisas, ideias, bem como coisas bonitas. Ela abriu meus olhos para tantas coisas, então cresci muito rápido. É muito difícil definir, mas o negócio é o seguinte: sou flexível. Eu consigo me dobrar. Pensei: 'Nunca esperei por isso, mas essa é a minha vida. Ela é tão direta, luta pelas coisas, e, bem, nunca conheci uma pessoa assim antes. Sinto que tenho tanta sorte de poder estar com essa pessoa'. Então, a diferença de idade nunca foi uma questão para mim. Isso mudou, é claro, ao longo dos anos. Mudou. Mas no início, só era estar num lugar feliz e não pensar muito a respeito. E a certa altura – como sou um cavalheiro não vou entrar em detalhes – apenas se tornou prazer absoluto. Todo dia se tornou mais e mais agradável e criativo, e me tornei mais e mais feliz, só de estar com ela. E costumava dizer a mim mesmo, dia sim, dia não, 'O quão feliz e sortudo eu sou de estar com Vivienne, de poder ficar com essa mulher incrível'."

Se o jovem Andreas deu o crédito a Vivienne por mudar sua vida, o sentimento foi mútuo. "Andreas estava em contato com a realidade. Não acho que eu estava, ou esteja", diz Vivienne. "Ele é muito prático. Eu vejo as coisas em preto e branco. Hoje mesmo, por exemplo, falei para Tizer, nossa assistente pessoal, que eu gostaria de entrar em contato com quem quer que esteja liderando a China. Eu amo pintura chinesa. Acho que é o ponto alto da realização humana. A civilização chinesa tradicional persistiu fundamentalmente inalterada por milhares de anos até 1911, desde quando houve uma revolução e agora uma cópia do modelo financeiro americano. Acho que a China podia ser totalmente inspirada a abraçar valores verdadeiramente humanos mudando para uma economia de real valor. Escutamos que eles já começaram. Mas eles tinham certos valores no passado e deveriam voltar a eles. Agora Andreas nunca pensaria assim. Mas pedi a ele, de maneira prática, para me ajudar a entrar em contato com a China, ele conseguiria. Em vez disso, ele disse: 'Acabei de ter o dia mais maravilhoso da minha vida', porque ele tinha visto o trabalho do designer Charles Worth no V&A. Ele estava tão inspirado por aquilo. Esses são o talento e os olhos dele. É isso que quero dizer por realidade, algo dentro dos meios dele de lidar com aquilo."

"Não fui morar com Vivienne quando vim para Londres pela primeira vez", explica Andreas. "Eu não era assim. Fiquei alguns meses em Camden Town, neste mesmo estúdio, que eu adorava. Era como estar de volta ao sótão de casa com as velhas roupas da minha mãe, usando as peles falsas de Vivienne como cama e pilhas de tecidos. Eu tinha que acordar de manhã para afastar tudo antes que qualquer um viesse trabalhar, e me lavava na pia do estúdio. Ou se eu estivesse com sorte, alguém me levava para casa e eu podia tomar banho. Mas aquilo me proporcionava, quando Vivienne e os outros iam embora no fim do dia, todas aquelas roupas ao redor e todas aquelas caixas cheias de roupas antigas e as roupas em que se está trabalhando, e eu só ficava estudando-as e olhando para elas. Exatamente como quando eu era um menininho no porão da casa da minha família, ou observando minha mãe e sua costureira. Olhando e estudando as coisas, você aprende.

"E, a certa altura, o que aconteceu foi que acho que Vivienne ficou com pena de mim, dormindo no chão. Como falei, para mim, desde o início, foi amor à primeira vista. Mas talvez não fosse tão simples para ela; era complicado. De certa maneira, foi apenas uma progressão natural porque passávamos muito tempo juntos. De outra maneira, aquilo não foi de fato reconhecido ou oficial até bastante tempo mais tarde. Era às escondidas."

Vivienne tem uma lembrança um pouco diferente. "Ele veio trabalhar aqui. Eu tinha uma mulher ótima chamada Minnie, da Austrália, que fazia bijuterias e acessórios e foi dar aulas na St Martin's. E ela foi a primeira a perceber: 'Vivienne e Andreas estão apaixonados', ela dizia, como se estivéssemos todos na escola, 'Eles estão apaixonaaados'. E foi a primeira vez que ouvi falar naquilo, e me pegou de surpresa como uma ideia, porque eu sabia que realmente gostava de Andreas, muitíssimo, mas nunca, jamais, sonhei em ter uma relação romântica com ele além de gostar dele intensamente e admirar seu talento. Estávamos atraídos um pelo outro e procurávamos a companhia um do outro em todas as oportunidades. Eu via os olhos dele me acompanhando pela sala e o observava. Mas havia uma série de questões. A minha idade, para começar. Na França esse tipo de coisa é aclamado, mas na Inglaterra você seria preso naquela época. Eu simplesmente nem pensava naquilo. 'Não', disse a mim mesma, 'não vou me meter nisso, é um estudante'. Só que então me meti. A iniciativa partiu dele, devo dizer. No fim das contas. E lá estávamos nós. De qualquer forma, umas duas coisas meio que acidentais acontecem, e aí percebe-se que, de algum modo, há algo sexual começando. Mas achei que podia me controlar e não ia fazer aquilo de jeito nenhum. Caramba, não. Em Derbyshire tínhamos uma expressão para isso: agarrando no berço!"

Os sentimentos que Vivienne achou que podia reprimir e o caso amoroso florescendo que ela achou que podia esconder eram muito óbvios para aqueles à sua volta. "Eles eram tão próximos, desde o começo", recorda-se Brigitte, que se mudou vinda da Alemanha quase ao mesmo tempo, "e Andreas foi para a casa de Vivienne num estágio bem inicial – dentro de semanas ou meses, talvez antes." Naqueles primeiros meses, Vivienne e Andreas discutiam assuntos juntos por horas e horas. "Arte. Moda. Cultura. E no fim eles assimilaram as ideias um do outro. Era assim que parecia. E então começaram a pedalar juntos para o trabalho e não escondiam de ninguém que iam juntos para casa. Eles eram muito abertos."

"Vim para Londres porque Vivienne me convidou, e nunca fui embora", diz Andreas de forma simples, "e depois de dois meses voltei a Viena para pegar minhas coisas e me mudei. Eu não estava envolvido com mais ninguém. Foi fácil apenas vir. Eu amava Vivienne e amava trabalhar com ela. Embarquei naquilo e ela me deu toda a liberdade e também responsabilidade, e eu apenas, sem pensar, aceitei. Era muito jovem, talvez 23 anos. Porém, de repente, tudo se encaixou. Não foi fácil – havia pessoas aqui que achavam estranho. Mas eu nunca liguei de verdade. E uma coisa me lembro também, de Vivienne, bem no início, é que ela é incrivelmente positiva. Eu sempre me apaixonava por ela de novo. O apartamento, por exemplo, ficava muito úmido – a condensação por dentro da janela e chovendo a cântaros do lado de fora, tão deprimente –, e ela olhava para fora da janela e dizia, 'Que encantador, que dia encantador'. E hoje em dia, penso do mesmo jeito."

"Acho que Andreas veio na hora exata", reflete Vivienne. "Para começar, em termos de design. Andreas me apresentou ao verdadeiro potencial da alta-costura e, em particular, a Yves Saint Laurent. A mu-

O terninho Metropolitan da coleção "Viva a cocota".

dança do espartilho em moda casual, por exemplo, ele de fato me encorajou a fazer. Sua dedicação a Dior também fez uma grande diferença em meu trabalho. 'Viva a Cocota', por exemplo, o terninho Metropolitan, que foi todo em homenagem a Dior e o terninho Dior que está no museu Metropolitan. Aquilo foi Andreas. Aprendi com ele e com Iris em termos de deixar o tecido falar e fazer o que ele quer. Eu poderia ter encontrado um jeito próprio, mas é assim que funciona comigo e com relacionamentos: aplica-se a Malcolm, a Gary e a Andreas. O que me faz bem é que realmente aprecio o que podem me oferecer e posso usar. Com Andreas, seu talento era tão grande, que precisava ser ancorado. Eu me tornei a âncora. É recíproco. Andreas diz que o gosto significa nunca estar satisfeito. Ele exaure a si mesmo. Ele vai cedo para fazer as coisas. Consegue ver qualidades e texturas que posso deixar passar. Penso nele no momento em que chegamos à coleção 'Grand Hotel', com Naomi de lilás, que caía muito bem nela, Christy Turlington de amarelo e Tatiana com uma anágua de palha; os vestidos vastos que preenchiam recintos inteiros. Eles foram montados em meus espartilhos por Andreas, todo aquele tecido reunido e seguro; é um problema bem prático, o tipo de coisa que ele é bom em resolver. E penso nele jogando todo aquele tecido no ar – ele é um homem grande – e dizendo, 'As coisas devem ser tão leves quanto o ar e parecer como se fossem feitas pelos anjos!'."

Do ponto de vista de Vivienne, duas coisas estabeleceram o relacionamento. Havia o talento e a paixão evidentes de Andreas e a harmonia fácil entre eles no trabalho. Ele também foi calorosamente acolhido pela família dela, especialmente pela mãe de Vivienne e por Joe, que tem a mesma idade. "Eles todos se deram realmente bem. Andreas de fato amava minha mãe. Ele começou a ir ao bar com ela toda sexta-feira e não fazia isso por nenhum sentimento de obrigação ou algo assim. Ele fazia pelo prazer da companhia dela – e ouso dizer que era um descanso de mim, já que ela não se importava realmente com política! Andreas é uma pessoa muito gentil, mas também é muito forte. Isso foi outra coisa que me atraiu e me transformou. Seu professor de ginástica queria que ele fosse boxeador profissional. Ele tem aquela coisa, no boxe, como o professor dele falou: 'Você sorri quando acerta as pessoas.' Ele não é agressivo, absolutamente, mas é poderoso de uma forma muito física. Então fiquei surpresa quando um dia estávamos começando a nos descobrir – e não é sempre fácil, ele era muito jovem, é 25 anos mais jovem do que eu, mas Deus! –, ele me estorvou. Sabe o que estorvar quer dizer? Quer dizer importunar. Vamos acabar com isso. E Andreas realmente me aborreceu; ele ainda faz isso, e eu simplesmente disse, 'Ai, Andreas, PORRA, CAI FORA.' Isso foi bem no começo. E ele sempre foi tão tranquilo e então falou, 'Vivienne, você me disse, porra, cai fora, então acho que eu deveria. Ir embora.' Desde então nunca mais sonhei em falar a alguém para cair fora. Percebi que ele tinha sido criado sem que nunca tivessem gritado com ele, sem nunca ter apanhado. E me converti ao jeito dele – apenas zen!

"E eu me lembro que o primeiro desfile que Andreas viu foi 'Retrato' – ele ainda era um estudante – e não foi todo elogios à coleção. Achei que isso era muito, muito bom, e assim fizeram todos os outros, mas ele tinha reservas quanto a ela e expressou isso. Pensei: 'Que audácia!" Mas Andreas é tão apaixonado por suas ideias que todos o escutaram, e ele teve uma grande influência, de imediato, na coleção seguinte. Agora, como você pode imaginar, pessoas como Murray, que trabalhava comigo havia séculos, e Mark, e uma ou duas pessoas ficaram um pouco espantadas, como deveriam ficar, mas desde o início perceberam que Andreas era realmente talentoso e estavam preparadas para escutá-lo. Porque, veja, elas vinham me ajudando e sabiam que eu precisava de alguém em quem me apoiar. Eu tinha Mark e Murray, que são membros essenciais da equipe de design. Mas, na época, sei que estava difícil para eles."

Robert Pinnock via a equipe com intermitência, principalmente quando as coleções estavam sendo aprontadas. "Vamos colocar assim: Andreas tem uma personalidade muito forte. Algumas equações simplesmente funcionam. Elemento X mais o elemento Y. Eles estimulam um ao outro. E ele é um homem muito bonito, vindo de um lugar lin-

Andreas dá apoio à independência escocesa com Robert Pinnock
(Murray Blewett ao fundo), 1999.

do, mas bastante conservador, então acho que deve ter sido difícil para ele, enquanto crescia, e ele foi liberado por Vivienne e pelo estúdio de Clapham. Dava para ver que ele crescia em força e amor. Mas acho que havia ciúmes. Uma casa de moda nem sempre é fácil."

"Eu percebi e me lembrei que adoro trabalhar com um homem no design", afirma Vivienne. "Bem, gosto de trabalhar com Andreas, de qualquer forma. Todos os grandes estilistas homens, como Saint Laurent e Dior, fazem as mulheres parecerem deusas. Alienígenas, mas também deusas. E eu queria vesti-las para parecerem importantes, como uma heroína. Gosto das grandes estilistas mulheres que encontram a elegância na diversão, como Chanel usando seu vestido preto com colarinho e punhos brancos como uma empregada, bijuterias ou uma jaqueta tirolesa, o que é o máximo em termos de chique rústico, moda de rua, os tweeds do seu pai ou chapéus de palha em mulheres, um chapéu masculino para uma mulher. Então a combinação funciona para mim. Estilistas homens podem ser excessivos. Andreas certamente é. Ele queria um traseiro falso. Ancas postiças. Conseguiu que seu pai fizesse uma gaiolinha, porque o pai dele é ferreiro, e na temporada seguinte todas as meninas tinham seios e traseiros falsos. Naquela coleção em particular, é claro, tivemos que fazer duas versões de tudo; uma para a passarela e outra para vender, porque eu sabia que as pessoas não iam pagar por aquelas roupas de baixo com base antes de comprarem um terno. Mas me senti tão orgulhosa que Andreas tivesse apresentado aquilo, em meu nome, e que tivéssemos inventado uma nova silhueta – uma nova forma de celebrar uma mulher que também aludia ao poder do passado. Novamente, eu poderia ter feito aquilo sozinha, era quase uma fusão da SEX e da 'Harris Tweed', meio que história excêntrica, mas saiu de uma conversa com Andreas sobre minhas roupas íntimas e o jeito que os traseiros das mulheres se movimentam. A arte se aproveita de uma conversa, às vezes uma conversa entre um homem e uma mulher a respeito de sexo."

"É imprescindível respeitar uma mulher", continua Andreas, "e nem sempre os estilistas homens fazem isso; eles colocam as mulheres nas formas que gostam. Quando Alexander McQueen estava vivo, mostrei a Vivienne uma peça dele, um top, um tubo, na verdade, que era construído para que os seios ficassem espremidos, e Vivienne odiou aquilo, disse que parecia que ia machucar. Você tem que se importar – e realmente tem que se importar com os seios. Sempre fiquei intrigado pela forma como as coisas são feitas. O design mais a habilidade é o que faz um grande trabalho. E se algo, digamos, de Vivienne não está bem executado, bem, poderia me deixar triste. Uma vez eu chorei quando vi o que tinha sido feito. Eu esperava que as coisas fossem lindamente feitas e lindamente desenhadas – como Cerruti. Então, acho que meu primeiro 'dom' foi ajudar a criar uma coleção de viagem para o verão que foi tão bem realizada e era tão leve que dava para enrolar as peças, em pequenas bolas, em embalagens a vácuo, e depois elas saíam com um aspecto perfeito. Nunca olhava para o futuro naquela época, eu vivia o momento. E principalmente eu me lembro de gargalhar. Sou muito curioso, aventureiro: comida e visuais da moda... nem todo mundo é. Mas estávamos numa aventura, era divertido; não aproveitávamos tudo que dava na época, mas agora aproveitamos e podemos porque éramos muito aventureiros então. Fiquei tão inspirado quando conheci Vivienne: foi como se os pesos tivessem caído das minhas pálpebras; foi uma revelação."

Bem à parte da relação florescente – criativa e de outras maneiras – entre Vivienne e seu aluno de 23 anos, havia motins não revelados na estrutura e no pessoal em Camden. Foi uma época tumultuada, porque o negócio estava lutando para reagir ao intenso interesse da imprensa na marca e aos pedidos que chegavam aos montes e rapidamente, em particular da Ásia. No início dos anos 1990, quando Brigitte e Andreas se viram, por diferentes razões, na órbita próxima de Vivienne, só havia oito pessoas na folha de pagamento, e uma recessão estava em curso. Joe estava à frente da empresa e ela era administrada como um negócio de família. Só havia duas lojas: Davies Street, em Mayfair, e Worlds End na King's Road. E apesar da cobertura maciça e ensaios fotográficos vistosos, Vivienne e toda a equipe ainda iam para a Semana de Moda de Paris num furgão com as últimas roupas e faziam os acabamentos no caminho. Mas era uma época divertida para todos, não apenas para o casal nada ortodoxo no centro de tudo. Os desfiles de Paris, como resultado do endosso de Azzedine Alaïa, deixaram a imprensa de moda pelo globo, e especialmente a do Extremo Oriente, enlouquecida.

"Eu sabia do impacto que estava causando, podia ver! Nunca, contudo, esperei ter fama na minha terra. Os tabloides continuaram interessados, mas não a imprensa de moda britânica." Ao longo dos anos 1990, Vivienne se tornou uma das atrações principais na Semana de Moda de Paris. Na época da "Café Society" e da "Tempestade numa xícara de chá", ela tinha começado a formar uma clientela internacional – compradores, colecionadores, gente da alta-costura. E se tornou uma loucura no mundo da moda.

"Todo mundo queria ir aos desfiles dela", recorda-se Brigitte. "Era um escândalo", lembra-se Robert Pinnock, que também trabalhava pesado no *backstage*, "um sentimento selvagem e perigoso, como se todos quisessem uma parte dela. Como se fosse o epicentro absoluto da moda e todos estivessem observando o que ela faria em seguida. Havia tumultos do lado de fora. Bem literalmente. Estávamos trabalhando do lado de dentro, mas podíamos ouvir tumultos do lado de fora, a polícia empurrando as pessoas que tentavam entrar." E ao mesmo tempo, e por causa de toda a atenção e de fato da notoriedade, Vivienne começou a trabalhar com supermodelos internacionais, o que a expôs ainda mais ao mundo da mídia e aumentou o barulho de empolgação ao redor do que ela criava. Sam McKnight, o cabeleireiro de moda renomado internacionalmente, teve muita influência nisso. Fã e amigo de longa data de Vivienne, ele a apresentou a Linda Evangelista e Naomi Campbell, mas de uma forma que elas desfilariam para ela por muito menos do que costumavam cobrar. Elas se juntaram a Sara Stockbridge e Jerry Hall na passarela, entre muitas outras, ostentando a nova confiança sexual e artística nas criações de Vivienne. "É na publicidade que as modelos mais ganham dinheiro", explica Brigitte, "mas você só conse-

Jerry Hall com "Tempestade numa xícara de chá".

gue contratos publicitários se for 'moderna', e estar num desfile de Vivienne era o máximo do moderno que se podia conseguir."

Então, em meados dos anos 1990, os tempos de "Anglomania", "Café Society", "Sobre a liberdade" e "Tempestade numa xícara de chá", Vivienne se viu como a estilista mais requisitada do mundo, e suas roupas, usadas pelas mulheres mais fotografadas do mundo, estavam se tornando identificáveis para milhões de pessoas. A imprensa britânica se manteve previsivelmente hostil, usando os desfiles de Vivienne como desculpa para filisteísmo preguiçoso ou para vender histórias sobre os mamilos de Kate Moss. A moda servia para tirar sarro. Mas a imprensa estrangeira era cada vez mais respeitosa e gentil com Vivienne, o que em termos de moda era mais importante. "É como Oscar Wilde costumava dizer", cita Vivienne, "'Na França, todos os burgueses querem ser artistas; na Grã-Bretanha todos os artistas querem ser burgueses.' Na época, de volta ao país, a imprensa só estava interessada em escrever sobre Chanel. Mas aí apareceu a TV a cabo, a internet, e os desfiles de moda nos anos 1990 estavam em todo lugar. Eu me tornei uma estrela com isso." No fim, a imprensa britânica, e vale dizer a indústria de moda britânica, simplesmente não puderam mais ignorar aquilo.

Em outubro de 1993, Gene Pressman, da Barneys de Nova York, expressou a recém-descoberta confiança comercial em Vivienne. "Há um milhão de ideias ali", declarou ele a respeito do desfile "Café Society" em Paris, "e vamos vender tudo". Pedidos de lojas alemãs naquela temporada foram até dez vezes maiores que no ano anterior. A Littlewoods e a empresa francesa de venda por catálogo Trois Suisse pegaram as coleções de Westwood (numa era antes da fácil venda on-line). Subitamente houve um acordo com uma produtora de bolsas, Braccialini, os relógios Swatch criaram a primeira marca de "estilistas" apresentando a orbe de Vivienne, e houve um acordo de licenciamento com a companhia exportadora japonesa Itochu. A Liberty of London propôs que Vivienne fizesse seus vestidos de noiva, a Thames & Hudson pediu para lançar um livro chique de papel-cuchê. A *Marie Claire* fez um ensaio para a capa da coleção de Paris em questão de horas, e dizem que Jean Paul Gaultier estava "discursando em êxtase". Houve rumores de que as supermodelos envolvidas – Naomi, Linda, Cindy, Kate – aceitaram roupas no lugar de pagamento na certeza de que, no fim, elas valeriam mais. Robert Pinnock percebeu as mudanças em Paris e a crescente confiança da empresa, e de Vivienne: "Em meados de 1990, o dinheiro começou a entrar. Dava para sentir. O maior letreiro em Paris, e todas as supermodelos – Linda, Naomi – pelas quais eu nunca tinha me interessado na moda, realmente, até então, mas para mim e para muitas outras pessoas, de repente o que Vivienne estava realizando fez sentido, acentuando a beleza da mulher. E Vivienne fez tão bem. Até para mim, que tinha crescido ao redor da alta-costura, o que ela estava fazendo era uma revelação. E era possível sentir a empolgação. As pes-

Vivienne e Andreas, na noite em que
Naomi caiu dos saltos plataforma, com seu boá de plumas.

soas literalmente suspiravam. E sabíamos que estava indo muitíssimo bem para ela... veja, ainda era preciso dar uma chave de pescoço em Carlo para arrancar dinheiro dele, ainda éramos pagos em roupas!"

O meio dos anos 1990 se tornou o "momento" de Vivienne em termos de relações públicas. A herança criativa de Vivienne, mais a influência de Andreas, além da atenção da imprensa internacional, tudo se juntou. Assim como a atenção do Japão – e a inteligência nos negócios de Carlo D'Amario. "É claro que era extremamente empolgante para todos nós que trabalhávamos com Vivienne e Andreas", continua Brigitte, "trabalhávamos dia e noite, e até vendendo as roupas, fazendo acordos, o dia após o desfile em Paris foi muito mão na massa."

"Carlo conseguiu um acordo com Alberto Biani na Itália", recorda-se Vivienne, "e então voltou sua atenção para o que estávamos fazendo em Londres. Joe parou de trabalhar para mim porque achava Carlo muito mandão. Fiquei muito chateada – foi o pior dia da minha vida, na verdade, ter que escolher entre Joe e Carlo, que era o que significava aquilo. Eu esperava que fosse bom para Joe e é claro que no fim foi, pois ele saiu e criou a Agent Provocateur, e porque ele era muito jovem e muito astuto. Mas fiz aquilo por Carlo também. Porque ele tinha se sacrificado muito."

"E logo depois disso", continua Brigitte, "Christopher Di Pietro ficou encarregado da parte de marketing, então não tínhamos mais que botar a mão na massa para vender, o que foi um alívio. Começou a parecer um negócio de verdade. Mas baseado no amor sincero pelo que estávamos fazendo." Eram tempos empolgantes, mas também muito estressantes. "A empresa parecia duplicar ou triplicar seu movimento de vendas a cada estação, por toda a década de 1990, foi simplesmente uma loucura."

Já velejando num vento favorável de cobertura de imprensa, o desfile em Paris da coleção "Anglomania", em 1993, foi fundo na história da moda como talvez a imagem mais repetida de todos os tempos de um desfile de passarela. Naomi Campbell caiu dos saltos plataforma de Vivienne Westwood, e a imagem foi direto para as primeiras páginas pelo mundo. Foi um acidente que ajudou a transformar o nome de Vivienne em negócio. "Ah, meu Deus", Naomi dá uma risadinha quando pergunto, "fiquei *tão* envergonhada. Pensei que tinha decepcionado Vivienne. Mas quando estava de fato no chão, pensei comigo mesma, 'E daí, garota, estou no chão. O que você faz? Você se recompõe, as coisas acontecem. É só continuar'. O que foi bem até eu voltar para o *backstage*, e lá, ah, meu Deus, todo mundo estava rindo. Vivienne também. Foi hilário. Não dá para levar a vida ou a moda tão a sério e, sabe, não vou citar nomes, mas alguns outros estilistas realmente pensaram que fiz aquilo de propósito, o que quero dizer agora que *não é absolutamente verdade*, e me perguntaram se eu podia fazer o mesmo por eles, para conseguir imprensa para eles! Porque foi enorme: foi mostrado no mundo todo." "No *backstage*", recorda-se Robert Pinnock, "foi a vez que vi Vivienne mais feliz. Acho que todo mundo soube, instantaneamente, que aquilo ia catapultar as coisas para as primeiras páginas globalmente, e foi o que aconteceu."

"Paris finalmente mudou tudo para nós durante os anos 1990", repete Vivienne. "Não dava mais para ignorar o fato", explica Brigitte. "Estavam falando de Vivienne como a estilista mais influente do mundo, mas o mais intrigante é que ela estava se tornando uma das estilistas europeias de mais sucesso vendendo na Ásia. Carlo começou a vender licenças no Japão, mas isso também aconteceu por causa de Paris. Isso se tornou uma grande parte do negócio. E o como e o porquê são os seguintes: o Japão tem que ser uma licença porque a taxa de importação no Japão é muito alta. Uma roupa Vivienne Westwood feita na Inglaterra custaria o dobro do preço no Japão. Razão pela qual os clientes japoneses começaram a gastar tanto nas nossas lojas na Inglaterra. E Vivienne se tornou enormemente influente no Japão nessa época. Conscientemente ou não, ela acertou exatamente em tudo o que os japoneses gostam, e suas lojas lá são muito bem-sucedidas. Eles amaram as cores. Amaram as referências de Vivienne à cultura ocidental – a pinturas e à história – o tecido de lã escocesa xadrez, os tweeds, simplesmente amaram. Então, em meados dos anos 1990, ela conse-

Vivienne, ainda tricotando. Paris, 1997.

guira uma base de clientes grande por lá, e muita atenção da imprensa. Isso foi de grande ajuda no início e na direção de um acordo de licença favorável. E por conta de tudo isso, Carlo D'Amario começou a se concentrar no Japão rumo à virada do século e hoje existem dúzias de lojas."

À medida que os negócios começaram a explodir, Vivienne e seu namorado meio secreto tiveram um problema. Andreas viajava bastante – para a Itália, para produção, e para o Extremo Oriente. Mas a Áustria não estava na União Europeia e o visto dele estava prestes a expirar. "O jeito mais simples de contar essa história", sorri Vivienne, "é que tínhamos problemas para passar pela alfândega o tempo todo, então falei para Andreas, 'Só tem um jeito, você tem que se casar com alguém. Temos que achar alguém para você casar'. E ele apenas gargalhou e disse, 'Mas, Vivienne, tenho que me casar com você'.

"Eu simplesmente não tinha pensado naquilo. Quando estava com Malcolm, eu achava que estar casado era um ponto para o sistema. Então, aquilo entrou em minha cabeça e pensei, bom, é claro, é possível. Não sou casada com ninguém e ele é meu homem. Gosto de estar casada. A cerimônia confirmou meus sentimentos por Andreas. Vou ficar com ele 'na alegria ou na tristeza'.

"Então, foi ali que decidimos nos casar. E não contamos para ninguém e não sei quem descobriu. Em retrospecto, não sei por que mantivemos aquilo em segredo.

"Minhas escolhas têm a ver com estímulo mental. E aprendi muito com Andreas. Para saber o que ele aprendeu comigo, você vai ter que perguntar a ele. Eu ficaria interessada em saber o que é. Acho que ele me contou, mas eu não estava prestando atenção."

Andreas também sorri quando relembra do casamento clandestino. "A história da idade nunca foi uma questão. Nunca foi. Acho que está se tornando mais significativa agora simplesmente porque, mesmo que ela seja durona, estou só nos meus 40 e muitos e não estou diminuindo o ritmo. Bem pelo contrário. Mas, sabe, de primeira, realmente foi bem direto. Havia essa mulher incrível, e estávamos muito felizes juntos, e o único jeito de eu ficar era casando. Só que, na verdade, foi a melhor coisa que fiz na vida. Não sei por que mantivemos segredo por tanto tempo. Veja – não é fácil, não tem sido fácil. De fato tive um período muito difícil, em um nível bastante pessoal, do meio dos meus 30 anos até o meio dos 40. Não tenho certeza se Vivienne jamais soube. Minha posição é muito solitária. Acho que o duque de Edimburgo se sente da mesma forma! Vou perguntar para ele." "Carlo deu um apelido para Andreas, sabe", se intromete Vivienne, "que ele não gosta muito, mas Carlo o chamava de 'Principio Consortio', o príncipe consorte!" Andreas continua de forma mais melancólica. "Na verdade, acho que as coleções daqueles anos sombrios são ótimas, muito especiais, e agora que tenho distância daquela época, consigo ver que, como acontece às vezes, um bom trabalho saiu de um lugar sombrio. E Vivienne e eu, nós sobrevivemos. E agora penso, somos pessoas no estilismo, e frequentemente somos *outsiders* – como Vivienne, como eu. Chanel também, da menor vilazinha em Auvergne. Às vezes, as pessoas dos lugares mais rurais, mais remotos, são as maiores pessoas do mundo. É uma coisa esquisita, acho. Nós somos esquisitos, na moda! Também temos isso em comum."

"O estímulo mental é a principal razão para eu ficar com Andreas", diz Vivienne uma manhã sem que eu pergunte, "fora o fato de eu estar comprometida com ele. E o que quer que ele faça, eu ficaria do lado de Andreas. E da forma que encaro, ele pode fazer o que quiser. E não quero dizer apenas criativamente. Gosto de pensar por mim mesma. Sou orgulhosa e sou uma rebelde. Então, eu não me humilharia, jamais, JAMAIS, esperando algo de alguém que essa pessoa não quisesse me dar. Eu nunca, jamais, exigiria algo de um homem. Nunca. Esse é o nosso acordo e eu gosto. Ele sempre pode fazer o que quiser. Andreas pode fazer o que gosta. Há um provérbio chinês maravilhoso. Se um cavalo for seu, sempre vai voltar para casa. E você tem que entender, Andreas é um cavalo. Um cavalo selvagem. Sou sortuda, abençoada, eu sei, de ter alguém como Andreas. De tantas maneiras. Ele poderia tranquilamente ter sido um estilista apenas com o próprio nome, sem

Vivienne e Andreas brincam para Karl Lagerfeld
em alta-costura de Vivienne Westwood, 1997.

ter nada a ver comigo. Então tive sorte de tê-lo! Em segundo lugar, ele tem umas ideias loucas para levar o que faço mais longe, e isso é bom para mim. E Andreas é incrível – extremamente talentoso. Eu não poderia viver sem ele, no trabalho ou em casa."

Se o meio dos anos 1970 e o punk são as origens da notoriedade de Vivienne na mente do público e a fundação de sua credibilidade na moda, o início dos anos 1990, quando ela conheceu Andreas, é realmente o começo da marca Vivienne, do negócio e do império de moda que foi impresso na consciência mundial. Como apontou Brigitte, houve um "momento" feliz que consistiu na imprensa internacional de moda focando em Vivienne apenas quando seus modelos de roupas estavam, discutivelmente, em seu ápice de perfeição fotogênica e tinham uma história clara a contar, que era a cultura mundial antiga e vestimentas históricas repensadas para a mulher e o homem modernos. Em um e ao mesmo tempo, os mercados emergentes do Extremo Oriente deram uma confiança à empresa prestes a levantar voo e permitiram a Vivienne, enfim, depois de muito tempo, encontrar segurança financeira. É uma pequena ironia, portanto, que um de seus últimos atos de simples pragmatismo financeiro antes de ficar ciente, como declarou ao *Evening Standard*, de que pudesse finalmente ficar "muito rica", fosse aceitar um emprego para dar aulas em Viena que a fez, inesperadamente, se apaixonar por um homem com metade da idade dela – um homem que levaria a empresa, e Vivienne, em outras direções felizes também. "Hoje em dia", ela me conta, "gostaria de ver Andreas levar mais créditos. Sou o rosto público de 'Vivienne Westwood'. Mas agora é a história dele também. Então, fico preocupada que as pessoas achem que Andreas não seja tão importante quanto eu ou que esteja dizendo essas coisas simplesmente porque o amo, mas a verdade é que ele é mais apaixonado por moda do que eu sou agora, com certeza; e ele é tão talentoso, e em algumas coisas (não conte a ele) até mais."

Então, aqui está a história dos Kronthalers: um casamento feito no paraíso da moda. Como qualquer casal, de fora o relacionamento deles é insondável, e eles vivem o suficiente aos olhos do público para serem cautelosos e não mostrarem muito mais. E, porque Andreas é 25 anos mais jovem que Vivienne e no ramo em que está, existem rumores de várias nuances. Tizer Bailey, que passa muito tempo com eles como assistente pessoal, foi sucinta a respeito desde o início. "Tenho muito respeito. Você só precisa ficar trinta segundos com eles para ver que, depois de todos esses anos, adoram um ao outro. Eles brigam, é óbvio. Quem não briga? Mas se eu pudesse ter uma relação dessas na minha vida, morreria orgulhosa e abençoada."

"Aqui está um conselho a respeito de casamento", me diz Vivienne inquietantemente um dia. "Sempre serei fiel, eu nunca, jamais – nunca sequer pensaria em infidelidade. Mas quando conheci Andreas estava perfeitamente feliz sozinha. Ainda estaria. Mas então conheci esse homem perfeito. Bem, ele não é perfeito, mas é para mim. E acho que é muito bom, se você tem a oportunidade, tentar persistir e viver com alguém. E assim, sou totalmente comprometida com Andreas. De minha parte, eu não iria me desviar por aí e não dizer a ele onde estou. Acho que é um conselho muito, muito bom para qualquer um num casamento: seja totalmente fiel, leal, comprometido com a outra pessoa. Por *você*, assim como por ele ou por ela. Não quer dizer que você tem que dar as mãos quando for fazer compras. Argh! Mas por outro lado, deixe que a pessoa faça o que quiser, e ela vai voltar para você. Era isso que eu queria dizer. Nós dois nos interessamos por pintura, por exemplo, e adoro quando vamos a galerias juntos porque ele entende. Ele olha e entende. De uma vez. Uma pessoa ligada ao visual nem sempre se lembra das palavras, e somos diferentes nesse sentido, ele se lembra de um poema de sua imagem. Andreas é um grande comunicador se estiver falando do que ele consegue ver. Acho que ele me vê."

I AM
EXPEN
SIV

西太后
"VIÚVA IMPERATRIZ OCIDENTAL"

Só o tempo pode comprovar o sucesso. Só aqueles que correm totalmente atrás de seus interesses vão, mais cedo ou mais tarde, se encontrar com a "originalidade do passado".
VIVIENNE WESTWOOD

A moda é como andar numa corda bamba.
Você se arrisca a cair no ridículo, mas se fica firme, você triunfa.
VIVIENNE WESTWOOD

O nome de Vivienne, "西太后" ou "Rainha mãe ocidental", é um dos nomes ocidentais mais conhecidos em chinês. No Japão, está incluída entre as dez marcas globais mais reconhecidas, ano após ano, junto a Coca-Cola e a Disney. Na Coreia, em Taiwan e em Hong Kong, suas lojas e sua história têm um apelo único, expressando uma série de ideias a respeito do que é ser ocidental, estilosa, britânica e mulher. Ela é o uísque escocês da moda, o Jaguar da alta-costura, mas também personifica uma ideia que tem tido enorme impacto na Ásia, e dura mais que no Ocidente, talvez: no Extremo Oriente, a Rainha mãe do Ocidente ainda é uma roqueira punk, ainda ligada a uma ideia do que era o Ocidente, que é o motivo de seu nome em mandarim, 西太后, também aludir à última viúva imperial, 慈禧太后, a imperatriz viúva Cixi. Vivienne, em algumas variações da tradução, é "Viúva imperatriz do Ocidente".

Em 1º de abril de 2014, o museu Victoria and Albert inaugurou a exposição Vivienne Westwood. Enquanto Vivienne tinha sido persuadida a emprestar muitos itens de seu próprio guarda-roupa, assim como do arquivo Vivienne Westwood, o museu também estava chamando atenção para uma aquisição significativa feita para sua coleção permanente. No ano anterior, os curadores tinham tomado a decisão corajosa de comprar toda a coleção de quase trezentos dos primeiros itens Westwood/McLaren que pertenceram a Michael e à finada Gerlinde Costiff. Eles foram dois dos primeiros e mais entusiásticos admiradores e colecionadores de Vivienne, usando suas roupas em clubes noturnos e em carnavais do Rio, mas também, recordou-se Michael Costiff, "em lugares como o Sudão, Mali ou Burkina Faso, onde as pessoas apontavam e diziam 'Worlds End!'". O V&A também comprou no leilão de 2001 da Christie's de itens de Vivienne, que incluía sapatos e chapéus, vestidos de látex originais da SEX, e a "jaqueta de Bettina com saia lilás de látex de masturbação" (sic) da coleção "Café Society". A coleção completa custou ao V&A 100 mil libras, quase a metade do que tinha sido arrecadado com o apelo do museu ao Fundo de Coleções de Arte Nacional. Foi uma escala de honra nunca antes gasta com um estilista vivo.

O V&A também estava bem ciente de que Vivienne provavelmente renderia uma boa bilheteria numa era em que os museus estavam percebendo o novo passo vital de exposições exclusivas de sucesso. Fotos de Vivienne, seu rosto contorcido numa pose do fotógrafo Rankin e emoldurada em dourado barroco, apareciam nas laterais dos ônibus e em linhas do metrô e traziam sua imagem, bem como a de sua "marca", para muitos ainda não tão cientes de seu crescente impacto cultural. A exposição também navegou numa nova maré de interesse da moda e no glamour do tapete vermelho que tinha se tornado um tema recorrente do século XXI para Vivienne. Suas roupas criaram ondas e manchetes, estivessem elas desfilando nos Oscars – por Kate Winslet, indicada por seu papel em *Titanic* – ou por Nigella Lawson no programa de Jay Leno. As roupas de Vivienne sempre causaram um impacto, mas a exposição do V&A também apontou que elas estavam, na época, definindo um tipo particular de caráter feminino confiante e autoafirmação efervescente no teatral – talvez melhor exemplificado pelo vestido de baile verde de tafetá de Linda Evangelista que formava a peça central da exposição. Com base nos modelos de vestido de Watteau do *ancien régime* francês, definitivamente não é um vestido fácil de se usar ou achar uma ocasião para ele. Mas sua folia intensa no sensual e no histórico faz dele a avó de muitos seios levantados e decotes moldados que dominaram as roupas de noite quase desde então, apesar da própria Vivienne ter recentemente voltado aos vestidos retos neoclássicos de antes que tendem a dividir o tapete vermelho e a passarela com elegantes vestidos "barroco and roll" mais reconhecíveis.

A investida Vivienne Westwood na consciência *mainstream* também começou nessa época – ou ao menos para gerações mais novas, como outras clientelas além daquelas interessadas no punk. Kate Moss, amiga íntima de Vivienne, apareceu numa festa em 2001 usando as botas "Pirata" originais – mostrando o vintage de Vivienne e tendo sua escolha notada pelos paparazzi tanto quanto pela polícia da moda. As peças de Westwood estavam se tornando itens de colecionador no fim do século XX, mas entre isso e a retrospectiva do V&A, o negócio ganhou ritmo. A Sotheby's dedicou uma venda inteira à coleção Vivienne Westwood de Lady Romilly McAlpine, sua amiga e seguidora dedicada, que usou Westwood no evento de Abertura do Parlamento e apresentou os modelos de Vivienne a Margaret Thatcher. Em seguida, a Christie's realizou uma venda dedicada a peças vintage Westwood. Esse período, por sua vez, deu à luz o sucesso global da linha de difusão Anglomania no *oeuvre* de Vivienne Westwood. "Não acredito que a sra. Thatcher jamais tenha usado minhas roupas", diz Vivienne, levantando uma sobrancelha, "mas há uma gravação dela dizendo 'Fico muito feliz que ela seja britânica'. Hum."

O nome de Vivienne nos Estados Unidos, enquanto isso, aumentou e diminuiu em popularidade *mainstream*, num mercado que é percebido internacionalmente como um pouco cauteloso, um pouco cuidadoso com o choque. Ela ficou conhecida por estupeficar a imprensa americana e por ser abertamente crítica à política externa e interna americana, o que dificilmente a faria benquista, embora Vivienne credite à *Vogue* americana uma enorme ajuda com seu perfil no início. "Anna Wintour tem muita influência nos Estados Unidos, é claro, e é famosa por ajudar e descobrir pessoas. O que eu tinha esquecido até que a vi no baile do Met quando estávamos homenageando o punk no ano passado é que Anna é muito, muito bonita."

O perfil de Vivienne nos Estados Unidos foi promovido monumentalmente por sua aparição no filme *Sex and the City*. Foi um endosso de marca de alto perfil sem precedentes e inesperado, oferecendo a toda uma nova geração de mulheres – noivas em particular – uma introdução ao estilo de Vivienne. O ápice do que equivalia a uma educação de uma década para muitos nos caminhos de fashionistas, o filme concluía a história de Carrie Bradshaw, devota e colunista de moda, interpretada por Sarah Jessica Parker, com seu casamento há muito antecipado com um homem conhecido apenas por Mr Big. Ficou claro por muitos meses antes que um desfile de passarela Vivienne Westwood em Nova York apareceria no filme; o que não estava claro era quem seria escolhido para criar o vestido de casamento para uma virada na história em que um estilista dá um vestido de casamento para a personagem Carrie Bradshaw. "Eu só faria isso", diz Vivienne, "se realmente gostasse de alguém." Anna Wintour sugerira Vera Wang aos produtores. Apenas quando as filmagens começaram, Sarah Jessica Parker insistiu pessoalmente em usar um vestido de Vivienne. "Eu estava em Nova York por dez dias filmando o desfile de passarela", recorda-se Murray, "mas não tinha nada a ver com 'aquele' vestido, para começar – o vestido de casamento. Sarah Jessica Parker selecionou pessoalmente o vestido entre todos os submetidos, o que acho que foi uma surpresa para todos, incluindo Vivienne. Lembro de na época pensar, 'Nunca vão deixar Sarah Jessica usar esse vestido, mesmo ela sendo uma produtora executiva – vão querer fazer uma conexão com uma marca americana ou uma casa de moda internacional sólida'. O quão errado eu estava?! Achei aquilo uma prova do quanto Sarah Jessica era poderosa e respeitada na época no mundo da moda e do quanto Vivienne é adorada, com razão, por aqueles que realmente conhecem moda. O diretor

Gloriana, com alfinete de segurança. Convite para a "Anglomania" (outono/inverno de 1993).

do filme, no entanto, estava 'jogando junto' e também era muito inteligente, entendia realmente de moda e respeitava profundamente o trabalho de Vivienne. Também estava animado e intrigado pelas roupas usadas no segmento do filme que era um desfile e de fato se envolveu em entender os tecidos e formas que Vivienne utiliza. Então, nesse sentido, era bem apropriado que 'o vestido' acabasse sendo um vestido de Vivienne."

"Eu não estava muito certa a respeito das plumas verdes", conta Vivienne, sobre o arranjo de cabeça, "mas aquele vestido é um modelo divino; ele mora, como estava, no paraíso do casamento de Platão! E escrevi o bilhete no filme, eu fiz isso, fingindo que era real." Sua aparição em *Sex and the City*, ou, na verdade, a de seu vestido, deu a Vivienne uma aprovação bizarra de dois lados, tanto da própria expert em moda Sarah Jessica Parker, que permanece uma fã, quanto de seu alter ego ficcional, Carrie Bradshaw. Foi um drama que definiu o conceito de urbano chique para uma geração, de obsessão por moda e de glamour que, colocando um vestido de casamento de Vivienne no ponto planejado de fechamento da narrativa para a personagem de Bradshaw, selou para sempre a reputação de Vivienne nos Estados Unidos como a "estilista dos estilistas" e internacionalmente como a pessoa suprema com quem se deve procurar um certo tipo de sofisticação urbana.

Angelica Gleason é a gerente de RP para Vivienne na Costa Oeste dos Estados Unidos, com base fora da loja principal Vivienne Westwood em Melrose, Los Angeles, na Melrose Avenue, e lida com a interseção entre moda e filmes que é a temporada de prêmios em Los Angeles, culminando no Oscar. O "endosso" de Sarah Jessica Parker causou um enorme impacto nos Estados Unidos, mas Vivienne já era a preferida há tempos das estrelas de cinema procurando causar uma forte impressão. "Em alguns sentidos", explica Angelica, "isso substituiu o que a alta-costura de Paris costumava ser: esses vestidos de prêmios são o auge para um estilista. Vivienne, a marca, agora é muito grande nos Estados Unidos, e ela tem um número enorme de seguidores, tem sido realmente divertido estar a cargo da imprensa nos Estados Unidos. Meu mundo é Los Angeles. Para mim, uma celebridade é como um outdoor ambulante para Vivienne e suas ideias. Mas é tão incrível escutar quem gosta da marca. Jennifer Garner, Christina Ricci, Julia Roberts, Matthew McConaughey e Bradley Cooper. Bradley tinha um casaco que nunca vi em um cara. Ele disse ao *stylist* dele que era sua peça *favorita* de roupa da vida, e não a devolveu. (Com o que não me incomodei.) E Sarah Jessica Parker, é claro, é notoriamente uma fã. Ela usou o vestido de casamento em seu filme, que chegou junto com um bilhete personalizado de Vivienne. E também da coleção 'Red Label' temos um par de sapatos que Vivienne trouxe especialmente para *Sex and the City*. Sarah Jessica ainda os usa muito. Então, há os Oscars, e para a marca Vivienne Westwood, é uma grande ocasião em Los Angeles. É assim que funciona: cada fashionista na cidade está lutando por vestidos e todo estilista está lutando para vestir pessoas. E, sabe, há *muitos* estilistas que *pagam* celebridades para usar peças nos Oscars, mas Vivienne não faz, nem fará isso. Ela não precisa. Então, é isso que acontece: nossa equipe de alta-costura vem de Londres para Los Angeles. Eu marco reuniões. Os *stylists* comparecem e selecionam vestidos para suas clientes. Temos que jurar segredo. Sempre esperamos que possamos vestir alguém que seja de fato indicado e, como todo mundo mais na cidade, nós realmente queremos muito, muito um Oscar, então estamos tentando vestir alguém que de fato vá ganhar!"

Vivienne também se envolveu no movimento Tapete vermelho/Vestido verde liderado por Livia Firth (esposa de Colin) e Suzy Amis Cameron, mulher de James "Avatar" Cameron. "Teve o jovem que ganhou a competição que Suzy Cameron organizou para vir fazer um vestido 'verde' para o tapete vermelho comigo. O engraçado é que se revelou dificílimo conseguir tecidos sustentáveis e ele, supostamente, queria usar seda sustentável. E eu me lembro que eles disseram, 'Os bichos-da-seda ainda estão vivos e têm permissão de voltar à sua comunidade', e eu falei: 'O que eles fazem – de volta em sua 'comunidade'?' Em vez de intoxicar os bichos-da-seda, aparentemente, a seda é desenrolada. Mas como isso ajuda o meio ambiente? As pérolas foram recicladas de outros vestidos, mas o quão 'verde' isso é? É terrivelmente difícil, especialmente para o tapete vermelho. A lã não causa muito impacto no meio ambiente, mas dificilmente é apropriada para todas as ocasiões. A única coisa que já administramos muito bem é a camiseta de algodão. É nosso único pedido em quantidade e encomendamos algodão bio, que é orgânico. Katharine Hamnett também tem sido muito boa nisso, e está tentando organizar uma biblioteca de tecidos ecológicos, que eu aprovo e usaria. Mas ela é virulentamente antialgodão. Tinturas, é claro, podem ser 'verdes', então também faço tentativas aí: tinturas de legumes podem gerar as cores mais maravilhosas."

Os clientes celebridades de Vivienne, estejam ou não cobertos por tecidos fabricados de forma responsável, incluem Helena Bonham Carter, Helen Mirren, Anne Hathaway, Tilda Swinton e Meryl Streep. Tracey Emin, amiga e companheira em campanhas e modelo Westwood eventual, também é vista com frequência na Westwood, assim como as recém-chegadas ao tapete vermelho, a atriz Olivia Colman ou as modelos Cara Delevingne e Lily Cole. Renée Fleming e Joyce DiDonato, as estrelas de ópera, consideram sua habilidade de causar impacto e de estar ciente de suas necessidades profissionais, e "Barbra Streisand queria meus vestidos da linha império para cantar", recorda-se Vivienne, "e encomendou um monte de tops de veludo stretch – eu me lembro que ela falou: 'Vocês têm veludo stretch na Europa?' e eu queria dizer 'É claro!'". A escritora de culinária Nigella Lawson disse à *Vogue* britânica que o apelo dos modelos de Vivienne era pessoal e político: "Realmente sinto que as roupas dela entendem meu corpo. Posso ter a minha forma e não me sentir mal por isso... e a estrutura das roupas me faz sentir segura; sei que não vou inchar ou escorregar ou ter que começar a puxar a barra... de certa forma, sinto que as roupas dela são a antimoda, o que me cai perfeitamente bem." Essa foi uma opinião recentemente ecoada no *Guardian* e é chave para entender o apelo contínuo de Vivienne: "Os modelos de Vivienne servem em mulheres com seios e quadris... o que geralmente é considerado outro aspecto de sua (suposta) insânia, já que todos os outros estilistas sabem que algo como seios e quadris estragam a linha das roupas."

Um certo tipo de aprovação de celebridades se tornou, portanto, parte da história do Vivienne Westwood Group, não por ir atrás de indicações ao Oscar mas por permitir àqueles no círculo cada vez maior de Vivienne abraçar seu estilo e, com frequência, sua política. De Carla Bruni a Tracey Emin a Pamela Anderson a Jonathan Ross ou à poeta laureada Carol Ann Duffy, vi Vivienne e seu círculo eclético de amigos variarem livremente em conversas entre arte, poesia, política e o que vestir. Às vezes essas amigas acabam posando como modelos, já que Vivienne é atraída por mulheres fortes de personalidades fortes que também calham de ser fotogênicas. A artista britânica Tracey Emin é uma delas: uma amiga próxima o bastante para que Vivienne se preocupasse que ela, Vivienne, estivesse intrigada pela arte de Emin, e próxima o suficiente para que persuadisse Emin a desfilar na passarela em Paris.

"Conheci Vivienne em um ensaio da *Vogue* no verão de 1999", conta Tracey. "Mario Testino estava tirando as fotos, um ensaio em grupo incluindo Vivienne e eu. Filei um cigarro de Vivienne, já que ela fumava Gitanes naquela época; somos amigas desde então. Minha primeira impressão de Vivienne foi de ela ser bem maternal e gentil; mostrando interesse em mim e no que eu fazia, o que me surpreendeu apenas porque eu tinha conhecido algumas pessoas que têm um pouco de medo dela. E então ela e Andreas me pediram para trabalhar como modelo para eles. Concordei, mas me senti jogada de um avião de costas sem paraquedas quando fui empurrada para a passarela – isso foi por volta de 2000; mas Vivienne e Andreas exalavam uma boa quantidade de confiança em mim e há que se corresponder às expectativas. Acho que Vivienne é bem louca, mais selvagem do que é retratada. Fomos e voltamos de Eurostar e nas duas vezes ficamos bêbadas e gargalhamos o caminho todo. Ela é uma inspiração, uma artista de verdade. É também apaixonada pelas coisas simples. E alguém com quem você pode dar umas risadas desvairadas."

Vivienne na passarela, com uma camiseta "Resistência Ativa", 2005.

"Na verdade, como me lembro", diz Vivienne de um jeito inexpressivo, "Tracey me perguntou se podia ser modelo."

Em 1997, Vivienne virou sogra – um papel improvável para ela, talvez – já que a tornaram avó em 1996. Joe se casou com sua namorada de bastante tempo e parceira nos negócios, Serena Rees, mãe de Cora Corré, em uma cerimônia que ele descreve como "a porra do programa de Jerry Springer".* Serena recorda-se de um jeito mais afetuoso, o estúdio Westwood fez um vestido de couro branco para ela em menos de uma semana, Andreas apertou o corselete tão forte que ela afirma ainda ter cicatrizes, e Vivienne, não convencional até a última potência, fez um discurso como sogra tanto "hilário quanto muito caloroso". "Eu me lembro que Dora estava sentada na primeira fila", conta Joe, "Malcolm apareceu e pedi a ele para dizer algo e ele só falou, 'arrume outra pessoa pra fazer isso'. Mas ele se levantou e foi simplesmente horrível – com Dora, com Ben – e só pensei, porra, não vou aturar isso. Então falei, 'Escuta, cacete, não fale assim do meu irmão, tá? Eu amo meu irmão'. E então Ben se levantou e falou, 'É, é a porra do casamento dele', e então mamãe se meteu e fez um discurso. Puro Jerry Springer. Não acho que ela tivesse a intenção."

A cerimônia explosiva levou a um casamento que não durou, mas Serena empresta uma perspectiva única à história, ela mesma uma pessoa importante no mundo da moda, tendo fundado junto com Joe a internacionalmente bem-sucedida Agent Provocateur. Ela ainda vê muitas pessoas da família de Joe e é uma leal defensora da ex-sogra, como modelo e mulher de negócios. "Creio que Vivienne ficou bem satisfeita quando soube que seria avó, e tenho que confessar que fiquei surpresa por ela se sentir assim", comenta Serena. "Achei que ela não ia se importar muito, sabe, porque bebês não têm uma opinião e não usam roupas muito interessantes! Mas Vivienne surgiu com o nome

* Gerald Norman "Jerry" Springer é um apresentador de TV norte-americano que comanda um talk show repleto de palavrões e linguagem inapropriada. (N. do E.)

de Cora, depois de algumas sugestões bem estranhas. E Malcolm deu o 'Honeysuckle' como nome do meio."

Malcolm, de forma não surpreendente, foi um avô ausente, como tinha sido um pai ausente, deixando a Vivienne o novo papel de avó punk, até mesmo colocando orgulhosamente a menina Cora, de 4 anos, na passarela com a septuagenária supermodelo Verushka. "Eu realmente nunca vi meu avô Malcolm", diz Cora, mexendo em retalhos imaginários de maneira idêntica à avó. "Eu me lembro de chamá-lo de vovô uma vez e ele bateu no teto. 'Não sou seu avô, sou Malcolm.' Mas eu chamo Vivienne de 'vovó Vivienne' e ela gosta. Acho. Quando eu era mais jovem, lia muito, o que, obviamente, ela adorava. Minha memória preferida dela é me sentar na cama com ela por um dia inteiro, o dia todo, só lendo *Ratos e homens*, porque eu tinha uma prova na escola sobre o livro. E ela parava o tempo todo e dizia coisas tipo, 'Você sabe o que isso significa?' e então ela mudava de rumo. Aquilo levou o dia inteiro! Porém fui realmente bem naquele livro. E todo ano, no meu aniversário, eu ganhava uma roupa da vovó Vivienne, como um livro do meu crescimento, em roupas. E mamãe dizia: 'A vovó Vivienne está vindo, vamos colocar esse lindo vestido que ela fez.' E eu pirava e gritava 'Não!' porque eu era assim. Mas eles são *lindos*, guardamos todos, e então, finalmente, na minha festa de debutante, ela me deu esse – ah, esse vestido! –, eu nunca tinha nem pensado em usar algo assim, mas eu vi esse vestido e literalmente me apaixonei. Um vestido de alta-costura. Para a minha festa de debutante! Eu me senti como a Cinderela! E agora é meu bem mais precioso, meu Vestido Vermelho da vovó Vivienne.

"Com ela, o Natal é o melhor, ela usa um chapéu de papel. A vovó Vivienne gosta de um jogo, um do tipo bobo de festa, e é muito, muito competitiva. A única vez em que a vi gritar com Andreas foi quando a gente estava jogando 'Na Testa', sabe, quando você bota o nome de alguém famoso na testa ou, tipo, algo que tenha a ver com o Natal. O tio Ben estava roubando, olhando no espelho. Andreas estava com dificuldades por causa do seu inglês – ou do nosso – e eles perderam, porque

A capa do Manifesto de Vivienne,
usando como modelo os livros de bolso de Gary Ness.

tinham a palavra 'Peru' na testa e não conseguiram adivinhar. E achei que a vovó Vivienne ia explodir; eu nunca tinha visto alguém tão bravo com um jogo em toda a minha vida. Mas é sempre divertido – e vovó Vivienne realmente gosta desse senso de família e desse senso de ocasião. Você não esperaria que ela gostasse, mas ela realmente gosta do Natal. E é uma ótima cozinheira. Temos um Natal normal... exceto, acho, pelo que Vivienne e Andreas vestem..."

Se uma parte da imprensa britânica ainda insiste em descrever Vivienne como excêntrica e sem inclinação para lucrar com seu nome, os números de quando a empresa entrava no século XXI simplesmente não bateram com a tese. Suas vendas, agora respaldadas por vários prêmios de exportação do governo britânico, desmentem isso, assim como repetidas honras, como a de Estilista do Ano – consecutivamente em 1991 e 1992 – ou o Prêmio Mulheres do Mundo da Moda ofertado a ela pelo presidente Gorbachev. Enquanto isso, seu ativismo só alimentou o interesse na marca, e tende a dar tema à sua produção sem prejudicar sua rentabilidade. A coleção "Propaganda" [The Propaganda] (outono/inverno de 2003) foi inspirada pela afirmação de Aldous Huxley de que a mentira organizada era a base de todos os males modernos. A isso ela seguiu com RA (Resistência Ativa à Propaganda), que ela denomina como um sinônimo para cultura: pense por si mesmo, não deixe que lhe empurrem coisas para comprar. Os vestidos de baile que são sua marca registrada e a alfaiataria refinada agora dividem o espaço da passarela regularmente, com grande efeito, com camisetas com dizeres e camisetas radicais. Suas camisetas "Não sou um terrorista" e até *bodies* de bebê, desenvolvidas com a organização Liberty, de Shami Chakrabarti, permanecem best-sellers (embora seja uma má ideia usá-las em aeroportos).

Toda ocasião hoje em dia é uma oportunidade para Vivienne transmitir uma mensagem ou levantar uma questão. Nesse espírito, ela aceitou corajosamente o convite secreto, no fim de 2005, para ser colocada na lista de homenagens de Ano-Novo da rainha e ser nomeada uma

Dame do Império Britânico. Havia uma ironia para a mulher que tinha colocado um alfinete nos lábios da rainha em 1977 e que tinha se virado para os fotógrafos sem calcinha na última vez em que comparecera a uma investidura no palácio. Dessa vez, era o príncipe Charles que estava entregando as medalhas, ele mesmo tendo se tornado um amigo sólido de Vivienne por conta de suas preocupações ecológicas compartilhadas. Vivienne usou chifres de diabo customizados de prata na cabeça, levou a neta e a mãe para a festa, e depois perguntou a Shami Chakrabarti o que deveria estudar para o programa de Andrew Marr/ David Frost no dia seguinte, onde ela não tinha nenhuma intenção de falar de rainhas, punk ou moda, mas em vez disso pedir uma restituição de *habeas corpus*. Aí está uma Dame que sabe como jogar com o sistema, ou, de fato, deixar o establishment para trás.

Em maio de 2006, o Instituto de Trajes do Museu Metropolitan de Nova York revelou sua nova exposição de sucesso, citando Vivienne e Gary Ness em seu título, "Anglomania", e exibindo o casaco de David Bowie de Alexander McQueen como a imagem principal do pôster – seu detalhe do período, o retrabalho punk da bandeira do Reino Unido e o tecido em estilo "detonado" devendo claramente a Vivienne. Então, é claro, o Metropolitan também fez uma exposição "Caos à alta--costura" [Chaos to Couture], em 2013, sobre a história do punk. Comparecendo a ela, com suas belas recriações da loja Worlds End e dezenas de modelos seus, Vivienne reconheceu o impacto contínuo de seu trabalho. "Foi incrível. Andreas e eu chegamos com Lily Cole como nossa convidada, e ela estava usando um vestido de látex de uma floresta tropical, de uma instituição de caridade de borracha sustentável que ela apoia, e feito por Andreas. Eu usei um tipo de pôster num envelope de plástico alfinetado ao meu vestido dizendo *Libertem Bradley Manning*, para que quando a imprensa de moda perguntasse 'O que você está usando?' eu pudesse falar da minha bijuteria, ou seja, de Bradley. E então subimos as escadas, pelo tapete vermelho; estava alinhado com toda a equipe vestida como punks, e de repente todos estavam aplaudindo. E de primeira imaginei que eles estivessem fazendo aquilo para todo

Avó e ativista. Esses itens não são recomendados para viajantes de avião.

mundo conforme chegavam, mas quando chegamos ao topo da escada, lá estava Anna Wintour, saudando seus convidados, e ela me disse: 'Vivienne, eles estão fazendo isso para você, sabe.' Eu meio que virei e me curvei e agradeci a todos eles. Eu estava agradecida de verdade. Foi muito gentil. E então falei com um rapaz punk que estava lá em cima, a respeito de Bradley Manning. Ele não sabia de quem eu estava falando."

"Acho que minha memória preferida de Vivienne foi essa", recorda-se Julian Assange de seu refúgio na Embaixada do Equador em Londres. "Vivienne era a única pessoa no baile que tinha algo a ver com as origens do punk, e também foi a única a ter um ato punk. E as pessoas não conseguiram lidar com aquilo. Eu trouxe comigo para casa que devemos nos inspirar nos movimentos radicais veteranos por pensarem no estilo no qual o ativismo político é feito. Ela é uma artista agitadora da alfaiataria!"

Sobrou para o velho amigo de Vivienne, Gene Krell, contar a ela que Malcolm tinha morrido, numa clínica suíça, no começo de 2010. Ele ligou sem esperar conseguir falar, tendo ouvido as notícias, e conversou com Vivienne antes mesmo de sua família. Gene vinha falando com McLaren, sobre a semiótica dos iPhones, acima de todas as coisas, apenas dias antes, e tanto Joe quanto Ben, alertados quanto à severidade da doença de McLaren, tinham viajado até lá para estar ao lado dele. Vivienne, como sempre, na época estava presa aos prazos de sua coleção mais recente.

"Fiquei com muita pena por ele ter morrido. Tinha escutado que ele estava doente. Joe ou Ben tinham me contado, mas no início Malcolm falou que não era verdade. Ele foi diagnosticado uma segunda vez, e ligou para Ben, não para Joe. E Ben mostrou para mim a mensagem que ele tinha deixado: 'Essa porra desse negócio', ele chamou seu câncer, mas mal dava para entender o que ele dizia." Malcolm morreu de mesotelioma, um câncer muito raro frequentemente associado à exposição ao amianto. Foi sugerido que um provável local de sua exposição, se fosse o caso, fora o teto da loja Worlds End, pelo qual ele criou um buraco de explosão de bomba acima de suas fotos gigantes de "Dresden" e de uma Piccadilly capotada, mas Vivienne acha a ideia uma bobagem. "Não havia amianto na loja. Minha teoria é que, como Donna Summer, ele foi afetado visitando os escombros das Torres Gêmeas. Mas quem sabe. Steve McQueen teve o mesmo. É uma doença horrível."

Malcolm tinha apenas 64 anos. "Sou um artista sem portfólio", dizia ele, "minha carreira foi um ato magnífico que merece ser visto como arte." Suas últimas palavras – Ben estava ao lado da cama – foram em

Vivienne e Malcolm (Ben Westwood ao fundo). "Malcolm tinha algo especial. Ele se foi, mas era feliz." Vivienne Westwood

tributo de Vivienne e de suas causas. Não está claro se ele murmurou por último "Libertem Leonard Peltier" ou "Quem matou Bambi?" – ideias e músicas de Vivienne que dançavam na cabeça dele no fim.

"Neste dia tão, tão triste", entoou Vivienne tremendo no dia do funeral dele em Londres, "gostaria de dizer algumas palavras sobre Malcolm" –, mas ela mal conseguiu, atolada em sua própria tentativa de uma visão geral do impacto cultural dele e interrogada por um "anarquista" contestando sua suposta "venda". "Eu absolutamente não o reconheci – era Bernie Rhodes, da época de World's End. Ele tinha uma boa justificativa pelo que falou, já que eu estava dizendo muito sobre mim e sobre minhas ideias. Eu queria usar a oportunidade para explicar algo. 'A Era do Consumismo.' 'Que Ninguém está Pensando.' 'Não há Mais Ideias.' Esses eram os assuntos da minha declaração. Eu queria tentar não ser complacente com o punk. Porque ele acabou sendo uma oportunidade de marketing. Eu queria dizer, 'Não estou aqui para exaltar Malcolm por ter nos dado o punk. Mas realmente acho que ele foi uma experiência divertida'. Era isso que eu queria dizer." Foi um dia duro para ela, assim como para a família e os amigos, embora salpicado com flashes ocasionais de humor e de uma participação estelar. Adam Ant estava lá, sentado com a família, Alan Yentob, Bella Freud, Bob Geldof e Boy George, Edward Tudor Pole, Jarvis Cocker, Jean-Charles de Castelbajac – que falou de forma eloquente e longa – Robert Pinnock, e a antiga *banshee** Siouxsie Sioux. "Ele era Danton, Robespierre e a Revolução francesa em um só", opinou Adam Ant memoravelmente, enquanto Geldof, como sempre, era ainda mais loquaz: "Sou irlandês, e eu falo, mas ele falava mais do que qualquer um de nós aqui. Ele era infinitamente fascinante, infinitamente interessante... e sei que isso soa idiota, mas acho que existe quase uma lacuna física tangível no tecido cultural. Ele se foi, e a sensação é de que se foi, e me sinto triste de perceber que ele se foi." Vivienne estava ao lado do túmulo no cemitério de Highgate depois que o cortejo serpenteou por Camden, com o caixão de Malcolm levando a inscrição que eles criaram: "Too Fast to Live Too Young to Die." Ainda que tanto Joe quanto sua mãe tenham dito desde então que sua perda foi compensada, como algumas vezes acontece com a desolação por uma perda complicada, com um senso de liberdade. Sem os ciúmes de Malcolm deles dois, pôde haver um ajuste de contas, tanto pessoal quanto histórico, do qual este livro é uma parte. "Ele realmente quebrou algo em mim", diz Joe, "e não acho que tenha de fato se curado. Eu sabia que não podia confiar nele." Vivienne tende ao arrependimento, de jeito nenhum à raiva: "É apenas muito triste. E é triste porque ele era um ser humano que iluminou as vidas das pessoas, a minha também. Mas na verdade gostei do funeral de Malcolm. Gostei de ver Annabella de novo, da Bow Wow Wow. Quase não a vi desde que ela tinha 14 anos. O dia todo foi cheio de pessoas legais.

* Na lenda irlandesa, uma fada que prediz a morte de algum membro da família. Também o nome de sua banda, Siouxsie and the banshees. (N. das T.)

Malcolm tinha algo especial. Ele se foi, mas era feliz. Minha mãe disse que o viu na televisão um tempo antes, e ele estava falando sobre Paris, e, surpreendentemente, sobre comprar frango e depois mostrando como cozinhá-lo, e Dora disse que pela primeira vez ele pareceu, para ela, agradável."

Vivienne tem a seu favor, cada vez mais, a despreocupação "vou-usar-roxo" de uma avó muito amada. Tesouros nacionais escapam de quase qualquer coisa, e Vivienne aproveita para tirar vantagem disso. Não "jogar o jogo" em termos de relações públicas, entretanto, às vezes traz sua própria vitória, e Tizer, e também Laura McCuaig no escritório de imprensa, já não se preocupam mais com isso. "É esperado e permitido", diz Tizer. "Eu só gostaria que às vezes ela ficasse com os presentes – ou não os mandasse de volta às crianças dizendo que ela não precisa de coisas... ou criticando seus desenhos." Amigos e conhecidos me imploraram repetidamente para que eu deixasse claro que sua brusquidão ocasional tem um forte contraponto em seu grande coração e generosidade espantosos (ela vai me pedir para cortar esta passagem), de seu apoio financeiro generoso de boas causas a seu hábito frequente de perguntar por amigos e colegas doentes e mandar presentes a eles. Seus gestos também são famosos na indústria, onde ela pode, como chefe da "marca", oferecer presentes de grande magnanimidade àqueles que ela considera fãs, ou simplesmente àqueles que, como Tizer, se viram um dia precisando de meias-calças novas, e amor. "Sempre tento ser aberta e honesta em minha conduta. Apesar de ser impressionante às vezes o que as pessoas escrevem depois de você pensar que foi muito gentil. Na maior parte das vezes, não dou a mínima. Tento pensar, depois de alguma palestra que fui paga para dar, 'Bom, são mais 10 mil libras para a floresta tropical', e meio que dou de ombros. Em geral fico apenas grata pela atenção à causa. Há um cinismo potencial nisso. Há grosseria quando você pensa que foi gentil. E com frequência fico aliviada, pois a imprensa foi muito boa comigo esquecendo da minha calcinha no palácio de Buckingham, e sempre fui muito agradecida por isso."

Beau Brummell, que sabia uma coisa ou outra sobre fama e moda, e por meio de quem, em certo sentido, Vivienne e eu nos conhecemos na exposição do V&A, notou que a ascensão à glória ou de fato à notoriedade é, com frequência, mais intrigante do que o que vem depois. Então, não vá pensando que eu ou Vivienne nos esquivamos de escrever sobre décadas posteriores. No caso de Vivienne, o tédio potencial de ter "chegado lá" só poderia ter sido exacerbado pelo que agora percebo ser a embrutecedora repetitividade a *Feitiço do tempo* da indústria da moda. Entra ano, sai ano, a Casa Vivienne Westwood produz duas coleções para a Gold Label, duas para a Red Label, duas para MAN, assim como a constante interação de ideias por meio das linhas de difusão – Red Carpet, Worlds End e assim por diante, sem mencionar acessórios, perfumes, bijuterias e franquias internacionais bem separadas. E assim vai. Portanto, não é surpreendente que a memória de Vivienne pareça ser afiada para detalhes de seus anos tumultuados com Malcolm, mas seu interesse menos afinado à nuance entre "Ultrafeminilidade" [Ultra-Femininity], primavera/verão 2005, e "Mulheres do mundo todo" [World Wide Women], outono/inverno 2011. Ela é, afinal, a esposa que não passou nos testes de assuntos domésticos com Andreas porque não conseguia se lembrar de muito da vida conjunta deles. Talvez essa seja a natureza da felicidade criativa. E o desafio adicional de estar à frente de uma grande casa de moda não é inovar constantemente, nem mudar o mundo a cada temporada, como parecia ser o caso no fim dos anos 1980 e início dos 1990, mas em vez disso ser criativo e reativo ao mundo dentro dos termos de estilo e negócios que funcionam. Linhas, ideias e grafismos se repetem, às vezes como peças que são a marca registrada, às vezes como o visual característico de uma criação Vivienne Westwood. E há outro jogo a ser jogado, que é a instituição de Vivienne Westwood como uma marca de renome internacional e, de fato, de uma voz suficientemente autêntica e reconhecível para sobreviver além da vida da mulher que atualmente a dirige e cujo nome carrega. Havia um tempo em que corria uma tese sobre Vivienne ser um tipo de gênio criativo lutando constantemente para se manter nos negócios. Mas conforme o mundo girou, Vivienne se mostrou previdente quando afirma: "Eu sempre soube que o tempo estava ao meu lado." E agora há, para qualquer um intrigado por essa história ou por suas lojas e roupas, muito mais do que a promessa e de algo finamente produzido. Há toda a iconografia de uma história. Há uma narrativa de uma mulher e de uma série de ideias. Quando você compra Westwood, você compra algo com uma história, como uma receita com verdadeira história. Algo anti ou algo antes, como me foi descrito em Elcho Street; algo com o aroma de seu aprendizado e sua história, suas leituras e sua observação de imagens, suas brigas com o establishment ou, na verdade, com Malcolm; algo feito com esforço humano. Vivienne atingiu uma longevidade na moda sem precedentes desde Coco Chanel. Conduzida por Carlo e agora por Andreas, ela atingiu aquela navegação rara, expandindo sem diluir sua reputação. Agora é como se Vivienne estivesse tentando atingir a sua versão mais pura. E é preciso uma força imensa de personalidade para não ceder à pressão de ter que surgir constantemente com um novo truque. "É como quando fui para a Dior", explica Vivienne, sobre ter sido recrutada para o emprego mais alto na casa de Paris. "Achei que devia competir por aquilo porque eu podia ser a única pessoa que respeitaria Dior o suficiente para continuar seu nome. Fiquei tão aliviada quando Galliano assumiu, quando ele foi da Givenchy para lá. Veja, até Yves Saint Laurent teve homens de negócio sobre sua cabeça, olhando para o que ele fazia, que é como teria sido na Dior. Acabei com todas as vantagens de dirigir as coisas por mim mesma. Tenho o que quero."

A vida criativa de Vivienne, ainda mais do que sua vida pessoal, tem sido explorada diante dos olhos públicos. Nesse sentido, ela parece uma estrela do pop tanto quanto uma estilista; uma atriz tanto quanto uma artista. Ainda que ela diga a respeito do punk, "Tenho orgulho de ter feito parte dele. Foi heroico naquela época", ela compartilha com

A Árvore da Vida de Vivienne.

todos os artistas um bocejo alérgico quando perguntada sobre trabalhos do passado, e a respeito desse pedaço em particular, é claro, ela já disse tudo que queria dizer, antes de ser atormentada por mim. Como qualquer um que tivesse se dado ao trabalho de pesquisar sobre ela, há mais chance de o delator Bradley Manning ou o desastre climático serem as respostas a perguntas respeitosas sobre moda ou a qualquer coisa que indaguem sobre o punk, porque o mundo de Vivienne é um "agora" incessante, fazendo dela não apenas uma artista instintiva, mas também uma atuante. A moda, como ela disse uma vez, é como "uma nostalgia para o futuro" – olhando para o passado para se sentir mais presente no momento. "Estou tentando colocar inteligência e humanidade de volta ao processo tecnológico", disse ela uma vez sobre seus padrões, e as mulheres e os homens respondem a isso – ao corte e à sensação de suas criações, tanto quanto às grandes ideias que eles gritam ou sussurram.

A falta de ânsia pelo sucesso comercial de Vivienne é uma constante verdade banal, embora, indiscutivelmente, Carlo tenha muita e Andreas também. Não é que Vivienne não desfrute de seu status, de sua riqueza e da plataforma que isso lhe permite para falar de arte e política. Ela aproveita. E sabe que sua plataforma cambaleia nos saltos altos da moda comercial. Porém, historicamente, muitas de suas ideias mais vendáveis não foram capitalizadas. A camiseta customizada – uma ideia de Vivienne e Malcolm; a saia tubinho – uma ideia original de Vivienne; e jeans impresso e rasgado (Cortar e Rasgar: Vivienne e Andreas) tinham potencial de serem enormemente comercializáveis, mas os lucros desses tropos da moda não foram dela. "Eu nunca liguei, de um jeito ou de outro, para o fracasso, ou de ter que fechar o negócio", afirma ela, com todo o brio de uma mulher que sobreviveu à penúria e deu a volta por cima. "Por trinta anos", disse ela em 2003, "tenho sido a juíza; sou eu que tenho que gostar. Primeiro você precisa ter aptidão. Talento. Eu tenho. Aquela necessidade incrível de simplesmente questionar tudo. Tenho que fazer de outro jeito. Estou fazendo algo novo o tempo todo – o fato técnico e físico de fazer isso me apresenta a outras possibilidades o tempo todo... Chanel desenhou pelos mesmos motivos que eu, na verdade; uma certa perversidade e irritação com as formas ortodoxas de pensar." Mas Vivienne também emulou Chanel ao continuar à frente de uma casa de alta-costura subsidiada pelo mercado de massa. Sua liberdade criativa e política é mantida por suas linhas de difusão e de acessórios e por seu catálogo de modelos clássicos.

O que então faz de Vivienne ser Vivienne em termos de estilismo? Existe o historicismo, existe o punk, existe sua visão não conformista absoluta da maioria das coisas – especialmente as visuais – e existe sua habilidade única de enxergar de um jeito novo e reinventar. Porém, mais do que tudo isso, o presente primordial de Vivienne para a moda e o verdadeiro argumento para ela como uma importante figura cultural são sua certeza de que as roupas podem mudar como as pessoas pensam. Moda como propaganda política. Nisso, como apontou seu filho Joe, ela continua enraizada no mundo do punk – é a fonte de sua credibilidade dentro da moda, e é também um dos poucos momentos na história do vestir (ou da música) quando a linguagem de uma cultura foi mudada pelas roupas. E ainda que ela tenha uma fé enorme e, no fim das contas, infecciosa no pessoal assim como no político, não se pode ficar muito mais pessoal do que o que se usa. "Acho que o elo real que conecta todas as minhas roupas é a ideia do heroico", declarou ela de forma audaciosa para a retrospectiva do V&A; "roupas podem te dar uma vida melhor." Vivienne disse que suas roupas "permitem à pessoa ser verdadeiramente um indivíduo", o que, vindo de uma estilista de roupas, soa como a contradição perfeita em termos. Mas Vivienne faz piruetas em contradições o tempo todo. É sua pose dândi essencial, tão fascinante quanto frustrante. Seus "indivíduos" são cooptados na causa de uma revolução de alfaiataria que também faz a sua parte, ela espera, numa revolta mais ampla. Oferecendo uma alternativa, e apoiando a esperança e o protesto para uma geração espelhada na falta de esperança e na inação, suas roupas e suas ideias realmente parecem para sempre heroicas, e para sempre punks. Não foi por muito tempo uma questão de atacar o establishment, mas em vez disso, citando Carlo D'Amario, de passar à frente dele.

"O primeiro impacto que se deve ter na moda trata-se de fazer beleza, trata-se de mulher bonita. Trata-se de roupas que caiam bem. Isso é o que significa chique. É você. Você pode dizer sem a assinatura que está certo... Meu trabalho está enraizado na alfaiataria inglesa... e no passado; quando se olha para o passado, é possível começar a ver padrões de excelência, o bom gosto na forma como as coisas são feitas e construídas, formadas. Tentando copiar uma técnica, você constrói sua própria técnica."

A fusão de inventividade e natureza prática de Vivienne, seu fascínio pela silhueta, cortes históricos e com tecidos, com frequência britâ-

Vivienne em casa, em Clapham, com a insígnia, 2000.

nicos – tweeds, lã escocesa xadrez, tafetá –, combinam a não conformidade destemida de seus anos punk com um senso de tradição e com a verve e sexualidade espirituosa que é tão britânica. Como ela disse antes em seus anos na Seditionaries, e reiterou mais recentemente enquanto falava de vestidos de baile de tafetá, "Quando roupas impressionantes são usadas, tem-se uma vida bem melhor". Quem gostaria de discutir essa afirmação?

A moda, como uma bela ou aplicada arte, tem sua história a contar. Na cidade moderna, a arte mudou durante a vida de Vivienne, e a moda, por um tempo, não. Vivienne foi muito atormentada por isso. A arte, em grande medida como resultado da câmera no século XIX e do cinema no XX, teve sua função de representação roubada e se tornou uma discussão, amplamente, das regras da formação de uma imagem. O diálogo da arte é formado pelo mundo como deveria ser e pelo mundo como é. Na moda, houve um atraso necessário porque, como muito da arte representativa, a moda é obcecada com a forma humana. Diferentemente da arte, em alguma grande medida sempre será e deve. "A moda é viva", diz Vivienne, "porque tem que se relacionar ao limitado; os limites que são o corpo humano. A moda está viva e bem hoje por causa dessas limitações práticas. O que não é o caso em algumas outras áreas da arte." Na época em que Vivienne saía com Malcolm e Gordon e seus amigos da escola de arte, havia uma aceitação fácil dentro dos círculos de arte contemporâneos de que a representação tinha acabado, assim como, possivelmente, o minimalismo e o pós-minimalismo: arte que se estendia na impossibilidade de sua própria existência, no divino. Mas as roupas e a moda, mesmo as mais raivosas e mais polêmicas, sempre saltavam de volta ao prazer e à sensualidade. Como diz Vivienne, ninguém gosta de parecer uma porcaria ou de olhar *para* porcaria. O chocante na moda tinha que ser chocante *e* atraente para ser usado. "O culto ao corpo que praticamos hoje é apenas parte da história. Os gregos queriam roupas, como arte, para expressar mais do que a beleza física. Beleza, virtude, moralidade – as roupas deviam expressar isso tudo. Se as roupas não conseguem expressar nossas aspirações mais altas como seres humanos, então não estão fazendo seu trabalho."

Houve uma festa na Coleção Wallace em 2011 para marcar seu quadragésimo ano trabalhando profissionalmente na moda – contado da abertura da loja Worlds End, em 1971. Vivienne usou uma de suas criações "Resistência Ativa" e um vestido de baile elaborado decorado com óculos de sol reciclados de aviadores. A empresa, a ideia e a pessoa Vivienne Westwood estão basicamente irreconhecíveis da professora de escola primária vendendo bijuterias étnicas sucedâneas num estande de mercado. Nos anos 1980, a empresa tinha uma linha, uma loja, uma dona (Vivienne), uma coleção por temporada. Agora há uma quantidade imensa de atividades e centenas de funcionários. Mas algumas coisas permanecem exatamente como sempre foram. Vivienne, complexa, exigente, questionadora, em seu núcleo – uma das últimas casas de moda ainda com sua força criativa epônima no trabalho todos os dias.

Após quarenta anos na moda, ela permanece inspiradora e inspirada não apenas pela política, mas por todo o mundo tridimensional à sua volta. Ainda consegue ser arrebatada pela beleza: em pinturas, em roupas, em benevolência e em ideias. Instintivamente frugal, é excessiva em seus modelos e em sua generosidade. Permanece fantasista e uma idealista após muitos terem caído no convencionalismo. Aí está uma mulher que não tem telefone celular (no mundo da moda!) nem televisão, ainda que alcance uma atenção com o presente que superaria a maioria das blogueiras adolescentes. Como ela comenta: "É bem incomum que as pessoas trabalhem em três dimensões da forma como faço. O corte foi o que mudei na moda, isso mudou as roupas em todo lugar. Posso ver na lojinha aqui ao lado em Clapham. Em todo lugar. Os princípios vieram de roupas étnicas e antigos padrões. Como aquela primeira camiseta que comecei que usava toda a largura do tecido. Toda em retângulos. Nada desperdiçado. Muito 'utilitária'. Bem histórica. Mas produzir tecido vence um ponto crítico, consegue-se volume dessa forma. Trabalhando como Vionnet, 'a arquiteta entre as costureiras', trabalhou. Mantendo a simplicidade, para a fabricação. Esse é meu maior orgulho na moda: corte de roupas. Historicamente, é com isso que contribuí para o vocabulário da moda." Ao que ela poderia ter perfeitamente acrescentado:

E a camiseta com slogans.

E detritos, colagem e "faça-você-mesmo" na moda.

E as listas de "*in*" e "*out*" numa camiseta.

E fetiche como moda (com Malcolm, devemos dizer).

E a reintrodução do espartilho.

E o espartilho apertado como base de vestidos formais.

E toda a abordagem de olhar para padrões históricos.

E as roupas históricas na moda.

E a mistura e a combinação "inglesas" de referência histórica.

E a ressurreição do tweed ("é como manteiga, não dá para errar com tweed").

E o sapato "pedestal" plataforma.

E roupas íntimas como roupas para sair.

E a saia tubinho.

E tricô fino na passarela.

E a forma de ampulheta.

E assimetria na passarela.

E roupas de moda unissex.

E o punk – que se tornou, bem simplesmente, parte da linguagem inglesa.

"As minhas roupas", fala Vivienne, "têm uma história. Elas têm uma identidade. Têm personalidade e um propósito. É por isso que se tornam clássicos. Porque continuam contando uma história. Ainda a estão contando."

the acorn
is happy to
become
an
oak
tree
TREES
SAVE
LIVES

REVOLUCIONÁRIA CLIMÁTICA

Imagine se você e sua família quisessem voar para algum lugar e só houvesse um avião no mundo. Imagine que esse avião tivesse algo errado com ele e dissessem a você que se algo funcionasse mal, causaria uma cadeia de reações e o avião cairia. Você voaria? Por que não chamamos o engenheiro AGORA?

VIVIENNE WESTWOOD

Se não salvarmos a floresta tropical, não há esperança para salvar o planeta e a Cool Earth tem o melhor plano para deter a destruição. "Seja Razoável: Exija o Impossível", costumávamos dizer, mas isso é possível.

VIVIENNE WESTWOOD e MATTHEW OWEN
da Cool Earth

Em alguns círculos hoje em dia, Vivienne é mais famosa como ativista do que como estilista. Desde a virada do milênio, tem havido um eclipse gradual de uma cruzada centrada na moda e na cultura por outra, focada no humanitarismo e no ativismo ecológico, que, contudo, inspira coleção após coleção na passarela. Vivienne é patrona da Reprieve, fazendo campanha por vítimas de injustiça e prisioneiros no corredor da morte, e também da Liberty, que faz campanha por liberdades civis no Reino Unido. Ela apoia a Anistia Internacional, o Refugee Council (Conselho de Refugiados), o PETA, a Environmental Justice Foundation (Fundação por Justiça Ambiental) e a Friends of the Earth (Amigos da Terra). É defensora de longa data da libertação do índio americano Leonard Peltier, e uma vez disse à sua assistente pessoal, Tizer Bailey, que "Leonard é a prioridade aqui, não escritores de moda". Sua ligação pessoal com a causa do delator americano Bradley Manning levou-a a usar sua imagem no baile do Instituto de Trajes do Museu Metropolitan de Nova York, em 2013, dado em parte em homenagem a ela, celebrando o punk na moda. Ela mantém contato regular com Julian Assange pelos mesmos motivos e o visita na embaixada do Equador, onde ele procura asilo enquanto escrevo. Ela apoia a campanha pelo Ártico do Greenpeace e, em 2009, doou pessoalmente um milhão de libras para a instituição de caridade pela floresta tropical, a Cool Earth. O ativismo, tanto quanto o estilismo, veio para dominar a vida de Vivienne.

Há algumas teses de por que isso aconteceu. Uma é que tudo está interligado e sempre esteve. Outra é que isso é o que a mantém seguindo em frente, e a mantém inspirada. A ex-nora de Vivienne, Serena Rees, outra mulher no mundo da moda, talvez explique melhor a simples síntese que Vivienne encontrou na política e no estilismo: "Isso dá a ela um senso de propósito, e a moda, por si só, não dá depois de um tempo. É complicado porque, por um lado, ela tem essa empresa global de muito sucesso e é como uma máquina que não se pode parar. Isso é difícil para Vivienne. O melhor que se pode fazer dentro da sua situação é tudo pelo qual você pode se empenhar. Mas além de qualquer coisa dessas, ela está conscientizando as pessoas e a próxima geração. Está falando para diferentes gerações e para um público mais amplo, um público que normalmente não tomaria conhecimento. Então, não é apenas 'manter a vovó Vivienne ocupada'. Ela está atingindo lugares que mais ninguém, absolutamente mais ninguém poderia." Lily Cole, a jovem modelo britânica e ativista, descreve como Vivienne trabalha a interseção de moda e ativismo: "Quando fomos juntas ao baile do Met em 2013, tudo que importava a Vivienne era a foto de Bradley Manning que ela estava usando com a palavra VERDADE escrita em cima, grudada em seu vestido. Quando chegamos, um repórter perguntou a ela sobre sua roupa. Vivienne se lançou numa preleção sobre Manning e saiu murmurando. 'Bom, *agora*', comentou ela, 'agora valeu a pena ter vindo até aqui.'"

"As pessoas acham que é porque sou uma avó", diz Vivienne, "que de repente penso no futuro, mas não é, e vou lhe dizer por que não é.

É claro que amo minha neta Cora, e toda a minha família, mas sempre tratei meus próprios filhos como pessoas, não tanto como crianças, e não acho que possa fazer de meus filhos ou neta um caso especial. Então, não é que eu esteja pensando em Cora ou no futuro dela exatamente. Estou pensando numa criancinha – é uma imagem do passado, mas também do futuro – numa menininha negra, provavelmente, essa lindinha, tão bonita, essa criança perfeita de cerca de 4 ou 5 anos se arrastando com uma flor que está tentando dar a alguém para que a pessoa dê algo a ela em troca. Água, eu imagino. E ela está rastejando, mas está muito fraca para andar, sabe. É nela em que penso, esse pesadelo do futuro. E então penso, meu Deus. O que eu fiz? *O que eu fiz? O que estou fazendo?*

"Mas agora minhas duas áreas de trabalho, moda e ativismo, elas se ajudam. Foi assim, em parte, como começou para mim. Li uma entrevista com James Lovelock no *Guardian* em 2005. Ele escreveu que pela sua estimativa, no fim deste século, o XXI, em 2099, só haveria um bilhão de pessoas. Sobrariam um bilhão de pessoas. Isso é tudo. Fiquei tão chocada de que possa acontecer tão rapidamente. Mesmo que apenas uma pessoa achasse que podia acontecer tão rapidamente, eu podia imaginar o inimaginável disso tudo, o horror, a impossibilidade de ser capaz de ajudar uns aos outros. Quente em todo lugar. Pessoas em movimento, tentando encontrar comida. É inimaginável. Mas devemos tentar e imaginar. O fim do planeta – que pudesse vir tão rápido e que pudéssemos destruir essa coisa rica, única."

A hipótese Gaia de James Lovelock está no centro do pensamento ambientalista de Vivienne. "Nosso sistema econômico", comenta ela, "é voltado ao lucro, ao desperdício e baseado principalmente nas indústrias extrativas, e é a causa da mudança climática." Mais ou menos ao mesmo tempo, Vivienne escreveu seu manifesto "Resistência Ativa à Propaganda", um texto povoado por todos, desde os filósofos da Grécia antiga a personagens de desenhos da Disney para inspirarem um interesse no aprendizado e na cultura, no lugar de consumo indiscriminado – e para ajudar a conectar em sua própria mente assim como nas dos

Convite para "Salve a Floresta Tropical" (Save the Rainforest), outono/inverno de 2014.

outros suas cruzadas parecidas na direção de uma cultura melhor e de um planeta a salvo. O manifesto e as coleções inspiradas por suas campanhas começaram a alertar a imprensa mundial e o público consumidor de moda de que havia algo novo acontecendo na Casa Westwood que não era exatamente punk nem exatamente cultura também... embora, para Vivienne, a revolução climática seja composta por ambos. "É como diz Andreas, se as pessoas fizessem escolhas reais e só comprassem coisas bonitas, isso é Revolução Climática também, porque comprar menos e escolher bem não danificaria tanto o ambiente."

Vivienne está perfeitamente ciente de que tudo isso levanta a questão de como pode uma estilista de moda, uma mulher à frente de um negócio de moda globalmente reconhecido e que até recentemente trabalhava com o mantra de Carlo, de que apenas a expansão constante garante o sucesso; como pode tal mulher apontar o dedo para qualquer um sem incriminar a si própria?

"Culpada", Vivienne tende a dizer, algumas vezes literalmente levantando as mãos. "Uma resposta é que você deve começar de onde está. Outra é que chego até pessoas – que leem revistas de moda, por exemplo – que nunca teriam ouvido falar disso de outra forma. Meu ponto principal, no entanto, é qualidade no lugar de quantidade. O que estou sempre tentando dizer é: compre menos, escolha bem, faça durar; embora algumas vezes eu possa também dizer: 'Compre Vivienne Westwood!'"

A mudança climática e a perspectiva real de um catastrófico aquecimento global estimularam Vivienne a uma determinação de alcançar o maior público possível com uma mensagem de "revolução climática". É mais simplesmente expresso nesse apelo manuscrito que encontrei no arquivo de Vivienne de março de 2012, embora as preocupações sejam anteriores a ele. É endereçado à amiga e colaboradora de Vivienne, a supermodelo Naomi Campbell:

Querida Naomi,
Por tanto tempo quis contar a você propriamente o que estou fazendo e pedir sua ajuda.

O melhor é listar alguns pontos principais:

- *Temos até 2050 para deter a Mudança Climática (MC) e começar a reduzir o pico presente até 2020. Em 2020, saberemos se podemos parar a MC ou se teremos uma MC descontrolada, significando que não poderemos fazer nada a respeito e haverá perda de habitat acelerada e extinção massiva da raça humana – você seria uma testemunha. Eu – não. (Estatística: fim do século, um bilhão de pessoas restantes.)*
- *Quase todos os cientistas concordam com os perigos, mas os governos estão fazendo muito pouco.*
- *A esperança reside nas centenas de ONGs, instituições de caridade e indivíduos que estão fazendo algo. Isso, em si, está ajudando e vai ajudar a adiar o problema, mas a grande esperança é que promova a consciência do público com urgência e que, por sua vez, faça pressão nos governos.*
- *O próprio processo de deter a MC vai significar que todas as nossas estruturas teriam que mudar e o foco de nossos valores se tornariam os valores humanos – e um mundo mais seguro, saudável e feliz –, não com base na competição, no trabalho barato, na sangria dos recursos naturais e no lucro.*
- *O que tenho feito é trabalhar com a instituição Cool Earth para salvar a floresta tropical. Esse é um programa fundamental, trabalhar com o povo indígena, e se conseguir salvar as três grandes florestas da Linha do Equador, impedindo a derrubada ilegal de árvores, vai proteger a floresta. É um plano prático, já está funcionando e vai custar uma quantia incrivelmente pequena comparada ao enorme benefício. De fato, se salvarmos a floresta tropical, podemos salvar o planeta, e se não conseguirmos, esqueça. Precisamos de 7 milhões nos próximos três anos, e depois, para realizar o plano completo, precisamos de mais 100 milhões até 2020.*
- *Meu plano: (1) dou meu próprio dinheiro; (2) angariação de fundos; (3) conseguir modelos para ajudar a formar um núcleo de cidadãos* avant-garde *engajados; (4) promover publicidade para*

aumentar a consciência e o engajamento do público com o mundo e com o futuro. (Isso é realmente urgente e importante – sem apoio/opinião pública, nada é possível.); (5) fazer pressão nos governos.

- *Meu objetivo. A agência de modelos Storm e a Harpers estão organizando um evento em agosto (não tenho certeza se vai ser um jantar, um leilão ou uma conferência). O evento vai focar na Cool Earth e em aumentar a consciência e a publicidade.*

Espero anunciar que arrecadamos meio milhão de libras extras. Estou tentando conseguir doações de 10 mil libras de algumas modelos que podem, e menos, mas alguma coisa, daquelas que não podem, e também estou tentando conseguir doações maiores (por exemplo, algumas pessoas que têm galerias de arte me prometeram 100 mil libras). O ideal seria 10 × 10 mil libras das modelos – temos 50 mil até agora, e 4 × 100 mil libras de grandes doadores. Sendo assim, Naomi, pergunto a você se pode dispensar 10 mil e/ou ajudar de outras maneiras. Pergunto mesmo sabendo que você já faz muito além disso. Acho que você é um apoio muito importante.

Espero apresentar as modelos engajadas nisso como pessoas inspiradoras. Estou organizando para ir às galerias de arte com elas. Estamos perigosamente em falta com a cultura, porque a cultura é o antídoto à propaganda e ao consumo (tenho um manifesto a esse respeito). A ideia é "Arrume uma vida": você colhe o que planta. E se as pessoas (modelos) arrumarem uma vida agora sendo engajadas com o mundo (e os gênios do passado), elas poderão, assim esperamos, arrumar uma vida literalmente para a próxima geração.

Achei que era uma boa ideia pedir às pessoas contribuições em dinheiro e não apenas colocar seus rostos em nossa causa.

Estou pedindo muito.

(coração) Vivienne

Ela escreveu no mesmo estilo para Marc Jacobs em dezembro de 2011, mas com mais ênfase, de um estilista para outro, em como o ativismo estava renovando sua energia para a moda.

> *Estou especialmente feliz no momento porque sinto que tudo está se alinhando – que posso usar a moda como meio de expressar minhas ideias para lutar por um mundo melhor; e por conta da credibilidade a moda me dá uma voz, e isso, por sua vez, ajuda a moda e me mantém estimulada e inspirada... Espero que você esteja feliz, que sua vida ocupada esteja empolgante e que também esteja aproveitando seu trabalho tanto como sempre.*

Ela termina (depois de pedir dinheiro para a Cool Earth) com a sugestão de um encontro em Paris: "Seria ótimo vê-lo antes do Natal, mas vou fazer uma cirurgia no joelho dia 13 – caí na escada rolante do metrô com sapatos plataforma enormes! Ah, Marc! Que vida!"

"Ah, meu Deus, eu me lembro disso tudo!", diz Naomi quando nos falamos. "Com Vivienne e comigo, sempre foi na base da confiança máxima. Confiança em sua visão. Confiança nela. Quero dizer, conheço-a por toda a minha vida adulta – meus primeiros *castings* em 1987 e 1988, e tudo o que ela está tentando conseguir, em qualquer assunto, confiei nela totalmente e quis ajudar sua visão a se tornar realidade. Ela é extraordinária. É tão apaixonada. Ela se importa com tantas pessoas e com tantas questões. Tipo, ela tem o maior coração, Vivienne, mas ainda assim é muito astuta. Ela não aceita bobagens, de mim nem de ninguém, e também adoro isso nela. Ela me diz, '*Use* quem você é para ajudar os outros, é assim que é'. Assuntos dos quais eu nem tinha *consciência*, ela me fez ter. *Use* sua celebridade."

A habilidade de recrutar nomes de alto perfil como o de Naomi para suas causas é parte do que faz de Vivienne uma batalhadora e levantadora de fundos eficaz. No entanto, sua marca de ativismo é mais do que endosso de celebridades. Ela coloca a força total de sua personalidade e criatividade por trás das causas que abraça, e, cada vez mais, foca a Casa de Westwood nessas causas também.

"Deixe-me explicar o que faço e como isso começou. Depois de ler James Lovelock, liguei para o meu irmão, ele é ex-marido de Cynthia

King. Ela é um ser humano maravilhoso. É produtora e cineasta, uma ótima cineasta. Então, telefonei para ele e falei, 'Preciso fazer um programa de televisão. Algum tipo de programa em que a gente tente e passe isso para as pessoas', e então fizemos. Fomos ao Ravensbourne College, que foi onde ele estudou, e fizemos um piloto. Não funcionou e o motivo foi porque eu estava tentando, em minha cabeça e no que falei, lidar com *cultura* ao mesmo tempo que lidava com o *meio ambiente*, o que é difícil, mas se você consegue – e eu tento – tanta coisa faz sentido. Tinha o formato de um programa de bate-papo e embora tenha funcionado para fazer o público perguntar sobre meio ambiente, não consegui achar um jeito para discutirmos cultura. Pareciam dois programas separados. Eu tento conectá-los e preciso conectá-los – cultura e meio ambiente, os ambientes físico e ético, e agora estou melhor em conectar tudo porque, é claro, tudo está interligado. Um dos suportes-chave para tentar vencer a mudança climática e ter um mundo melhor é ligar cultura e mudança climática. Estamos falando de *qualidade*. A qualidade de vida, que envolve muito a cultura. Trata-se de um tipo de atenção plena, prestar atenção ao que se está fazendo e criando e em como se está vivendo. Acredito que no presente não temos uma cultura de verdade. Temos uma pseudocultura, que algumas vezes é chamada de 'cultura popular'. Eu queria envolver as pessoas, mas disse a Cynthia, 'Não temos tempo para programas de TV; temos que fazer outra coisa'. Então aconteceram duas coisas. Enquanto fazíamos esse piloto, esse pequeno programa de TV sobre o clima, conhecemos a Cool Earth; e entrevistamos Matthew Owen. Mais ou menos na mesma época, eu tinha sido convidada para ir ao Brasil. Fui ao Brasil com Andreas para um desfile, e Matthew disse: 'Você gostaria de uma viagem para a Amazônia?'"

Gordon se lembra do entusiasmo de Vivienne. "Ofereceram a ela uma viagem à Amazônia, ela aceitou e eles explicaram a floresta tropical. Agora Vivienne tem essa habilidade de simplesmente mudar o foco e só disse, 'Bem, a floresta tropical é mais importante do que qualquer coisa'. E isso foi um pouco do início do que se tornou a Revolução Climática."

"O outro ponto específico que aconteceu foi o seguinte", continua Vivienne. "Matthew, que opera a Cool Earth, foi muito impressionante para mim, assim como seu trabalho, e então o que fiz foi ir até minha empresa e dizer: 'Vou tirar um milhão de libras dessa empresa e vou doar à Cool Earth.'" Como foi com Carlo? "Bem, posso fazer o que quiser: nunca tinha tirado uma quantia grande da empresa. Eu podia fazer aquilo, então foi o que fiz. Foi assim que comecei a Revolução Climática, doando dinheiro à Cool Earth, e então começando um diário. Um blog. Isso era parte de tentar que o que eu estava pensando chegasse às pessoas – esse diário sobre o meio ambiente, e era uma maneira de também falar sobre a verdadeira cultura. Fiz porque achei que a informação sobre o meio ambiente, o estímulo de tentar e *fazer* algo, seria mais fácil de assimilar na forma de um diário. E acrescento um pouco sobre a moda! E de fato acredito que, se as pessoas lerem isso, terão um ponto de vista que não vão encontrar em nenhum outro lugar hoje em dia. No entanto, tomo muito cuidado para não usá-lo como uma forma de vender moda ou a minha marca. Não é esse o caso. É mais uma maneira de deixá-los conhecer minha rotina. Sei que tenho muita credibilidade dentro da moda e gostaria de ser uma pessoa inspiradora, para inspirar as pessoas a ouvirem. Esse diário agora é parte do website da Revolução Climática. No decorrer disso, tive a ideia da campanha chamada Revolução Climática, para envolver as pessoas na Revolução Climática. As pessoas não demonstram muito atualmente. Isso é bom e ruim: quero dizer, você pode influenciar eventos e pode influenciar a política pela mídia social. Você pode desafiar o *status quo*, assim como a WikiLeaks desafia o *status quo*. Essas coisas só podem acontecer na internet. Então foi parte disso, ser parte de uma revolução on-line, mas muito com a ideia de querer trabalhar com outras ONGs e conectar todo mundo o melhor que podemos, porque tudo está interligado, e a principal mensagem que quero espalhar é que a crise ambiental é causada pelo sistema financeiro podre. Essas são as cobras que devoram os rabos umas das outras. O sistema financeiro de merda causou o problema ambiental. Mas, além disso, o fato de que estamos nos aproveitando da Terra a um ponto em que vamos destruí-la também é o que está causando a crise financeira. Causa e sintoma. Então, essa é uma forma principal em que tudo está interligado, porque pensei que se você conseguir chegar às pessoas no que tange ao dinheiro em seus bolsos e puder começar a entender as conexões, então vai tê-las ao seu lado para o meio ambiente também. Daí o nosso slogan 'O que é bom para o planeta, é bom para a economia. O que é ruim para o planeta, é ruim para a economia.'"

A floresta tropical tem sido a área específica de preocupação ecológica de Vivienne. Tornou-se uma área onde mesmo os cínicos precisam admitir que ela causou um impacto de verdade, e pegou uma jornada pessoal em todos os sentidos, fez um sacrifício pessoal para colocar seu dinheiro no que tem falado a respeito. Matthew Owen, diretor da Cool Earth, a ONG pioneira que cria escudos na floresta tropical trabalhando com comunidades indígenas na Amazônia, no Congo e na Papua Nova Guiné, cita Vivienne hoje em dia como sua apoiadora mais eficaz, assim como a mais conhecida. Ele e Vivienne se conheceram em 2010 e têm trabalhado juntos na Cool Earth desde 2011.

"Eu estava numa palestra de James Lovelock – autor de *Gaia* – no Instituto de diretores de Londres. Ele estava repreendendo a plateia por pensar que poderia contar com a energia renovável para deter a mudança climática. Vivienne faz perguntas diretas e pertinentes, e quis saber o que as pessoas deveriam estar fazendo. Como sempre, Lovelock disse: 'Salvar a floresta tropical.' Ela vinha realizando muita pesquisa a respeito do que fazia a maior diferença na prevenção da catástrofe climática e chegou à conclusão de que a forma da Cool Earth de parar o desmatamento era a melhor esperança que temos. Vivienne é muito inteligente e muito honesta. Ela faz as perguntas que todo mundo queria ter a coragem de fazer. Isso faz dela uma presença imponente em qualquer reunião, e cara a cara ela é tão curiosa e minuciosa quanto. Essa impressão inicial não mudou nem um pouco. Ela é uma compa-

O falo de asas "Libertem Leonard Peltier", disseminando sua inocência.

nhia de viagem maravilhosa – estivemos Amazônia acima, literalmente, juntos – e é mais resiliente acampando com 100% de umidade do que pessoas com metade de sua idade. E pode ser difícil, até para alguém com menos de 70 anos! Descansamos debaixo de uma sombra numa longa caminhada para uma vila remota e, sem saber, Vivienne parou em cima de um formigueiro de tocandiras,* e estava coberta. Ainda sem reclamações de Vivienne; ela é à prova de balas. Contudo, nenhuma conversa com ela é moleza. Eu me recordo de uma reunião com o ministro do Meio Ambiente do Peru em Lima, em novembro de 2012.

* Também conhecida como formigão-preto, a tocandira tem fama de ser agressiva e ter uma picada dolorosa. (N. das T.)

Vivienne tinha acabado de sair de uma semana morando com uma comunidade Ashaninka no centro da floresta. Todos nós estávamos exaustos e parecia que tínhamos tomado um desvio de duas horas de exercício de apertar as mãos. Do nada, Vivienne saiu com um discurso perfeito, encantou todos na sala, e saímos de lá com um acordo com o governo para usar o modelo da Cool Earth pelas florestas tropicais do Peru. Ela salvou 400 mil hectares de floresta tropical em um instante. Se não for por nada mais, já adoraria que as pessoas que leem este livro soubessem disso. Não conheço mais ninguém que pudesse ter feito isso. Embora tenha que dizer que uma memória quase tão feliz daquela viagem foi nadar no rio Mamiri – um afluente de águas negras do rio Amazonas – com Vivienne, Andreas e cerca de uma dúzia de crianças do vilarejo entrando e saindo da correnteza. As crianças ficaram completamente encantadas com eles e um órfão de 9 anos chamado Cladys era a companhia constante de Vivienne. Vivienne é o tipo de apoiadora com a qual qualquer causa sonha. Sei que a Reprieve, o Greenpeace e a PETA diriam o mesmo. Ela contribui muito substancialmente para todos os projetos da Cool Earth e tem arrebanhado seus amigos para apoiarem também. Mas ainda mais valioso é seu senso comum que espalha a mensagem melhor do que qualquer um: 'Precisamos salvar a floresta tropical se quisermos salvar o planeta.' Temo que tenha havido uma tendência preguiçosa de usar Vivienne ou como a estilista da moda extrema ou como uma abreviação para a realeza punk. Mas não consigo pensar em muitos outros negócios do fim dos anos 1970 que sejam tão globais ou criativos como o dela. E Vivienne tem sido tão presciente nos direitos humanos e no meio ambiente como tem sido na moda. Acho que o público sabe disso, e a imprensa teve que melhorar o nível."

A Cool Earth tem sido um dos pilares do ativismo de Vivienne, e o exemplo claro de ela colocar seu dinheiro, seu tempo e sua energia no projeto do qual fala a respeito. Levou-a da floresta tropical brasileira ao número 10 da Downing Street, residência oficial do primeiro-ministro do Reino Unido, e lhe deu a amizade de muitas pessoas envolvidas na mesma área, de Sting, passando pelo príncipe Charles até Pamela Anderson. "Minha equipe me informou", escreveu o príncipe de Gales a Vivienne em 2009, "que como resultado de sua aparição no programa de Jonathan Ross, conseguimos mais trinta mil assinaturas para a causa... (apoiando) a luta contra a mudança climática para deter a destruição das florestas tropicais... o que é simplesmente incrível! Foi totalmente maravilhoso de sua parte ter mencionado meu projeto em uma plataforma tão popular, e certamente parece ter atingido o efeito desejado... seu apoio e sua influência não poderiam ter vindo em melhor hora, já que estamos tentando um empurrão final para encorajar tantas pessoas quanto possível no mundo todo para assinarem." Foi um exemplo típico da campanha de Vivienne: aparecer num programa de TV popular fugindo completamente da chance de falar sobre moda ou história do punk e, em vez disso, usando o espaço para alcançar um novo público. "Realmente faz toda a diferença", continuou o príncipe em outra carta para a Dame Vivienne, "ter o amparo de estilistas icônicos como a senhora, e eu não poderia ser mais grato (por) seu apoio público de meu Projeto Florestas Tropicais."

Pamela Anderson, que descreve a si mesma como uma "ativista, amante da arte, atriz e amiga de Vivienne", criou um vínculo na última década tanto com Vivienne quanto com Andreas, compartilhando várias causas ecopolíticas. "Temos cabeças parecidas a respeito de justiça social e revolução climática", conta Pamela. "Vivienne me convidou para um desfile de moda em que fiquei mais interessada em seu manifesto do que na moda. Adoro as roupas dela, mas fiquei fascinada com sua conexão ao planeta e à... arte. Nós nos falamos depois do desfile, ela disse que 'não tinha que desenhar um mapa para mim' e que estava feliz que eu usasse minha posição na vida para defender causas nas quais eu acreditava. Ela é inspiradora. Agora quando estamos na mesma cidade, vamos a galerias e museus. E depois a um bom restaurante vegetariano." Um efeito dessa dupla improvável – a gatinha de *S.O.S. Malibu* e Vivienne Westwood – foi uma série de ensaios dramáticos de Jeurgen Teller e aparições de Pamela na passarela e em ensaios fotográficos, e quando estão na Costa Oeste – para a abertura da loja de Vivienne em Hollywood, por exemplo – Vivienne e Andreas estão frequentemente na companhia de Pamela. "Estávamos juntas quando Obama foi eleito", conta Pamela, "e ficamos *tão* esperançosas. Ela é uma força verdadeira em nossa família; meu filho mais velho, Brandon, pega listas de leituras com ela, *Ratos e homens*, Anatole France... sempre que vejo Vivienne me asseguro de ter papel e caneta para tomar nota. Sou muito agradecida a ela pela forma como pinta o mundo, mas também por seu interesse pessoal e admiração. Não importa o que qualquer um pense de mim: Vivienne me entende – e tenho dito."

"É possível salvar a floresta tropical com 100 milhões de libras", declara Vivienne simplesmente. "Não é tanto dinheiro assim. É o orçamento de propaganda da Samsung. Eles poderiam proteger a floresta tropical com aquele orçamento e conseguiriam tanta publicidade se escolhessem fazer isso... é melhor eu falar com eles." Em 2009, Vivienne foi convidada ao número 10 da Downing Street por Steve Hilton, antigo consultor antes de David Cameron, especialmente para discutir o assunto. "Não conseguia acreditar. Um governo conservador interessado em salvar a floresta tropical. Achei incrível. Ele era incrível. Então ele saiu. Não odeio David Cameron, mas todos os políticos são simplesmente tão... atrasados." Vivienne encara todos os obstáculos com sua ingenuidade beligerante, ela não tem tempo, nem, acredita ela, o planeta.

"A melhor primeira coisa que posso fazer é ser eficiente reorganizando minha empresa. Ouvi falar que as pessoas saem da Primark com sacolas de camisetas que custam tipo uma libra. Isso é ruim para o planeta e para as pessoas, para os fazendeiros e para as fábricas com trabalho barato, e é ruim para as pessoas que compram; elas são apenas consumidoras, puxa-sacos com suas máquinas de lavar e aterro de lixo. Por que não podemos reciclar roupas antigas como papel? O melhor papel costumava ser o papel feito de algodão! Tudo tem seu preço – seu efeito. Tudo é subsidiado pelo planeta, pelo roubo do planeta. E exatamente da mesma forma, a moda é subsidiada se você não for cuidadoso com ela. Normalmente custa menos do que deveria, na verdade. Na minha empresa tudo custa menos do que deveria. Deveria custar mais! Sei que é chocante e que é apenas moda. Aqui está um exemplo melhor: um frango custa menos do que na verdade custa. Isso pode ser feito porque a terra está carregando nosso subsídio, nossa dívida. Toda a maneira que a terra é administrada é porque é administrada na ideia de dívida. Pode-se melhorar um pouco prestando atenção, e pode-se operar uma empresa eticamente, e voltada para a qualidade. A primeira coisa a se dizer é que, se as pessoas só comprassem itens bonitos, talvez fôssemos capazes de gerenciar nossa pegada de carbono. Eu sei, eu sei, mas se as pessoas realmente tivessem qualidade de vida, em vez de distração e consumismo desenfreados, engolindo porcarias, estaríamos num lugar melhor. Acho que a moda que é muito boa, e isso não é fácil de ser dito, mas as roupas que custam mais, significam que as pessoas comprariam menos, é assim que deveria ser. Os bancos centrais imprimem dinheiro do nada apertando botões num computador. Isso é emprestado aos governos e se torna uma dívida a ser paga de volta pelo contribuinte e também pelo consumo. Os bancos lucram imensamente dos juros; quanto mais dívida, mais lucro. Esse é o sistema monetário, e ele causa crise ecológica. É o que os experts em dinheiro querem dizer com crescimento. O mundo funciona na dívida para que uma minoria, muito, muito pequena possa se beneficiar do lucro, e a criação de dívida é uma parte importante de como podem fazer isso. É assim que funciona.

"Pessoalmente, fazemos o que podemos. Desligando as luzes. Tentando ter um prédio sem garrafinhas de plástico. Reciclando papel. Separando lixo para reciclagem. Tentando não usar sacolas de plástico. Cabides que são reaproveitados. Tentando reduzir as viagens aéreas. Às vezes pode ser uma questão de participação ativa e de negócio integrado."

Em 2011, Vivienne viajou à África pela primeira vez, a convite do Centro de Comércio Internacional das Nações Unidas. Ela organizou um esquema para ajudar a aliviar a pobreza no Quênia. Mais de 250 mulheres estão agora empregadas para produzir bolsas e itens feitos à mão sob o selo Vivienne Westwood usando vários materiais reciclados. "Não é apenas caridade", diz Vivienne, "é melhor do que isso, é trabalho." "É um ambiente brutal", explica a modelo queniana Ajuma, "e eu conheço; tem havido impacto de verdade, assim como gratidão de verdade."

"Então comecei a campanha da Revolução Climática com a loja Worlds End – voltando ao início. Aquele sempre foi meu fórum para a política, aquela loja; é um cadinho de ideias. Amo aquela loja, então teve a ver que a base fosse ali. E, em termos de visual, combina com a Revolução Climática porque por muito tempo ela tem a ver com um tipo de reciclagem e, como o nome sugere, com o fim do mundo. Então, a usamos para clássicos, em que já fizemos todos os custos para que não se tenha que cobrar das pessoas novamente por algo que se tem como um modelo de estoque, por assim dizer, que se tornou um clássico. Você tem o seu dinheiro de volta no modelo para que não tenha mais que pagar pela invenção dele. É revolucionário, chique mudança climática, e uma barganha, em certo sentido, porque em outros tempos levou-se seis meses para fazê-lo, mas você não está mais pagando por isso porque é um clássico."

O ativismo de Vivienne, no entanto, não se limita às preocupações com o meio ambiente, ainda que esta seja a questão dominante. Seu trabalho com a Liberty me foi explicado pela dirigente da organização, Shami Chakrabarti:

"Vivienne se importa muito com o planeta, mas também se importa bastante com os direitos humanos, e quando se passa tempo com ela, descobre-se que ela é uma visionária a esse respeito. Acho que é em parte a mãe e a avó nela. Está olhando para o futuro e acho que ele está falando para ela se importar com os direitos humanos e com a mudança climática e ela vê essa conexão. Acho que ela vê o ambiente físico e o constitucional como igualmente importantes, já que um protege o outro. Essas são as duas causas com as quais ela está mais associada em anos recentes, e nem todo mundo tem circulado nesses dois mundos.

Convite Revolução Climática para a Red Label (primavera/verão de 2013).

Acho que todos nós precisamos fazer mais isso, porque trata-se do futuro. Trata-se realmente dos nossos filhos e dos filhos dos nossos filhos e que tipo de mundo herdarão de nós. Tanto em termos dos direitos às liberdades que salvaguardam uma qualidade de vida, quanto em termos do planeta que estão habitando. Precisa haver água limpa para beber, precisa haver comida para todos comerem e deveria haver um planeta bonito para se habitar. Mas, da mesma forma, quem quer viver num paraíso como escravo? Também precisa haver liberdade de discurso e julgamentos justos *assim como* florestas tropicais e água limpa. Creio que Vivienne seja alguém que entende isso, e entende que tudo está interligado, e pode falar sobre esses assuntos num alto nível porque às vezes precisamos levantar nossas cabeças. O trabalho de alguns de nós é ir fundo no detalhe de um caso legal em particular ou de outra convenção internacional em particular, seja sobre direitos humanos ou sobre o planeta. Mas também precisamos das pessoas que têm a visão global, os visionários, os contadores de histórias que inspiram, e eu colocaria Vivienne nessa categoria.

"O envolvimento de Vivienne com a Liberty começou em 2005. Eu já era diretora por dois anos. A Liberty, também conhecida como Conselho Nacional para Liberdades Civis, é a campanha doméstica no Reino Unido pelos direitos humanos, prestando atenção às violações dos direitos humanos aqui no Reino Unido. Embora Vivienne também esteja, é claro, envolvida com a Reprieve e a Anistia, que lidam globalmente com questões parecidas.

"Acho que escrevi para Vivienne para recrutar sua ajuda e para pedir a assinatura em um abaixo-assinado, e apenas falei que 'Se algum dia se interessar em vir ao escritório e saber mais a respeito de nosso trabalho, será mais do que bem-vinda'. E ela veio de bicicleta, sozinha, e se sentou comigo por horas fazendo perguntas a respeito de direitos humanos. E expliquei exatamente o que estávamos fazendo. Minha questão é: nossa causa não é popular. Não é de bichos. É de suspeitos de terrorismo e pessoas buscando asilo, crianças malcriadas com mandatos de comportamento antissocial, e isso não é sexy e não está na moda. Há duas coisas que eram e são extraordinárias em Vivienne para mim. Há uma ânsia por aprender e entusiasmo incríveis por questões com que ela se importa, muitas das quais com que eu também me importo. Mas o que é realmente especial em relação a Vivienne e me impressionou de cara foi que ela é a pessoa que vai fazer qualquer tipo de pergunta e não vai se preocupar em soar ingênua. Porém, quando você fala com ela, está consciente de que está se dirigindo a uma mulher de certa idade e de uma grande experiência. Só que também quando você fala com ela poderia estar falando com uma garota de 16 anos ávida por conhecimento, ou com uma menina de 6 anos, por causa da abertura e da humildade e de 'nenhuma pergunta é simples demais'. Ela nunca tem medo – nunca se preocupa se vai ser julgada se não souber algo, contanto que esteja fazendo uma pergunta honesta. E na minha experiência com 'celebridades' e pessoas à vista do público, isso é quase inédito. Vivienne me lembra de algo que Thomas Hardy escreveu em *Tess*, de que ela tinha várias idades. Às vezes ela era a garotinha e às vezes era a mulher. Você passa tempo com Vivienne e vê a menininha e, algumas vezes, vê a punk rebelde, uma jovem, e às vezes vê a avó, e ela é todas essas. Nenhuma delas receosa pelo que você pode estar pensando."

Vivienne declara enfaticamente que "Todos os seres humanos têm uma paixão por justiça. A inveja vem da mesma raiz, um sentimento de que as coisas não são justas, mas nesse caso o sentimento vem quando alguém dá muito valor à sua própria importância. Shami me conta que, como outros advogados de direitos humanos, ela foi inspirada na escolha de sua carreira por *O sol é para todos*. Shami e eu sabemos que 'poderia ser eu'. Acredito que há muitos prisioneiros inocentes e especialmente prisioneiros políticos, e penso a respeito de Guantánamo, e a sorte deles se resume a estarem no lugar errado na hora errada: uma solução conveniente para uma cilada".

"Não acho que dê para separar a política e o ativismo de Vivienne de sua arte e sua moda", continua Shami. "Ela é uma mãe e uma avó e acho que isso afeta bastante sua paixão pelo planeta. Ela tem estado à nossa frente ao conectar o ambiente constitucional ao ambiente físico; é uma ativista dos direitos humanos e uma ativista da mudança climática e esses mundos, esses dois mundos, nem sempre estão bem conectados como deveriam. Vivienne faz isso. Ela tem a 'marca Vivienne' que cresceu ao redor de seu talento artístico, mas não tem medo de usá-la para essas outras paixões que agora estão intimamente ligadas.

"A outra coisa que devo dizer a respeito de Vivienne é que ela não é nem um pouco como as outras chamadas 'celebridades'. Elas podem ser difíceis de lidar, caprichosas, dar uma pirada, dizer coisas que inventaram. Isso simplesmente não se aplica a Vivienne. Ela pede instruções essenciais. Joga junto, o que não se esperaria necessariamente de alguém que é *a)* tão famosa; *b)* tão bem-sucedida; *c)* tão peculiar. Não há nada de frívolo a respeito dela, de jeito nenhum. Na base de tudo, Vivienne entende que os direitos humanos existem para que as pessoas possam ser humanas e celebrar sua expressão, seja por meio das roupas, da música, então acho que é perigoso falar mal de alguém por estar supostamente na indústria 'errada' para ter uma opinião. Penso o oposto. Aqui está ela, tendo conseguido uma posição no mundo e ainda assim querendo usar essa posição para contribuir em debates realmente importantes, e para fazer as pessoas pensarem."

As personalidades e causas que se associaram a Vivienne podem parecer uma mistura eclética, mas há uma racionalidade clara por trás da conexão de camaradas de armas de nomes tão diversos quanto Pamela Anderson e o príncipe de Gales. Também há uma conexão óbvia entre as causas de Leonard Peltier, na prisão na Flórida por um crime que vários tribunais admitiram que ele não cometeu e do qual não existem provas, Bradley Manning, o soldado americano fonte do WikiLeaks que agora é conhecido como Chelsea Manning, na prisão por um crime que muitos veem como um ato de heroísmo, e até Julian Assange em seu confinamento. Vivienne acredita em tornar a política pessoal, e se alistou para ajudar esses indivíduos. "Nós nos conhecemos na minha festa de aniversário de 41 anos em Norfolk enquanto eu estava em prisão domiciliar sem uma acusação formal", conta Assange. "Vivienne realmente carregava uma aura com ela, mas acho que seu carisma vem de suas convicções, de seu comprometimento apaixonado com a justiça e com a verdade. Ela criou e produziu uma camiseta para arrecadar fundos para o WikiLeaks, mas primeiro a exibiu em seu desfile que aconteceu no Ministério das Relações Exteriores, o que foi comovente, já que essa é a instituição", alega Assange, "impedindo minha ida segura ao Equador e transgredindo a lei internacional ao fazer isso. Vivienne é eficaz porque consegue enxergar através do dogma. Ela é inconveniente; as pessoas não dão conta da consistência e da seriedade com as quais ela se apega à sua política. Elas ficam desconfortáveis pela forma com que ela injeta política em tudo. Mas a política está em toda parte, e se não tivéssemos pessoas transgressivas exatamente como Vivienne, não teríamos chance de mudar o mundo para melhor." Como muitos, Vivienne acredita que o acesso à informação é essencial para o funcionamento adequado da democracia e para a consciência climática, razão pela qual as ações de Manning e Assange são totalmente justificadas aos seus olhos. Ela retratou os rostos de ambos em camisetas e gráficos, normalmente com a legenda *Verdade* com grande destaque na parte de baixo. Ela não quer saber de chatos nessas questões, ou nas outras lutas pessoais que adotou, e a franca gratidão daqueles cujas causas ela abraça é óbvia tanto de seus apoiadores quanto deles mesmos.

Esta carta veio para mim, de Leonard Peltier, da Penitenciária Estadual Coleman, na Flórida:

> *Meu número é 89637-132. Sou um índio nativo americano Lakota/Anishnabee de Dakota do Norte. Eu tinha 33 anos quando me trouxeram e tenho 69 anos agora! Ao longo dos anos, a sra. Vivienne tomou a frente de vários projetos para tentar conseguir minha liberdade, com grande risco. Ela recrutou amigos, colegas e dignitários para me apoiarem. Algumas das ideias mais criativas vieram da sra. V, como suas campanhas publicitárias e a costura de "Leonard Peltier é inocente" (eu sou) nas etiquetas de seus modelos. Não sou escritor, mas falo do coração, então por favor acredite em mim. Sou um homem inocente. Sou muito grato por pessoas como Vivienne Westwood que sentem empatia com a opressão que outras pessoas encaram e tomam medidas para trazer a atenção do mundo a essa opressão. A sra. Vivienne demonstrou grande coragem e o coração de uma guerreira. Não uso palavras como "coragem" levemente. Esses tipos de lutas nunca são fáceis e podem ameaçar suas amizades, sua vida, sua carreira, sua própria saúde. Um velho ditado do meu povo diz: "Você pode identificar a estatura de uma pessoa pelo tamanho do inimigo dela." A sra. V é uma das mulheres mais corajosas que conheço. A sra. V frequentemente me deu o presente da gargalhada por meio das histórias que me conta sobre sua vida*

Julian Assange com sua camiseta Vivienne Westwood/Julian Assange, 2012.

Vivienne desfralda sua bandeira da Revolução Climática. Uma fotografia da filmagem da cerimônia de encerramento das Paralimpíadas de Londres, 2012.

e experiências. Algumas vezes, eu ri tanto que fiquei com dor por dias, literalmente. Gargalhada é um artigo raro dentro deste inferno. Meu coração tenta desesperadamente encontrar uma maneira de mostrar a ela de verdade a gratidão que tenho. Então escrevo isto. Almas corajosas são necessárias para lutar pela liberdade. Partir para a ação e oferecer seu nome, assinatura, reputação é um ato de coragem. Essa é a versão moderna do caminho do guerreiro.

Foi a causa de Leonard Peltier que primeiro apresentou Vivienne à atriz americana Pamela Anderson. Ficou claro, na sequência, que Anderson era uma fã dos modelos de Vivienne, com frequência usava suas criações, e que as duas compartilhavam um interesse em questões ecológicas que, no caso de Anderson, se manifesta mais nos direitos dos animais. Mas como resultado de Peltier e da Revolução Climática, Pamela se tornou uma apoiadora decidida e amiga de Vivienne e Andreas, e estrelou três campanhas de publicidade. "Pam realmente se engaja", conta Vivienne, "o tipo de pessoa que, toda vez que viaja, aproveita a oportunidade para falar de algo ou tentar ajudar uma de suas causas localmente." O bilhete alegre que passou pela mesa de Vivienne um dia quando estávamos conversando aparentemente é típico do relacionamento delas: "Vou ao programa da *Ellen* [DeGeneres] dia 16", escreveu ela em outubro de 2013. "Você pode me vestir de coisas políticas da cabeça aos pés? Meia-calça, camiseta, revolução climática assange (sic), chelsea manning por favor. Alguma coisa radical punk rock bem legal. Talvez você conheça algum cabeleireiro que possa me fazer um grande moicano?!: Libertem Leonard Peltier! Qualquer coisa que funcione!!!! Quaisquer ideias. PAM bjs." É um simples tributo a Vivienne que ela consiga unir essas causas e pautas díspares, as imitações de Hollywood e as questões políticas macrocósmicas de nossos tempos, e tente encontrar síntese, comunicação e um resultado positivo. "Nunca fico deprimida a respeito", diz ela um dia, um pouco depois de mais um revés no caso Manning e logo antes de ajudar a lançar o mais recente debate Ecocida. "Podemos apenas tentar ser o melhor possível e fazer o melhor possível. Se não for assim, para que sair da cama?"

O momento culminante de Vivienne nos últimos anos como militante foi sua aparição na cerimônia de encerramento das Paralimpíadas de Londres em 2012. Embora muitos já tivessem reconhecido que o ativismo era sua principal *raison d'être*, especialmente no Reino Unido após sua participação no programa de Jonathan Ross, onde ela mal falou

Andreas com a camiseta "Salve o Ártico",
fotografado por Andy Gotts, amigo dele e de Vivienne.

uma palavra sobre moda e bastante sobre mudança climática, foram as Paralimpíadas que selaram a nova imagem de um tesouro nacional se reformulando. Seus modelos já tinham sido vistos nas cerimônias de abertura e encerramento dos Jogos Olímpicos, com punks exibidos na sequência de Danny Boyle sobre a história da Grã-Bretanha moderna e os modelos de Vivienne incluídos numa sequência de encerramento de estilistas britânicos modernos (os outros foram Burberry, Victoria Beckham, Christopher Kane e Alexander McQueen). Mas as Paralimpíadas ofereceram uma oportunidade diferente para ela, já que pediu para aparecer no estádio em pessoa. "Joe Rush, da empresa Mutant Waste Company, trabalha muito com festivais e seu trabalho envolve criar com sucata. E pediram a ele que fizesse o design da cerimônia de encerramento. Havia uma mosca gigante, eu me lembro, feita de um helicóptero, e havia um peixe gigante, como um carro alegórico, feito de sucata. E tinha de haver uma carruagem. Tudo ia acontecer à noite. Ele é um verdadeiro artista. Suspeito que as pessoas perderam um pouco do verdadeiro efeito dela na TV. E quando Joe Rush me pediu para ser Boadiceia, a rainha celta, numa carruagem, de primeira eu disse não. Pensei, 'Arranje uma modelo'. Ninguém precisa de mim lá em cima. Mas ele queria a mim e pensei, bem: 'Se eu fizer isso, como posso *usar* isso?' Porque é assim que lido com pedidos de publicidade agora, para o bem ou para o mal, como você deve ter notado. E tive a ideia de lançar a Revolução Climática naquele ponto, nas Paralimpíadas, para um público mais amplo possível. Era um momento adequado. Quatro anos antes, depois da conferência de Copenhagen sobre mudança climática, fora dito, 'Temos cem meses'. O príncipe Charles e eu falamos disso. Ele fazia parte da campanha de conscientização. Tínhamos cem meses para deter a mudança climática. Para fazê-la parar. De outra forma, não teríamos chance. Cada quatro anos são metade de cem meses, 48 meses para ser exata, então lançá-la nas Paralimpíadas seria na metade de nosso tempo atribuído. Em outras palavras, nas próximas Paralimpíadas, ou Olimpíadas, devemos ter parado a mudança climática. É um tempo muito curto. É claro que a escala de tempo muda. Os cientistas dizem, 'Podemos ter um pouco mais de tempo do que achamos e ninguém realmente sabe', mas a maioria dos cientistas concorda que podemos muito bem já estar no precipício. Tive que enganar todo mundo porque estava com algo impresso por dentro do vestido e eu sabia que iriam verificar. Eles perguntaram: 'Você tem alguma marca? Há alguma nudez?' Não me senti tão culpada porque, sabe, se eu contasse o que estava planejando fazer, eles seriam obrigados a permanecer do lado seguro e não me deixariam." Quando as câmeras estavam em ação e era tarde para alguém voltar atrás, Vivienne se revelou como Boadiceia, a deusa da guerra britânica, andando num tipo de carruagem, mas coberta por uma capa gigante ornada com sua chamada às armas: "Revolução Climática!" Orgulhosa, desafiadora, um pouco danadinha e ao mesmo tempo dissonante, uma imagem e um momento clássicos de Vivienne. Se James Lovelock estiver tão certo quanto acredita Vivienne e a Terra realmente for como um barquinho flutuando pelos redemoinhos acima das Cataratas do Niágara, fica claro que Vivienne, ao menos, está determinada a não permitir que essa seja uma jornada silenciosa.

Em outubro de 2013, ativistas do Greenpeace protestando contra a exploração russa de petróleo no Ártico foram presos e primeiro acusados de pirataria e depois de posse de drogas ilegais. Pediram a Vivienne que representasse o Greenpeace ("uma honra absoluta... espero que eu acerte!") no noticiário do Canal 4, em oposição a um porta-voz do governo russo. Confrontado pela advertência simples e emotiva dela de que havia duas prioridades globais para a humanidade evitar a extinção: salvar a floresta tropical e salvar as calotas polares, o diplomata do Kremlin parecia desconcertado. E apesar da compreensão dele a respeito dos números e fatos (os ativistas do Greenpeace já tinham sido avisados, a ameaça de terrorismo à perfuratriz petrolífera etc.) ser impressionante, a paixão ingênua de Vivienne tinha seu poder triunfante, assim como sua história de ativismo. Quando os russos sugeriram que ninguém estava protestando contra a interferência norte-americana em terras estrangeiras, Vivienne pôde falar sensatamente, "Bem, eu estou".

"É a clássica mamãe", comenta Joe, "ela tem essa honestidade que desarma. Ela apenas sai; não há uma pauta escondida com mamãe, ela só bota pra fora. Vivienne é assim. Tem essa qualidade ingênua, uma qualidade bem infantil, mas é de um charme e verdade do cacete, sabe? Charmosa e devastadora. E acho que, por causa disso, encontrou uma força única. Ela tem uma forma de pensar as coisas que pode chegar ao coração da questão. É possível passar por todos os tipos de problemas com esse tipo de atitude e esse tipo de puerilidade. Foi o que aprendi com ela. Dora também tinha isso: uma forma de qualidade infantil, mas acho que ela provavelmente sempre teve. Penso se mamãe está ficando mais como Dora, mais infantil, atualmente. É bem útil a ela – e a suas causas. E ela não está diminuindo o ritmo, sabe, está acelerando!"

WAR
Peace
Yes
www. activeresistance.co.uk/getalife

O RIO CORRE

O seu rosto (...) não era flácido, mas sim firme, conquanto de expressão indulgente. Os olhos, cor de avelã, parecia terem experimentado (...) uma calma elevada e uma sobre-humana compreensão. Ela parecia saber aceitar e acolher alegremente a sua posição.

A mãe Joad, descrita em *As vinhas da ira*
JOHN STEINBECK

Qual é o melhor acessório? Um livro.
VIVIENNE WESTWOOD

Não tocam despertadores na casa de Vivienne em Clapham Old Town. Em geral, Vivienne acorda cedo e ler na cama é sua paixão e a sua rotina. Na maioria das manhãs ela vai fazer isso por mais de uma hora, enquanto Andreas vai para sua rotina de ioga, fazer chá e escrever no diário. Vivienne sempre tem um frasco de água quente ao lado da cama e a bebe durante sua pouco mais de uma hora com os livros. É uma casa grande para os padrões de Londres, da era da rainha Anne, e uma expressão do interesse de Andreas em decoração de interiores e história arquitetônica (ela mantém muitas das madeiras trabalhadas originais do século XVIII). Vivienne poderia morar em qualquer lugar. Sua criatividade está sempre voltada para fora. Mas juntos eles a deixaram confortável e também sombriamente linda. E, em todo lugar, há livros.

"Pela manhã, já que com frequência temos algum lugar para ir à noite, vamos nos falando sobre o que usar. Coco Chanel tinha alguém que cuidava de suas roupas, e elas eram numeradas em trajes, então era só dizer, 'Quero Chanel Número 1'. Eu não tenho isso. Tenho Andreas.

Não quero perder tempo me preocupando com o que combina com o quê. Andreas leva mais tempo para se arrumar, eu poderia decidir sozinha, mas sempre é bem melhor com ele. Ele terá algo do arquivo para mim. E ele me pergunta o que usar se for sair sozinho. Bem, na verdade, só fico ali como uma caixa de ressonância; ele normalmente decide sozinho. Mas de vez em quando preciso declarar uma preferência – só para ele sair pela porta, na realidade." "Não é bem verdade", discorda Andreas. "Mas de fato ajudo Vivienne porque ela tem boas ideias pela manhã e eu não tenho. Então só conversamos sobre o que usar. Ela nunca tem nenhuma roupa; é ridículo. Ela é Vivienne Westwood. Ela não possui nada." "Na verdade", corrige Vivienne, "tenho roupas demais. Não quero manter coisas. Empresto peças das coleções de imprensa."

Atualmente, Vivienne e Andreas costumam pedalar juntos para a sede em Battersea de Vivienne Westwood, no fim da manhã. Leva cerca de quinze minutos. Há um entendimento geral de que compromissos até tarde da noite, de tempos em tempos, são uma necessidade no negócio da moda, então de manhã cedo há pouca gente na Elcho Street. Cynthia King geralmente está lá. Ela trabalha duro no site e nas campanhas ecológicas recentes e sai mais cedo do que alguns do povo da moda. Vivienne trata quase todos no prédio pelo primeiro nome, embora seja difícil se manter atualizada com os estagiários estrangeiros que vêm e vão por meses indefinidos a cada vez, mas ela cumprimenta quem quer que esteja na recepção (normalmente alguém italiano ou um alemão, para lidar com todas as línguas na mesa telefônica) e vai de elevador para seu estúdio na cobertura. Os britânicos se dirigem a ela como Vivienne. Para alguns dos estagiários de fora, ela é "Madame".

Há três andares principais no prédio Vivienne Westwood e um estúdio envolto em vidro, na cobertura, onde Vivienne, Andreas e Tizer Bailey, a assistente pessoal deles, trabalham. Quase todo o telhado do prédio é ocupado pelo jardim urbano plantado por Andy-o-jardineiro (que também trabalha como modelo para Vivienne), onde ocasionalmente acontecem reuniões no verão, Vivienne cultiva legumes e frutas e Jackie Onassis, a cadela de Dora, faz xixi.

Vivienne passa rapidamente pela recepção, famosa por frequentemente não responder a um "Olá" ou "Como vai?". Ela pode dar a impressão de estar preocupada, mas seus colegas estão acostumados. O térreo é ocupado pelo departamento on-line, pelo estoque e por um cofre de joias. Vivienne raramente o visita. O arquivo sem aquecimento, no entanto, com exemplares de quase tudo desde a "Harris Tweed" em diante, e itens dos primeiros anos em Worlds End, tão do início quanto a Let It Rock, é às vezes revirado por Vivienne: "não por nostalgia, odeio isso, mas para trabalho". O arquivo vale muitíssimos milhões de libras, mas ao mesmo tempo é uma fonte de design para a empresa. Itens são emprestados para exposições e para ensaios fotográficos. Cara Delevingne acabou de ser fotografada com algumas roupas da coleção "Mini Crini" para a revista *i-D*, Julia Roberts pediu outro vestido para o Globo de Ouro feito de uma coleção anterior da Gold Label, mas também é uma fonte para Vivienne, Murray, Mark e Brigitte em particular. Itens clássicos são retrabalhados para a Anglomania e a Red Label, e o arquivo da Gold Label é usado para inspirar tanto os vestidos de noiva quanto ideias para estrelas de cinema querendo algo específico para a temporada de prêmios. Rafael Gomes é encarregado no frio profundo do arquivo, embora seja Murray que o conhece melhor, tocando cada peça com mão amorosa já que teve participação em quase tudo desde tão longe quanto as coleções pagãs. Também há, ao lado do arquivo, um estúdio permanente branco, uma cortina de fundo e luzes no aguardo para fotografar looks ou itens individuais para, digamos, venda on-line. Ben Westwood faz bastante disso.

O primeiro andar da Elcho Street é a própria indústria da moda. Costureiras e cortadores trabalham ali em estúdios bem iluminados, alguns com janelas, em meio a vastas amostras de tecidos luxuosos e com o espaço para trabalhar com vestidos formais e de noiva. Vivienne passa apressada, normalmente com a cabeça abaixada, uma amostra de tecido na mão, um pensamento para entregar a Alex da parte gráfica ou a Cynthia na Revolução Climática. Mas o primeiro andar é onde seu vestido será feito se você for uma noiva de alta-costura Vivienne Westwood ou for a um prêmio do Oscar em uma das criações dela. "Essas pessoas têm talentos gigantescos e são muito boas no que fazem", diz Vivienne. "Verdadeiros artistas, Alex Krenn também, um gênio, e Brigitte e os compradores de tecidos, bijuterias e sapatos – temos muita sorte de termos conseguido recrutar tantas pessoas maravilhosas ao longo dos anos."

Dizem que um sinal de uma empresa feliz é o estado de sua cantina. O prédio Vivienne Westwood, sendo uma casa de moda, tem uma cozinha amplamente desprovida de comida, mas é imaculada, cheia de conversas e salpicada, como muitos dos corredores, com uma complicada estrutura de lixeiras para reciclagem. O primeiro andar também abriga a equipe de recursos humanos da empresa e a contabilidade, e também Ben Westwood, que administra o site da Worlds End dali. Não há um dia comum para Vivienne, mas hoje ela vai direito para a Revolução Climática, como é de costume, para verificar a resposta à sua coletiva de imprensa sobre o Ecocídio, e para colocar um texto em seu blog. "Acho que tenho que lhe dizer o que faço principalmente na empresa. Eu faço Revolução Climática, somos Cynthia e eu. As ideias, a coisa toda, sabe. E Joe, é claro, nosso gênio da computação gráfica; ele opera o site, mas também é intelectualmente muito envolvido com o conteúdo."

O segundo andar na Elcho Street é mais cheio, inundado de cor e arte. Pode não haver máquinas de costura por aqui, mas há mesas de corte e os manequins metade do corpo nos quais Vivienne sempre criou seus modelos, e há a equipe que encabeça a Red Label, a Anglomania e a MAN. Vários projetos especiais também vêm e vão por aqui: hoje, os vestidos do concerto do dia de Ano-Novo da Ópera de Viena e os uniformes elegantes que Vivienne, Andreas e Gail estão desenhando para a Virgin Airways. Esse é o reino de Mark Spye. A base de Alex Krenn também fica aqui, desenhando gráficos, imagens e padrões para os tecidos de Vivienne Westwood e os itens – gravatas, lenços, bolsas – que podem usá-los. O terceiro andar tem escritórios de canto para Carlo e Christopher Di Pietro e entre eles estão os grupos de marke-

Costura na Elcho Street, 2014: Gold Label, vestidos de noiva, tapete vermelho.

ting e mídia social que se afligem com as telas com ares de bolsa de valores. Mas, até ali, há design. Sapatos e bolsas, cintos e acessórios, o mundo vital das bijuterias de Vivienne Westwood, com âmbitos revigorados a cada estação e retrabalhos constantes da logomarca icônica de orbe, que também enfeitam os perfumes que são licenciados por esse escritório. Vivienne entra e sai, pra lá e pra cá entre as diferentes preocupações de seu dia e de sua empresa, cabeça baixa, nada de papo furado, deixando os grandes discursos de aposentadorias ou aniversários para os italianos loquazes e para Andreas.

A cobertura de vidro na Elcho Street é um oásis de calma acima das máquinas de costura barulhentas e das risadas altas italianas nos andares de baixo. Andreas trabalha na antiga mesa excedente do Exército de McLaren, comprada para o apartamento oval e há muito no negócio do estilismo, cercada de livros de arte e amostras de tecidos. Do lado oposto está o escritório de Tizer, onde o telefone toca constantemente. "Ainda fico um pouco admirada com eles", comenta Tizer, "admirada, quero dizer, que dois indivíduos tão talentosos sejam casados e trabalhem juntos tão de perto. Fico sempre encantada de observar duas pessoas que adoram uma à outra, e sou bastante privilegiada por sentir a conexão pessoal intensa que eles têm um com o outro. É muito real. E muito rara." O amor de Tizer por ambos os "chefes" é palpável e de longa data. Ela conheceu Vivienne quando era uma modelo de 17 anos empregada como a modelo em Camden nos dias em que só havia nove pessoas trabalhando por lá. "Eu conseguia andar com os sapatos de salto plataforma, que foi o motivo pelo qual o emprego vingou", diz Tizer com típica autodepreciação, "embora eu tenha ficado um pouquinho famosa (ela desfilou de topless com Susie Bick, causando outra tempestade nos tabloides para a Casa de Westwood)." Porém, isso foi anos depois que ela e Vivienne ficaram amigas, quando ficar grávida e ser mãe solteira a deixaram sem trabalho e Vivienne a viu um dia com roupas velhas e sapatos furados e a levou para a loja de Davies Street para supri-la com o necessário. "Saí de lá com sacolas de roupas lindas, mas com algo de mais valor na época, um coração aquecido. Nunca vou esquecer aquela generosidade – o quanto significou para mim." Tizer me conta que todo dia Vivienne tenta responder primeiro, não aos compromissos da marca e do negócio, mas aos das suas causas. Leonard Peltier e Bradley Manning recebem seu contato regular primeiro, assim como seu entusiasmo pela campanha. Ela não vai conseguir visitá-los na prisão da forma que fazia regularmente com Louie McManus (cujas memórias mais queridas da vida na prisão, forçosamente, foram as visitas frequentes da Dama Vivienne Westwood toda vestida de alta-costura em Wormwood Scrubs). Em seguida, ela cuida da Revolução Climática, da Cool Earth, da Liberty, da Reprieve e assim por diante. Vivienne também responde rapidamente a pedidos específicos e convites para eventos de imprensa relacionados a suas causas, hoje, por exemplo, uma coletiva de imprensa sobre a campanha de ter o ecocídio – colocar o ecossistema em perigo deliberadamente – reconhecido como um crime internacional. Em seguida seu tempo é tomado por incontáveis decisões de design. Coleções em diferentes estágios de criação, de desenhos de padronagens à escolha de tecidos, a cortes e provas. Essencialmente, as decisões e amostras são trazidas a Vivienne no estúdio. Algumas vezes, é uma sensação bem Coco Chanel. Em grande parte, parece como a sede de uma revista de uma estudante radical.

É assim que funciona. Vivienne pode desenhar algo no estúdio depois de almoçar uma salada que ela trouxe – um detalhe, uma linha, um rabisco. Ela e Andreas vão juntar imagens e fotos e colá-los numa janela na cobertura: espartilhos eduardianos, manuscritos medievais, Brigitte Bardot. Vivienne tem um manequim metade do corpo ao seu lado. Ela dispõe nele tecido de algodão fino da Índia, corta, alfineta e permite que as formas se desenvolvam como faria um escultor, em três dimensões. Há um fluxo constante entrando e saindo de amostras de tecidos, algumas do tamanho de cartões-postais, outras cortadas do comprimento total do rolo. Os tecidos são escolhidos, ou não, para fazer os modelos, em tamanho natural, depois dos originais em tecido de algodão fino. Os modelos em si foram feitos com Andreas ou Vivienne, Iris, Brigitte, Mark ou Murray em serviço, e depois são entregues em duas dimensões por cortadores de tecidos. As coleções normalmente são uma combinação de alfaiataria clássica, como ternos, paletós, calças, saias e roupas com influência histórica, e depois também cortes experimentais, trabalhando com formas geométricas básicas e chegando a novos resultados. É uma cadeia longa e contínua de decisões, pequenos passos que levam pouco a pouco a uma direção, a um tema e a um design que no fim Vivienne e Andreas vão ajustar, avaliar e aceitar.

"Tenho várias ambições no momento, em termos de design", conta Vivienne. "A Worlds End... adoro aquela loja, adoro aquele conceito e quero fortalecer aquilo de novo. Gosto da reciclagem de clássicos e venda direta – de volta ao básico. Gosto de reutilizar os tecidos excedentes e não desperdiçar, isso é muito importante. Vendo até peças-piloto na Worlds End e até mesmo peças da Gold Label que não funcionaram em nenhum outro lugar, talvez refeitas em tecidos menos suntuosos. Quero que a Worlds End seja mais do que um lugar para peregrinos da moda; quero que as pessoas levem suas mães lá para algo absolutamente chique e único. Esse é o plano atual!"

No estúdio, há uma ligação da assistente pessoal da duquesa da Cornualha, que vai usar uma criação de Vivienne Westwood para um evento de gala, e uma consulta da *stylist* de Julia Roberts, posta em contato com Brigitte, a respeito de refazer um vestido do tapete vermelho em seu azul petróleo favorito, para o Oscar. É uma época ocupada do ano. Lily Cole chega para uma prova do vestido que vai usar para abrir a coleção Red Label. Normalmente, provas especiais acontecem na Conduit Street. Amigos de Vivienne que usam suas criações especiais, algumas vezes vêm a Elcho Street – Tracey Emin, por exemplo, ou hoje, mais tarde, a cantora de ópera Joyce DiDonato.

"Conheci Vivienne quando estava fazendo um documentário", conta Joyce quando chega. "Foi uma das horas mais estimulantes da minha vida, e completamente fascinante! Nunca vou me esquecer quando, no fim de nossa entrevista, com as câmeras desligadas, ela pegou uma tesoura nas mãos para me mostrar como ela chegou ao molde do espartilho que seria a base do meu vestido. Foi como assistir a uma verdadeira

Vivienne e Alexandra encaram a chuva em Clapham Old Town, 2000.

artista voltando às suas raízes e senti que era um momento mágico." Com frequência, Vivienne se oferece para desenhar vestidos a amigas e mulheres que admira. Vi-a fazer isso num evento literário com Carol Ann Duffy, a poeta laureada, enquanto Noreena Hertz, a economista radical, foi abordada por Vivienne depois de uma conferência da Royal Society, elas se tornaram amigas e Vivienne fez seu vestido de noiva quando ela se casou com o manda-chuva da BBC, Danny Cohen. Para Vivienne, fazer do político algo pessoal é, às vezes, um retorno aonde tudo começou: fazer roupas para as amigas.

O fim do dia é algumas vezes decretado pela luz indo embora no estúdio. Vivienne e Andreas frequentemente trabalham até tarde nas semanas que antecedem coleções, durante outros meses, no entanto, é provável que saiam às seis se Tizer tiver enfiado na agenda ingressos para um balé, ou se houver alguma atividade ou uma inauguração. Uma vez por semana, Vivienne vai à ioga. "A melhor dica que poderia dar a alguém é: faça ioga!" Na maioria das vezes, a ideia de luxo para Vivienne é uma noite em casa com um livro.

"Vivienne cozinha", conta Andreas, "temos Elia, do Chile, que faz a limpeza e também cozinha algumas vezes por semana, o que faz uma grande diferença porque podemos ir para casa, sentar à mesa e comer e conversar em vez de gastar mais uma hora cozinhando. Eu gosto de cozinhar, mas ela é melhor. Mas saiba que há algo que sempre me incomoda, as coisas nunca ficam prontas ao mesmo tempo. Coordenação, ela não consegue."

"Não é justo", interrompe Vivienne, "é porque sempre estou com pressa."

"Vivienne ainda adora criar roupas mais do que tudo", diz Andreas, "mas agora é levada por esses outros desejos. Ela sempre teve muita consciência ambiental, mas para ser tão ativamente engajada na política de mudança climática nesses últimos anos, houve a nossa colaboração para permitir que ela faça isso. É o que, no fim das contas, damos um ao outro."

Vivienne não assiste à TV. Andreas tem uma TV pequena no andar de cima para ver as notícias. "Muito raramente vamos ver filmes", lamenta Andreas. "Vamos muito a concertos, ao balé e ao teatro."

"O teatro é muito importante", comenta Vivienne.

"Nosso amor", continua Andreas, "está diferente agora. É o contrário do que era no começo, mas de um jeito bom: eu me agarrava nela no início para orientação, para ideias, para força, e hoje em dia, espero, ela está se agarrando a mim. Se ela realmente me pergunta algo, é com uma intensidade à qual devo responder. E então tenho que parar e dar total atenção a ela. É o jeito de Vivienne. Ela sempre fez isso. Ela escuta como ninguém mais que eu conheço."

Essa noite Vivienne está dando uma pequena festa para colegas de trabalho e amigos, uma reunião das tropas. Um exame depois da coleção Red Label para a Semana de Moda de Londres, eu imaginara, ou uma refeição para estimular a todos na direção da coleção seguinte de Paris. A equipe da Gold Label já está trabalhando regularmente até meia-noite, se revezando em turnos para cozinhar. Essa noite, todos trazemos um piquenique de vários tipos – ainda é muito faça-você-mesmo na Casa Westwood. Mas Vivienne organizou algo incomum, a exibição de *As vinhas da ira*, de Steinbeck, no Doodle Bar perto da Elcho Street. Quase toda a equipe está lá. Alex e Georg, Benedikt e Rafael. Cynthia King, a ex-senhora Gordon Swire, está lá representando a Revolução Climática. Linda Watson, a escritora de moda da *Vogue* está lá, e Ben Westwood e Tomoka, Sara Stockbridge e seu novo marido, acabando de voltar da lua de mel. Louie, também, que mora em Thurleigh Court. Amigos. Família. A equipe.

"Tudo gira em torno de livros, na verdade", Vivienne se levanta para anunciar, lançando um meio sorriso para mim. "Era isso que eu queria dizer. Há muito a ser feito, e o trabalho continua. Mas acho que todos deveríamos ler mais. E não qualquer coisa. *As vinhas da ira* é muito bom, a respeito de monopólios e de como funcionam. Ele me lembra bastante de *Broken Republic*, de Arundhati Roy, sobre a destruição causada por monopólios e seu apoio pelos governantes políticos na Índia. Nada mudou. Nossos governantes ainda são nossos opressores. O mundo ainda é governado por trabalho barato e a propriedade privada de sua liberalidade. 'Deus queira que algum dia a gente boa não seja toda ela gente pobre. Deus queira que algum dia uma criança tenha bastante que comer', como diz Steinbeck. É um dos meus livros preferidos, *As vinhas da ira*. Na verdade, nunca vi o filme. Não vai ser tão bom quanto o livro. Os filmes nunca são. Eles lhe contam muito e não permitem que sua imaginação funcione. Como a diferença entre uma pintura e uma fotografia, na verdade. Você só pode vivenciá-lo, eu acho, se o ler. Já levei tantas vidas. E elas foram incríveis. E são incríveis. Mas a maioria das vidas que vivi, vivi por meio da leitura. Mais ricas do que minha própria vida. Você só vive uma vez se não lê. Se você lê livros, pode viver uma centena de vidas. Mais. Então. Aí está." E ela toma seu lugar.

As luzes diminuem e a tela vibra para sua história sépia. A tigela de poeira. O pregador. O ex-condenado, Henry Fonda, salvando a família – e a ele mesmo ao longo do caminho – em uma odisseia pelo Oeste americano. Em direção a uma utopia que não existe. É sentimental à sua maneira, e datado, é claro; um pouco teatral. Mas ainda choca ver a Depressão americana no filme: outros Estados Unidos, o sonho azedado. Vivienne está sentada ao meu lado, sua atenção extasiada, mas séria. Ela não ri com o avô engraçado. Mas ela sabe que ele vai morrer. Ela não se esquiva da violência, ainda que a morte do pregador que perdeu a fé em Deus seja asperamente realista. Mas então Fonda tem que deixar a mãe. A mãe Joad acha que nunca mais vai vê-lo novamente, e ele diz a ela, com cuidado e sem esperança, que ela vai vê-lo em cada homem com raiva e em cada lutador pela justiça, cada punho levantado. Vivienne, a mulher que me falou que aprendeu com McLaren a nunca mais chorar, pisca e olha para frente.

"Ser uma mulher é diferente", explica a mãe Joad nos momentos finais do filme. "O homem... ele vive nos trancos", diz ela, "o bebê nasce e o homem morre, e isso é um tranco – consegue uma fazenda, e perde sua fazenda, e isso é um tranco." Mas as mulheres são diferentes. Elas seguem em frente, apesar de tudo. "A mulher... é tudo um fluxo, como uma corrente, como redemoinhos, pequenas quedas-d'água, mas o rio, ele apenas segue. A mulher tem essa perspectiva", comenta ela.

"Minha continuidade é no que penso e o que leio", conta Vivienne, tarde naquela noite, "e só me julgo reconhecendo que algo é novo para mim. Uma nova ideia. Isso me faz feliz. *Cogito, ergo sum*. Penso, logo existo. Esse é meu 'resumo', sabe. Minha identidade está aí. E é tudo que sei, é a única forma pela qual me conheço. Não estou interessada no 'eu' tal e qual, e não creio que eu seja incomum nisso. Vejo tudo de fora. Sei que podemos chegar a algum tipo de iluminação estando interessados no eu, mas realmente não faço isso. Simplesmente não consigo. Não estou interessada em coisas para mim mesma. Não sou materialista. Ideias me fazem feliz – e produzir coisas, acredito, produzir beleza de ideias. Mas as ideias são mais importantes e, cada vez mais, é claro, as ideias são enormes, o fim da humanidade. Penso muito em minha família. E nos amigos. Também quero dizer, e isso é um tipo de pedido de desculpas, em consideração às pessoas que amo, que sei que sou *difícil*. Não sou uma pessoa fácil ou comum – minha vida não é uma vida comum. Não tenho tempo de ver meus amigos, sabe, fazer geleia ou apenas coisas comuns que as avós fazem. E às vezes eu gostaria de fazer. E realmente acho que tenha a ver comigo sempre pensando: 'Vou tentar e vou resolver isso.' Acho que tem a ver com isso, mais do que com qualquer outra coisa. Mas ao mesmo tempo, esse instinto fez de mim quem eu sou. Eu me envolvo em situações.

"O melhor manual para a vida, Ian? Seria *As aventuras de Pinóquio*. É uma filosofia de vida. Um modo de vida. Tão danadinho. Tão selvagem. Mas ele tem um coração de ouro. E isso, é claro, é o que o salva. Andreas saiu para o trabalho antes de mim essa manhã e ele falou, 'Estou de mau humor'. Então perguntei por que e ele respondeu, 'Tem tanta coisa para fazer'. Então, eu disse, 'Você tem que fazer uma coisa de cada vez, sim. Mas não se esqueça, nesse meio-tempo, as coisas estão ficando prontas, passo a passo. Vamos chegar lá.'"

CRONOLOGIA

UMA VIDA NA MODA E NO ATIVISMO

1941 Vivienne Isabel Swire nasce em 8 de abril em Glossop, Derbyshire, filha de Dora e Gordon Swire.

1944 Olga Swire (irmã) nasce.

1946 Gordon Swire (irmão) nasce.

1946-52 Vivienne frequenta as escolas primárias Hollingworth e depois a Tintwistle, Derbyshire.

1952 Vivienne passa na prova para a escola Glossop.

1957 A família Swire se muda para Harrow, no noroeste de Londres.
Vivienne frequenta a Harrow Art School.

1962 Vivienne se casa com Derek Westwood.

1963 Benjamin Arthur Westwood nasce.

1965 O casamento de Vivienne e Derek Westwood acaba.
Vivienne conhece o amigo de seu irmão Gordon, Malcolm Edwards (McLaren).

1967 Joseph Ferdinand Corré nasce (filho de Vivienne e Malcolm).

1968 Vivienne se muda para o camping de Prestatyn.

1969 Vivienne se muda para o número 10 de Thurleigh Court.

1971 Ela abre a primeira loja com McLaren no número 430 da King's Road, chamada Let It Rock.

1972 O número 430 da King's Road é remodelado e rebatizado para Too Fast to Live Too Young to Die.

1973 Vivienne viaja a Nova York com McLaren.

1974 O número 430 da King's Road muda de nome para SEX.
Vivienne veste o grupo The New York Dolls.

1975 McLaren funda o grupo The Sex Pistols.
Vivienne acusada de "expor uma exibição indecente à visão pública".

1976 O nome da loja muda para Seditionaries.

1977 Gary Ness pede para pintar o retrato de Vivienne.

	O single "God Save the Queen", dos Sex Pistols, é lançado.
	Vivienne é presa.
1979	O nome da loja muda para Worlds End.
Mar. 1981	Coleção "Piratas" [Pirates] (outono/inverno 1981).
Out. 1981	Coleção "Selvagem" [Savage] (primavera/verão 1982).
1981	McLaren e Vivienne se separam. A sociedade nos negócios continua.
Mar. 1982	Coleção "Nostalgia de lama/Buffalo" [Nostalgia of Mud (Buffalo)] (outono/inverno 1982).
Out. 1982	Coleção "Punção" [Punkature] (primavera/verão 1983).
	Vivienne abre uma segunda loja, Nostalgia of Mud.
1982	Vivienne conhece Carlo D'Amario.
Mar. 1983	Coleção "Bruxas" [Witches] (outono/inverno 1983).
Out. 1983	Coleção "Hypnos" (primavera/verão 1984).
	A parceria Westwood/McLaren acaba.
	Vivienne se muda para a Itália.
1983	Vivienne é chamada para fazer parte dos Melhores Cinco (estilistas ocidentais) com Calvin Klein, Claude Montana, Gianfranco Ferré e Hanae Mori, em Tóquio.
Mar. 1984	Coleção "Clint Eastwood" (outono/inverno 1984).
1984	Colaboração com McLaren formalmente terminada.
	Negócio acordado com Giorgio Armani.
Out. 1985	Coleção "Mini Crini" (primavera/verão 1986).
1985	O pai de Vivienne, Gordon Swire, morre.
1986	Carlo D'Amario nomeado como diretor administrativo de Vivienne Westwood.
	Vivienne volta a morar em Londres e reabre a Worlds End.
Mar. 1987	Coleção "Harris Tweed" (outono/inverno 1987).
Out. 1987	Coleção "Pagã I" [Pagan I] (primavera/verão 1988) – série A Grã-Bretanha deve se tornar pagã.
Mar. 1988	Coleção "Máquina do tempo" [Time Machine] (outono/inverno 1988).
Out. 1988	Coleção "Civilizado" [Civilizade] (primavera/verão 1989).
Mar. 1989	Coleção "Viagem a Citera" [Voyage to Cythera] (outono/inverno 1989).
Out. 1989	Coleção "Pagã V" [Pagan V] (primavera/verão 1990).
1989	Vivienne conhece Andreas Kronthaler enquanto dá aulas na Academia de Viena.
Mar. 1990	Coleção "Retrato" [Portrait] (outono/inverno 1990).
Out. 1990	Coleção "Cortar, rasgar e puxar" [Cut, Slash and Pull] (primavera/verão 1991).

1990 Vivienne recebe o prêmio de Estilista do Ano do Conselho de Moda Britânico.

Primeiro desfile completo de roupas masculinas na Pitti Uomo em Florença.

Mar. 1991 Coleção "Vestir-se" [Dressing Up] (outono/inverno 1991).

Out. 1991 Coleção "Salão" [Salon] (primavera/verão 1992).

1991 Vivienne recebe o prêmio de Estilista do Ano do Conselho de Moda Britânico pela segunda vez.

Mar. 1992 Coleção "Sempre na câmera" [Always On Camera] (outono/inverno 1992).

Out. 1992 Coleção "Grand Hotel" (primavera/verão 1993).

1992 Vivienne Westwood vira Membro Sênior Honorário do Royal College of Art.

Vivienne Westwood recebe a Ordem do Império Britânico.

Ela introduz vestidos de noiva à linha de primavera/verão.

Mar. 1993 Coleção "Anglomania" (outono/inverno 1993).

Out. 1993 Coleção "Café Society" (primavera/verão 1994).

1993 Vivienne se casa com Andreas Kronthaler.

Cria seu próprio tecido de lã xadrez, o Westwood MacAndreas. A loja Lochcarron of Scotland reconhece o clã oficialmente, um processo que normalmente leva duzentos anos.

Lançamento da Red Label.

Mar. 1994 Coleção "Sobre a liberdade"[On Liberty] (outono/inverno 1994).

Out. 1994 Coleção "Zonas eróticas" [Erotic Zones] (primavera/verão 1995).

1994 Vivienne Westwood ganha o primeiro prêmio do Instituto de Artes Contemporâneas pela contribuição destacada à cultura contemporânea.

Mar. 1995 Coleção "Viva a cocota" [Vive la Cocotte] (outono/inverno 1995).

Out. 1995 Coleção "As fêmeas" [Les Femmes] (primavera/verão 1996).

1995 A empresa Vivienne Westwood se muda para a Elcho Street, Battersea.

Mar. 1996 Coleção "Tempestade numa xícara de chá" [Storm in a Teacup] (outono/inverno 1996).

Out. 1996 Coleção "Viva a insignificância" [Vive la Bagatelle] (primavera/verão 1997).

1996 A linha MAN de Vivienne Westwood é lançada.

Mar. 1997 Coleção "Cinco séculos atrás" [Five Centuries Ago] (outono/inverno 1997).

Out. 1997 Coleção "Amarrado ao mastro" [Tied to the Mast] (primavera/verão 1998).
Mar. 1998 "Vestida para subir" [Dressed to Scale] (outono/inverno 1998).
Out. 1998 Coleção "La Belle Helene" (primavera/verão 1999).
1998 Vivienne Westwood Limited ganha o prêmio de exportação da rainha.
Linha Anglomania lançada.
Mar. 1999 Coleção "Showroom" (outono/inverno 1999).
Out. 1999 Coleção "Temporada de verão" [Summertime] (primavera/verão 2000).
1999 Abertura da primeira loja nos Estados Unidos na Greene Street, Nova York.
Mar. 2000 Coleção "Inverno" [Winter] (outono/inverno 2000).
Out. 2000 Coleção "Exploração" [Exploration] (primavera/verão 2001).
Mar. 2001 Coleção "Beleza selvagem" [Wild Beauty] (outono/inverno 2001).
Out. 2001 Coleção "Ninfas" [Nymphs] (primavera/verão 2002).
2001 Colaboração com Wedgwood.
Mar. 2002 Coleção "Anglophilia" (outono/inverno 2002).
Out. 2002 Coleção "Teatro de rua" [Street Theatre] (primavera/verão 2003).
Mar. 2003 Coleção "O corte impreciso" [Le Flou Taillé] (outono/inverno 2003).
Out. 2003 Coleção "Céu azul" [Blue Sky] (primavera/verão 2004).
Mar. 2004 Coleção "Exposição" [Exhibition] (outono/inverno 2004).
Out. 2004 Coleção "Ultrafeminilidade" [Ultra Femininity] (primavera/verão 2005).
2004 O museu Victoria and Albert recebe uma exposição de retrospectiva de Vivienne Westwood para celebrar 34 anos na moda – a maior exibição para um estilista britânico vivo.
Vivienne Westwood ganha o Prêmio Mulheres do Mundo da Moda do ex-presidente Mikhail Gorbachev em Hamburgo.
Mar. 2005 Coleção "Propaganda" (outono/inverno 2005).
Out. 2005 Coleção "Resistência ativa" [Active Resistance] (primavera/verão 2006).
Mar. 2006 Coleção "Inocente" [Innocent] (outono/inverno 2006).
Out. 2006 Coleção "Eu sou cara" [I am Expensiv] (primavera/verão 2007).
2006 Vivienne Westwood ganha o título de Dame nas homenagens de Ano-Novo da rainha.
Mar. 2007 Coleção "Acorde, garota da caverna" [Wake Up Cave Girl] (outono/inverno 2007).
Out. 2007 Coleção "56" (primavera/verão 2008).

2007 Vivienne Westwood é agraciada com a Realização Proeminente na Moda nos Prêmios Britânicos de Moda em Londres.

Mar. 2008 Coleção "Ponto de caos" [Chaos Point] (outono/inverno 2008).

Out. 2008 Coleção "Faça-você-mesmo" [Do It Yourself] (primavera/verão 2009).

2008 Vivienne Westwood recebe uma distinção do Royal College of Art por seus serviços à moda.

Dora Swire, nome de solteira Ball, mãe de Vivienne, morre.

Mar. 2009 Coleção "+5°" (outono/inverno 2009).

Out. 2009 Coleção "Vá procurar o que fazer" [Get A Life] (primavera/verão 2010).

Mar. 2010 Coleção "Príncipe encantado" [Prince Charming] (outono/inverno 2010).

Out. 2010 Coleção "Gaia, a única" [Gaia The Only One] (primavera/verão 2011).

2010 Colaboração com o Centro de Comércio Internacional (Nações Unidas) para criar a Iniciativa Ética da Moda no Quênia, produzindo bolsas.

Vivienne Westwood recebe um elogio especial do príncipe Philip na edição de 2010 do Prêmio Príncipe Philip de Designers em novembro.

Malcolm McLaren morre.

Mar. 2011 Coleção "Mulheres do mundo todo" [World Wide Woman] (outono/inverno 2011).

Out. 2011 Coleção "Guerra e paz" [War and Peace] (primavera/verão 2012).

2011 Colaboração com o Comic Relief para produzir camisetas para a campanha do Red Nose Day.

Vivienne Westwood une forças a *Marie Claire International* e trabalha para produzir um suplemento sobre a floresta tropical impresso em mais de 27 edições da *Marie Claire* pelo mundo. Uma camiseta também é produzida e vendida em conjunto com a People Tree para arrecadar dinheiro para tribos indígenas da floresta tropical.

Vivienne Westwood se torna benfeitora da Reprieve – organização de direitos humanos.

Ela começa a fazer campanha para a instituição ambiental Cool Earth.

Mar. 2012 Coleção "Londres" [London] (outono/inverno 2012).

Out. 2012 Coleção "Revolução Climática" [Climate Revolution] (primavera/verão 2013).

2012 Vivienne Westwood desfralda a bandeira da Revolução Climática na cerimônia de encerramento das Paralimpíadas de Londres de 2012 para anunciar sua pauta ambiental.

Ela doa um milhão de libras para a instituição pela floresta tropical Cool Earth.

Mar. 2013 Coleção "Salve o Ártico" [Save the Arctic] (outono/inverno 2013).

Out. 2013 Coleção "Tudo está interligado" [Everything is Connected] (primavera/verão 2014).

2013 Vivienne Westwood colabora com o Balé Nacional Inglês em sua campanha de reposicionamento de marca.

Ela desenha e lança a logo oficial da campanha Salve o Ártico para deter a perfuração e a pesca industrial na área.

O Museu Metropolitan, em Nova York, abre a exposição anual de moda intitulada "Caos à alta-costura" [Chaos to Couture] que exibe mais de vinte peças do trabalho de Vivienne Westwood dos anos 1970 até hoje. A exposição marca a influência do punk na história da moda.

Vivienne Westwood redesenha o novo uniforme da Virgin Atlantic como parte de uma parceria de dez anos.

Mar. 2014 Coleção "Salve a floresta tropical" [Save the Rainforest] (outono/inverno 2014).

Out. 2014 Coleção "Pare o ecocídio" [End Ecocide] (primavera/verão 2015).

2014 Vivienne publica sua biografia autorizada, escrita com Ian Kelly.

Mar. 2015 Coleção unissex (outono/inverno 2015).

2015 Vivienne recebe do SCAD Museum of Art um prêmio pelo conjunto da obra e lança a campanha "Políticos são criminosos" [Politicians R Criminals].

Vivienne e o Greenpeace lançam a campanha "Salve o Ártico" [Save the Arctic] na estação de Waterloo, em Londres.

Trabalhos em progresso & Notícias

climaterevolution.co.uk
350.org
amnesty.org.uk
coolearth.org
ejfoundation.org
facebook.com/jointheclimaterevolution
foe.co.uk
greenpeace.org.uk
liberty-human-rights.org.uk
monbiot.com
talkfracking.org
thebrooke.org
twitter.com/climate_rev
viviennewestwood.com
worldsendshop. co.uk

AGRADECIMENTOS

Este livro é o produto de muitas horas que Vivienne e eu passamos juntos nos últimos anos e das nossas conversas, na maioria gravadas, durante esse período, junto a entrevistas conduzidas com sua família, amigos e colegas. Por isso o primeiro agradecimento deve ser para todos eles, e em particular para os homens mais importantes na vida de Vivienne: Andreas, Ben, Joe e o irmão dela, Gordon, por seu tempo, sua paciência, reminiscências calorosas e tolerância com a invasão literária em suas vidas.

Alguns elementos do livro são baseados também em um manuscrito, parte datilografado, parte escrito à mão, que Vivienne começou com Gary Ness e em que tem acrescentado fatos de tempos em tempos desde então; ele está com seus papéis em Clapham e em Elcho Street.

O livro não teria acontecido sem o estímulo original de Christopher Di Pietro, Carlo D'Amario e Ivan Mulcahy, e também tenho uma dívida de gratidão com o trabalho e pesquisa de Matteo Guarnaccia. Todos eles demonstraram fé em mim e afeição por Vivienne que estão refletidos, espero, neste trabalho.

A colaboração de amigos e da família e daqueles muitos cujas vidas foram tocadas por Vivienne ao redor do mundo nunca teria sido possível sem o apoio e eficiência calorosa da assistente pessoal de Vivienne e Andreas, Tizer Bailey, a quem Vivienne e eu, consequentemente, devemos agradecimentos além da medida. Gostaria de reconhecer minha gratidão à Sua Alteza Real, o príncipe de Gales, pela permissão em citar correspondência particular entre ele e Dame Vivienne Westwood, e ao dr. Grahame Davies, secretário particular assistente do príncipe de Gales e da duquesa da Cornualha, por toda a assistência gentil.

Toda a equipe de Vivienne Westwood em Londres, Paris e na Itália, especialmente todos envolvidos na coleção primavera/verão de 2014 da Gold Label, permitam nossos agradecimentos mais calorosos, em particular Maiwenn Le Gall e a agência Maiwenn Models, Kiko Gaspar, Rafael Gomes e Ajuma. Os dados detalhados dos colaboradores criativos de longa data de Vivienne, Mark Spye, Murray Blewett, Alex Krenn e Brigitte Stepputtis me salvaram de muitos erros de moda e históricos; os que restaram são meus. Para todos, meus agradecimentos, e também aos meus anfitriões que tornaram o capítulo parisiense possível: Jean e Françoise Pepin-Lehalleur, e Dominique Lapierre.

Daqueles que doaram tempo e atenção em entrevistas gravadas ou orientação em fontes, ou enviaram cartas pessoais ou e-mails, eu gostaria de agradecer especialmente a Gene Krell da *Vogue* Japão e a Claire Wilcox e Kate Bethune no Victoria & Albert Museum, cujos apoios e sábios conselhos neste projeto foram inestimáveis, assim como também foi todo o arquivo de retalhos "Vivienne Westwood" do V&A que me foi emprestado para o propósito de pesquisa para este livro.

Vivienne e eu gostaríamos de expressar nossos agradecimentos às muitas pessoas que cederam seu tempo para entrevistas gravadas, ou que enviaram e-mails ou escreveram: Pamela Anderson, Julian Assange, Rosita Cataldi, Naomi Campbell, Shami Chakrabarti, Lily Cole, Cora Corré, Joe Corré (obrigado também a sua assistente Carmen Christensen), Sharon Dechi Palmo, Joyce DiDonato, Terry e Louise Doktor, Tracey Emin, Renée Fleming, Bella Freud, Francine Galea, Bob Geldof, Jerry Hall, Debbie Harry, Noreena Hertz, Andy Hulme, Paola Iacopucci, Neneh Jalloh, Cynthia King, Teddy Kronthaler, Angie Kurdash, Sharon Lishman, Daniel Lismore, Sam McKnight, Louie McManus, Giselle Menhenett, Kate Moss, Matthew Owen, Sarah Jessica Parker, Leonard Peltier, Serena Rees, Lisa Reynolds em Worlds End, Philip Salon, Iris Steidle, Susan Sutton, Gordon Swire, Olga Watts e Ben Westwood. Gostaria de agradecer separadamente a Robert Pinnock, por seu tempo e também por suas fotos, e também a Sara Stockbridge pelos insights essenciais e positividade calorosa neste projeto. Colegas antigos e atuais na Vivienne Westwood que deram conselhos e dados adicionais incluem Cristiana Benini, Marta Grande, Giordano Capuano, Francis Lowe, Giuseppe Aragoni, Victoria Archer, Nuria Gavalda, Andrea Austoni, Benedikt Sittler e Giorgio Ravasio: para todos, meu muito obrigado, mas especialmente a Laura McCuaig, Roberta Minaldo, Jessica Moloney, Jessica Evans e Michael Pegrum e toda a equipe de imprensa e de marketing: vocês me fizeram sentir muito acolhido e fizeram um trabalho difícil parecer divertido e realmente estiloso. Também gostaria de agradecer a Janet Chan pelas traduções chinesas e explicações, Peppe Lorefice pelas traduções italianas, e Ingrid Waasenaar por corrigir o meu francês, como sempre.

Àqueles cujos estudos anteriores me apontaram direções, devo reconhecer o trabalho de Claire Wilcox, Aileen Ribeiro, Anne Hollander, Jon Savage, Paul Gorman, Robert O'Byrne, Linda Watson, Ian Macleay, Deborah Orr, Alix Sharkey e Jean-Marie e Letmiya Sztalryd – que gentilmente permitiram que eu citasse conteúdo de seu filme – e também a Jane Mulvagh. Obrigado também a Denise Elsdon, Judith Woods e Maisie Hulbert, e à equipe na Alphabet Transcription Services. Para agradecimentos mais gerais em termos de acomodação, orientação, encorajamento e amizade neste projeto, gostaria de agradecer a Philip Hoare, o finado Sebastian Horsley, Don Krim e David T. Russell, Andy e Louise Chater, Lisa Darr e Brian Valente em Los Angeles, Lisa Hilton, Jane Willacy, Fleur Britten, Lindsey Clay, Matthew White e Elia Pinaud, Victor Wynd e à Last Tuesday Society em Londres e Gary Rowland e Olivia Pomp, Stephanie Cohen, Lauren Crowe, Janie Jenkins, Marilynn Scott Murphy, Dan Crowe, Heston Blumenthal e Suzanne Pirret, Erica Wagner, Samantha Conti, Eric Akoto e Steve Hindle, junto a toda a equipe da Biblioteca Huntington, em Pasadena, Califórnia, e Rosie Apponyi e todos na Brody House em Budapeste.

Na Picador Pan Macmillan em Londres, gostaria de agradecer a Paul Baggaley por sua fé neste projeto e sua amizade, e, da mesma forma, a Kris Doyle por seu trabalho árduo e dedicado em texto e imagens, com Laura Carr, Dusty Miller e toda a equipe da Picador. Gostaria de agradecer a Clare Skeats pelo projeto gráfico do livro, e Joe e Beata De Campos e Alex Krenn na Vivienne Westwood por sua contribuição inestimável a esses belos projetos e layouts. Ben Westwood e Juergen Teller merecem agradecimentos especiais e admiração pela fotografia interna e da capa, respectivamente.

As seguintes pessoas contribuíram com fotografias de seus arquivos ou ajudaram com fontes e com o fornecimento de imagens neste livro; gostaria de oferecer um grande agradecimento a elas: Daniel Picado, Miguel Domingos, Ugo Camera, Juana Burga, Martina Kobesova na Elite Model Management London, Bob Gruen, Sarah Field, Jamie Reid, John Marchant na Isis Gallery, Dennis Morris, Isabelle Chalard, Robert Pinnock, Andy Gotts e Ki Price.

Pessoal e individualmente, devo agradecer a Vivienne e Andreas Kronthaler. Seu senso de privacidade instintivo foi posto de lado num projeto conjunto que eles não originaram, mas que me agraciou com sua amizade, sabedoria e gentileza. A confiança de Vivienne em mim como escritor e amigo tem sido edificante e me desafiou a escrever algo sem fraude ou cinismo num reflexo, espero, de seu espírito e do de Andreas.

Os últimos agradecimentos, como sempre, gostaria que fossem a Claire, minha família e amigos mais próximos, que toleraram gentilmente todas as ausências, reais ou mentais, e a Michael Codron e Richard Eyre, como também a George Gibson na Bloomsbury, Nova York, que aguentou minha ausência de nossos quase separados projetos como resultado deste livro, e especialmente aos meus dois filhos, Oscar e Celia, que suportaram tudo acima, mas também me toleraram nos portões da escola vestido inteiramente com a linha masculina de Vivienne Westwood (emprestada).

CRÉDITOS DAS FOTOS

© Vivienne Westwood Limited: 8, 17, 27 (parte de cima), 39, 44, 70, 90, 96, 112, 164, 165, 170, 180, 234, 252, 256-257, 268, 275, 284, 292, 304-305, 312, 316, 338, 344-345, 352, 356, 364, 382, 387, 395, 412, 416, 424, 430, 442, 491, 495
Cortesia arquivo Vivienne Westwood: 41, 47, 50, 55, 61, 67, 74, 77, 81, 85, 134, 146, 197, 199, 201, 207, 249, 255, 260, 278, 296, 319, 323, 330, 340, 376, 405, 435, 436
© Ben Westwood: 27 (parte de baixo), 130, 243, 280, 301, 309, 408, 447, 451
Cortesia arquivo Ben Westwood: 99, 103, 107, 119, 140, 237, 400
© Robert Pinnock: 348, 349, 367, 371, 373, 392
© David Parkinson: 127, 156
© Barry Plummer: 212, 224-225
Foto de Daniel Picado: 13
Foto de Miguel Domingos: 33
Foto de Ugo Camera: 36
© David Dagley/REX/Shutterstock: 177
Foto © Bob Gruen: 191
Jamie Reid, cortesia Isis Gallery UK © Sex Pistols Residuals: 194
Dennis Morris – todos os direitos liberados – www.dennismorris.com: 221
Foto de Karl Lagerfeld, cortesia arquivo de Vivienne Westwood: 379
Foto de Cindy Palmano, cortesia arquivo de Vivienne Westwood: 398
Andy Gotts BEM 2014: 438

NOTAS SOBRE AS FONTES

A maioria das palavras de Vivienne são tiradas de entrevistas gravadas em 2013 e 2014 em Elcho Street, Battersea, Clapham Old Town e em Paris. Outras entrevistas, e-mails, cartas e conversas estão mencionadas pelas iniciais:

AK Andreas Kronthaler
BF Bella Freud
BG Bob Geldof
BS Brigitte Stepputtis
BW Ben Westwood
CC Cora Corré
CD'A Carlo D'Amario
CDiP Christopher Di Pietro
CK Cynthia King
DH Debbie Harry
FG Francine Galea
GK Gene Krell
GS Gordon Swire
JA Julian Assange
JC Joe Corré
JD Joyce DiDonato
JH Jerry Hall
LC Lily Cole
LM Louie McManus
LP Leonard Peltier
MB Murray Blewett
MM Malcolm McLaren
MO Matthew Owen
MS Mark Spye
NC Naomi Campbell
PA Pamela Anderson
PoW Prince of Wales (príncipe de Gales)
RC/PI Rosita Cataldi & Paola Iacopucci
RP Robert Pinnock
SC Shami Chakrabarti
SL Sharon Lishman
SR Serena Rees
SS Sara Stockbridge
TB Tizer Bailey
TD/LD Terry & Louise Doktor
TE Tracey Emin

Manuscritos, recortes de imprensa e arquivo pessoal de Vivienne Westwood

Tizer Bailey (AP para Dame Vivienne Westwood), arquivo pessoal de Vivienne Westwood, incluindo:

Guarnaccia, Matteo, "Vivienne Westwood", manuscrito não publicado, Itália, 2007.

Swire, Dora, nota manuscrita, abril de 1941, anúncio de nascimento.

Westwood, Vivienne, *Active Resistance: The Manifesto*, publicado de forma particular por The Vivienne Westwood Group, 2002, junto a notas manuscritas.

Westwood, Vivienne, "Alice and Pinocchio", drama não publicado adaptado por VW de seu manifesto "Active Resistance" para leitura/performance ao vivo.

Westwood, Vivienne, "My Life", manuscrito de cinquenta páginas (nascimento ao início dos anos 1980 – rascunho incompleto preparado com Gary Ness, múltiplas inserções e adendos escritos à mão).

Westwood, Vivienne, ensaio sobre "Estilo" – anotações para artigo planejado para *Venti Quatro Ore*, novembro de 1992.

Biblioteca Britânica

McLaren, M., "Sex Pistols on Stage, or London's Outrage", manuscrito, colagem, McLaren, M., ed., Rough Trade Records, Manuscritos BL YD.2005. b860, 1977.

Arquivo de Moda do Museu Victoria and Albert – Vivienne Westwood:

Arquivo de recortes incluindo artigos da revista *Blitz, Daily Mail, Daily Telegraph,* revista *Elle, ES Magazine, The European, Express, The Face, Guardian, Harper's Bazaar,* revista *i-D, Independent, Independent on Sunday, International Herald Tribune, Liberation, London Evening Standard, Mail on Sunday, Marie Claire,* revista *Ms London, New York Times,* revista *New York Times Fashion, Observer, Sunday Express, Sunday Telegraph, Sunday Times, The Times, Vogue* (edições norte-americana, britânica, italiana e francesa), *Vogue l'Uomo, Women's Wear Daily* e revista *W*. Também Brenda Polan entrevistando VW na *Tatler*, agosto de 1992; Jane Mulvagh na *Spectator*, vol. 281, edição 8878, 1998, pp. 46-47.

Multimídia

Any Questions, BBC Radio 4 (o quadro inclui Michael Portillo, Ken Livingstone e VW), 8 de janeiro de 2011.

Arena, BBC2, agosto de 1995.

"Do It Yourself" escrito por Jean-Marie Sztalryd, dir. Letmiya Sztalryd, Arte Films (Filme documentário – um ano na vida de Vivienne Westwood, 2010. Inédito até 2013).

The Filth and the Fury, A Sex Pistols Film, dir. Julien Temple, 2000.

The Great Rock 'n' Roll Swindle, dir. Julien Temple, 1980.

Painted Ladies, escrito e apresentado por Vivienne Westwood, Channel 4, 1996.

Tommy Roberts entrevistado por Anna Dyke, BL REF C1046/12A, seção 2, faixa 29.

South Bank Show, ITV, março de 1990.

Vivienne Westwood, Audio Tour, Exposição V&A, 21 de outubro de 2004 (transcrição V&A).

climaterevolution.co.uk
viviennewestwood.com
worldsendshop. co.uk
activeresistance.co.uk/ar/?p=1690
activeresistance.co.uk/ar/?s=painted+ladies
youtube.com/watch?v=BK70-kkz4Pg (*Drama Queens*, com Joyce DiDonato)

Bibliografia selecionada

ARNOLD, Matthew. *Culture and Anarchy, An Essay in Political and Social Criticism*, Londres, 1893.

BELL, Eugenia (ed.). (introd. de Andrew Bolton), *Punk: Chaos to Couture*, catálogo da exposição. Nova York: Metropolitan Museum of Art, 2013.

BLOOM, Harold (ed.). *John Steinbeck's The Grapes of Wrath*. Nova York: Chelsea House Publishing, 2007.

BREWARD, Christopher, CONEKIN, Becky, COX, Caroline (eds.), *The Englishness of English Dress*. Oxford e Nova York: Berg, 2002.

BROMBERG, Craig. *The Wicked Ways of Malcolm McLaren*. Londres: Omnibus, 1991.

BURCHILL, Julie, PARSONS, Tony. *The Boy Looked at Jonny: The Obituary of Rock and Roll*. Londres: Faber and Faber, 1987.

CHOMSKY, Noam. *Mídia – Propaganda política e manipulação*. São Paulo: WMF Martins Fontes, 2014.

CLARK, T.J. *The Painting of Modern Life: Paris in the Art of Manet and his Followers*. Londres: Thames and Hudson, 1984.

COLEGRAVE, Stephen, SULLIVAN, Chris. *Punk: A Life Apart*. Londres: Cassell, 2001.

CONNOLLY, Sean. *Vivienne Westwood*. Oxford: Heinemann Library, 2002.

HAYE, Amy (ed.) de La. *The Cutting Edge: 50 Years of British Fashion 1947-1997*, catálogo da exposição. Londres: V&A Publications, 1996.

GORMAN, Paul (prefácio de Malcolm McLaren). *The Look: Adventures in Rock and Pop Fashion*. Londres e Nova York: Sanctuary Publishing, 2001. Segunda edição revisada, Londres: Adelita, 2006.

HOLDEN, Jack. *A Very Special School: Glossop Grammar School 1901-1965*. Glossop: Teckno, 1994.

HOLLANDER, Anne. *Seeing Through Clothes*. Berkeley: University of California Press, 1993.

KILFOYLE, Mark (ed.). *Vivienne Westwood, A London Fashion: The Collection of Romilly McAlpine*, catálogo da exposição. Londres: Museum of London, Philip Wilson Publishers, 2000.

KRELL, Gene. *Vivienne Westwood*. Nova York e Paris: Universe/Vendome, 1997.
LAVER, James. *Style in Costume*. Londres e Nova York: Oxford University Press, 1949.
LOVELOCK, James. *The Revenge of Gaia: Why the Earth is Fighting Back and How We Can Still Save Humanity*. Londres e Nova York: Allen Lane, 2006.
MCDERMOTT, Catherine. *Vivienne Westwood*. Londres: Carlton, 1999.
MACINNES, Colin. *Absolute Beginners*. Londres: Allison & Busby, 2011 (1ª. ed., 1959).
MACLEAY, Ian. *Malcolm McLaren: The Sex Pistols, the Anarchy, the Art, the Genius*. Londres: John Blake, 2011.
MULVAGH, Jane. *Vivienne Westwood, An Unfashionable Life*. Londres: HarperCollins, 1998.
O'BYRNE, Robert, com WORSLEY-TAYLOR, Annette (consultora). *Style City: How London Became a Fashion Capital*, Londres: Frances Lincoln Publishers, 2009.
RAYNER, Geoffrey, CHAMBERLAIN, Richard, STAPLETON, Annamarie (eds.). *Pop! Design, Culture, Fashion 1956-1976*. Londres: ACC Editions, 2012.
RIBEIRO, Aileen. *Dress and Morality*. Oxford: Berg, 2003.
________. *Fashion in the French Revolution*, Londres: Batsford, 1988.
ROBB, John, CRASKE, Oliver (eds.). *Punk Rock: An Oral History*, Londres: Ebury, 2006.
SAVAGE, Jon. *England's Dreaming: Sex Pistols and Punk Rock*, Londres: Faber and Faber, 2005 (1ª. ed., 1991).
SCAPP, Ron, SEITZ, Brian (eds.). *Fashion Statements: On Style, Appearance and Reality*. Nova York: Palgrave Macmillan, 2010.
SHERIDAN, Jayne. *Fashion, Media, Promotion: The New Black Magic*. Oxford: WileyBlackwell, 2010.
SIMON, Marie (epílogo de Vivienne Westwood). *Fashion in Art: The Second Empire and Impressionism*. Londres: Zwemmer, 1995.
SLADEN, Christopher. *The Conscription of Fashion: Utility Cloth, Clothing and Footwear 1941-1952*, Londres: Scolar Press, 1995.
STEELE, Valerie. *Women of Fashion: Twentieth-Century Designers*, Nova York: Rizzoli, 1991.
STEINBECK, John. *As vinhas da ira*, Rio de Janeiro: Ed. Record, 2008.
STERN, Jane, STERN, Michael. *Sixties People*, Nova York: Knopf, 1990.
STEWART, Tony (ed.), *Cool Cats – 25 Years of Rock 'n' Roll Style*, Londres: Eel Pie Publishing, 1981.

TAYLOR, Paul. *Impresario: Malcolm McLaren and the British New Wave*. Nova York: New Museum of Contemporary Art, MIT Press, 1988.

TELLER, Juergen. *Election Day*, Göttingen: Steidl, 2009.

TOWNSEND, Chris. *Rapture: Art's Seduction by Fashion since 1970*. Londres: Thames & Hudson, 2002.

VERMOREL, Fred. *Fashion and Perversity: A Life of Vivienne Westwood and the Sixties Laid Bare*. Londres: Bloomsbury, 1997.

WATSON, Linda. *Vogue on Vivienne Westwood*. Londres: Quadrille Publishing, 2012.

WILCOX, C. *Vivienne Westwood*. Londres: V&A Publications, 2004.

WOOLDRIDGE, Max (prefácio de Malcolm McLaren). *Rock 'n' Roll London*. Londres: New Holland, 2002.

NOTAS

TUDO ESTÁ INTERLIGADO

9 **Nunca dance sem ter uma história** VW citando Nureyev em KAVANAGH, J. *Rudolph Nureyev*, Londres: Penguin, 2007, p. 317.

10 **a Coco Chanel dos nossos tempos** Alexander McQueen.

22 **Você precisa saber que este lugar é ótimo** Christina Nahler a IFK, Paris, setembro de 2013.

22 **Nós contamos uma história** AK a IFK, Paris, 27 de setembro de 2013.

23 **Eu adoro trabalhar com Vivienne** Val Garland a IFK, Paris, 26 de setembro de 2013.

23 **tudo calma e respeito** Maiwenn Le Gall a IFK, Paris, 26 de setembro de 2013.

24 **Ela é minha maior incentivadora nesse mercado** Ajuma a IFK, Paris, setembro de 2013.

26 **Essa é a mensagem principal** Press release (original), *Tudo está interligado*, Paris, 27 de setembro de 2013, p. 2.

28 **Tem que ser na última hora** AK a IFK, Paris, 27 de setembro de 2013.

28 **É assim que tem sido, essa última década** Rafael Gomes a IFK, Paris, 27 de setembro de 2013.

29 **Batizei o desfile de 'Tudo está interligado'** Press release (original), *Tudo está interligado*, Paris, 27 de setembro de 2013, p. 2.

43 **É como quando se faz uma coleção** *Any Questions*, BBC Radio 4 (o quadro inclui Michael Portillo, Ken Livingstone e VW), 8 de janeiro de 2011.

43 **'Era uma vez'** "Alice and Pinocchio" de VW. Arquivo TB.

A MENINA DO VESTIDO UTILITÁRIO

45 **Os padrões que a vida adquire** Putnam, S. *François Rabelais: Man of the Renaissance: A Spiritual Biography*. Londres: Jonathan Cape, 1930, p. 140.

45 **Era tudo 'Faça Você Mesmo'** "Do It Yourself" (filme documentário – um ano na vida de Vivienne Westwood), escrito por Jean-Marie Sztalryd, dirigido por Letmiya Sztalryd. Arte Films, 2010 (inédito até 2014).

50 **Minha mãe tinha muito orgulho de mim** "Do It Yourself" (filme documentário – um ano na vida de Vivienne Westwood), escrito por Jean-Marie Sztalryd, dirigido por Letmiya Sztalryd. Arte Films, 2010 (inédito até 2014).

52 **Minha mãe, Dora Ball, veio do vilarejo de Tintwistle** manuscrito de memórias VW, arquivo VW.

52 **Dora e meu pai, Gordon, foram felizes juntos a vida toda** manuscrito de memórias VW, arquivo VW.

53 **Tudo girava em torno da família** manuscrito de memórias VW, arquivo VW.

53 **Gelatina e manjar** manuscrito de memórias VW, arquivo VW.

54 **Nós éramos muito livres** GS a IFK, 30 de outubro de 2013.

58 **Quando vi um crucifixo pela primeira vez** manuscrito de memórias VW, arquivo VW.

58 **Estava tão chocada** manuscrito de memórias VW, arquivo VW.

58 **quando criança, eu me tornei emocionalmente muito ligada ao amor de Jesus** manuscrito de memórias VW, arquivo VW.

59 **essa sensação de ser diferente** manuscrito de memórias VW, arquivo VW.

59 **tinha um menino na escola** manuscrito de memórias VW, arquivo VW.

60 **Lembro que fui bem distante com meu pai andando na neve** manuscrito de memórias VW, arquivo VW.

60 **Olga seguia-me para todo lado** manuscrito de memórias VW, arquivo VW.

63 **Nós éramos incentivados a fazer, não a ler** manuscrito de memórias VW, arquivo VW.

64 **Eu desenhava e estudava a natureza** manuscrito de memórias VW, arquivo VW.

DEIXA O ROCK ROLAR

72 **Tudo mudou para mim por volta daquela idade** manuscrito de memórias VW, arquivo VW.

72 **Nós mudamos de Millbrook** manuscrito de memórias VW, arquivo VW.

72 **Nós estávamos bem no meio do caminho entre Hyde e Glossop** manuscrito de memórias VW, arquivo VW.

73 **Eu ainda era maravilhosamente boba aos 15 anos** manuscrito de memórias VW, arquivo VW.

73 **E quanto aos sapatos... bem, foi um período fascinante** manuscrito de memórias VW, arquivo VW.

75 **eu não havia sido muito exposta ao que se pode chamar de 'alta arte'** manuscrito de memórias VW, arquivo VW; "Do It Yourself" (filme documentário – um ano na vida de Vivienne Westwood), escrito por Jean-Marie Sztalryd, dirigido por Letmiya Sztalryd. Arte Films, 2010 (inédito até 2014).

75 **O sr. Bell, o professor de arte, era uma presença bem excepcional** manuscrito de memórias VW, arquivo VW.

77 **o princípio fundamental do Estado de Direito materializado no habeas corpus** SC a IFK, 30 de outubro de 2013, citando a carta de Vivienne a Liberty, dezembro de 2004.

78 **Tudo que aconteceu comigo posteriormente… começa a partir de 1958** manuscrito de memórias VW, arquivo VW.

79 **suponho que tivessem ambições… então, quando viram uma oportunidade, eles a abraçaram** GS a IFK, 30 de outubro de 2013.

79 **Isso acabou nos levando a Londres** GS a IFK, 30 de outubro de 2013.

83 **Enquanto isso, me tornei uma 'Trad'** manuscrito de memórias VW, arquivo VW.

84 **visitas a museus em South Kensington** manuscrito de memórias VW, arquivo VW.

84 **o motivo para eu ter abandonado a escola naquele verão** manuscrito de memórias VW, arquivo VW.

89 **Como os Teddy Boys (...) nascia a ideia de roupas estilosas como uma ameaça à sociedade** Colin Woodhead, citado em Gorman, P. (prefácio de Malcolm McLaren), *The Look: Adventures in Rock and Pop Fashion*, Londres: Adelita, 2006, p. 25.

91 **calças de lã com fundo de uns trinta centímetros** Ian Dury, citado em Stewart, T. (org.), *Cool Cats – 25 Years of Rock'n'Roll Style*, Londres: Eel Pie Publishing, 1981.

92 **É só olhar o que gente como Jack Kerouac estava vestindo** Malcolm McLaren, citado em Gorman, P., 2006, p. 22.

93 **chamativos sapatos de bico fino** Nik Cohn, citado em Gorman, P., 2006, p. 22.

93 **deliberadamente arcaico** Nik Cohn, citado em Gorman, P., 2006, p. 22.

94 **Cabelo longo com franja** MACINNES, C., *Absolute Beginners*, Londres: Allison & Busby, 2011, p. 86.

95 **O Trad saiu de moda em dois segundos** Tommy Roberts, citado em Gorman, P., 2006, p. 24.

O VESTIDO DE CASAMENTO DA SRA. WESTWOOD

100 **Derek era um aprendiz de ferramenteiro quando nos conhecemos** manuscrito de memórias VW, arquivo VW.

100 **Derek vestia-se muitíssimo bem** GS a IFK, 30 de outubro de 2013.

105 **Fiz meu próprio vestido de noiva** manuscrito de memórias VW, arquivo VW.

109 **Por exemplo, Nigel Waymouth (...) uma banda psicodélica, a Hapshash and the Coloured Coat** Rayner, G. et al. (org.), *Pop! Design, Culture, Fashion 1956-1976*, ACC Editions: Londres, 2012, pp. 6-7.

110 **nós estávamos em busca de identidade** Malcolm McLaren, citado em Gorman, P., 2006, p. 34.

A SAIA TURQUESA-SUJO

113 **Quando conheci Malcolm e apaixonei-me por ele, eu o achei lindo** MACLEAY, I. *Malcolm McLaren, The Sex Pistols, the Anarchy, the Art, the Genius*. Londres: John Blake, 2011, p. 51.

113 **Malcolm era como um garotinho, perdido na floresta** Funeral de Malcolm McLaren, DVD, coleção particular de Joe Corré, 2010.

114 **a credibilidade de mamãe deriva originalmente do punk rock** JC a IFK, 5 de dezembro de 2013.

117 **O resultado de crescer em uma família** MM a Ginny Dougray, *The Times*, citado em Macleay, p. 4.

117 **Rose foi uma mulher que criou seu próprio mundo** Savage, J. *England's Dreaming, Sex Pistols and Punk Rock*. Londres: Faber & Faber, 2005, p. 15.

117 **Não importa o que se diga de Malcolm, ele mudou vidas** GS a IFK, 30 de outubro de 2013.

118 **Só em estar ao lado dele você percebia o quanto o mundo é 'possível'** GS a IFK, 30 de outubro de 2013.

120 **Vivienne costumava rir** GS a IFK, 30 de outubro de 2013.

120 **A avó que era loucamente o oposto do convencional, cujos lemas incluíam "Ser boa é ruim"** Macleay, p. ix.

121 **Vivienne conheceu Malcolm por meu intermédio** GS a IFK, 30 de outubro de 2013.

122 **Eu saí de casa e acabei dividindo um apartamento em Clapham** GS a IFK, 30 de outubro de 2013.

122 ***Sem chance* de eu ter me atraído por Malcolm** manuscrito de memórias VW, arquivo VW.

124 **Depois de três ou quatro semanas, decidi fingir que estava doente** Savage, J., *England's Dreaming*, p. 21.
124 **Malcolm era um tipo de pessoa hiperativa** BW a IFK, 18 de outubro de 2013.
124 **De repente, percebi que eles eram um casal** GS a IFK, 30 de outubro de 2013.
124 **Malcolm nunca tinha tido uma namorada antes** GS a IFK, 30 de outubro de 2013.
125 **Malcolm era como um contemporâneo meu, um garotão, meu melhor amigo** GS a IFK, 30 de outubro de 2013.
125 **Eu estava indo fazer o aborto** manuscrito de memórias VW, arquivo VW.
126 **Malcolm era fascinante** manuscrito de memórias VW, arquivo VW.
126 **Malcolm estava profundamente influenciado pelo trabalho dos situacionistas franceses** manuscrito de memórias VW, arquivo VW.
126 **Ele amava roupas** manuscrito de memórias VW, arquivo VW.
128 **Eu estava inteiramente comprometida e era o que importava para mim** manuscrito de memórias VW, arquivo VW.
129 **quando saí do hospital, ainda estava nevando** manuscrito de memórias VW, arquivo VW.
129 **ele não tinha intenção nenhuma de ficar preso a uma vida familiar** manuscrito de memórias VW, arquivo VW.
132 **não podia pedir ajuda a ele de forma alguma** manuscrito de memórias VW, arquivo VW.
136 **a anarquia, a propaganda política e o radicalismo eram ouvidos continuamente** RAYNER, G., CHAMBERLAIN, R., STAPLETON, A.M., (org.). *Pop; Design, Culture, Fashion, 1956-1976*. Londres: ACC Editions, 2012 (introdução, p. 12).
137 **possivelmente a melhor professora primária** estudante Peter Silverstone, citado em MULVAGH, J., *Vivienne Westwood, An Unfashionable Life*, Londres: HarperCollins, 1998, p. 42.
140 **para que o menino não fosse criado de uma forma limitada e da classe trabalhadora** Ibid., p. 41.
141 **Malcolm tentou se desculpar pelo pai que tinha sido** JC a IFK, 5 de dezembro de 2013.
142 **Eu certamente costumava ter bastante medo de Malcolm** BW a IFK, 18 de outubro de 2013.
142 **Joe e eu ouvíamos as brigas** BW a IFK, 18 de outubro de 2013.
143 **Vivienne tinha aquele visual um ano inteiro antes de *Ziggy Stardust*** Simon Barker, citado em Mulvagh, p. 48.

SEXO NO FIM DO MUNDO

147 **hoje em dia tenho orgulho de meu papel como uma punk** anotação manuscrita de VW para a exposição do Metropolitan Museum of Art de Nova York, "Caos a Alta-costura", arquivo TB, Elcho Street.

151 **A vitória deles, de mamãe e Malcolm, foi que encontraram um ao outro** JC a IFK, 5 de dezembro de 2013.

152-53 **pelas pessoas "economicamente, politicamente, socialmente e teologicamente, numa bagunça"** citado em SAVAGE, J. *England's Dreaming*, p. 4.

153 **um carro americano** Malcolm McLaren, citado em Gorman, P., 2006, p. 10.

153 **que uma vez exibiu um gorila azul gigante** Malcolm McLaren, citado em Gorman, P., 2006, p. 11.

153 **ficou conhecido por vender os primeiros jeans usados** Malcolm McLaren, citado em Gorman, P., 2006, p. 11.

153 **Todas essas lojas... eram a resposta visual da rua à cultura pop musical** Malcolm McLaren, citado em Gorman, P., 2006, p. 11.

154 **Ele abria à uma da tarde** BL REF C1046/12A, Tommy Roberts entrevistado por Anna Dyke: Roberts, Tommy (locutor, homem; pessoa entrevistada; empresário da moda) (seção 2) Faixa 29.

155 **Todos conheciam o endereço** Gorman, p. 83.

155 **Vocês são legais? (...) um frio do caramba** Lloyd Johnson, citado em Gorman, P., 2006, p. 83.

157 **Trevor Myles se apaixonou por uma modelo sueca** BL REF C1046/12A , Tommy Roberts entrevistado por Anna Dyke: Roberts, Tommy (locutor, homem; pessoa entrevistada; empresário da moda) (seção 2) Faixa 29.

157 **como se faz, como se fazia na época (...) outra garota muito rica que tinha acabado de se separar** Trevor Myles, citado em Gorman, P., 2006, p. 124.

157 **Malcolm e eu procurávamos mercados para os discos antigos de rock and roll** manuscrito de memórias VW, arquivo VW.

158 **disseram a Vivienne e Malcolm que eles poderiam ficar com as chaves** Trevor Myles, citado em Gorman, P., 2006, p. 124.

159 **como se pudesse ir para lá, ficar por ali e ninguém te incomodaria** Steve Jones, citado em Gorman, P., 2006, p. 131.

159 **dominada por papel de parede Odeon** Savage, J., p. 46.

159-60 **Entrar na loja dava a sensação de entrar num set de um filme B dos anos 1950** Steph Raynor, citado em Gorman, P., 2006, p. 131.

160 **O lugar onde a música (...) meu estúdio de artista** Malcolm McLaren, citado em Gorman, P., 2006, p. 130.

160 **Eu vinha contando com um momento de glamour inesperado** Malcolm McLaren, citado em Gorman, P., 2006, p. 10.

160 **Malcolm ficava muito empolgado** Arquivo V&A. Material de origem transcrito para a exposição do V&A, entrevista com VW e Claire Wilcox.

161 **Naquela época, no número 430 da King's Road não havia um banheiro** GK a IFK, Paris, outubro de 2013.

162 **Logo havia atenção da mídia** Savage, J., p. 47 e Gorman, P., 2006, p. 130.

162 **Trevor Myles tinha falido, então falei a Vivienne e Malcolm para ficarem com a loja** BL REF C1046/12A, Tommy Roberts entrevistado por Anna Dyke: Roberts, Tommy (locutor, homem; pessoa entrevistada; empresário da moda) (seção 2) Faixa 29.

163 **3,50 libras ao dia... Nas manhãs de sábado, você aparecia tarde** Glen Matlock, citado em Gorman, P., 2006, p. 132.

168 **McLaren, de forma típica, mais tarde negou (...) Bernie Rhodes** Gorman, P., 2006, p. 137.

169 **Uma preferida de Paul Cook** Gorman, P., 2006, p. 138.

172 **Eu fazia meu dever de casa no canto** BW a IFK, 18 de outubro de 2013.

172 **cruz invertida na camiseta suástica/Destrua** BW a IFK, 18 de outubro de 2013.

173 **Meu trabalho naquela época e meu trabalho sempre foi confrontar o establishment** WILCOX, C. *Vivienne Westwood*. Londres: V&A publications, 2004, p. 12.

173 **A moralidade sexual que inibe o desejo à liberdade** MCLAREN, M., 'Sex Pistols on Stage, or London's Outrage', manuscrito, colagem, McLaren, M., org., Rough Trade Records, BL Manuscritos YD. 2005. b860, 1977, p. 2.

174 **A única razão pela qual estou na moda é para destruir a palavra 'conformidade'** Anotação manuscrita de VW para a "Caos à Alta-costura" do Met. Arquivo TB, Elcho Street.

174 **Não se parecia, por dentro ou por fora, absolutamente com uma butique** Wilcox, p. 12.

175 **Achava que não podia ter uma aparência melhor** Anotação manuscrita de VW para a "Caos à Alta-costura" do Met. Arquivo TB, Elcho Street.

175 **uma das melhores de todos os tempos na história** Wilcox, p. 12.

176 **Ela era como uma deusa** Wilcox, p. 12.

177 **Isso era o atraente a respeito delas** Mulvagh, p. 74.

178 **O preto expressava a denúncia da afetação... entre vida e morte** Malcolm McLaren, citado em Gorman, P., 2006, p. 10.

178 **agir como um catalisador para os gostos musicais da época** Malcolm McLaren, citado em Gorman, P., 2006, p. 10.
179 **Começou como um interesse em qualquer forma de revolta jovem** McLaren, citado em Wilcox, p. 12.

BONECA DE NOVA YORK

184 **Nós adorávamos nos produzir** Savage, p. 59.
185 **Não, cara, sou trissexual** Savage, p. 60.
185 **Tornou-se minha *raison d'être* para estar em Nova York** Macleay, p. 93.
187 **uma espécie de frenesi** DH a IFK, julho de 2014.
188 **tão terrível que ele tivesse caído no outro lado** Savage, p. 62.
190 **ele queria chocar** VW citada em Wilcox, p. 14.
190 **você coloca aquilo e está basicamente se insultando** BELL, E., (org.). *Punk: Chaos to Couture*. Catálogo da exposição PUNK: Caos à Alta-costura, Nova York: Metropolitan Museum of Art, 2013 (introdução de Bell, A., p. 22).
192 **Você começava a ver os primeiros movimentos de uma artista de verdade** GK a IFK, Paris, outubro de 2013.

DEUS SALVE A RAINHA

195 **o 'visual' punk evoluiu na nossa loja no número 430 da King's Road** Anotação manuscrita de VW para a "Caos à Alta-costura" do Met. Arquivo TB, Elcho Street.
198 **O visual... se espalhou pelo mundo** Jon Savage, citado em Wilcox, p. 13.
200 **uma declaração de guerra... uma explosão do corpo** Malcolm McLaren, citado em Gorman, P., 2006, p. 10.
202 **As roupas precisavam dos grupos... é o maior diferencial que se pode ter** Malcolm McLaren, citado em O'Byrne, R., Style City, Frances Lincoln, Londres, 2009, p. 81.
206 **trancou Malcolm num guarda-louças** Mulvagh, p. 93.
209 **Não acho que (o punk) fosse intencionalmente ofensivo** GK a IFK, Paris, outubro de 2013.
211 **Todos nós, no grupo Blondie, adorávamos ir a Worlds End** DH a IFK, julho de 2014.
211 **Conheci Vivienne na SEX** JH a IFK, 2013.
211 **Todas as personalidades que conheci no número 430 da King's Road eram tão fascinantes quanto Jerry** GK a IFK, Paris, outubro de 2013.

219 **Foi uma das melhores sensações, no dia seguinte, quando se via o jornal** Savage, p. 260.

220 **um achado não identificado de Malcolm** MB a IFK, 18 de outubro de 2013.

222 **(Glen) vinha crescendo separadamente dos outros por algum tempo** Savage, p. 308.

226 **os Pistols eram uma doença contagiosa** *London Evening Standard*, 17 de março de 1977.

230 **Essas roupas tratam de sobrevivência em Londres** John Krevine, citado em Gorman, P., 2006, p. 150.

231 **A maioria da garotada que vinha** GK a IFK, Paris, outubro de 2013.

232 **'Meu Deus – ela é famosa no mundo todo'** GS a IFK, 30 de outubro de 2013.

THURLEIGH COURT

238 **de repente meus pais fossem o Inimigo Público Número Um** *Observer*, 2 de maio de 2009.

238 **Foi quando mudei** *Observer*, 2 de maio de 2009.

238 **Vivienne é uma feminista *prática*** SC a IFK, 30 de outubro de 2013.

239 **Eu nunca me preocupava e me divertia** BW a IFK, 18 de outubro de 2013.

239 **'Uau. Minha mãe é demais'** BW a IFK, 18 de outubro de 2013.

240 **Mamãe realmente precisava de espaço para criar** BW a IFK, 18 de outubro de 2013.

240 **Malcolm chegou com uns pesos de bolas** JC a IFK, 5 de dezembro de 2013.

240 **Fomos criados para ser muito aventureiros** JC a IFK, 5 de dezembro de 2013.

241 **Não criticavam o bastante para achar** BW a IFK, 18 de outubro de 2013.

242 **Nunca tivemos Natal por lá** JC a IFK, 5 de dezembro de 2013.

242 **Vivienne bebendo uísque e dançando** RP a IFK, 9 de agosto de 2013.

242 **minha mãe me perguntou se eu estaria interessado em ir para o colégio interno** BW a IFK, 18 de outubro de 2013.

244 **O colégio interno foi um trauma** JC a IFK, 5 de dezembro de 2013.

244 **Eu sabia que mamãe e Malcolm estavam tentando fazer o melhor** JC a IFK, 5 de dezembro de 2013.

244 **Eu apenas ia de uma escola a outra** JC a IFK, 5 de dezembro de 2013.

245 **eu realmente nem pensava em roupas quando estava crescendo** *Observer*, 2 de maio de 2009.

246 **Ben era diferente, ou um tanto punk, e tudo aconteceu num momento diferente para ele** JC a IFK, 5 de dezembro de 2013.

246 **mamãe me mandava para um museu diferente de Londres todos os dias** BW a IFK, 18 de outubro de 2013.

247 **Meu envolvimento pessoal com a loja começou nos anos 1980** BW a IFK, 18 de outubro de 2013.

PRINCESA PIRATA

253 **Deixe tudo comigo** WESTWOOD, V., *Active Resistance: The Manifesto*, 2002.

258 **Malcolm apenas não estava por perto** Anotações manuscritas pré-segundo rascunho VW, maio de 2014.

259 **eu tinha visto uma gravura de um pirata** Wilcox, p. 16.

261 **É impossível pensar nas bandas... sem o trabalho de Vivienne** Wilcox, p. 16.

262 **é preciso fazer as pessoas se sentirem ótimas** Wilcox, pp. 16-17.

266 **Eu era viciado em heroína** GK a IFK, Paris, outubro de 2013.

266 **E Vivienne assumiu total responsabilidade pelos negócios** GK a IFK, Paris, outubro de 2013.

267 **Mamãe é sempre muito cortês a respeito de Malcolm** JC a IFK, 5 de dezembro de 2013.

270 **Chegou a um ponto horrível no fim** JC a IFK, 5 de dezembro de 2013.

270 **Lembro-me de estarmos no metrô uma vez** JC a IFK, 5 de dezembro de 2013.

278 **Eu adorava o que estava rolando na loja de Vivienne** Caroline Baker a IFK, e-mail, 2013.

281 **o roçar do tecido contra o corpo** Wilcox, p. 18.

282 **Metade da batalha com roupas ou com fazer algo é saber como resolver um problema** JC a IFK, 5 de dezembro de 2013.

283 **Depois da 'Piratas', percebi que não tinha que qualificar minhas ideias** Wilcox, p. 17.

283 **Malcolm costumava nos contar histórias na hora de dormir** BW no funeral de Malcolm McLaren.

MULHER SOLTEIRA NA ITÁLIA

285 **Por trás de uma grande mulher há um homem** CD'A a IFK, 27 de julho de 2013.

285 **Apresentei Vivienne a Keith Richards** GK a IFK, Paris, outubro de 2013.
286 **Ele foi tão longe a ponto de ligar para a fábrica** Mulvagh, p. 183.
286 **alguns dos mais interessantes a saírem da Inglaterra** WATSON, L., *Vogue on Vivienne Westwood*, Londres: Quadrille Publishing, 2012, p. 56.
294 **Criamos uma nova empresa** CD'A a IFK, 8 de novembro de 2013.
295 **Nós nos inscrevemos para receber a verba em prol dos desempregados** JC a IFK, 5 de dezembro de 2013.
297 **Foi uma época ótima** JC a IFK, 5 de dezembro de 2013.
299 **Você tem que colocar as coisas sob contexto** MB e arquivo VW, 15 de janeiro de 2014.
299 **eu queria que as mulheres fossem fortes de um jeito feminino** Wilcox, p. 20.
299 **uma silhueta bonita e clássica** MB e arquivo VW, 15 de janeiro de 2014.
299 **uma grande paixão por Walt Disney** MB e arquivo VW, 15 de janeiro de 2014.
300 **Lembra-nos de roupa íntima** MB e arquivo VW, 15 de janeiro de 2014.
300 **Era usada com um conjunto de malha e casaquinho de lã e com pérolas** MB e arquivo VW, 15 de janeiro de 2014.
300 **Toda aquela atenção. Nenhum dinheiro** JC a IFK, 5 de dezembro de 2013.
301 **Deu um jeito de conseguir a coleção de pilotos de volta de Nova York** JC a IFK, 5 de dezembro de 2013.
308 **A Choice estava totalmente à frente do seu tempo** SS a IFK, 16 de janeiro de 2014.
313 **Vivienne tem tudo dentro de um senso** BS a IFK, 20 de dezembro de 2013.
313 **Você pode pegar um nome como o de Vivienne** BS a IFK, 20 de dezembro de 2013.
313 **Quando Vivienne e eu estávamos no palácio de Buckingham** CD'A a IFK, 18 de julho de 2013.
314 **Sem Jeff...** JC a IFK, 30 de janeiro de 2015.

ASSOCIAÇÃO CULTURAL

317 **A única coisa em que realmente acredito é na cultura** Wilcox, p. 9.
318 **O fato de ela ter conseguido evoluir o punk à alta-costura** LC a IFK, 27 de fevereiro de 2014.
333 **Dou conselhos a Vivienne sobre o que ler** *New York Times*, outono de 2002, edição de Moda Masculina, p. 64.
333 **descrições cifradas na imprensa de Gary como um "esteta"** *New York Times*, outono de 2002, edição de Moda Masculina, p. 60.

334 **as pessoas de marketing têm o mesmo ponto de vista dos marxistas** *New York Times*, outono de 2002, edição de Moda Masculina, p. 64.

334 **Se algo é absolutamente incrível... se encaixa na tradição** *New York Times*, outono de 2002, edição de Moda Masculina, p. 60.

335 **Pegamos o melhor do passado** Watson, p. 149.

336 **Ela era uma vaca** SS a IFK, 15 de janeiro de 2014.

347 **Westwood é provavelmente a maior estilista britânica deste século** Watson, p. 78.

350 **Vivienne teve um grande impacto na cultura e na moda britânicas** TE a IFK, e-mail, fevereiro de 2014.

FRÄULEIN KRONTHALER

353 **A moda pode se apoderar da vida das pessoas** Malcolm McLaren, citado em Gorman, P., p. 10.

353 **uma entrevista totalmente fora do comum** *London Evening Standard*, 9 de agosto de 1991.

354 **não ligo se não tiver um relacionamento** *London Evening Standard*, 9 de agosto de 1991.

358 **Eu tinha escutado falar de Vivienne Westwood, é claro** AK a IFK, 15 de janeiro de 2014.

358 **Tudo foi, para dizer o mínimo, inesperado** AK a IFK, 15 de janeiro de 2014.

358 **eu meio que congelei aquele momento** AK a IFK, 15 de janeiro de 2014.

358-59 **Vivienne Westwood abriu meus olhos** AK a IFK, 15 de janeiro de 2014.

360 **Algumas vezes era difícil** AK a IFK, 15 de janeiro de 2014.

360 **Ela também foi uma guru ou uma mentora para mim** AK a IFK, 15 de janeiro de 2014.

363 **Vim para Londres porque Vivienne me convidou** AK a IFK, 15 de janeiro de 2014.

363 **ela é incrivelmente positiva** AK a IFK, 15 de janeiro de 2014.

366 **Andreas tem uma personalidade muito forte** RP a IFK, 9 de agosto de 2013.

370 **Todo mundo queria ir aos desfiles dela** BS a IFK, 20 de dezembro de 2013.

370 **Era um escândalo** RP a IFK, 9 de agosto de 2013.

370 **É na publicidade que as modelos mais ganham dinheiro** BS a IFK, 20 de dezembro de 2013.

372 **discursando em êxtase** *Independent*, sexta-feira, 15 de outubro de 1993.

372 **Em meados de 1990, o dinheiro começou a entrar** RP a IFK, 9 de agosto de 2013.

374 **Christopher Di Pietro ficou encarregado da parte de marketing** BS a IFK, 20 de dezembro de 2013.

374 **A empresa parecia duplicar ou triplicar seu movimento de vendas a cada estação** BS a IFK, 20 de dezembro de 2013.

375 **fiquei *tão* envergonhada** NC a IFK, 29 de outubro de 2013.

375 **Não dava mais para ignorar o fato** BS a IFK, 20 de dezembro de 2013.

378 **acho que as coleções daqueles anos sombrios são ótimas** AK a IFK, 15 de janeiro de 2014.

378 **frequentemente somos *outsiders*** AK a IFK, 15 de janeiro de 2014.

西太后 "VIÚVA IMPERATRIZ OCIDENTAL"

383 **Só o tempo pode comprovar o sucesso** Matteo Guarnaccia, "Vivienne Westwood", citando T. S. Eliot [manuscrito italiano, 2002].

383 **A moda é como andar numa corda bamba** *Painted Ladies*, escrito e apresentado por Vivienne Westwood, Channel 4, 1996: activeresistance.co.uk/ar/?p= 1690

384 **as pessoas apontavam e diziam 'Worlds End!'** Mulvagh, edição de 2004, novo prefácio, p. xi.

384 **jaqueta de Bettina com saia lilás de látex de masturbação** Catálogo do leilão da Christie's, terça-feira, 4 de setembro de 2001, p. 11.

388 **isso substituiu o que a alta-costura de Paris costumava ser** Angelica Gleason a IFK, Paris, 2013.

390 **Os modelos de Vivienne servem em mulheres com seios e quadris** Watson, p. 138.

391 **Conheci Vivienne num ensaio da *Vogue*** TE a IFK, e-mail, 2014.

393 **a porra do programa de Jerry Springer** JC a IFK, 5 de dezembro de 2013.

393 **Vivienne ficou bem satisfeita quando soube que seria avó** SR e CC a IFK, 30 de outubro de 2013.

399 **também foi a única a ter um ato punk** JA a IFK, 2014.

400 **Neste dia tão, tão triste** Funeral de Malcolm McLaren, DVD, coleção particular de Joe Corré, 2010.

401 **Ele realmente quebrou algo em mim** JC a IFK, 5 de dezembro de 2013.

404 **Tenho orgulho de ter feito parte dele. Foi heroico naquela época** Marion Hume, *Vogue*, setembro de 1994, p. 194.

406 **Eu nunca liguei, de um jeito ou de outro, para o fracasso** Ibid., p. 194.

407 **O primeiro impacto que se deve ter na moda** Ibid., p. 9.

409 **Tem-se uma vida bem melhor quando roupas impressionantes são usadas** VW, citada em Wilcox, p. 9.

409 **O culto ao corpo** Westwood, *Painted Ladies*.

REVOLUCIONÁRIA CLIMÁTICA

413 **Imagine se você e sua família quisessem voar** Em resposta ao *Guardian Weekend*, "O que você perguntaria ao primeiro-ministro?", e-mail, 29 de junho de 2011, VW no arquivo TB, Elcho Street.

414 **Isso dá a ela um senso de propósito** SR a IFK, 30 de outubro de 2013.

414 **Quando fomos juntas ao baile do Met** LC a IFK, 27 de fevereiro de 2014.

420 **Seria ótimo vê-lo** carta de VW, sábado, 3 de dezembro de 2011, no arquivo TB, Elcho Street.

421 **Ofereceram a ela uma viagem à Amazônia** GS a IFK, 30 de outubro de 2013.

425 **Vivienne tinha acabado de sair de uma semana morando com uma comunidade Ashaninka** Uma tribo indígena que vive no oeste amazônico e trabalha em parceria com a Cool Earth para proteger mais de um milhão de hectares da floresta tropical mais ameaçada do mundo.

425 **Do nada Vivienne saiu com um discurso perfeito** MO da Cool Earth a IFK, 2014.

426 **que como resultado de sua aparição no programa de Jonathan Ross** Carta de Sua Alteza Real, o príncipe de Gales, à Dama Vivienne Westwood, 24 de agosto de 2009.

426 **Realmente faz toda a diferença** Carta de Sua Alteza Real, o príncipe de Gales, à Dama Vivienne Westwood a respeito da abertura de "Lã Moderna", 18 de setembro 2011.

426 **Temos cabeças parecidas a respeito de justiça social e revolução climática** PA, anotações manuscritas a IFK, abril de 2014.

427 **Estávamos juntas quando Obama foi eleito** PA, anotações manuscritas a IFK, abril de 2014.

427 **Ela é uma força verdadeira em nossa família** PA, anotações manuscritas a IFK, abril de 2014.

429 **É um ambiente brutal** Ajuma a IFK, Paris, outubro de 2013.

429 **Vivienne se importa muito com o planeta** SC a IFK, 30 de outubro de 2013.

431 **O envolvimento de Vivienne com a Liberty começou em 2005** SC a IFK, 30 de outubro de 2013.

431 **escrevi para Vivienne para recrutar sua ajuda** SC a IFK, 30 de outubro de 2013.

432 **Não acho que dê para separar a política e o ativismo de Vivienne de sua arte e sua moda** SC a IFK, 30 de outubro de 2013.

432 **ela não é nem um pouco como as outras chamadas 'celebridades'** SC a IFK, 30 de outubro de 2013.

433 **Nós nos conhecemos na minha festa de aniversário de 41 anos em Norfolk enquanto eu estava em prisão domiciliar** JA a IFK, 2014.

434 **Meu número é 89637-132** LP a IFK, 2014.

437 **Vou ao programa da *Ellen* [DeGeneres] dia 16** PA a VW, e-mail, 11 de outubro de 2013.

440 **Pediram a Vivienne que representasse o Greenpeace** *Channel 4 News*, 10 de outubro de 2013.

441 **ela tem essa honestidade que desarma** JC a IFK, 5 de dezembro de 2013.

O RIO CORRE

443 **O seu rosto (...) não era flácido, mas sim firme, conquanto de expressão indulgente** STEINBECK, John. *As vinhas da ira*, Rio de Janeiro: Ed. Record, 2008.

444 **Ela nunca tem nenhuma roupa; é ridículo** AK a IFK, 15 de janeiro de 2014.

448 **Ainda fico um pouco admirada com eles** TB a IFK, outubro de 2013.

452 **Vivienne cozinha** AK a IFK, 15 de janeiro de 2014.

452 **Vivienne ainda adora criar roupas mais do que tudo** AK a IFK, 15 de janeiro de 2014.

453 **Vivienne não assiste à TV** AK a IFK, 15 de janeiro de 2014.

453 **Muito raramente vamos ver filmes** AK a IFK, 15 de janeiro de 2014.

453 **Nosso amor... está diferente agora** AK a IFK, 15 de janeiro de 2014.

453 **tenho que parar e dar total atenção a ela** AK a IFK, 15 de janeiro de 2014.

454 **Ser uma mulher é diferente** BLOOM, H., p. 108.

456 **O melhor manual para a vida** "Alice and Pinocchio" de VW. Arquivo TB.

+5°
= Uninhabitable Land

ACABEM COM O CAPITALISMO

Todos falam a respeito do fim do capitalismo e como nos transferimos a uma economia pós-carbono. Não temos escolha. A resposta é simples: o que é bom para o planeta é bom para as pessoas.

Gostaria de explicar rapidamente como o capitalismo controla o mundo e por que deve chegar ao fim. Aqui está uma perspectiva. Se você se agarrar a essa perspectiva então poderá resolver tudo por si só, até nos mínimos detalhes. Saiba o que deve fazer. Tudo está interligado.

Escrevi sobre tudo porque quero explicar bem. Um passo de cada vez.

Bancos Centrais: temos que começar pelos bancos centrais, que controlam a economia do mundo. Eles fazem isso criando *dívida*. (Na verdade é um esquema Ponzi, do estilo pirâmide, em nível global).

Os bancos centrais são *bancos privados*. O Banco Federal dos Estados Unidos é um deles. Eles são organizados pelo Banco de Estabelecimento Internacional (o BIS) em Zurique.

Eles, bancos centrais, imprimem dinheiro. Hoje eles fazem isso apertando botões. Eles criam dinheiro virtual do nada.

Esse dinheiro é emprestado a outros bancos, monopólios e governos. Agora se tornou uma dívida.

Os bancos centrais preferem que os empréstimos nunca sejam pagos porque o que querem são os juros – que se acumulam fora de todas as proporções da realidade.

Isso significa que eles sempre têm quantidades fantásticas de dinheiro para emprestar e não precisam fazer dinheiro virtual, exceto em uma emergência.

Também significa que os bancos centrais vêm para possuir tudo – porque possuem a dívida. Com que frequência ouvimos falar de um país pobre vendendo seus ativos e recursos naturais apenas para conseguirem se manter em dia com os pagamentos de juros da dívida que foram obrigados a contrair?

Monopólios: os monopólios fazem esse sistema funcionar para os bancos centrais. Eles fazem o trabalho real de estragar o planeta e explorar as pessoas (trabalho barato). Eles engolem negócios pequenos.

Capitalismo: esse sistema econômico é chamado de capitalismo. O capitalismo começou há duzentos anos e agora é global. Está chegando ao fim. Não é viável continuar a usar indefinidamente os recursos do mundo. O capitalismo funciona à base de combustíveis fósseis, que são mais difíceis de conseguir e estão se esgotando. O capitalismo não existe sem os combustíveis fósseis. Começou com o carvão e acaba com petróleo e gás.

Meio ambiente: as fontes convencionais de combustíveis fósseis que são de fácil acesso já foram todas descobertas. Elas são finitas. Os cientistas dizem que devemos deixar 80% no chão. De outra forma, a mudança climática descontrolada será inevitável.

Estamos em uma armadilha: não podemos parar de usar esses combustíveis de repente, mas temos que interromper esse uso assim que possível, substituindo-os por energia sustentável.

Energia sustentável: a energia sustentável é barata e infinita. Será a fundação para uma economia diferente, uma economia justa com base em valores humanos verdadeiros. Vamos desenvolver o mundo que queremos.

Não se esqueça de que o capitalismo é uma economia de guerra: ele lucra com a guerra. Seu objetivo é ser dono de tudo.

Nós preferimos cooperação e comunidade. Os capitalistas preferem a competição e a morte.

Governos: os governos servem aos bancos centrais e aos monopólios. Juntos formam uma tríade. Essa tríade está desesperada para se agarrar ao capitalismo. Eles lançaram mão de medidas extremas, por exemplo, o fraturamento hidráulico.

Agora que o capitalismo está acabando, o fato de haver um esquema Ponzi está exposto mais claramente. Os governos ajudam os bancos centrais a esconder isso impondo austeridade; fingindo que podemos controlar a dívida.

A dívida se acumula e *nunca pode ser paga*. Uma criança que ainda nem nasceu já possui uma dívida enorme. A dívida é apenas uma promessa a ser paga no futuro. A austeridade é uma prova do desprezo do governo pelo povo: *eles* vão sofrer, *nós* vamos continuar.

Enquanto isso, os bancos centrais estão mostrando suas mãos imprimindo dinheiro de emergência. Eles tiraram os bancos comerciais da cadeia sob fiança para manter o sistema funcionando. Eles também podem fazer mais dinheiro virtual e dizer aos governos para pararem com a austeridade. Não vai fazer nenhuma diferença. Se o capitalismo continuar, ele vai quebrar. Os dólares serão inúteis. Todo o dinheiro será inútil.

Democracia: os governos não ligam para o povo. Eles só se importam com seu próprio poder e isso cai na tríade. Na Inglaterra, isso se aplica a todos os partidos principais. Não há nada o que escolher entre eles. Não há por que votar em nenhum deles. É por isso que digo que não há chance de democracia imediata na Inglaterra. As pessoas idosas votam por hábito. As pessoas jovens têm que moldar os partidos das minorias. O Partido Verde tem uma pauta sã e prática.

Lute contra os partidos políticos principais. Tudo o que eles dizem é lixo. Tudo o que fazem é perigoso.

O capitalismo está no fim, não pode continuar. Não temos escolha a não ser mudar para uma economia verde, começando com energia renovável. Quanto antes, melhor. *Urgente!*

Demonstre: o tempo está se esgotando. Saia e seja mais um número. Números = poder do povo. Queremos um governo que esteja ao nosso lado. Oponha-se aos governos presentes para conseguir o governo que queremos.

É incrível que tenhamos identificado o inimigo em comum como sendo o próprio capitalismo.

Cada demonstração é uma luta contra o capitalismo, contra o governo e contra a austeridade. Tudo está interligado.

O capitalismo é o inimigo das abelhas, o capitalismo é o inimigo dos direitos humanos. Tudo está interligado.

E quando o movimento Occupy diz que "Nós somos os 99%", isso significa que o 1% é o Capitalismo.

VIVIENNE WESTWOOD

www.climaterevolution.co.uk
www.facebook.com/jointheclimaterevolution
http://twitter.com/climate_rev

climate
economy

Este livro foi impresso na Intergraf Ind. Gráfica Eireli.
Rua André Rosa Coppini, 90 – São Bernardo do Campo – SP
para a Editora Rocco Ltda.